치료놀이의 이해

최순옥 · 유한규 · 이향숙 · 윤난호 · 강지현 공저

태영출판사

머리말

1967년에 Theraplay(치료놀이)가 미국에서 처음 소개되고 그 후 1979년에 Theraplay책이 초판 발행됨을 시작으로 미국과 세계 여러 나라에 혁신적인 단기치료 기법으로 알려지고 있다. 치료놀이는 애착과 관계의 문제를 다루는데 특히 효과적이고, 치료과정에 부모를 참여시킨다는 점과 단기간 내에 관계를 형성하는데 큰 효과가 있다고 평가되고 있다. 우리나라에서도 치료놀이에 대한 관심이 점점 높아지고 있고, 이미 번역서는 물론이고, 치료놀이에 대한 책이 여러 권 출판되어 소개되고 있고, 각 분야에서 석사, 박사논문도 많이 나오고 있다.

이 책은 치료놀이를 전문적으로 연구하고자 하는 사람들 보다는 대학이나 대학교에서 치료놀이 교재로 사용할 수 있도록 치료놀이에 기초가 되는 개관적인 내용과 누구나 쉽게 이해할 수 있도록 간단한 사례와 활동중심으로 살펴보았다.

이 책 1부에서는 치료놀이 이해로 치료놀이의 기초가 되는 이론들을 살펴봄으로써 어떤 아이들이 왜 부모와 관계의 문제를 가지게 되는지, 아동발달단계에 맞게 부모역할은 어떻게 변하고, 발달해야 하는지 부모와 아동의 관계의 사정은 어떻게 하는지 사정방법들을 살펴보았다.

2부에서는 개별치료놀이 실제로 어려움이나 문제를 겪고 있는 아동의 유형별로 문제 정의와 문제에 맞는 개별 활동들을 자세하게 이해할 수 있도록 설명하였다.

3부에서는 집단치료놀이 실제에 대해 설명하고 있는데, 집단에 따라 사회성향상에 초점을 둘 것인지 문제예방에 초점을 둘 것인지는 조금씩 다를 수 있으며 본서에서는, 유치원(어린이집)과 초등학교에서의 집단치료놀이, 모-영아 치료놀이, 치료놀이와 부모상담을 살펴보았다.

이 책을 통해 학생들이 치료놀이를 쉽게 접하고 이해할 수 있어서 치료놀이가 무엇인지를 궁금해하는 학생들에게 좋은 안내서가 되기를 바라며 이 책을 통해 치료놀이를 본격적으로 공부하여 좋은 치료사가 되고 싶다는 학생들이 많아지기를 바라는 간절한 마음으로 집필하였다. 마지막으로 출판을 맡아 주신 태영출판사 김현태 사장님과 직원들에게 심심한 감사의 인사를 드리고 싶다.

2010년 봄에

저자 일동

차
례

치료놀이 이해

01

PART

CHAPTER 01

아동발달에 따른 부모(교사)의 역할

1. 아동의 특성
2. 발달에 관한 개념
3. 아동기의 발달특성과 부모역할
4. 아동의 발달단계별 부모역할

1. 아동의 특성

아동의 특성은 아동의 본성이나 욕구 및 적응양식 등에서 도출될 수 있는데 여기서는 의존성과 보호, 성숙, 민감성과 정서성, 욕구 그리고 아동의 일반적 특성으로 나누어 살펴보고자 한다.

1) 의존성과 보호

의존은 아동기의 가장 중요한 특징의 하나로 아동의 생존과 신체적, 지적, 사회적 발달을 위해 타인들의 사랑이나 관심 또는 보호에 의존한다. 아동은 안전한 사랑을 받고 있으며, 누군가에게 소속되고 의존하고 있다는 감정을 지니고 싶어한다.

2) 성숙

성숙도 아동기의 중요한 특징이라 하겠다. 미성숙단계에서 성숙단계로 옮겨가는 과정이 바로 아동기이다. 이때 아동은 자신의 개인 수준에 따라 각 성장단계에 적절하게 자기의 생활 상황에 대처하면서 신체나 정신 뿐만 아니라 필요한 이해력, 기능 또는 능력 등을 발전시켜 나가는 것이다. 그러므로 아동은 격려와 지도를 필요로 하며 자기 수준에 알맞은 지식, 기술, 행동방식 및 가치 등에 관한 학습의 기회를 필요로 한다.

3) 민감성과 정서성

아동기는 감정이 매우 예민하고 강렬한 시기이다. 아동의 정서(emotion)=욕구(need) 표현이며, 단순한 감정표현 뿐 아니라 욕구, 충동, 신체적, 생리적 반응도 포함한다.

아동의 정서표현에는 기쁨, 공포, 분노, 호기심 등 다양하다. 정서표현에 신생아기의 미분화된 정서표현에서부터 시작하여 학습이나 지각의 경험에 의해 점차 정서의 표현이 분화되고 풍부해진다.

4) 욕구

인간의 기본적 욕구는 생리적 욕구와 인격적 욕구로 구분된다.

생리적 욕구 : 아동기에 가장 필요한 욕구

인격적 욕구 : 정신적, 심리적, 인간적 욕구

* 아동은 생리적 욕구와 인격적 욕구의 충족을 원하는 존재라 말할 수 있다.

5) 아동의 일반적 특성

아동이란 학습을 요하는 존재, 애정을 절대적으로 필요로 하는 존재, 가정을 요하는 존재, 또는 사회집단 속에서 대인관계를 가져야 하는 존재라는 인식을 가져야 한다.

아동의 개념을 다음과 같이 요약할 수 있다.

(1) 심신이 미성숙한 상태이며,
(2) 여러 성숙단계를 거쳐서 성장, 발전하며,
(3) 장기간에 걸쳐 의존, 보호받아야 하며,
(4) 생리적 욕구와 인격적 욕구가 함께 충족되어야 하며,
(5) 매우 민감하여 가정을 시초로 점차 사회화되어 가며,
(6) 사회적 인간으로 성장하기 위하여 사회 환경에 적응할 수 있는 능력을 학습해야 한다.

2. 발달에 관한 개념

1) 발달(development)에 관한 개념

출생에서 사망에 이르기까지 생애에 있어서 진보적이고 계속적인 변화를 말하고, 이러한 변화는 단순한 양적 변화뿐만 아니라 신체적, 심리적, 제 측면에서 일어나는 질적 변화, 그리고 학습을 통해 갖게 되는 모든 변화를 포괄적으로 의미하는 것이라 할 수 있다.

변화는 질적인 측면의 변화와 양적인 측면의 변화를 모두 포함한다. 다시 말하면 발달이란 인생의 긴 과정에서 지속적으로 일어나는 변화를 말하며, 발달에는 기본원리가 있으며, 모든 인간에게 공통적으로 나타난다.

성장은 신체적으로 키가 커지고, 몸무게가 늘어나는 등의 양적 변화를 말하며, 성숙은 신체변화 중에서 운동기능이나, 감각기 등 신체기능이 유능해지는 것을 말한다(기기, 앉기, 내분비의 변화 등). 학습은 연습과 경험을 통해 이루어지는 진보적이고 연속적인 행동변화이다. 학습으로 나타나는 행동변화가 상향적이거나 지향적인 변화일 때 발달이라 할 수 있다.

표 1-1 인간발달에 대한 정의

학 자	정 의
Greene(1986)	발달은 신체 · 심리 · 사회적 변인을 포괄하며, 일생에 걸쳐 일어나는 안정성과 변화의 역동이다.
Schell & Hall(1979)	발달이란 일정한 방향으로 질서 정연하게, 점진적으로 증진되며, 보다 복잡해지는 변화이다.
Specht & Graig(1982)	인간발달은 생리적 요인과 문화적 요인을 혼합하는 과정이며, 시간이 지남에 따라 한 개인의 구조, 사고, 행동이 변화하는 것을 말한다. 임신에서부터 시작하여 노년기까지 지속되는 이러한 변화는 진보적이며, 축적적인 특성을

학 자	정 의
	지니고 있으며, 체형이 커지고, 보다 복잡한 활동을 하고, 기능이 더욱 통합되는 결과를 낳는다.
Zanden(1985)	발달이란 임신에서부터 사망에 이르기까지의 시간적 흐름에 따라 유기체에서 일어나는 질서 정연하고 연속적인 변화이다. 발달은 유전적 요인과 환경적 요인 그리고 두 요인간의 상호작용을 모두 포함하고 있다.

* 출처 : 김동배 외(2000). 인간행동이론과 사회복지실천. 학지사.

2) 발달의 기본성격

(1) 발달의 기초성

아동발달의 과업이 초기에 이루어지는데 이때 발달이 제대로 이루어지지 못하면 후일의 발달에 영향을 주게 된다는 것이다. 즉, 아동기의 모든 경험이 후기발달의 바탕이 된다. 예를 들어 속담에 "세 살 버릇 여든까지 간다"는 말은 어릴 때의 경험이 평생의 초석이 된다는 의미이다. 이와 같이 아동기는 인생의 기초가 형성되는 시기로서 발달의 중요성을 갖는다.

(2) 발달의 적기성

적기성이란 모든 발달에는 최적기가 있고 이 최적의 시기를 놓치면 지장을 받아 기초성과 누적성과 연관지어 발달에 심각한 영향을 미치게 된다는 것이다. 예를 들면 이 시기에 아기에게 언어적 자극이 부족하거나 왜곡된 언어 자극이 주어지면 그 아기는 자라서 언어와 관련된 모든 면에서 결함이나 장애를 겪을 수 있다.

(3) 발달의 누적성

누적성이란 아동의 성장, 발달과정에서 어떤 결함이 생기면 그 결함은 누적되어 그 다음의 발달단계에도 지속되며 궁극적으로 정상적인 성장 및 발달에도 영향을 준다는 원리이다.

(4) 발달의 불가역성

불가역성이란 어떤 특정 시기에 이루어야 할 발달과업이 잘못되면 그 이후에 충분한 보상적 자극이나 경험이 제공된다 하더라도 원래의 발달 상태로의 회복이 불가능하다는 원리이다.

3) 발달 원리

신체 성장과 심리적 발달은 서로 연결되어 있는 복잡한 체계로서 신체 성장은 심리적 발달에 영향을 주고 심리적 발달은 신체 성장에 영향을 준다. 아동의 심리학적 발달은 몇 개의 기본적인 원리에 의해 지배되고 일련의 발달 원리를 갖는다.

발달은 모든 인간에 관한 것이고 동시에 개개인에 관한 것이기 때문에 인간 발달 원리는 하나의 원리에 의해 설명될 수 없다. 하지만 인간의 발달은 몇 개의 기본적인 원리에 의해서 일련의 패턴에 따라 질서 정연하게 이루어진다. 인간 발달 원리를 설명하자면 다음과 같다.

(1) 발달은 성숙과 학습에 상호영향을 미친다.

혼자 스스로 서게 되는 것은 다리 근육의 성숙이 선행되어야 하지만 어른이 손을 잡고 연습시키면 빨리 서게 된다.

(2) 유아의 발달은 일정한 순서를 따른다.

발달은 일정한 순서에 따라 질서 있는 형태로 일어난다. 선 다음에 걷고, 목표를 향해 손을 움직이기 시작하면서 물건을 잡을 수 있게 된다.

이러한 순서는 단순한 행동에서 좀더 세분화되고 복잡한 행동으로, 위에서 아래로, 중심에서 말초로, 그리고 전체 활동에서 특수한 활동으로 분화 · 발달한다. 머리에서 발로, 팔에서 손이나 손가락으로 발달한다.

(3) 발달은 계속적인 과정이지만 발달의 속도는 일정하지 않다.

발달은 계속적으로 나타나지만 그 속도는 시기와 부분에 따라 다르게 나타난다.

(4) 발달에는 최적기가 있다.

유아기에 걸쳐 유아발달상 중요한 변화가 일어나는 적절한 시기들이 있다. 최적기 동안 유아들은 다른 시기보다 긍정적, 부정적인 환경의 영향에 민감하다. 이 시기에 발달 경험이 부족하거나 그 시기를 놓치게 되면 앞으로의 발달에 치명적이거나 지속적인 영향을 미치게 된다.

예를 들어 영아가 발달 초기에 부모와 따뜻하고 적절한 대인관계를 형성하지 못하면 발달 후기에도 원만한 대인관계를 형성하지 못하고 사회적으로 적응해 나가는데 곤란을 겪게 된다.

(5) 발달은 연속적이며 점진적이다.

발달은 기초적인 발달에 근거하여 이루어지는 점차적인 분화의 과정이다. 과거, 현재, 미래가 상호 관련되어 연속적이고 점진적인 과정을 통해 형성된다.

(6) 발달은 분화와 통합적으로 이루어진다.

유아가 컵이라는 물건을 잡기 위해서는 먼저 대상을 바라볼 수 있도록 시각이 발달해야 하고, 그 후에 물건을 잡을 수 있는 손과 손가락과 같은 소근육 운동기술이 발달하고, 눈과 손의 협응력이 이루어지면서 컵이라는 것을 인식할 수 있는 인지발달이 통합적으로 이루어져야 한다. 이렇듯 유아의 발달은 신체, 인지, 정서, 언어, 사회발달의 모든 영역이 상호관련하여 통합적으로 이루어져야 하며 어느 한 측면만이 강조될 때 발달은 균형 있게 이루어지지 못한다는 것을 인식해야 한다.

(7) 발달에는 개인차가 있다.

모든 사람이 보편적인 발달순서에 따라 성장해 가지만 개개인의 발달에는 차이가 있다.

어떤 사람은 수리적인 면이 우세하게 발달하고, 어떤 사람의 경우에는 창의적인 면이 우세하게 발달한다. 또한 신장의 경우에도 일찍 성장이 완료되는 반면에 천천히 발달하여 성인이 된 후까지도 계속적으로 발달하는 경우가 있다. 이와 같이 발달은 일정한 일반적인 형태를 따르면서도 개인에 따라 다르게 나타난다.

3. 아동기의 발달특성과 부모역할

1) 리더십이 있는 아이로 키워야 한다.

현대사회는 과거 변화가 적은 잔잔한 호수와 같은 사회가 아니고, 아주 격동적이고 변화가 많은 사회이다. 과거 변화가 적은 사회에서는 앞에서 한 사람만 이끌면 되지만 폭풍우가 몰아치고 격랑이 이는 것과 같이 변화가 많은 사회에서는 각자가 상황을 판단해서 누군가가 리더십을 발휘해야 하는데 그 리더십이 바로 자기 자신을 스스로 이끌 수 있는 셀프리더십이다. 다시 말하면 정보화시대를 넘어 지혜의 시대에 살아가야 할 우리 아이들에게 지식과 정보만으로는 경쟁할 수가 없고 우리 아이들을 자기 리더십과 섬김 리더십을 갖춘, 경쟁력있는 행복한 아동으로 자라도록 해야 하는데. 그렇게 되려면 착하고 역량이 있어야 한다.

리더십에는 수신하는 것, 즉 자신을 이끌어 솔선수범하는 자기 리더십이 가장 중요하다. 자기관리 능력이 있어야 대인관계 능력이 생길 수 있다.

디지털 경제시대의 훌륭한 글로벌 리더는 신뢰성을 갖추어 신뢰받는 사람이라고 할 수 있다. 이런 리더를 원칙중심의 리더라고 할 수 있는데. 원칙중심의 리더는 사랑, 섬김, 신뢰와 같은 원칙을 따르는 행동에서 나오는 도덕적 권위를 활용하도록 해야 한다.

존경, 신뢰, 섬김, 솔선수범, 도덕성과 같은 원칙에서 나오는 도덕적 권위를 갖는 자기 리더십이 있는 아이로 키우려는 교육방법은 관찰과 참여이다.

참여하지 않고는 헌신할 수 없다. 아동을 참여하게 하지 않으니까 모른다. 부모는 투명하게 모든 것을 보여줘야 한다. 참여하면 참여한 만큼 책임이 생긴다. 아동들에게 참여하도록 해야 한다.

2) 신뢰감과 안정감을 갖는 아이로 키워야 한다.

아이들은 기본적으로 견고한 정서적 기초를 필요로 하는데 부모의 일관성 있는 관심, 호의적인 관심과 배려를 통하여 자신에 대한 긍정적인 상을 발달시키고 타인에 대한 신뢰가 발달한다.

부모와의 편안한 신체적 접촉을 통해 애착을 형성하게 되고, 그것을 통하여 자신감과 안정감을 갖게 되며 건강한 아이로 자라나게 되지만, 이러한 환경이 주어지지 않게 되면 아이들은 위축, 소심함, 불안, 짜증, 우울함 등을 보이고, 타인에게 공격적인 행동을 나타내게 되고, 신체발달이나 정서, 인지발달 등에 문제를 나타낸다. 이렇듯 아동의 초기 환경에서 부모의 역할은 굉장히 중요하다.

아이들은 자신의 욕구에 대한 부모의 반응과 이해를 통하여 안정된 감정과 배려가 생기고 그것은 아동에게 분명한 한계와 자신을 조절할 수 있는 능력을 갖게 된다.

3) 부모-자녀관계에서 사회적 관계로 확산된다.

오늘날 가족관계에서 부부간의 애정이 점점 더 강조되어 가고 있지만, 그래도 자녀 출산과 양육을 통한 부모의 역할은 여전히 가정생활에서 중요한 의미를 지니며, 부모-자녀관계의 기본이 된다. 가족 내에서 부모와의 상호관계를 통해 자녀의 인격이

기본적으로 형성될 뿐 아니라, 사회적 성원으로 살아가는 데 필요한 문화, 즉 사회적 가치나 규범, 지식, 기능을 습득하는 사회화과정이 일어난다.

부모-자녀관계는 모든 인간관계의 원형이 되며 다른 사회적 관계로 확산되어진다는 점에서 매우 중요하다. 영유아들의 잠재능력과 특성이 모두 같지는 않지만 외상이 없는 한 보편적 발달과정을 거친다. 부모가 이러한 발달과정 특성을 이해한다면 자녀의 문제를 빨리 알아내어 전문가의 도움을 청할 수 있고, 별 문제가 없는 아이들은 건강하게 성장할 수 있도록 자녀를 양육할 수 있다. 출생부터 학령기까지는 인간이 가지고 태어난 잠재적 능력을 최대한 발휘할 수 있는 성인으로 성장하기 위한 초석을 놓는 시기이다(김영애, 2005). 가정은 영유아의 삶이 무대이고, 이 무대는 이들에게 삶의 양식, 가치관, 행동양식 등을 제공한다. 특히 초기에 형성되는 발달경험, 인간관계양식, 일반적인 경험은 앞으로 진행되는 발달과정과 타인과의 상호관계에 지속적으로 영향을 미치기 때문에 중요하다. 또한 부모의 특성이 자녀에게 영향을 주는 것처럼 자녀의 타고난 특성에 따라 부모의 반응과 양육방식은 수정되고 변화된다. 아동이 유아일 때조차 아동의 상태, 연령, 유아의 신체적 특징이나 행동은 부모의 반응이나 태도가 다르게 나타나게 하는데 영향을 미친다.

또한 부모의 실제적인 자녀양육법은 자녀의 발달단계에 따라, 자녀의 특성이 변화됨에 따라 달라진다. 자녀의 성숙에 따라 부모의 도움도 달라지고, 자녀에 대한 통제방법도 변화된다. 자녀의 성장에 따른 부모-자녀관계의 변화는 자녀뿐만 아니라 부모 또한 한 인간으로 여러 가지 역할을 수행하고 다양한 욕구를 발달시킴으로 더 복잡해진다. 따라서 부모-자녀관계는 쌍방적 관계 속에서 자녀의 성장, 발달단계에 따라 파악되어져야 할 것이다.

4. 아동의 발달단계별 부모역할

부모의 역할이란 본능적 욕구와 정신건강의 기본능력을 어떻게 잘 조절해 주고 키워 주느냐 하는 그런 능력을 키워 주는 것을 부모의 역할이라고 할 수 있다.

자아심리학에 기초한 에릭슨의 정신사회적 발달단계에 의하면 각 단계의 실패가 모든 발달을 위태롭게 하는 것은 사실이지만 이런 실패가 발달 자체를 불가능하게 하는 것은 아니고, 이런 발달이 단계마다 성공적으로 이루어질 때 인간의 자아는 사회구조와 충분히 통합되어질 수 있을 만큼 강해지게 된다고 하였다. 에릭슨의 8단계 중 학령기 아동까지의 단계를 간단히 살펴보면 다음과 같다.

표 1-2 자아 발달단계와 중요한 관계의 범위

단계	연령	심리사회적 위기	주요 관계 범위	기본적 강점	주요병리
1(영아기)	출생~1세	신뢰감 : 불신감	어머니(母性 인물)	희망	철퇴
2(걸음마기)	1.5~3세	자율성 : 수치심(회의)	부모(父性 인물)	의지력	강박
3(학령전기)	4~5세	주도성/솔선성 : 죄의식	(핵)가족	목적	억제
4(학령기)	6~11세	근면성 : 열등감	이웃, 학교	능력	비활성

제1단계는 출생해서 약 1세까지의 시기에 해당하는데, 이 시기의 발달과제는 기본적으로 신뢰감의 획득이다. 신뢰감은 자신과 돌보는 사람과 환경에 대한 믿음이다. 돌보는 사람이 영아의 기본적 욕구를 적절하고 일관성 있게 충족시켜 줄 때 돌보는 사람에 대한 신뢰감이 형성되고 세상은 안전하며 살아갈 만하다는 믿음을 갖게 된다. 이 감각은 일반적으로 타인을 신뢰할 수 있는 존재로 느끼면서 동시에 자기 자신에 대해서도 신뢰받을 만한 가치가 있는 존재로 인식하는 것을 의미한다.

이 단계에는 기본적 안정, 애착, 희망 등을 구축하게 되는데, 유아가 생의 초기에 처음으로 맺게 되는 사회관계에서 어머니가 유아의 신체적, 심리적 욕구와 필요를 적절히 충족시켜 주면서 그를 일관성 있게 돌보아 주면, 유아는 어머니 또는 돌보아 주는 사람을 신뢰하게 된다. 에릭슨은 이 시기를 인생에서 가장 중요한 시기로 보았는데, 그 이유는 이 시기에 신뢰감을 형성하게 되는 것이 생의 후기에 맺게 되는 모든 사회관계에서의 성공적인 적응과 밀접한 관련이 있기 때문이다. 그러나 여기서 주목할 점은 에릭슨이 신뢰감만을 강조하고 불신감의 효용을 무시한 것이 아니라는 점이다. 그는 인간의 참된 성장을 위해서는 어느 정도 불신감의 경험도 필요하다고 주장한다. 그러나 긍정적인 성격발달을 위해서는 불신감보다 기본적 신뢰감을 많이 경험해야 한다는 것이 그의 주장이다.

제2단계는 약 1년 이후부터 3세까지이며, 이 시기의 발달과제는 자율성의 획득이며 배설과 관련된 자율적 욕구가 증대되는 시기이다. 이 시기는 아이의 자율성 획득을 둘러싸고 부모의 사랑과 승인을 획득하기 위하여 협력과 자기주장, 자기표현과 자기억제 등의 갈등을 경험하는 시기이다. 이 단계는 자아통제, 개체성, 의지 등을 구축하게 된다.

이 시기의 유아는 여러 개의 상반되는 충동 사이에서 스스로 선택을 하고자 하게 되며, 이러한 과정을 통하여 자신의 의지를 나타내고자 한다고 에릭슨은 말한다. 즉 자율성을 가지려고 한다는 것이다. 이 단계의 유아는 근육발달로 인하여 대 · 소변의 통제가 가능하게 되며, 자기 발로 서서 걷게 되면서부터 자기 주위를 혼자서 열심히 탐색하게 되고, 음식도 남의 도움을 받지 않고 자신의 힘으로 먹으려고 한다. 이러한 자율성은 그들의 언어에서도 나타나는데, 예를 들어 〈나〉, 〈내 것〉 등의 말을 자주 반복하여 사용하며, 특히 〈안 해 !〉라는 말을 씀으로써 자기주장을 표현한다. 이와 같이, 유아가 자신의 의지대로 행동하려고 하게 되면, 사회는 부모를 통하여, 유아로 하여금 사회적으로 적합한 행동을 하도록 훈련시키게 된다.

제3단계는 3세부터 6세까지이며 이 단계를 주도성 시기라고 하며, 이 시기에는 사회적 관계, 성역할, 목적의식 등을 구축하는 시기라고 하는데, 에릭슨은 초기의 이 세 단계에 발달과업을 이루지 못하면 문제가 된다고 하고, 지도할 때도 아주 중요하다고 하였다. 이 세 단계가 가장 중요하다고 설명하면서 건축물로 보면 이 단계를 기초공사 시기라고 하였으며, 처음 3단계가 제대로 이루어진 아이는 다음 단계가 큰 문제가 없고, 우리의 성격, 능력에 기반을 이루는 3단계가 아주 중요하다고 하였다.

주도성 시기에는 성인의 활동에 열정을 보이고 성인의 일에서 자기의 능력을 평가해 보려는 시기이다. 그의 행동은 목표 지향적이 되고 경쟁적으로 되는데, 이때 유아의 행동에는 상상적인 측면도 포함된다. 이 시기에 유아는 자신의 큰 계획과 희망들이 결국에는 실패할 수밖에 없다는 사실을 깨닫게 되는 자신의 계획이나 희망이 사회의 금기를 범하는 결과를 가져오게 된다는 사실을 알게 되면서 죄의식을 느끼게 되어, 그러한 충동이나 환상을 억제한다고 한다.

제4단계는 6세부터 11세까지이며 근면성 시기라고 한다. 에릭슨은 이 단계를 자아 성장의 결정적인 시기라고 보았다. 이 시기의 어린이는 기초적인 인지적 기술과 사회적 기술을 습득하게 되면서부터, 가족의 범주를 벗어나 더 넓은 사회에서 통용되고 유용한 기술들을 열심히 배우고자 하며 이를 숙달하고자 한다. 예를 들어, 미개사회에서는 사냥이나 농업기술을 배우게 되며, 현대사회와 같은 문명이 고도화된 사회에서는 읽기, 쓰기, 셈하기 등의 인지적 기술을 획득하기 위해서 학교에 들어가게 된다. 또, 이 시기의 어린이들은 또래와 같이 놀고 일하는 것을 배우게 된다. 만일, 이 시기에 순조롭게 근면성이 발달하지 못하고 실수나 실패를 거듭하게 되면, 어린이는 부적절감과 열등감을 갖게 된다. 이러한 열등감은 전 단계에서 성공적으로 갈등을 극복하지 못했을 때나, 혹은 학교나 사회가 어린이에 대한 편견적 태도를 취할 때 발달되기 쉽다.

다음 근면성, 자아정체성, 친밀성, 생산성, 자아통합을 이루게 되는데, 에릭슨은 이 시기를 리모델링 시기라고 하였다.

1) 영아의 발달과 부모역할

영아기는 절대적 의존시기이다. 이 시기는 씨앗이 발휘할 수 있는 초석을 놓는 시기라고 할 수 있다. 영아기의 발달과제로는 신체적 성장, 뇌의 발달, 애착의 형성, 기본적 사회성 등을 들 수 있다. 이 시기에는 타인의 돌봄 없이는 살아남을 수 없지만 그렇다고 해서 환경의 자극에 단순히 반응하는 수동적인 존재만은 아니고 감각기관을 통해 들어오는 정보에 선택적으로 주의를 기울이고 미약하지만 사회적 상호작용의 능력이 있고 학습도 할 수 있다. 이 시기의 시각적 경험은 이미지로, 몸의 경험은 신체에 기억된다. 비록 말로 의사소통은 하지 않아도 이미지로 경험하여 후에 기억해 내게 되기 때문에 이 시기의 안전하고 따뜻한 보살핌은 아주 중요하다고 할 수 있다.

영아기 부모의 역할은 양육(養育)이라고 할 수 있는데, 양육에는 충분한 영양공급, 질병으로부터의 보호, 애정에 찬 풍부한 자극(놀이) 등을 통해 부모와 아동의 애착 형성에 초점을 두어야 한다. 영아기에는 사회적 애착의 확립시기로 안락한 환경으로부터 위험한 환경으로 내어 몰린 상태이기 때문에 엄마의 보호가 절실히 필요할 때이고 이런 애착형성을 통해 기본적인 신뢰감이 형성되어야 한다. 자신을 돌보아 주는 사람과 긍정적인 관계를 확립하여야 한다. 이 때의 경험이 이후의 사회성 발달에 기초가 된다. 영아기 부모는 여러 가지 방법으로 중요한 자극을 제공할 수 있는데 가장 좋은 것은 영아와 직접적인 상호작용을 통해서 자극을 제공하는 것이다.

자극에는 시각적 자극으로 눈맞추기, 밝은색, 명암의 대조, 움직임이 있고, 청각적 자극으로 말, 노래, 음악, 풍경소리 등이 있으며, 촉각적 자극으로 포옹, 흔들기, 어르기, 목욕하기, 헝겊, 장난감 등이 있다. 또한 자극과 손과 눈을 연결하는 움직임으로 움직이는 자동차, 장난감 쥐기 등을 촉진하는 활동 등이 있다. 필요한 자극은 양적인 것이 아니라 아이의 발달단계에 맞는 질적으로 적절한 자극이어야 한다. 영아기에는 가능하면 아이의 곁을 떠나지 말고 지켜 줘야 하고 아이는 자기가 전능하다고 느끼지만 현실에 대한 인식이 없다. 아이는 엄마로부터 분리를 시도하지만 동시에 강한 불안감을 느낀다. 엄마가 가까이 어딘가에 있으며 늘 돌보아 줄 것이라는 신뢰감이 있을 때 두려움을 느끼지 않게 된다. 엄마가 가까이 있어 줌으로써 아이는 혼자 세상으로 나아갈 수 있는 자유와 사람을 믿고 의지할 수 있는 기본적 신뢰의 능력을 지닐 수 있게 되며, 분리불안의 문제를 해결할 수 있게 된다.

그러나 영아기 양육의 문제로는 원하지 않는 임신과 원하지 않는 아이, 양육의 거절과 회피, 예를 들면 아동유기나 방임, 학대 등이 있을 수 있고, 또한 요즘 같은 핵가족사회에서는 양육방법의 변화와 혼돈 그리고 맞벌이 가정의 증가로 인해 영아기부터 부모와 떨어져 지내야 하는 문제 등이 있다. 이런 영아기 양육 실패의 후유증으로는 발달정지, 지능저하, 정신지체 등 발달지연 문제와 심하면 반응성 애착장애로 인한 대인관계 회피, 불안정 성격, 의존적 성격, 경계성 성격장애, 자신감 결여, 대인관계 불신, 의심 등이 있다. 또한 분리불안 장애로 성격불안 장애, 광장공포증, 공황장애, 섭식장애, 정감없는 병질자(범죄자) 등이 있다.

2) 걸음마기 아동(1~3세)의 발달

에릭슨에 의하면 이 시기는 아동이 독립심과 자율성을 획득하는 시기로 중요 요소는 아동의 운동성 발달이다. 이 시기 유아는 근육발달로 대 · 소변 통제가 가능하고 혼자 걷고 먹을 수 있으며, 간단한 의사소통도 가능해진다.

걸음마기 아동은 자신이 여러 가지를 할 수 있다는 것을 알고 자신감을 갖게 된다. 걸음마기 아동의 발달과제로는 옳고 그름과, 깨끗함과 더러움을 알게 하고, 해야 할 일과 해서는 안 될 일을 구별할 수 있도록 한다. 또한 자기충동(공격성) 조절과 통제, 만족 지연 능력 개발 등을 통해 법과 질서를 익히도록 하고, 이 시기에는 자아존중감, 자기주장, 의지력 등을 습득하게 되고, 부모로부터 분리 개별화, 심리적 자아상과 자율성을 확립하는 시기이다.

걸음마기 부모의 역할은 훈육(訓育)이라고 할 수 있다.

훈육(訓育)시기에는 아동을 인격체, 개체로 존중해 줌으로써 자신과 타인의 권리를 존중하도록 하고, 일관성 있는 적당량의 통제를 통해 부모(교사) 통제가 내면화되어 결국에는 자기 자신을 통제할 수 있도록 한다.

이 시기에는 대 · 소변 훈련을 통해 참는 능력과 깨끗함과 더러움을 배우게 되고, 양보와 협조를 할 수 있도록 가르친다. 또한 칭찬과 벌을 적절히 사용하여 해야 할 일과, 해서는 안 될 일을 구별할 수 있도록 하고, 법과 질서를 배우도록 한다.

이 시기에는 자율성을 시험하고 학습능력을 증진시킬 수 있는 안전한 환경을 제공하여야 하고, 아동의 발달단계에 맞는 다양한 학습 환경을 제공하는 것이 중요하다. 주변에 탐색할 수 있는 것들을 많이 놓아주고, 창의성을 자극하고 탐구심을 불러일으킬 수 있도록 만지고, 누르고, 맛볼 수 있는 놀이교구를 준비하여 준다. 또한 칭찬을 자주해 주고, 활동량이 많은 놀이를 제공해 주되 지치지 않도록 한다. 이 시기에는 상상력을 발휘해야 하는 놀이를 할 수 있는 환경을 자주 제공해 주고, 다른 친구들과 함께 어울려 잘 놀 수 있도록 격려한다.

걸음마기 훈육의 문제에는 부모중심의 양육방법과 자녀교육관의 혼돈, 자녀수의 격감과 핵가족화를 들 수 있겠다. 이 시기의 훈육의 문제로는 과잉보호, 과잉통제, 조기교육을 들 수 있는데, 과잉보호를 함으로써 자제력 결핍, 버릇없는 아이, 자기중심적, 비사회적, 폭력적인 아이로 자랄 수 있고, 품행장애가 될 수 있으며, 과잉통제로 인해 자율성과 자신감 결여, 수동적, 위축적이 되어 우울, 억제된 분노 등을 표출할 수 있다. 또한 무분별한 조기교육과 공부만 잘하면 되는 성적 만능인 아이로 자랄 수 있다. 훈육 실패의 후유증으로는 과잉보호, 과잉통제, 폭력범죄 증가, 청소년 문제, 반사회적 인격장애, 강박장애 등을 들 수 있다.

3) 학령전기 아동(4-6세)의 발달

학령전기는 주도성이 형성되는 시기이므로 자기가 무언가를 할 수 있는 주도적인 환경을 만들어 주어야 한다. 이 시기의 아동은 새로운 것을 추구하고 계획하며 과제와 목표수행의 결의를 보인다. 자신이 세운 목표를 달성하기 위해 모든 노력을 동원하고 성공하였다고 느낄 때 아동은 자신이 주도한 일에 대해 자신감을 갖게 된다. 부모가 아동의 주도적인 행동을 지지하고 도움을 주면 주도성이 발달하게 되고 반대로 아동의 행동을 제한하고 질문을 귀찮아하거나 처벌하게 되면 자기가 무엇인가를 잘못되었다는 느낌이 들기 때문에 죄의식이 형성될 수 있다.

학령전기 아동의 발달과제로는 언어가 급성장하게 되고, 상상력과 심리적 세계가 확장된다. 성을 구별하게 되고, 성 역할과 성가치관, 부부관계, 관찰학습, 여성다움과 남성다움을 알게 되는 시기이므로 이 시기에는 특정한 성에 대한 편견을 최대한 억제해야 한다.

이 시기에는 성 역할에 대한 인식이 생겨 자아개념에 자신의 성을 연결시키게 된다. 자신의 성과 그에 맞는 행동 및 사회적 관계에 관심을 가져서 같은 성의 친구들과 어울리며, 옷차림, 놀이, 직업에 대한 사회적 기대를 의식하고 이를 따르고자 한다. 또한 이 시기에는 전통, 관습, 예의범절교육을 통해 대인관계와 덕목을 습득하도록 하고, 다양하고 풍부한 경험을 통해 문화적 가치관과 생의 목적을 가지는 아이로 자라도록 해야 한다. 이 시기는 또래와의 관계도 아주 중요한 시기이다.

학령전기 부모의 역할은 덕육(德育)이다. 이 시기에는 아이로 하여금 주도성과 자유로운 탐색을 촉진시키고, 이러한 활동을 통해 아동이 자신에 대한 긍정적인 이해와 자신감(긍정적 자아 개념)을 갖도록 돕는 것이 부모의 중요한 과제이다.

이 시기에는 지적 주도성과 탐색에 대한 욕구에 대한 적절한 학습을 경험할 수 있는 놀이는 아주 중요하다. 장난감을 가지고 놀 수 있는 놀이보다는 부모와 아동이 신체접촉을 통한 놀이를 통해서 관계를 형성하고 규칙을 지키게 된다. 엄마, 아빠와 함께 해서 즐기는 가족놀이 문화가 형성되어야 한다.

덕육(德育)시기에는 자기의 일을 스스로 하게 하고, 창의적 사고와 문제해결 능력을 키워 준다. 덕육시기에는 어린이집이나 유치원 등 집단 속에서 활동할 수 있도록 기회를 주어 인간관계를 통한 승승의 기쁨을 느끼게 해야 하고, 심신이 건강한 아이로 키워야 한다. 목표를 계획하고 실천하게 하고, 스스로 선택한 것에 대한 책임을 지도록 해야 한다. 학령전기 덕육의 문제로는 부모중심 사고(욕심, 극성, 지식교육)와 또래접촉이나 다양한 경험의 부족으로 인한 문화결핍증 등을 들 수 있다.

이 시기에 부부 성관계 불화에 노출하게 되면 부정적 성관을 갖게 되고, 성에 대한 자긍심이 부족한 아이로 자랄 수 있고, 또한 생의 목적의식이 결여된 아이로 자랄 수 있다.

덕육 실패의 후유증으로는 감성적으로 편협하거나 목적의식이 부족하고, 어른 흉내를 내는 애어른으로 자랄 수도 있고, 문화실조 결핍증이나, 성과 관련 있는 신경증 또는 생에 대한 가치관과 긍정적 목적의식 결여 등을 들 수 있다.

4) 학령기(6~12세) 아동의 발달

이 시기의 아동을 에릭슨은 자아성장의 결정적 시기이고, 아동에게 성취감(근면성)과 열등감이 생겨날 수 있는 시기로 보았다. 즉 아동이 열심히 노력하여 목표를 이루거나 아니면 그렇지 못하고 실패하는 시기로 나누어지는 시기이기도 하다. 또 이 시기는 활동 영역을 가족의 울타리 밖으로 넓혀 가기 시작한다. 양육자로서 부모의 역할이 필수적이지만 이 시기부터는 신체적 차원보다는 심리적 차원의 양육이 요구된다. 자녀의 성장과 변화에 따라 부모의 양육태도도 같이 이에 부응하여 변화해 가야 한다. 학령기 아동의 발달과제로는 지적 호기심의 충족, 지식과 기술의 축적과 지적 추구의 보람과 효능감, 성취감 등을 경험하게 된다.

이 시기에는 근면성과 자신감이 생기고 또래관계가 늘어나고, 단체생활을 활발히 하는 시기이다. 학령기 부모의 역할은 지육(知育)인데, 지육으로는 전인교육의 틀을 유지해야 하고, 지식의 축적보다 습득과정을 중시해야 하며, 학습태도와 동기, 학구적 태도를 중시해야 한다. 또한 또래관계와 우정을 중시하며, 단체생활을 통해 협조와 양보, 법질서 개념을 습득하는 시기이다. 부모는 이 시기의 자녀에게 논리적으로 설명을 해 줌으로써 바람직한 행동을 유도할 수 있다. 또 부모와 자녀 사이나 친구 간에 문제가 발생하였을 때 자녀들이 이해할 수 있도록 도와 주어 억울한 감정을 억압하지 않도록 해야 한다. 부모가 자녀의 입장에서 이해하기 보다는 부모의 권위로 무조건 자녀의 복종을 요구한 경우 부모의 비합리적인 행동에 대한 분노를 성장하여도 해결하지 못하는 경우가 많다. 이 시기의 부모의 주된 역할은 격려자의 역할이다. 아동이 학교생활에서 성취감을 획득하고 친구관계나 가정 밖의 사회관계에서 자신감을 가질 수 있도록 돕고, 긍정적인 자아개념을 형성하고, 바람직한 생활습관을 생활화하도록 돕는 것이 부모의 중요한 과제이다.

또한 부모들은 그들이 자신의 세계를 넓혀 가고 부모에게서 독립해 나갈 수 있도록 아이들을 격려해야 한다. 아동이 또래, 교사 등 가정 밖의 타인들에 의해 수용되고 긍정적으로 평가받는 것은 아동의 긍정적 자아발달에 중요한 변수이기 때문에 학교생활에서 과제를 성공적으로 수행하여 자신감과 성취감을 갖게 하여 학습의욕을 고취시키고 성실하게 공부하는 습관을 기르도록 도와 주어야 한다. 그러나 이 시기에 공부하는 습관을 기르는 것이 중요하다 하더라도 가장 중요한 것은 자녀의 심리적 건강이라는 사실을 잊지 말아야 한다. 내적 불안이 높은 부모일수록 자녀의 학업성취에 지나치게 집착하여 자녀의 학업에 대한 호기심이나 자발성을 잘라 놓고 능력이 있는 자녀임에도 불구하고 적절한 학업능력을 발휘하지 못하는 경우가 있다.

학령기 교육의 문제로는 지적 성취위주, 경쟁적 태도, 교사의 자질 등을 들 수 있다.

학령기 아동의 정신과적 문제로 분리불안과 학교공포증, 우울증과 강박증, 틱장애, 품행장애, 주의력결핍/과잉행동, 학습장애 등을 들 수 있다.

정신적으로 건강하지 못한 아동의 모습으로는 다음과 같은 것을 말할 수 있겠다.

- 발달이 뒤지거나 이상이 있다.
- 즐거움이 없고 생기가 없다.
- 잦은 신체증상을 호소한다.
- 자신감이 없고 눈치를 많이 본다.
- 너무 의존적이고 독립심이 부족하다.
- 놀이를 할 줄 모르고 꿈이 없다.
- 또래와 어울리지 못한다.
- 남을 배려하지 않고 자기욕심만 낸다.
- 기분 변화가 심하고 공격적이다.
- 현실에 맞지 않는 생각과 행동을 한다.

표 1-3 **아동의 발달과 부모의 역할**

연령	발달	역할
0-2세	신체와 뇌의 발달	養育(體)
1-3세	情感(희로애락, 공감력)	仁 養育(情)
2-4세	行動(통제력, 실천력, 독립성)	義 訓育
4-6세	德目(가치관, 사회규범, 예절)	禮 德育
7세	知識(이해력, 추리력, 문제해결)	智 知育

* 출처 : 숙명여자대학교(2004), 제1회 부모교육사 기본과정교육 자료집.

Memo

CHAPTER 02

치료놀이 이론

1. 치료놀이의 역사
2. 치료놀이의 특징
3. 치료놀이의 중요한 원리
4. 치료자의 지침

치료놀이(Theraplay)는 아동의 문제를 아주 짧은 기간에 변화시킬 수 있는 활동적이고 재미있는 심리치료기법이다. 아동의 건전한 성장과 발달에 필수 요소라고 할 수 있는 '안정된 애착'을 아동과 치료자가 맺게 되므로 아동의 문제를 해결하고 예방할 수 있는 방법이다. 또한 통찰과정은 있지만 그것을 이야기로 나누기 보다는 치료현장에서 이루어지는 구체적인 경험을 중요시한다. 터치(Touch)를 중요시하며 터치를 통해 마음의 감동을 주게 되고, 부모와 자녀관계의 기본적인 양상을 놀이의 순수한 재미를 통해 재현하게 되는 것이다.

즉 치료과정에서 퇴행의 중요성을 강조하고 치료자가 사전에 주의 깊게 계획하고 구조화하여 전 과정을 확실하고 책임 있게 주도해 나간다(성영혜, 2000). 이 장에서는 치료놀이의 그리 길지 않은 역사와 치료놀이의 특징, 치료놀이의 원리를 통해 치료놀이에 대한 이해를 돕고자 한다.

1. 치료놀이의 역사

치료놀이는 1967년 임상심리학자인 전버그(Ann M. Jernberg) 박사가 시카고에 치료놀이연구소(Theraplay Institute)를 설립하면서 시작되었다. 치료놀이 이론과 방법의 상당부분이 데스 로리어스(Des Lauriers)에게 영향을 받아 '활기차고 재미있으며 아동과 치료자 간의 인간적이고 신체적인 터치를 사용'하여 독특한 치료기법을 발전시켰다.

치료놀이는 지금-여기(here and now)에 초점을 두었고 놀이를 통한 개입적이고 신체접촉을 사용한 점에서 아주 직접적이고 급진적인 치료방법이었다. 이런 치료놀이의 주요 목적은 건강한 애착 및 자존감 향상, 타인 신뢰증진에 탁월하고 단기적인 치료방법이다.

치료놀이는 치료자가 각 회기를 구조화하고 치료의 책임을 지는 정도가 로리어스의 연구와는 다르며 아동이 어떻게 하는지 기다리지 않고 치료자가 치료회기를 주도한다.

1) 초기

산업심리학자였던 허스트(Hurst)는 시카고 헤드스타트(Head Start) 프로그램의 심리 서비스를 제공받기 위해 전버그 박사를 고용하였고 심리적 문제로 도움을 받아야 할 아동의 수는 수백 명에 달하였다. 그러나 치료할 수 있는 기존센터는 아이들을 모두 치료할 만큼 충분하지 않았다. 또한 치료기간이 오래 걸리고 비용도 많이 들 뿐만 아니라 아동의 집과의 거리가 너무 멀기도 하였다.

전버그 박사는 이런 아동을 위한 치료방법을 모색하다가 치료효과가 빠르고 아동을 개입적으로 치료할 수 있는 고유한 프로그램을 만들어야 하였다. 더욱이 경험이 적은 직원들이 할 수 있는 접근 방법이어야 하였다(성영혜, 2000).

2) 1960년대

전버그는 데스 로리어스와 브로디(Viola Brody, 1978)가 개발한 새로운 접근방법에서 몇 가지 내용을 가지고 '건강한 부모-영아 상호작용 모델'을 만들었다.

데스 로리어스는 강한 직관력을 강조하였고 치료자와 아동 간에 직접 신체접촉을 하고 눈맞춤하는 것을 강조하였다. 그리고 여기-지금에만 초점을 두고 환상(fantasy)은 무시하였다.

브로디는 치료자와 아동 간에 신체적 접촉, 안고 흔들기, 노래 부르기, 껴안기 등의 양육적인 관계에 초점을 맞추었다. 이런 양육활동이 발전되어 브로디의 첫 제자였던 토마스(Ernestine Thomas)에 의해 치료놀이의 가장 중요한 측면을 제공하게 되었는데 그것은 바로 아동이 지니고 있는 건강성, 잠재력, 강인함에 대한 인식이었던 것이다.

이런 모델을 염두에 두고 전버그는 아동이 자기를 확신하고 부모가 자녀를 이해하도록 돕고자 하였다. 그래서 부모가 아동들과 원활한 상호작용을 하고 좋은 관계를 형성할 수 있도록 하였다(Munns, 2000; 신현정, 2009, 재인용). 헤드스타트 프로그램에 참여한 어머니들과 대학생들, 치료전문가들에게 아동의 잠재력을 확실히 신뢰하면서 재미있게 활동하도록 하였다. 비교적 짧은 기간 훈련하고 지도하여 학교 현장으로 보내었다.

이런 비전통적인 방법은 교장, 교사, 사회사업가 등으로부터 저항을 받았고 위축행동 아동의 치료 장면을 담은 필름인 「Here I am」과 과잉행동 아동의 치료 장면을 담은 「There he goes」, 그리고 「It can be done」을 제시하므로 치료놀이는 점차 수용되고 인정받게 되었다(Jernberg & Booth, 1999).

3) 1970년대

1970년 전통적인 놀이치료와는 다른 새롭고 재미있는 치료방법의 적절한 명칭을 찾던 중 필름제작에 참여했던 라이먼(Charles Lyman)의 제안으로 'Theraplay'(TP)라는 이름을 붙이게 되었다.

1971년 TP는 대학의 교과과정으로 채택되었으며 치료놀이연구소가 시카고에 설립되었다. 다음 해인 1972년에는 HEW(건강 : Health, 교육 : Education, 복지 : Welfare)에 정식 등록되었다.

헤드스타트 아동들의 치료효과에 의해 부모, 교사, 사회사업가들은 연구소에 아이들을 보내었고 치료놀이 연구소는 모든 종류의 아동들을 치료하기에 이르렀다. 즉 정서장애, 행동장애, 관계 맺기에 어려움을 보이는 아동, 규제가 안 된 아동, 자폐아동, 전반적 발달장애 아동, 지체장애 아동 등 모든 아동의 문제를 부모-아동 간의 관계형성에 초점을 두고 치료하였으며 교육과 훈련을 하는 센터로 발전하게 되었다.

4) 1980년대

1980년대에는 미국 전역은 물론 캐나다, 오스트레일리아, 핀란드, 독일, 이스라엘, 남아프리카 공화국 등 전세계에서 본격적인 훈련이 진행되었으며 치료대상은 어린이집에서부터 노인시설에 이르기까지 전 발달단계에 걸쳐 활용할 수 있게 되었다. 또

수백 명의 전문가들이 상호작용 평가를 위한 도구인 MIM(Marschak Interaction Method)과 치료놀이기법을 훈련받게 되었다.

전버그의 저서 「Theraplay」가 독일어와 일본어로 번역되었다(The Thraplay Institute, 1994, 김수정, 2002, 재인용).

5) 1990년대 이후

1990년대에는 일본과 우리나라에도 치료놀이가 전파되고 한국에서는 '치료놀이'라는 명칭이 탄생하게 되었으며 1998년부터 연구활동과 임상활동을 시작하였다. 전문가를 양성하기 위한 교육과 세미나를 개최하고 국제 치료놀이 워크숍과 국제회의에도 꾸준히 참석하여 치료놀이 전문가들을 배출하고, 각 대학의 교과과정에 치료놀이가 채택되고 있다.

현재 한국에서는 상담센터, 복지관, 병원, 어린이집, 보호시설, 지방검찰청, 정신보건센터 등 다양한 환경에서 치료놀이가 활발하게 진행되고 있으며 특히 '서울시 장애인 인식 개선사업'에 참여하여 치료놀이를 통해 장애아의 발달을 돕는 다양한 프로그램을 실시하여 여러 현장에 치료놀이를 활용하였다. 또한 서울시 장애아 보육지원사업의 심리지원파트에서는 치료놀이를 통해 장애 영 · 유아의 기관 적응과 또래 상호작용 촉진, 장애 영 · 유아에 대한 교사의 이해를 돕고 있다(성영혜 외, 2009).

또한 2009년에는 미국치료놀이협회의 지부를 한국에 설립하게 되었다.

2. 치료놀이의 특징

치료놀이는 '재미', '즐거움', '놀라움'과 '함께하기'를 중요한 요소로 하고 짧은 기간에 효과를 볼 수 있는 생동감 넘치는 치료기법이다.

놀이 속에 포함된 신체접촉을 통해 친밀한 관계를 맺으며 건강한 부모-자녀관계를 모델로 하여 아동과 양육자 간의 관계에 존재하는 근본적인 문제에 초점을 둔다.

치료놀이는 생애 초기의 부모와 자녀 간의 애착형성을 위한 놀이를 재현하므로 애착, 자기존중감, 타인 신뢰 향상과 즐거운 상호작용 증진에 목표를 둔다.

1) 놀이 활용하기

건강한 부모-자녀관계의 핵심이 놀이이듯이 치료자와 아동 간 상호작용에는 놀이가 포함된다. 놀이에는 아동의 기쁨, 슬픔, 불안, 좌절, 질투, 공포, 분노 등 모든 감정이 표현되고 놀이는 기쁨과 놀라움을 일으키며 삶에 대한 열정과 에너지를 불러오는 필수 요인이 된다. 놀이는 아동의 욕구를 만족시켜 주는 매체 역할을 하고 놀이에서 얻는 만족은 놀이 결과에 의한 것이 아니라 놀이 과정 중에 자연스럽게 얻게 된다는 것이다. 아동에게 인상 깊었던 사건이나 경험이 놀이 속에 반복적으로 재현되므로 그 상황에 숙달되거나 동화되어 해결되므로 치료가 이루어진다는 것이다.

정화이론(catharsis theory)에서는 놀이를 억압된 감정의 배출구로 간주하였으며 놀이는 아동의 욕구와 감정을 가장 자연스럽고 쉽게 분출할 수 있는 창구의 역할을 한다고 주장하였다. 치료놀이는 놀이를 활용하여 치료자와 아동 간에 건강한 부모-자녀관계를 재현하여 아동의 내적 세계를 스스로 표현하여 재미를 만끽하도록 돕는다(이숙재, 2009).

스턴과 위니컷은 모두 놀이의 중요성을 강조하였다. 스턴(Stern, 1985)은 "아동이 엄마와 함께 흥미롭게 즐거운 게임을 많이 할수록 아동은 많은 대인 간 상황에서 정서적으로 긍정적인 각성을 더 많이 경험할 것이다."라고 설명하였다.

위니컷(Winnicott, 1971)은 주체와 객체 간 경험의 매개적 영역을 창조하는 데 있어서 놀이의 중요성에 대해 설명하였다. 즉, 놀이는 아동과 엄마의 현실에 기반을 둔 놀이와 이후에 출현하는 환상에 기본을 둔 놀이 간의 교량 역할을 한다고 하였다. 또한 놀이는 보편적이고 건강한 것이어서 성장을 촉진할 뿐만 아니라 집단관계를 맺을 수 있게 한다고 기술하였다.

치료놀이의 가장 혁신적인 점은 놀이 그 자체에 대한 강조일 것이다. 발달의 초기단계에 속한 즐거운 놀이를 통해 관계를 맺는다. 치료놀이에서의 놀이는 통찰과 대화보다는 신체적이고 구체적이며 지금-여기의 경험을 강조한다. 더구나 상징적인 의미를 추구하지 않으며 과거의 갈등을 재현하지 않는다. 치료놀이에서의 놀이에는 '나는 너를 좋아해. 나는 너랑 함께 있고 싶어. 너는 매우 특별해. 나는 너와 함께 있는 것이 즐거워.' 라는 강한 메시지만이 있어서 안정애착을 형성할 뿐 아니라 아동 자신과 세상에 대한 아동의 관점에 직접적인 영향을 미친다.

치료놀이에서는 놀잇감이 전혀 없는 치료실에서 치료를 실시함으로써 아동이 자신과 치료자 간의 관계에 완전히 집중하게 한다. 그리고 적극적이고, 신체적이며, 재미있고 놀라운 부모-자녀 간에 있을 수 있는 놀이 활동을 시작한다. 심지어 아동을 놀이실로 이끌기 위해 놀이를 이용하기도 한다.

2) 관계의 발달

보울비(Bowlby, 1969)는 관계 맺기에 대한 욕구가 생득적 기제에 의해 아동과 성인 양측 모두에 의해 유지된다고 가정하였다. 태어날 때부터 아동은 안전하고자 하고 양육자와 근접해 있으려는 강한 본능을 가지고 있다. 아동이 움직일 수 있게 되면 주양육자의 존재를 확신할 수 있는 한도 내에서 환경을 탐색하고 다시 자신의 안전기반으로 재빨리 되돌아온다(Ainsworth, 1969). 따라서 상호작용을 통해 아동은 자신이 어떤 유형의 사람인지 배우게 된다.

스턴(Stern, 1985)은 모자간 상호작용에 대한 주의 깊은 관찰 결과, 사회적인 아동과 참여적이고 공감적인 어머니간의 상호작용이 아동의 성격을 발달단계에 영향을 주는 과정임을 설명하였다. 아동과 어머니 간에 애정적으로 조율된 놀이가 치료놀이의 즐거운 상호작용 속에 나타나며, 관계 맺기와 자존감 발달에 부모-자녀관계가 매우 중요하므로 치료놀이에 부모를 참여시키는 것이다.

이상적인 부모-영아 관계는 함께 즐거워하고 서로 공감하며 긍정적으로 상호작용한다. 각각은 서로를 기쁘게 하고 보호하고 보살피려 하며 기쁨과 관심으로 반응한다.

부모가 아기와 함께 하는 것에 대해 기쁨을 느끼면, 아기 역시 부모와 함께 있는 것을 좋아하게 되고, 자신을 특별하고 매력적이며 영향을 미칠 수 있는 존재로 바라보게 된다. 또한 부모가 아동의 손가락을 세거나 아기가 발가락으로 놀이를 할 때 아기 자신의 신체 부위에 익숙해질 수 있게 하고, 엄마가 아동의 발바닥을 가슴 위에 놓고 밀어 주어서 자신과 실재 세계를 구별할 수 있도록 돕는다. 아빠가 아동을 들어올렸다가 잡을 때는 중력, 시간, 운동에 대해서도 알게 된다.

부모는 아기와 상호작용하면서 부모 스스로 사랑을 줄 수 있는 사람이라는 것을 인식하게 된다. 또 강하고 풍부한 자원을 갖고 있는 유능한 존재로 인식하게 된다. 부모는 부모역할을 하면서 아동에게 자신감 있는 역할모델이 된다.

이러한 즐겁고 행복한 상호작용의 경험은 아기와 부모 모두가 견고하고 강한 자아상을 갖게 하고, 아기가 부모와 세상에 대해 긍정적인 이미지를 형성할 수 있게 만들 뿐만 아니라 스트레스로부터의 회복력을 강화시킨다.

치료놀이는 건강한 부모-영아 관계의 핵심적인 특징인 재미있고 즐거운 상호작용을 재현하고자 한다. 이런 방식의 상호작용은 치료놀이의 기본적 모델이 된다. 치료자는 조화롭고 반응적인 부모처럼 행동하고 확신을 갖고 재미있게 주도해 나가야 한다. 치료놀이의 다양한 차원들을 이용하여 아동의 욕구에 정서적 '조율'과 '공감'을 이루어 나가도록 한다.

치료놀이의 목표는 즐겁고 참여적인 활동을 통해 가능한 한 빨리 아동과 부모 간의 건강한 관계를 아동과 치료자 간에 발달시키는 것이다. 이것이 다른 아동 놀이치료와의 차이를 말해 준다.

3) 성인의 책임

아동을 관계에 참여시키기 위해서는 아동의 주도를 따르기보다는, 치료자가 확신을 갖고 활동을 시작해야 한다. 어머니들은 활동을 시작하는 것이 중요함을 인식하고, 집중적인 상호적 놀이에 아동을 참여시키기 위해 적극적이어야 한다. 치료에 의뢰된 아동들은 일반적으로 성인과의 상호작용에서 즐거움을 기대하지 않고, 함께

해야 하는 활동을 시도할 수 없거나 시도하기를 꺼려 한다. 이러한 아동에게는 마음을 이끌어 낼 수 있고, 새로운 상호작용을 시도할 수 있는 누군가가 필요하다. 치료자가 책임을 져야 하는 중요한 또 다른 이유는 아동에게 명확히 정의된 제한과 한계를 통해 안전과 안정감을 제공해야 하기 때문이다. 부모들은 어린 아동을 안전하게 하기 위해 당연히 책임을 져야 한다. 아동의 연령이 증가하고 독립성이 발달하면서 부모와 아동이 타협해 가면서 부모는 명확한 규칙을 정의하고 강조하는 것이 중요하다는 것을 인식하게 된다.

예를 들면, '나와 함께 놀고 싶니?', '오늘 뭐 하고 싶니?' 같은 질문은 건강한 아동과의 일상적 상호작용에서는 적절하지만, 치료자에게는 불확실함을 정서적으로 미숙한 아동에게는 과중한 선택의 부담을 지우는 것이다. 놀이에 아동을 참여시키는 데 있어서 아동이 치료자의 주도에 저항할지라도 치료자의 주도는 필수적이다. 치료자는 아동이 무의미하게 시간을 보내거나 수동적으로 행동하는 것을 무심하게 바라보고 있지 않는다. 아동이 양육자와 안정적인 관계를 확립한 이후에 자율성과 자기주도적인 활동을 향해 성장할 수 있는 충분한 가능성이 생긴다.

치료놀이에서 구조화를 제공하기 위해서 치료자는 각 회기 내에 실시되는 활동과 회기가 진행됨에 따른 활동의 진전에 책임을 져야 한다. 치료자는 아동의 욕구에 맞춰서 회기를 계획해야 하며, 각 회기는 높은 열정의 순간과 조용하고 긴장된 순간을 모두 갖춰야 한다.

자신의 욕구를 충족시킬 수 없었던 환경에서 양육되어 치료에 의뢰된 아동들은(양육기관에 있거나 양육기관에 있다가 이후에 입양된 아동, 혹은 과잉 민감성으로 진정되기 어려운 아동) 자기 자신만을 신뢰할 수밖에 없다는 것을 체득한 상태이다. 그러나 이처럼 아동이 스스로 주도하고 결과를 예측하고자 하려는 것은 안정애착의 형성을 방해한다. 어른인 척하는 것은 아동 스스로도 큰 부담이 된다. 따라서 이러한 아동을 대상으로 치료를 할 때에는 치료자가 주도함으로써 아동을 자신의 삶에 책임을 지게 하는 것으로부터 자유롭게 해 줄 수 있다. 아동들은 다시 어린이가 되고 세상을 안전한 곳으로 만들어 주는 성인의 양육을 받고 성인과 놀이를 해야만 한다. 만약 아동이 놀이 활동을 제안하면서 치료회기를 주도하려고 한다면, 치료자는 다음과 같이 말할 수 있다. '너는 굉장한 생각을 가졌구나. 그렇지만 나는 너를 위해 계획한 특별한 놀이를 할 거야.' 만약 아동이 이야기하거나 논쟁을 하면서 통제하거나 조작하려 한다면 치료자는 이러한 시도를 무시하고 좀 더 참여적인 활동을 시도한다.

치료놀이는 치료자가 활동을 계획하고 주도적인 역할을 한다. 치료놀이 치료자는 자신이 모든 권리를 갖고 있으면서 동시에 아동의 병리에 개입해야만 하는 의무를 갖고 있음을 인식하고 있어야 한다.

사실상 치료자가 책임을 지는 것과 아동의 주도를 따르는 것이 정확히 반대의 입장은 아니다. 아동중심치료는 건강함을 향한 신념에 근거하고 있고, 스스로 문제를 해결할 수 있는 아동의 능력을 강조하는데, 치료놀이 역시 발달적으로 적절한 상호작용과 함께 참여하기에 대한 아동의 욕구를 존중한다. 많은 아동에게 있어서 내적 주제에 대한 탐색은 매우 중요하지만 그러나 치료놀이에서의 목표는 이미 기술한 바와 같이 내적 주체에 대한 탐색이 아니라 아동과 부모 간의 관계를 변화시키는 것이다. 치료놀이는 방임적 접근, 즉 아동을 그냥 내버려 두는 접근을 반대하는데, 그 이유는 최악의 경우 많은 문제들의 핵심적 측면인 관계의 문제를 해결하는 것을 어렵게 하거나 실패하게 하기 때문이다. 또한 치료놀이는 권위적이고 비공감적인 접근 역시 반대한다. 왜냐하면, 이러한 접근은 아동의 자아실현을 향한 잠재력을 존중하지 않기 때문이다(Jernberg & Booth, 1979).

부모는 아동의 독립성과 자율성을 격려하기 위해 아동에게 결정권을 부여하지만 어떠한 경우에서든 아동의 현재 성숙정도와 지식수준 이상의 것이 요구되는 결정권을 부여해서는 안 된다. 3세 아동은 비오는 날 외출할 때 장화를 신어야 할지 말아야 할지 결정할 수 없고, 6세 아동은 성인용 TV프로그램을 시청해야 할지 아닌지에 대해 결정할 만큼 성숙하지 못하다.

치료를 받는 아동의 경우 자율성을 발달시켜야 할 생활연령일지라도 정서적 연령이 훨씬 더 어린 경우가 많다. 자율성을 향한 욕구는 아동을 타인과 격리시키고 새로운 경험으로부터 움츠러들게 한다. 이런 경우 아동은 타인과 함께 하려고 하지 않으므로 확신 있는 치료자는 먼저 아동과 관계를 형성하고 아동을 상호작용에 참여시키는 것이 중요하다는 것을 인식한다. 그래서 치료자는 아동이 자발적으로 관계를 맺으려고 할 때까지 기다리지 않고 어린 아동의 어머니처럼 먼저 상호작용을 시작한다.

4) 퇴행욕구 만족시키기

치료놀이는 부모-자녀관계를 기본 모델로 하므로, 다양한 퇴행적 활동이 실시된다. 치료놀이에서는 모든 연령의 아동에게 영아의 놀이를 적용한다. 예를 들어, 학령 전 아동을 대상으로 까꿍놀이를 하거나 자장가를 불러 주기도 한다. 또한, 학령기 아동을 대상으로 안고, 흔들어 주고, 자장가를 불러 주기도 하며, 모든 연령의 아동을 대상으로 먹여 주기도 한다(특히, 빈곤한 아동에게는 젖병을 사용하기도 한다). 또한 청소년들을 대상으로 다양한 재미있는 활동을 통해 양육적 보살핌을 제공하기도 한다. 예를 들어, 휴지 뭉치에 발자국을 만들어 벽에 걸어 놓고 벽을 걸어갔던 것처럼 보이게 하기도 한다. 이것을 하기 위해 손으로 청소년의 발바닥을 물감을 칠하고, 씻겨 주고, 발에 파우더를 발라 주고, 양말과 신발을 신겨 주기도 한다. 이처럼 아동의 퇴행적 욕구에 반응해 주는 것은 건강한 상호작용의 순환을 다시 시작하기 위한 필수적 단계이다. 자아, 자존감, 신뢰의 발달은 생의 초기에 그 근거를 두고, 양육자가 아동의 욕구에 공감적으로 반응할 때 애착이 발달되므로, 치료놀이에서는 부모가 아동의 퇴행적 욕구를 지지할 수 있도록 격려한다.

위니컷(Winnicott, 1958)은 치료의 과정에서 퇴행의 중요성을 강조했다. 퇴행은 외적 환경으로 인해 아동이 실패했던 바로 그 순간으로 되돌아가는 것을 의미하며, 퇴행을 통해 아동은 초기의 발달적 욕구를 충족시킬 수 있다. 치료의 치유적 요인은 언어적 해석에 있는 것이 아니라, 치료가 어떻게 이러한 초기 욕구를 충족시킬 수 있느냐에 있다는 것이다. 환자의 퇴행하고자 하는 경향은 스스로 치유하고자 하는 개인 능력의 한 부분이라는 것이다.

그린스팬(Greenspan, 1992)은 자폐아동이나 PDD아동에 대해 다음과 같이 기술하였다.

> "대인관계 경험의 가장 주요한 기초가 결핍되어 있으므로, 즉 정상적인 8개월 아동처럼 의도적인 방식으로 상호작용하려 하지 않으므로, 그들은 인간성을 이끌어 낼 수 있는 많은

경험들을 하지 못한다. 그러므로 이러한 아동들을 위한 초기의 치료적 목표는 발달적 진전을 향해 한 걸음 나아가게 하는 것이다. 다시 말하면 집중과 주의, 인간 세계에 참여하기, 양방향적이고 의도적인 의사소통을 증진시키는 것이다."

즉, 치료놀이에서는 대인 간 의사소통의 가장 초기단계로 되돌아가는 것의 중요성을 강조한다(Jernburg & Booth, 1999; 김태련 외 공역, 2007).

5) 공감적인 조율 발달시키기

치료놀이 치료자는 아동과 함께 재미있는 상호적 활동을 하기 때문에 치료자의 행동을 아동의 행동에 일치시키고, 섬세하게 조율된 상호작용의 조화를 연출해 내야 할 경우가 많다. 그래서 치료놀이에서는 이러한 목표를 갖는 활동들이 많다. 예를 들어, '참외와 수박'이라는 게임은 부모와 아동의 목소리 크기와 높이를 일치시키는 놀이다. 부모가 '참외'라고 말하면, 아동은 목소리의 크기나 부드러운 정도를 부모와 유사하게 하여 '수박'이라고 말하는 것이다.

부모가 충동적인 학령기 아동과 조화로운 신체적 활동을 할 수 있게 하기 위해서 '거울 보기' 게임을 하기도 한다. 부모와 아동이 마주 보고 앉거나 서서 아동이 마치 거울을 보듯이 성인의 움직임을 모두 따라 할 수 있게 되면, 아동이 주도를 하여 부모가 아동의 움직임을 모방하게 하는 것이다.

여러 가지 활동을 할 동안 치료자는 아동의 행동뿐 아니라 정서적 강도에도 일치되어야 한다. 상호작용을 하는 데 있어서 치료자는 자신의 정서적 강도를 아동의 정서적 강도에 일치시키고, 아동이 부모와 조화를 이룰 수 있는 새로운 방식을 학습할 수 있게끔 하면서, 아동의 분위기에 공감적으로 반응한다. 심지어 아동의 강렬한 정서 표현에도 자신을 일치시켜야 한다. 즉 화가 난 아동의 외침에도 치료자는 자신의 정서와 목소리 톤을 일치시켜야 한다. 치료자가 "너, 화났구나!" 하고 크게 말할 수 있고 아동은 치료자가 자신의 감정을 진실로 이해하는 것에 대해 놀라기도 하면서 잠시 동안이나마 저항하지 않게 된다.

치료놀이에서는 부모가 아동의 행동과 감정을 이해하고, 아동의 행동과 감정에 일치시킬 수 있게끔 돕는다. 예를 들어, 쉽게 과잉자극되는 아동을 달래기 위해 많은 부모들은 아동을 빨리 흔들어 주지만 치료놀이에서는 어머니의 어깨에 손을 얹고, 어머니와 아동이 진정될 때까지 아동을 흔드는 속도를 늦추게 한다. 부모가 아동의 슬픔이나 상처받은 감정을 조율할 수 없는 경우에는 아동의 감정에 대한 부모 자신의 생각을 탐색하게 하고, 아동의 기분을 나아지게 할 수 있는 행동을 할 수 있다. 예를 들면, 담요로 싸거나 안아서 흔들어 주기, 편안한 노래 불러 주기 등을 하게 한다.

코헛, 위니컷, 에인스워스, 스턴 등의 발달이론에서 공감은 매우 중요하게 다루어진다. 코헛(Kohut, 1984)은 영아의 정서적 상태에 대한 양육자의 공감적 반응이 자아의 발달에 핵심적인 요인이라고 주장하였다. 위니컷((Winnicott, 1958)은 정신건강의 근원은 "영아기에 있고, 자녀를 보살피는 데 전념하는 어머니의 양육기술에 의해서 발달한다."라고 기술한 바 있다. 영아는 경험을 수용하는데 통합되지 않은 채 생을 시작하므로 어머니의 반응을 통해 영아는 통합된다.

치료놀이에서 공감의 발달에 대한 가장 중요한 이론적 근거는 스턴(Stern, 1985)의 이론으로서 영아와 어머니 간의 정서적 조율을 통해 영아가 자신의 감정과 타인의 감정을 인식하고, 궁극적으로 타인에게 공감할 수 있는 능력을 발달시킨다고 설명하였다. 스턴은 영아의 행동을 모방하는 어머니에서 시작하는 발달적 단계에 대해 설명하였다. 9개월 무렵, 어머니는 자신의 행동을 단순한 모방에서 새로운 범주의 행동으로 확장시킨다. 스턴은 이러한 새로운 범주의 행동을 '정서적 조율(emotional attunement)'이라고 명명하였다. 정서적 조율이란 내적 상태에 대한 직접적인 행동적 표현을 모방하지 않은 채 공유하고 있는 정서 상태의 핵심적 감정을 행동으로 드러내는 것이다. 이러한 행동들은 매우 중요한데, 행위에 초점을 두는(모방의 핵심인) 것이 아니라 공유하고 있는 감정에 초점을 두기 때문이다. 모방은 행동을 만들어 내고 조율은 감정을 만들어 낸다. 스턴은 다음과 같은 예를 제시했다. "9개월 된 남아가 장난감을 손으로 치고 있다. 처음에는 약간 화가 난 상태였지만 차츰 재미있어 하면서 장난스럽게 치다가 안정적인 리듬을 만들어 낸다. 어머니는 아동이 만들어 내는 리듬에 빠져들면서 '빰–빠' 소리를 낸다. '빰' 소리를 내며 아동의 팔을 잡고 장난감을 칠 준비를 시키다가 아동이 장난감을 치는 순간 '빠' 소리를 낸다." 생의 초기에 이러한 상호작용은 반복적으로 일어나고, 아동과 어머니 간의 공유된 경험의 일부가 된다.

초기 조율의 조화로움을 경험하지 못했던 많은 아동들에게는 또래와의 관계를 발달시키는 데 있어서 중요한 두 가지 요인이 결핍된다. 이러한 아동들은 또래들이 어떠한 감정을 느끼는지 이해할 수 없고, 따라서 그들의 감정을 설명할 수 없다. 또한 적절한 주고받음의 방식으로 상호적 놀이를 할 수 없다. 치료놀이에서의 상호적 놀이는 이러한 기술들을 가르칠 수 있다.

6) 접촉(touch) 이용하기

부모와 아동 간의 상호작용에서와 마찬가지로, 치료놀이는 접촉의 중요성을 강조한다. 재미있는 상호작용이든 양육적인 상호작용이든 간에 치료놀이는 접촉할 기회를 만들어 내고자 한다. 치료놀이에서는 아동을 안고, 흔들며, 껴안는다. 아동의 손과 발에 로션을 발라 주고, 얼마나 미끄러운지, 그리고 얼마나 잡기 어려운지로 재미있는 놀이를 한다. 이러한 모든 활동을 통해 아동은 자신의 신체와 신체의 중요성을 인식할 수 있게 된다.

마이로우(Myrow, 1997)는 치료놀이에서 접촉의 중요성을 강조하면서 다음과 같이 설명하였다. "사랑하는 양육자와의 접촉을 통해, 아동은 자아감, 타인과 관계를 맺을 수 있는 능력, 정서를 조절할 수 있는 중요한 기술, 환경을 통제할 수 있다는 느낌, 자신의 가치에 대한 신념을 발달시킨다." 치료놀이에서는 놀이를 할 때 부모가 아동과 더 많은 접촉을 할 수 있게 하기 위해 안정의 근원이 되고, 아동을 진정시킬 수 있게 함으로써 안정애착을 발달시키도록 격려한다. "아동이 이미 안정애착을 형성한 경우, 아동과 양육자가 현재의 갈등을 해결할 수 있게 함으로써, 즉 부모의 지속적인 제한을 수용하게 됨으로써, 신체적 접촉은 치료적 관계를 형성하기 위한 하나의 경로가 된다. 즐겁고 신체적인 치료놀이 활동은 신뢰감을 형성하고, 변화를 받아들이게 한다."

치료놀이를 처음 시작할 때는 부모와 아동 간에 일어나는 다양한 신체적 활동, 예를 들어 배에 입맞추기, 손가락으로 푸딩 먹여 주기, 욕조에서 아동과 놀이하기 등을 모방한다. 그러나 아동에 대한 신체적 · 성적 학대가 만연해 있으므로, 부적절한 신체접촉을 하지 않기 위한 많은 주의가 필요하다. 예를 들어, 아동의 배를 노출시키기 위해 셔츠를 들어올리지 않는다. 사랑하는 성인이 이러한 행동을 하는 것이 아동에게 전혀 해가 되지 않을지라도, 치료과정을 관찰하는 사람들에게 불안감을 주지 않기 위해 이러한 활동을 실시하지 않는다. 신체접촉을 제공하는 데 세심한 주의를 기울인다는 것이 치료놀이에서 아동이 필요로 하는 접촉의 제공을 망설인다는 것을 의미하는 것은 아니다. 브라질턴(Brazelton, 1990)은 다음과 같이 설명하였다. "접촉은 다양한 수준의 적응에 기능하는데, 첫 번째로 접촉은 생존을 가능하게 하고, 결국 삶을 의미있게 만든다." 신체접촉은 가장 근본적인 인간의 경험이다. 신체접촉은 매우 중요하므로, 치료놀이에서는 가능한 한 다양하고 건강한 방식으로 신체접촉을 제공하고자 한다(Jernberg & Booth, 1999; 김태련 외 공역, 2007).

3. 치료놀이의 중요한 원리

1) 구조화하기(structuring)

구조화하기는 영유아의 일상생활은 규칙적인 수유나 수면과 같은 질서와 리듬으로 구성된다는데 착안하여 생성된 개념이다. 안전하고 건강하게 성장하기 위해서는 부모와 같은 중요한 양육자의 애정과 질서 정연한 구조화로 이루어진 시간과 공간이 필요하다. 왜냐하면 해도 되는 것과 해서는 안 되는 것을 예측하게 되고 안정감을 갖게 되어야 하기 때문이다.

예를 들면, 장난감은 만져도 되지만 날카로운 칼은 만지면 안 된다는 것 등이다.

발달단계별로 본다면 신생아에게는 수면, 수유와 같은 정규적인 것과 기저귀를 갈아야 하는 것과 같은 계속적으로 지켜야 할 구조화가 필요할 것이고, 걸음마 아기에게는 엄마와 함께 있을 때는 잠시 동안 자기 마음대로 놀아도 괜찮겠지만, 화분의 흙을 손가락으로 파서 먹어 보고 뜨거운 것을 조심해야 되는 것과 같은 것은 구조화가 필요할 것이다. 유아는 친구에게 친절하게 하고 인사를 배우고 혼자 길을 잃어버리는 등 과정에서 구조화가 필요할 것이고 초등학생에게는 규칙적으로 잠자고 아침에 일어나서 학교에 가고 숙제를 하는 등의 구조화가 필요하게 마련이다.

십대의 경우에는 친구의 선택과 귀가시간과 자신의 정체감 형성과 사람들과 협상하는 방법 등에 구조화가 필요할 것이다.

이렇게 예측할 수 있는 환경을 통해서 환경의 질서와 흐름을 알아차릴 때 비로소 아이들은 안정감을 느끼게 되는데 이것을 구조화한다고 한다.

이런 구조화의 과정을 통해 점차 자신이 누구인지, 다른 사람들과 어떻게 지내야 하는지, 욕구를 건설적으로 충족시키기 위해서 어떻게 협상해야 하는지를 알 수 있도록 도움을 받는다. 더욱이 부모가 자신의 행동을 책임지고 허락하며 구조화해 줄 것이라는 믿음은 스스로 안전에 대한 느낌을 갖는다. 성인이 책임지고 있다는 인식은 영아를 안심시키고 자기 자신을 통제하는 법을 가르쳐 줄 뿐만 아니라 환경이 무질서하고 혼란스러워도 그 속에서의 질서를 확인하게 해 주므로 점차 내면적 · 외부적 무질서를 극복하게 된다(성영혜, 2000).

2) 도전하기(challenging)

부모-자녀관계에는 아동이 한 걸음 더 발전하고 긴장되는 경험을 숙달시키고 유능감을 느낄 수 있게 하는 여러 가지 도전이 포함된다. 영아는 생의 초기부터 도전을 통해 성취감과 자신감을 맛보는 중요한 경험을 한다. 누워만 있던 영아가 뒤집기를 하고, 엎드려 기어다니다가 물건을 잡고 일어나며, 한 발자국씩 걷게 되는 과정에서 엄마는 아기를 무릎 위에서 들어올리기도 하고 아기에게 '잼잼'이나 '곤지곤지', '훨훨' 등을 따라하게 하면서 '너는 성장할 수 있고 세상에 긍정적인 영향을 줄 수 있단다!' 라는 도전의 의미를 통해 새로운 것을 배우고 자신감을 발달시킬 수 있게 해 주는 것이다. 이런 시기에는 넘어지거나 부딪히는 좌절을 극복하면서 결국에는 과업을 성취한다. 만약 넘어지는 것이 무서워 앉아만 있다거나 걷기를 포기했다면 영아는 뛰어다니는 높은 차원의 발달은 이루지 못하였을 것이다. 그러나 아무리 어린 영아라도 넘어지는 것이 두려워 걷기를 포기하지는 않는다. 넘어지더라도 다시 일어나 재도전할 수 있는 적절한 환경이 조성된다면 어려움을 극복하고 더 성장하기 위해 노력한다. 걷다가 뛰게 되면 더 넓은 세상을 더 빠르게 보고 배울 수 있다. 누워 있거나 걷기만 했을 때보다 세상에서 더 많은 만족감과 유능함을 느끼게 된다. 이렇게 영아는 미지의 세계에 대한 끊임없는 호기심을 바탕으로 탐색하고 그것이 성취되었을 때 만족과 자존감을 느낀다.

도전 역시 이러한 것에 기인해 생성된 개념이다. 영아가 자신감을 획득한다는 관점에서 도전의 성공은 매우 중요한 의의를 갖는다. 부모나 밀접한 성인은 영아에게 '도전하기'를 가르치고 도전에서의 성공을 격려하며, 영아가 신뢰감을 느낄 수 있게 하므로 건전한 정신적 기능인 다른 사람과의 긍정적 관계를 증진시키고 스트레스 방출에도 많은 도움을 준다(성영혜, 2000). 치료에서 이런 도전적인 활동들은 아동의 숙달감을 증진시킬 수 있다. 도전적인 활동은 아동으로 하여금 성공할 수 있고 성인과의 재미있는 관계에서 이루어질 수 있도록 계획된다. 예를 들면, 치료자는 4세 아동이 쌓아놓은 방석 위에서 균형을 잡게 하고 '하나 둘 셋' 을 세면 치료자의 팔을 향해 뛰어내리도록 도전활동을 할 수 있다. 이런 활동들은 아동에게 유능감과 자신감을 향상시키고 연령에 적절한 모험을 하게 한다.

도전활동은 특히 위축되어 있거나 수줍음을 타는 아동 또는 소심하거나 불안한 아동에게 자주 사용할 수 있다. 그리고 모든 치료놀이 회기는 건강한 부모-영아 관계의 핵심적인 특징인 애정 어린 즐거움으로 충만해 있어야 한다. 이러한 즐거움은 특히 심각하거나 감정이 격한 아동 또는 걱정이 많은 아동에게 중요한 활동이다.

도전활동은 '넌 할 수 있어' 와 같은 메시지를 전해 주며 아동으로 하여금 자신감을 주게 된다.

3) 개입하기(engaging, intruding)

일반적으로 부모들은 아기를 혼자 오래 놓아 두지 않는다. 엄마는 아기를 간질이고 무릎에 앉히고 발가락을 잘근잘근 깨물기도 하고 까꿍놀이나 배에 바람 불어 주기, 잡기놀이와 같은 아기놀이를 통해 아기에게 심리적인 개입을 한다. 그러면 아기는 엄마를 쳐다보고 웃고 옹알이를 하면서 엄마와 의사소통을 하고 친밀감을 공유하게 된다. 심리적 개입을 통해 아기는 자기 자신 이외의 세계를 접하고 탐색하며 타인과 차별화하며 호기심을 통해 사회에 적응하게 된다. 즉 아동은 모험과 변화, 새로운 관점 등을 통해 자극되어지는 놀라운 사건이 재미있고 특별한 경험이라는 사실을 알게 되며 건전한 자아개념을 발전시키게 된다. 이러한 상호작용이 반복되고 지속되면서 영아는 서서히 자기 몸과 어머니의 몸을 구별하게 되고 다른 사람과의 상호작용의 즐거움을 알아간다. 이것이 바로 '개입하기'이다. 영아는 개입을 통해 자기 자신과 몸의 경계(boundary)에 대해서 알게 되고 자신이 부모에게 기쁨을 주는 원천이라는 느낌을 배우게 된다.

치료에 의뢰된 많은 아동들은 겉으로는 혼자 있고 싶다는 메시지를 표현한다. 그러나 치료자는 이러한 아동과 즐거운 관계를 형성하기 위한 공감적인 개입을 함으로써 아동을 위축과 회피로부터 벗어나도록 해야 한다. 구체적으로 개입은 시선을 피하는 아동, 위축되고 경직되어 있는 아동, 지나치게 구조화되어 있는 아동, 과잉보호를 받은 아동에게 특히 적합하며, 쉽게 흥분되거나 혼돈된 행동을 보이는 아동이나 과잉 자극을 받은 아동에게는 조금 기다려 주어야 한다. 개입활동은 '나랑 노는 것이 재미있지! 다른 사람과 노는 것도 재미있단다! 너는 다른 사람과 잘 어울려 지낼 수 있어!'라는 메시지를 준다.

4) 양육하기(nurturing)

영아가 자신이 가치 있고 사랑스러운 존재라고 느끼는 가장 기본적인 바탕은 사랑과 보살핌의 표현인 양육을 통해서이다. 양육이 없다면 아이들의 삶은 위태롭게 된다. 그러므로 모든 영아에게 양육은 필수적이다. 예를 들어, 영아가 아무리 배고프다는 신호를 보내어도 어머니가 무관심하다고 생각해 보자. 영아가 배고픔의 고통이 계속되고 반복된다면 자신이 무능하고 쓸모없는 존재라고 생각하게 될 것이다. 만약 어머니가 자신의 기분이 나쁘다는 이유로 영아에게 소리를 지르며 화풀이를 하고 제대로 욕구에 반응해 주지 않는다고 상상해 보자. 영아는 자신을 사랑해 주지 않는 어머니를 인식함으로써 자신도 스스로 쓸모없고 인정받지 못하는 사람으로 받아들인다. 따라서 영아는 지속적으로 자신을 존중하지 못한 채로 초기 경험의 부재 속에서 성장하게 된다. 자신의 가치를 소중히 여기고 자기를 존중하는 것은 개인의 일생을 두고 볼 때, 자아관을 형성하는데 매우 중요한 기틀이 된다. 부모가 아기를 안아 주고 쓰다듬어 주는 등의 양육 행동을 통해서 영아에게 편안함과 안정감을 주게 된다. 그래서 영아는 자신을 '사랑스러운 존재' '인정받는 존재'로 바라보게 된다. 자신에 대한 긍정적인 존재감은 이후 다른 사람을 바라보는 관점이 되기 때문에 매우 중요한 일이 된다. 양육활동은 부모-자녀관계에서 필수적이고 매우 다양한데 먹여 주기, 흔들어 주기, 톡톡 두드려 주기, 안아 주기, 노래 불러 주기, 머리 빗겨 주기 등이 있다. 이러한 양육적 보살핌을 통해 아동은 안도감, 안정감, 편안함을 느끼며 긴장의 이완을 경험하고 자기가 소중하다는 내면적 상을 형성하게 된다. 아동이 보살핌을 필요로 할 때마다 양육적인 성인이 보살핌을 제공하고 아동과 함께할 때 양육자의 아동을 진정시켜 주는 기능은 점차 아동에게 내면화시킬 수 있는 능력을 발달시키고 스스로 양육기능을 타인에게 수행할 수 있게 된다. 양육자는 아동의 의존욕구가 일어날 때마다 일관성 있게 그 욕구를 충족시켜 주고 동시에 자율성을 격려해 주는 등 균형을 이루어야 한다. 치료 상황의 양육적인 보살핌은 '너는 사랑스러워! 사랑받고 싶고 칭찬받고 싶지? 나는 보살핌과 사랑과 칭찬으로 너의 욕구에 반응해 줄게!' 라는 메시지를 전달한다.

양육활동은 공격적이고 과잉으로 행동하며 어른처럼 행동하는 아동에게 특히 적합하다.

5) 즐거움(playfulness)

아이들은 노는 것을 좋아한다. 치료놀이의 모든 활동은 신체를 이용한 게임이나 아동이 쉽게 참여할 수 있는 재미있는 방법에 의해 이루어진다.

4. 치료자의 지침

치료놀이 치료자는 아이가 회기를 끝나고 집에 가서 밤에 자려고 침대에 누웠을 때 치료자의 얼굴을 떠올릴 수 있어야 한다. 치료자가 아동의 삶에 개입한 가장 중요한 사람이 되어야 한다. 다시 말하면, 가장 강력하고 끈질기며 피할 수 없는 사람이면서도 재미있고 신뢰로운 사람이 되어야 한다는 것이다. 치료자 지망생으로 훈련받을 때 아이가 치료자로부터 어렴풋한 인상만을 남겼다면 치료회기가 성공적이지 못한 것이라고 할 수 있다.

치료회기 내내 치료자는 자신과 아동이 놀이의 주요대상이 되어야 하고 아동은 치료회기를 자신이 원하는 대로 할 수 없다는 사실을 알게 되는데, 필요할 때만 베개, 비눗방울, 베이비파우더, 로션, 과자 등을 사용한다. 치료 중 치료자는 '네가 상처받았다는 것을 나는 안 단다'라는 메시지를 담고 치료에 임한다.

치료놀이 치료자를 선정할 때의 조건은 학문적 업적보다는 다른 사람과 건전하고 낙관적으로 유쾌한 관계를 가질 수 있는 자질과 능력을 본다.

치료놀이 치료자는 용기가 있으나 무모하지 않으며 단순한 동정이나 연민과 진정한 감정이입과의 차이점을 알고 있어야 한다. 현명한 부모처럼 아동이 접촉을 더욱 원할 때와 개인적인 공간을 원할 때를 알고 열정이 있고 치료기간 동안 전적인 책임을 지고자 노력한다.

아동이 치료를 거부한다고 해서 낙담하지 않으며 자기진단 결과에 대해서도 낙담하지 않는다. 더구나 원만한 부모-자녀관계 회복의 가치에 대해 자신감을 갖고 있으며 재미있고 낙관적이며 의욕을 가진 사람들이 바로 치료놀이 치료자가 될 수 있다. 실제로 이런 치료자가 된다는 것은 쉬운 일이 아니겠지만 치료자의 자질에 대한 각 항목과 해야 할 것과 하지 말아야 할 것들을 구체적으로 살펴보고자 한다(Jernberg, 1979; 성영혜, 2000).

(1) 자신감 있고 리더십이 있어야 한다.

- 해야 할 것–긍정적인 자기 이미지를 가지고 지도하고 보호할 능력이 있어야 한다.
- 하지 말 것–걱정하고 확신이 없거나 기백이 없어서는 안 된다.

(2) 호감이 가고 함께 있어서 즐거워야 한다.

- 해야 할 것–치료자는 어떤 아동이라도 참여할 수밖에 없을 정도로 놀이의 순수한 재미를 제공하고 유혹과 삶의 기쁨을 제공한다.
- 하지 말 것–무관심하거나 미묘하게 거절하지 않는다.

(3) 반응을 잘해 주고 공감할 수 있어야 한다.

- 해야 할 것–들을 때와 위로할 시기를 알고 아동의 기본적 욕구를 파악할 수 있고 반응할 수 있어야 한다.
- 하지 말 것–아동에게 부분적으로만 반응해서는 안 되며 치료자 자신의 충족되지 않은 욕구에 반응해서는 안 된다.

(4) 항상 회기를 주도한다.

- 해야 할 것–치료자는 그 놀이를 아이가 좋아할 것을 이미 알고 있기 때문에 그 활동을 택한 것이므로 '내가 이 놀이를 이런 방식으로 하는 것은 네가 이것을 좋아하게 될 것임을 나는 알고 있기 때문이야'라는 메시지를 가지고 전적으로 상황을 지배한다.
- 하지 말 것–행동을 취하는데 있어서 허락이나 동의를 구하지 않고 사과를 하지도 않는다. 아동이 지배하는 것을 허락하지도 않는다. '오늘 뛰고 싶어?'라든가 '괜찮아?' 또는 '네 양말을 벗겨도 괜찮겠니?' 등의 의문문은 아동에게 회기의 주도권이 아동과 치료자 공통의 것이며 '아니오' 라고 말을 해도 된다는 생각을 심어

준다. 아동이 '아니'라고 말하면 치료자는 일단 한 발 물러설 수밖에 없고 권력투쟁이 뒤따르게 된다. 활동을 하다가 사고로 아동이 다치게 되는 경우는 물론 사과를 해야 한다. 그러나 치료자가 시작한 놀이에 아동이 '그만해요. 나는 그거 하고 싶지 않아요' 라고 취소 반응할 수 있는 사과와는 다른 것이다. 치료놀이는 일반적으로 언어 사용 이전의 활동에 초점을 맞추는 것이므로 인지되거나 해석할 필요가 없는 것이다.

(5) 신체적인 접촉(touch)을 하기 위해 모든 기회를 이용한다.

- 해야 할 것–건강한 부모 역할에 아동과 부모 사이의 다양한 신체적 접촉이 요구되듯이 각 회기에 신체접촉을 많이 할 수 있도록 계획한다. 대근육이나 소근육을 통해 일어나는 어떤 일은 문제가 되지 않는다.
- 하지 말 것–토론하거나 면담하거나 논쟁하거나 숙고(반성)하거나 설명하지 않는다. 어머니가 어린 아이와 하듯이 말을 할 수는 있지만 모두 다른 신체적 활동의 맥락 안에서 이루어져야 한다.

(6) 변함없이 눈을 맞추려 해야 한다.

- 해야 할 것–아동이 눈맞춤을 회피하더라도 자신의 눈으로 아이 눈을 따라 가야 한다. 그러기 위해서는 물구나무를 설 수도 있고 계획에 없던 *까꿍*놀이를 하거나, 협동치료자에게 지원을 요청하거나 눈 주위와 관련된 놀이를 집중적으로 할 수도 있다. 눈을 맞추는 일에 최우선 순위를 두고 부단한 노력을 할 때에도 유쾌한 놀이의 맥락에서 행해져야 한다.
- 하지 말 것–눈맞춤이 아무리 바보짓 같아 보일지라도 기회를 놓치지 말아야 하지만 임무 지향적이고 치료자와 아동 사이에 심각한 문제가 되게 해서는 안 된다. 치료놀이에서는 아동이 치료자와 눈을 맞추었다고 해서 마치 그것이 잘한 일인 것처럼 격려해서는 안 된다.

(7) 아동에게 집중적인 관심을 두어야 한다.

• 해야 할 것–짧은 30분이라는 시간 동안 아동의 건강에 대한 잠재성을 알고 치료자의 모든 정신적 · 신체적 에너지를 넘칠 만큼 쏟아부어야 한다.
• 하지 말 것–치료자의 아동에 대한 관심이 다른 생각이나 메시지에 의해 초점이 흐려지면 안 되며 충실하고 강도 높은 정신집중을 해야 한다.

(8) 치료자는 아동의 행동에 반응하기 보다는 행동을 주도해야 한다.

• 해야 할 것–아동이 친밀한 관계를 피해 수를 쓰거나 기계적인 반응을 보이거나 무조건 순응 또는 거부할 것이라는 것을 미리 알고 저항적인 움직임이 일어나기 전에 먼저 주도해야 한다.
• 하지 말 것–치료자가 '아니, 그렇게 하지마' 라고 말하거나 계속해서 아동이 시작한 어떤 행동을 재조정하려고 한다면 참여를 주도하기는 어렵다.

(9) 아동이 치료자에게 보내는 단서에 반응해야 한다.

• 해야 할 것–의미 있는 활동에 관심을 보이는 아동의 신호에 민감해야 한다.
• 하지 말 것–'오늘은 카우보이 놀이해요' 라고 아동이 제안한다고 해서 전적으로 아동의 단서에 의해 인도되지는 않지만 아동이 장화를 신고 카우보이 셔츠를 입고 온다면 그렇게 할 수도 있다.

(10) 치료자와 아동이 다르다는 것을 최대한 보여주어야 한다.

• 해야 할 것–아동의 독특한 특징, 용모, 특별한 힘, 좋아하는 것과 싫어하는 것에 대해 자주 주의를 불러일으킨다.
• 하지 말 것–치료자는 아동과 자신의 유사점을 되도록 언급하지 않는다.

(11) 아동으로 하여금 자기 스스로를 독특하고 눈에 띄는 사람으로 보도록 돕는다.

- 해야 할 것–아동의 이미지를 묘사하고 특별한 특징에 주목하게 한다.
- 하지 말 것–아주 특별한 상황을 제외하고는 병합되는 경험을 제공하지 않는다. 서로에 대한 차이에 대해 어떤 상황에서도 회피하지 않도록 한다.

(12) 아동이 다른 사람들로부터 자신을 차별화하고 자신의 감정을 규정하는데 도움이 될 수 있도록 하기 위해 아동의 기분과 감정을 이용한다.

- 해야 할 것–'너는 긴 두 다리가 있구나', '이 예쁜 곱슬머리는 네 머리지!'라는 말을 하는 것처럼 아동이 자신의 기분을 적절하게 파악할 수 있도록 도와 준다. '네가 우는 것은 네가 기분이 안 좋기 때문이야', '너는 내가 방금 한 일에 화났기 때문에 나를 때리고 싶은 거야'라는 식으로 해석을 할 수 있다.
- 하지 말 것–무의식적인 과정이나 의식의 심층적인 원인은 언급하지 않는다. '네가 나를 때리는 것은 네가 엄마에게 화가 났기 때문이야'라는 식의 말은 하지 않는다.

(13) 회기마다 자발적이고 융통성 있고 재미있는 의외의 놀라운 일로 가득 차게 만들어야 한다.

- 해야 할 것–아동입장에서 본다면 치료놀이 회기는 예상할 수도 없고 준비할 수도 없는 것이다. 회기는 아동의 발달수준과 욕구에 맞도록 짜여져야 하고 활동은 행동과 행동이 자연스럽게 진행되도록 해야 한다.
- 하지 말 것–회기는 혼란스럽지도 산만하지도 않아야 한다. 또한 기계적일 정도로 엄격해서도 안 되고 예측할 수 있을 만큼 반복되어서도 안 된다.

(14) 치료자 자신을 주요한 놀이의 대상으로 삼아야 한다.

- 해야 할 것–치료자 자신의 행동, 움직임, 말, 소리 등이 없어서는 안 되는 주된 소도구이다. 아동의 관점에서 치료자는 명확하고 확실한 인상을 남겨 회기가 끝난 후에도 치료자의 얼굴과 함께 했던 활동을 잊어버리지 않도록 해야 한다.
- 하지 말 것–갖가지 도구를 동원할 필요가 없다. 책, 인형, 퍼즐 등은 치료에 도움이 되지 않고 사탕이나 우유 등의 음식은 로션처럼 양육할 때나 놀이의 목적으로 사용할 수 있다.

(15) 시간, 장소, 인물 등이 명확하게 규정되도록 회기를 구성해야 한다.

- 해야 할 것–회기의 경계를 정의해 주고 명확한 규칙과 기대를 알려 준다.
- 하지 말 것–참가자가 원한다고 해서 회기가 아무 시기나 어떤 장소에서 진행되는 것은 아니다.

(16) 즐겁고 낙천적이며 긍정적으로 회기를 유지하려고 노력한다.

- 해야 할 것–치료자가 아동과 의사소통을 해야 하는데 세상은 매혹적이고 행복하고 즐거움으로 가득 찬 곳임을 알려 준다. 기본적으로 아이들은 강하기 때문에 세상을 즐길만한 잠재력이 있음을 전달한다.
- 하지 말 것–우울하고 낙심되는 일이나 병적이고 화나는 일을 강조하지 않는다.

(17) 미래와 지금–여기에 초점을 둔다.

- 해야 할 것–미래는 바로 앞에 있는 좋은 것이며 현재 서로가 나누고 있는 이 공간이 중요하다는 메시지를 전달해야 한다.
- 하지 말 것–과거에 대해서 묻고 답하는데 관심을 두지 않고 반응하지도 않는다. 치료자는 자신을 만나기 전에 무슨 일이 있었느냐고 물어 보지 않고(예를 들면,

언제 어머니가 동생을 임신하셨니?, 할머니가 돌아가셨을 때 넌 몇 살이었니? 등) 치료놀이 상황 바깥의 공간에 대해서도 신경 쓰지 않는다(예를 들면, 집에 마당이 있니?, 삼촌이 근처에 사시니? 등).

(18) 현재 있는 그대로 아동에게 초점을 둔다.

- 해야 할 것-'어떻게 보이는지', '근육이 얼마나 강하고 단단한지' 등 그대로의 모습에 관심을 둔다.
- 하지 말 것-치료자의 사랑은 조건적인 것이 아니므로 수행한 임무나 치료자의 기대를 충족시킨 것이나 착하게 행동한 것에 대해 칭찬하지 않는다.

(19) 각 회기마다 시작, 중간, 끝과 같은 여러 다른 부분들이 있음을 주의해야 한다.

- 해야 할 것-각 회기는 그 자체가 하나의 작은 드라마이어야 한다.
- 하지 말 것-산만하고 변화가 없는 상태이어서는 안 되고 산발적이고 일관성이 없고 분절된 회기의 집합이어서도 안 된다.

(20) 최소한의 욕구좌절, 도전, 불편함을 제공한다.

- 해야 할 것-아동에게 자신과 세상에 대해 더 건강한 관점을 받아들이도록 격려해 주고 평소에 하는 것보다 더 건강한 방법으로 행동하도록 북돋아 준다.
- 하지 말 것-편안하게 만드는 행동에 관심을 두지 않는다. 공허한 몸 흔들기나 손가락 쳐다보기, 접촉 피하기 등은 아동이 익숙하다고 느끼는 행동일 수 있다. 비록 아동이 처음에는 다른 것을 시도하는 것을 고통스러워하는 것처럼 보여도 마음의 평정을 유지해 주는 것보다는 다른 것을 시도해 보도록 유도하는데 관심을 둔다.

(21) 필요할 때는 역설적인 방법을 사용한다.

- 해야 할 것–이러한 기법은 체면 세우기를 역으로 사용하는 저항적인 아동을 다루는데 큰 도움이 될 수 있는데, 짐짓 심각한 척하면서 하지 말아야 할 것을 하라고 하거나 아동이 해야 할 것을 하지 말라고 하는 방법이다.
- 하지 말 것–역설적인 방법을 과도하게 사용하지 않는다. 너무 자주 사용하면 효과를 잃고 유머에 대한 가능성을 잃어버리게 된다.

(22) 아동이 발작적으로 화를 내는 동안 내내 치료자의 존재를 인식하도록 자신을 주장해야 한다.

- 해야 할 것–아동이 자신을 통제할 수 있도록 도와 준다. 치료자는 바로 거기에서 아동과의 신체적 접촉을 계속하면서 아동에게 자신(치료자)은 아동이 자신(아동)을 통제할 능력이 있다고 믿는다고 말로 표현해 준다. 아동의 화에 대해 규정하는 것은 적절하지만 발작적으로 화를 내는 경우에는 화의 원인을 규정하는 것은 그 자체로 치료효과가 있지는 않다. 그러나 아동에게 자신있는 어조로 '나는 네가 나를 다치게 내버려 둘 수가 없단다'라고 말하고 '네가 준비가 될 때까지 네 손을 잡고 있어야겠구나. 준비가 되면 말해 주렴' 등의 말을 한다. 그리고 마침내 붙잡고 있던 아동의 손을 놓고 나서는 '그래, 네가 준비가 된 것 같구나'라고 말해 준다.
- 하지 말 것–아동에게 잔소리를 한다거나 아동이 자신의 감정을 말로 표현하게 교훈을 주거나 조장하지도 않아야 한다. 또 '타임아웃'방으로 아동을 내쫓아도 안 된다.

(23) 아동이 치료를 좋아하든 아니든 상관없이 회기를 진행한다.

- 해야 할 것–아동이 치료자를 어떻게 보든지 상관없이 이동에게는 호감이 가는 무엇인가가 있다는 메시지를 전하는 시도를 한다.

• 하지 말 것–아동으로부터 존경과 사랑을 얻기 위해 요구사항을 낮추거나 갈등을 없애거나 도전을 철회함으로써 아동을 유혹하지 않는다.

(24) 과도한 근심이나 두려움 혹은 과도한 움직임을 삭감하고 예방할 수 있어야 한다.

• 해야 할 것–아주 확고하게 구조화하여 아동이 과도한 근심이나 걱정을 하지 않도록 침착한 리더십을 보여주어야 한다.
• 하지 말 것–아동이 치료자를 당황하게 하고 불편하게 할 경우나 치료자 생각에 회기가 지루하고 너무 천천히 진행되는 것 같을 경우에도 치료자는 아동을 자극하거나 치료자 자신의 불안을 전달해서는 안 된다.

(25) 회기에 대한 아이디어가 없어서 난감할 때는 아동의 몸 움직임을 레퍼토리로 삼는다.

• 해야 할 것–아동의 사소한 움직임도 게임(놀이)으로 사용한다. 말이 없거나 움직이지 않고 얼굴 표정을 짓지 않고 발을 마루에 대고 서 있는 아동에게 ‘어머! 넌 얼굴을 정말 움직이지 않고 가만히 둘 수 있구나! 어떻게 그렇게 할 수 있나 좀 볼까?’하면서 얼굴을 들여다 본다. ‘넌 등을 아주 곧게 펴고 있구나! 나도 그렇게 할 수 있나 모르겠네. 자, 이건 어떠니? 이렇게 하면 되니? 너는 정말 잘 하는구나!’ 드러내 놓고 거부하는 아이들의 경우는 더 쉬운데, ‘그렇게 피하는 걸 보면 너는 정말 빨리 움직이는 구나. 다시 한 번 해볼래? 야, 너 정말 움직이는데 도사구나. 이런, 점점 더 옆으로 움직여 가네. 나도 한 번 해 볼까? 어떻게 하는 건지 보여줘. 이렇게 하면 되니?’ 모든 것은 가볍고 따뜻하게 흥미를 표시하면서 해야 한다.
• 하지 말 것–숙련된 치료자는 아동 앞에서 결코 아이디어가 바닥나지 않는다. 다른 생각에 잠겨 있거나 침묵하고 있지 않고 자신의 레퍼토리를 채우기 위해 고심하지도 않는다.

CHAPTER 03

치료놀이 배경이론

1. 애착이론
2. 대상관계이론
3. Touch(접촉)

치료놀이는 애착이론, 대상관계이론, Touch 이론에 기초하여 치료자와 아동 사이의 관계를 이용, 생애 초기 단계에서 이루지 못했던 모-자 애착관계를 다시 접근하도록 하는 방법이라고 할 수 있다.

아동과 1차 양육자와의 정서적 유대는 인간발달에 중요한 영향을 미친다. 치료놀이를 연구함에 있어서 유아와 어머니와의 애착이 어떻게 형성되고 발달되는지 알아보는 것은 필수적인 과제이다. 애착의 질이 유아의 인지, 정서, 사회적 발달에 중요한 영향을 미친다는 것을 인식하고, 안정된 애착의 형성을 통해 아동의 욕구를 충족시키고 부모와 자녀간의 관계를 긍정적으로 변화시키는 것이 치료놀이의 목표라고 할 수 있다.

치료놀이는 부모-자녀관계를 중심으로 두면서 인간발달을 대상관계이론에 기초하여 다루고 있다. 성격의 발달은 본질적으로 대인관계이며, 부모-자녀 간의 초기 애정적인 상호작용을 통해 비로소 인간이 되는 것이다. 즉 인간행동에 있어 1차적으로 동기를 부여하는 것은 관계를 향한 욕구이며, 이것의 충족과 회복을 돕는 것이 바로 치료놀이이다.

생애 초기 자기에 대한 경험은 아동의 신체에 대한 인식으로부터 시작된다고 할 수 있다. 신체에 대한 인식은 믿을 만한 성인과의 신체접촉을 통해 이루어진다.

1. 애착이론

애착이란 가장 가까운 사람과 연결되어 있는 강렬하면서도 지속적인 정서적 유대관계를 말한다. 프로이드의 정신분석적 입장에서 보면 어머니와 영아 간의 애착관계를 어머니는 영아의 생리적 욕구를 적극적으로 충족시켜 주는 존재로 인식하는 반면 영아는 그것을 받아들이는 수동적인 존재로 설명되어진다. 그러나 보울비(Bowlby)는 프로이드가 강조했던 정신분석적 관점을 수정하고 어머니와 영아간의 유대관계를 새롭게 설명하는 애착이론을 발달시켰다.

애착행동은 사람이 차별화하여 선호하는 어떤 개인과 접근성을 성취하거나 유지하려는 모든 형태의 행동인데, 보울비는 양육자에 대한 영아의 애착행동은 양육자와의 근접을 유지하게 함으로써 영아를 안전하게 하고 생존할 수 있도록 하는 진화적 기능이라고 보았다. 즉, 특정한 사람에게 애착을 느낀 영아는 그 사람을 세상을 탐색하는 안전기지로 사용하게 된다. 애착은 대상과의 접근 및 접촉 추구를 통해 형성된다고 할 수 있다. 영아는 생존을 위해 미소짓기, 울기, 빨기, 따라 하기, 매달리기의 5가지 생득적인 반응을 통해 애착관계를 형성한다.

생애 초기의 유아는 애착대상과의 상호작용 경험을 통해 자신과 애착대상에 대한 내적 작동모델을 발달시켜 나간다. 영아기에 형성된 내적 작동모델은 그 사람이 일생동안 맺게 되는 다른 사람과의 관계의 원형이 되는 것이기 때문에 매우 중요하다고 할 수 있다. 내적 작동모델은 아동으로 하여금 타인에게서 나타날 반응을 미리 예측할 수 있게 해 주고 또한 자신이 얼마나 가치 있고 유능한지를 알게 해 준다.

할로우(Harlow, 1958)는 영아가 어머니에 대한 친밀한 애착을 형성함으로써 사회적인 관계를 학습하게 되고 어머니 외의 다른 사람들에게도 일반화된 애정적 반응을 형성할 수 있다고 설명하였다. 즉, 어머니와의 기본적인 애착관계가 다른 사람과의 사회적 관계를 구성하는데 기본 틀로 작용하게 된다. 보울비(Bowlby, 1969)는 시설에 있는 영아들의 행동발달을 연구한 결과 양육자와의 친밀한 애착관계를 맺지 못한 영아는 다른 사람과의 관계에서도 부정적인 결과를 초래하였다고 주장하였다.

마타스, 아랜드와 스루페(Matas, Arend & Sroufe, 1978)는 영아 48명을 대상으로 낯선 상황 실험을 실시하였는데, 먼저 18개월에 영아들의 애착유형을 분류하였고 다시 24개월에 영아와 어머니간의 상호작용을 관찰하기 위해 자유놀이 상황에서의 문제해결 과제를 제시하였다. 그 결과, 안정애착의 영아들이 불안정애착의 영아들에 비해 상징놀이와 상상놀이를 더 많이 하였으며, 문제해결 상황에서 과제에 호기심을 보이며 집중하였다. 또한 어머니의 지시에 순종하고 공격적인 행동을 적게 보여 안정애착이 영아의 인지발달에도 영향을 미치고 있음을 보고하였다.

워터스 등(Waters et al., 1979)의 연구에 의하면 영아기에 어머니와 안정적인 애착을 형성한 영아는 이후 유아교육기관에서 교사나 친구들 사이에 긍정적인 관계를 유지

한다고 하였다. 생애 초기 안정된 애착을 형성한 유아들이 친구들과의 관계에서도 리더의 역할을 하고, 다른 친구들의 욕구와 감정에도 민감하게 반응하기 때문에 인기가 있다고 보고하였다. 반면, 불안정 애착을 형성한 유아들은 사회적, 정서적으로 위축되거나 다른 친구들과 잘 어울려 지내지 못하는 결과를 초래하여 안정애착이 사회 정서발달에 영향을 미치고 있음을 보고하고 있다.

안정 또는 불안정한 애착을 형성한 성인은 자신과 타인에 대해 각기 다른 내적 작동모델을 형성하게 되며, 이는 또 다시 자녀와의 애착관계를 형성하는데 그대로 반영되는 형식으로 애착유형은 세대를 넘어 전달된다고 할 수 있다.

1) 애착 발달단계

처음 탄생한 영아는 사회적 반응을 구별하기 어렵다. 누구를 대하든 미소를 보이며, 그가 떠나가면 울음을 터트린다. 그러다가 생후 3개월에서 6개월이 되면 그와 같은 반응을 익숙한 사람에게만 보이고 낯선 사람을 경계하며, 특정한 사람을 좋아하게 된다. 그 후 영아는 활동범위가 더욱 넓어져 애착대상에게 보다 적극적으로 접근한다. 보울비는 이러한 애착행동은 선천적인 것이며, 거의 모든 종의 개체들이 전형적인 형태를 보이고, 적응적인 가치를 지닌다고 말한다. 그는 애착행동의 발달단계를 다음과 같이 4단계로 나누어 설명하고 있다.

(1) 무분별한 사회적 반응단계(0-3개월)

이 시기의 영아는 양육자와의 근접성을 유지하기 위하여 울기, 응시하기, 빨기, 잡기, 미소짓기, 소리내기 등의 행동을 하게 된다. 이러한 행동들은 사람에 대한 변별적 반응을 나타내지는 않는다. 출생 직후 아기는 사람의 목소리와 얼굴을 선호하지만 처음 3주 동안의 아기의 미소는 사회적인 미소라고 할 수 없다. 생후 5주 정도가 되면 사회적 미소가 시작되는데, 사람의 얼굴을 보고 눈을 맞추며 미소를 짓는다. 이 시기는 영아가 보내는 사회적 신호와 반응이 많은 시기이지만 아직 사람을 구별하는 능력이 극히 제한되어 있기 때문에 애착대상과 낯선 사람을 변별하지 못한다,

하지만 영아가 보내는 행동은 양육자를 근접하게 만들어 상호작용을 증진시키는 사회적 자극이 된다.

(2) 변별된 사회적 반응단계(3-6개월)

이 시기의 영아는 친숙한 사람과 낯선 사람에 대한 변별능력이 생기게 되면서 다른 반응을 나타내며 친숙한 사람에게는 보다 적극적인 접근 추구와 접촉 유지 행동을 보이기 시작한다. 특히 주양육자와 보다 선택적인 소수의 중요한 타인에게만 옹알이를 하거나, 친숙한 사람에 의해서만 울음을 그치는 행동을 한다. 이 시기에 주양육자의 심리적 유동성과 반응성에 대한 영아의 기대는 애착대상과 자아 및 세계에 대한 내적 작동모델 형성의 기초가 되기도 한다.

(3) 적극적인 능동적인 접근과 접촉 추구의 단계(6개월-3세)

이 시기의 유아는 애착대상에 보다 능동적이고 적극적인 접근행동을 보이는데, 이는 유아의 운동력과 이동력이 발달에 의해 가능해진다. 또한 애착대상을 인지적으로 표상할 수 있고, 애착대상을 기점으로 탐색활동도 할 수 있게 된다. 생후 1년 동안 유아는 자신에게 일어나는 일상적인 일들에서의 규칙을 점차 내적으로 조직화하기 시작하고 애착대상과 자아, 그리고 세계에 대해 내적 작동모델을 형성한다. 이 시기는 분리불안을 형성하기도 한다. 보울비(Bowlby, 1969)는 분리불안 과정을 세 단계에 걸쳐 설명하고 있다. 첫 번째 단계에서 유아는 어머니와 격리될 때 심하게 반항하고 울고 고함치며 어머니를 따라가려고 한다. 두 번째 단계에서는 절망의 단계로 깊은 슬픔의 상태를 보이지만 어머니가 돌아오리라는 기대를 갖고 있다. 마지막 단계에서 유아는 어머니로부터 분리되어 어머니에 대한 관심을 잃는다. 결국 더 이상의 슬픔이나 고통을 느끼려 하지 않는다. 유아와 주양육자 간의 분리가 긴 경우에는 애착형성에 영향을 미칠 수 있다.

(4) 목표수정 동반단계(3세-아동기)

3세 이전의 유아는 주양육자와 가까이 있으려는 것에만 관심이 집중되었으나, 이 시기의 유아는 애착대상의 행동을 예측하게 되어 애착대상이 설정한 목표를 깨닫게 된다. 유아는 애착대상을 자신의 목표에 따르도록 하거나, 애착대상에게 맞추기 위하여 자신의 행동을 계획, 조정하면서 애착대상과 협조적인 관계를 맺게 된다. 3세 이후의 유아는 주양육자와 분리되는 것을 참고 허용할 수 있으며, 주양육자와 분리되어 세상을 탐색하고 이를 통해 다양한 사람들과 관계를 형성할 수 있다.

2) 애착유형

에인스워스(Ainsworth, 1972)는 우간다에서 이루어진 연구를 통해 영아의 애착유형이 개인마다 차이가 있으며, 양육자와 영아의 애착을 형성하기 위해 필수적으로 필요한 것은 어머니의 민감성과 반응성이라는 것을 발견하게 된다. 민감한 반응성은 영아가 보내는 신호를 인식하고 영아가 원하는 것이 무엇이며 어떻게 그 욕구를 충족시켜 줄 것인가를 해석한 후 적절하고도 신속하게 반응을 보여주는 어머니의 지속적이며 일관성 있는 반응을 말한다. 이후 에인스워스(Ainsworth, 1978)는 영아가 익숙하지 않은 환경에서는 애착체계가 활성화되어 애착유형의 개인차를 보인다는 점에 착안하여 '낯선상황(Strange Situation)'이라고 불리는 실험 절차를 개발하게 된다. 낯선상황에서는 약 20분 동안 8개의 에피소드*)가 순서대로 제시되며 각각의 상황에서의 유아의 반응을 관찰하게 된다. 이 실험을 통하여 영아는 친숙하지 않은 곳에서 어머니와의 분리와 재결합의 과정을 통해 애착대상으로서의 어머니에게 보이는 영아의 반응을 근거로 하여 애착관계의 질을 평가하였고 애착행동의 개인차를 발견하여 이를 토대

---

*) 낯선상황 절차 : ① 아동이 엄마와 함께 방에 들어온다, ② 낯선 성인이 방에 들어온다. ③ 엄마가 아동을 두고 방을 떠난다. ④ 아동은 낯선 성인과 방안에 남아 있다. ⑤ 엄마는 약 3분 후 돌아오고 엄마와 아동이 재회한다. ⑥ 엄마가 다시 그 방을 나가고 낯선 성인도 나간다. ⑦ 엄마보다 낯선 성인이 먼저 방에 들어온다. ⑧ 엄마가 돌아와서 다시 재회한다.

로 애착유형을 안정애착, 불안정 회피애착, 불안정 저항애착으로 분류하였다. 이후 메인과 골드윈(Main & Goldwyn, 1985)은 학대받은 아동들을 관찰한 연구를 토대로 이 세 가지 유형으로 분류되지 않는 영아가 있다는 것을 발견하여 불안정 혼돈애착 유형으로 추가하여 현재 4가지 유형으로 분류하여 연구되고 있다.

(1) 안정애착(B type)

안정애착이 형성된 영아는 낯선상황일지라도 어머니와 함께 있을 때 어머니를 안전기지로 삼고 주변환경을 탐색하면서 편안하게 장난감을 가지고 놀고 낯선 사람에게도 호의적으로 반응한다. 그러다가 어머니가 떠나고 나면 놀이를 중단하고 울게 된다. 하지만 어머니가 돌아오면 울음을 그치고 어머니를 반기면서 다시 놀이를 시작한다. 안정된 애착을 형성한 영아는 사교적이고 활동적으로 탐색하며 애착행동과 탐색행동 간의 균형을 잘 유지한다. 이 유형의 어머니는 영아의 요구에 민감하게 반응하고 영아가 스스로 노는 것을 충분히 허용한다.

(2) 불안정 회피애착(A type)

불안정 회피애착이 형성된 영아는 어머니가 떠나도 심하게 울지 않고 어머니가 돌아오더라도 외면하는 모습을 보인다. 이들은 어머니와 낯선 사람에게 유사한 반응을 보인다. 즉, 전반적으로 신체적 접촉과 상호작용을 거부한다. 이들은 스스로 어머니와 떨어지기도 하고 어려운 상황에서도 어머니로부터 위로를 구하지 않으며 어머니를 탐색의 기지로 삼지 않는다는 특징을 가지고 있다. 불안정 회피애착을 형성한 영아의 어머니는 거부적이라는 특징을 지니고 있다. 대개 영아를 잘 꾸짖고 화를 내며 신경질적이다. 영아는 어머니의 거부적인 반응이 자신의 행동을 벌하는 것이라고 느끼고 자신의 감정을 억제하는 것을 배우게 된다. 이는 영아로 하여금 감정적 신호의 의미를 구별하지 못하게 되고 자신의 욕구나 분노의 표현을 억제하도록 하여 이후 비협조적, 비순종적, 공격성 통제문제를 가지게 할 수도 있다.

(3) 불안정 저항애착(C type)

불안정 저항애착을 형성한 영아는 낯선 방에 낯선 사람이 들어오면 어머니와 함께 있어도 울음을 터뜨리고 불안해하며 탐색하지 않으려는 경향이 있다. 어머니가 떠나면 심하게 울고, 다시 어머니가 돌아와도 계속 울음을 터뜨리면서 어머니에게 안기고 싶어하는 모습을 보인다. 하지만 다가가서 안겼다가도 이내 밀어버리는 양극적인 반응을 보이기도 하고 어머니가 주는 장난감을 차고 던지거나 하는 분노감을 표현하면서 저항적인 양가감정을 나타내기도 한다. 불안정 저항애착을 형성한 영아의 어머니는 비일관적인 태도를 가진 경우가 많다. 어머니의 감정표현이 분명하지만 그 반응이 일관되지 않으면 영아는 어머니의 반응을 예측하지 못하여 불안해하고 화를 내게 된다. 그래서 영아는 어머니에게 화를 내다가도 곧 이어 거부당할까 봐 두려워하는 마음을 갖게 되고 또 어머니로부터 위안을 얻고자 하는 등의 급변하는 감정의 동요를 보이게 된다.

(4) 불안정 혼돈애착(D type)

불안정 혼돈애착의 영아는 회피와 저항이 복합된 반응을 보이는데, 낯선상황에서 나타내는 행동에 뚜렷한 목표가 없고 일관되지 않고 모순적인 행동을 보인다. 이들은 낯선상황에서 어머니와 재회했을 때 멍한 행동을 보이거나 몸동작을 멈추고 꼼짝하지 않거나 또는 몸을 앞뒤로 흔드는 등의 상동행동을 보이기도 하고 다가가서 안겼다가 이내 화난 듯이 밀어버리고 어머니를 떠나는 상반된 행동을 보이기도 한다. 쉐퍼(Schaffer, 1988)는 이러한 유형의 영아의 행동은 어머니와의 접촉에 대한 강한 욕구와 어머니로부터 무시당한 데에서 오는 강한 공포의 공존으로부터 기인하는 것이라고 해석하고 있다.

3) 성인애착과 애착유형의 세대전이

애착표상을 탐색하기 위한 반구조화된 면접으로 메리 메인이 주축이된 버클이

팀에서 개발한 성인애착면접법(Adult Attachment Interview: AAI)이 있는데 이는 주체의 애착사를 탐색하고 그 기억에 대한 현재의 생각을 묻는 방법이다(George, Kaplan & Main, 1985; Main & Goldwyn, 1985). AAI는 공식적인 면접법과 코딩법이 책자로 출간되어 있지 않고, 면접법의 과학적 신뢰성이 중요하다고 판단하고 직접 훈련기관을 방문하여 공인된 훈련을 받아서 사용하도록 제한하고 있다.

AAI에서는 아동기 경험에 측정하는데, 주체가 모 혹은 부로부터 사랑받거나 사랑받지 못한 정도, 부모가 미숙한 자녀에게 미리부터 독립심을 강요하거나 자녀를 거절한(reject) 정도, 역할전도(role reversal)에 대해 살펴보며, 외상의 기억을 탐색하게 된다.

AAI의 저자들은 애착에 대한 성인들의 심리상태를 안전형, 배척형, 집착형, 미해결형이라는 네 가지 범주로 분류하고 있다(Marrone, 1988, 재인용).

(1) 안전형(secure)

안전형으로 분류된 성인들은 애착의 과거사를 쉽게 기억해 내고 쉽게 탐색한다. 이들은 먼 과거의 구체적인 에피소드를 편안한 마음으로 이야기한다. 이들은 자서전적 기억을 비교적 객관적인 관점에서 그림으로 통합할 수 있다. 이들의 어린 시절 기억은 대체로 긍정적이며, 이들은 역경이 닥쳤을 때 비교적 건강하게 대처할 수 있는 충분한 심리적 자원을 갖고 있다. 또한 어린 시절의 애착경험이 자신의 심리적 건강에 영향을 주었다고 생각한다.

(2) 배척형(dismissing)

자신의 어린 시절을 거의 기억하지 못한다. 이들은 자신의 부모를 이상적인 부모라고 말하기도 한다. 이들은 힘들었던 상황을 자세히 기억하고 있지만 그 때의 감정이 삭제되어 있거나 그것이 그렇게 중요한 일은 아니었다고 말한다. 성인이 된 이들은 지금도 생각, 감정, 일상적인 생활 속에서 친밀한 관계를 그다지 중요하지 않고 의식적으로 과소평가한다. 이들은 어린 시절의 경험이 자신의 인생에 중요한 영향을 주었다고 말은 하지만 대체로 의식적 수준에서 그렇게 생각하는 것 같다.

이들은 '사랑의 굴레'를 벗어났다고 주장하는 유형이며, 아동기 때 어느 한쪽 부모를 잃고 혼자 살아왔거나 사랑받고 주목받고 지지받고 싶은 자연스러운 아동의 욕구를 부모가 비난하거나 공감해 주지 않은 경우가 많다고 한다. 또한 부모와 접촉이 차단되어 부모의 지속적인 위한을 받지 못한 채 아동기를 보낸 사람이나 간섭이 심한 부모 밑에서 자란 사람도 배척형이 될 수 있다.

(3) 집착형(preoccupied)

부모와의 관계 및 부모의 영향력을 평가할 때 객관성과 일관성이 없고 어떻게 평가해야 할지 혼란스러워한다. 이들의 면접은 어렵고 오랜 시간이 걸리며 이 관점에서 저 관점으로 왔다갔다하기 때문에 말을 따라 가기 어렵다. 이들의 기억은 선명하지만 쓸데없는 것이 많다, 어떤 경우에는 자기 스스로 자신을 분석하지만 이 분석은 신빙성이 없다. 이들은 종종 부모에게 강하게 집착하고 초기 부모와의 관계에 얽매여 지금도 벗어나지 못한다. 이들은 성인이 된 지금도 어린 시절의 가족에 속해 있고, 아직도 부모를 기쁘게 하려고 노력하며, 부모에 대한 반항과 의존 사이에서 갈등을 겪고 있다. 이들은 이런 갈등에 사로잡혀 자기 정체성을 습득하지 못한 것처럼 보인다.

이들은 너무 쉽게 관계를 맺고 한번 맺어진 관계에 대해 양가감정을 느끼고 그러면서도 상대방에게 매달리는 경향이 있다. 이 범주에 속한 사람은 불안한 관계 혹은 양가적인 관계를 맺는 경향이 있다. 집착형에 속하는 사람 중에는 허약한 어머니를 가진 경우가 많다. 허약한 어머니는 지지적 역할을 수행할 수 없으며 자녀와 어머니의 역할이 뒤바뀔 수 있다. 분명 이러한 어머니가 아동을 거절하는 것은 아니지만 아동의 불안을 받아 주지는 못한다. 이런 어머니는 위급상황에 공항상태에 빠지기도 한다.

(4) 미해결형(unresolved)

이 유형의 사람들은 상실, 학대, 혹은 다른 외상을 경험한 적이 있다. 이들은 외상의 후유증으로 지금도 힘들어 하고 있으며, 외상에 대해 이야기할 때 일관성이 없으며,

이야기가 엉뚱한 방향으로 흐르기도 한다. 이들은 부정적 관점과 긍정적 관점 사이를 왔다갔다하고 생각과 이야기가 엉뚱한 방향으로 흘러가도 이를 잘 인식하지 못하며 면접의 주제를 종종 벗어나고 방금한 질문을 놓치기도 한다.

부모의 애착유형은 자녀의 애착유형에 세대전이가 된다. 그 과정을 살펴보면 다음과 같다. 아동기와 청소년기에 부모가 겪었던 애착에 대한 경험은 '내부적 작동모델'의 형태로 부모의 머릿속에 저장하게 되고, 부모의 이런 작동모델은 자녀의 표상구조에 영향을 주게 된다. 부모의 머리 속에 들어있는 아동에 대한 표상은 부모가 자녀를 대하는 방식과 도움을 요청하는 자녀의 신호에 민감하게 반응하는 능력에 영향을 준다. 부모 쪽에서 보여주는 민감한 반응성의 정도와 질은 부모와 자녀 사이에 형성된 애착의 질을 결정하는 1차적 요인이 된다.

자녀의 안전감(sense of security)에 가장 중요한 부모 요인은 공감해 주거나 민감하게 반응해 주는 능력, 자녀와 유의미한 대화를 나눌 수 있는 능력이라고 할 수 있다. 부모와 자녀 사이의 의미있는 대화가 오고 가려면 부모가 사람과 사람 사이에서 발생하는 문제를 민감하게 감지할 수 있어야 한다. 양육자의 민감성을 저해하는 결정적인 요인은 양육자가 자신의 정서적 고통과 약점에 방어기제를 사용하는 것이다. 그러나 성찰능력(reflective capacity)이 뛰어난 부모는 자신이 어려운 환경에 자랐을지라도 자녀에게 안정애착을 심어줄 수 있다(Marrone, 1988, 재인용).

2. 대상관계이론

대상관계이론은 '관계'라는 관점에서 한 개인이 실제로 사람들과 맺고 있는 관계뿐만 아니라 그가 맺는 내적 대상과의 관계 그리고 그 내적 대상들이 가지는 심리적인 기능을 밝히고자 하는 이론들을 말한다. 대상관계이론에서 인간은 적극적으로 관계를 맺으려는 본능적인 욕구와 힘이 있다고 본다.

고전적 정신분석학에서는 대상이란 욕구나 본능을 충족시켜 주는 것, 곧 개인의 욕구나 행동이 지향하는 사람이나, 사물을 칭하였는데, 예를 들어 유아에게 있어서 유아의 최초의 대상으로서 어머니 그 자체보다는 유아의 욕구를 채워줄 어머니의 젖가슴을 말한다.

반면 대상관계이론에서는 대상이 유아와 관계를 맺는 타자로서, 관계라는 맥락에서 본능보다 대상 자체를 중요시 여기는 경향이 있다. 즉 대상이란 주체와 관계를 맺는 모든 현실적, 상상적인 사람들과 모든 것을 포함하는 광범위한 의미를 지니지만 주로 사람이 그 중심적인 위치를 차지한다.

유아는 어머니와 상호작용하면서 점차 대상의 상(image)을 내면화시켜 내적 대상을 갖게 되고, 그것을 바탕으로 자신에 대한 상을 형성하며, 마음 속에 자리잡은 내적인 형상을 가지고 실제 외부에 존재하는 사람들과 관계를 맺게 된다. 따라서 부모가 충분히 좋은 양육과 정서적인 공감을 맺을수록 이미 마음에 내면화된 타인과 자신에 대한 신뢰와 안정감이 더욱 커지게 된다.

개인의 초기경험은 자아표상과 타인표상을 형성하게 된다. 주요타자들(significant others)과의 반복적인 상호작용에서 영아는 긍정적인 경험과 부정적인 경험을 모두 체험하게 된다. 영아가 자라면서 충분한 애정과 지지를 받지 못하고 반복적으로 배척당하거나 무시당하거나 또는 처벌을 받으면서 성장한다면, 이 영아의 내면에 형성되는 표상들은 대체로 부정적인 성격을 띄게 된다.

초기경험을 통해 내면화된 표상들은 개인성격의 기본적인 틀로 자리잡게 되고, 또한 '대인관계 경험의 모형(templates)' 역할을 한다. 즉, 사람들은 자신이 경험하게 되는 모든 타인과의 관계를 내면화된 '대인관계 경험의 모형'에 맞추어 해석하게 된다.

이와 같이 대상관계 이론가들은 초기에 어머니와의 관계방식이 성인이 되어서도 다른 사람과의 관계에 적용하게 된다고 주장하고 있으며, 초기에 양육자와의 대상경험이 만족스럽지 못한 경우 이후의 인간관계에서도 불안정하며 병리적인 양상이 나타날 수 있다고 보고 있다.

1) 대상관계의 발달과정

말러와 그의 동료들(mahler et al., 1975)은 10년간 38명의 정상유아와 22명의 어머니를 대상으로 유아가 혼자 있을 때와 어머니와 상호작용하는 모습을 유아가 만 3세가 될 때까지 관찰하였다. 그 결과 아동이 어머니와의 분리-개별화의 과정을 통해 발달하는 '유아의 심리적 탄생'이라는 과정을 밝혀 내었다. 이 성장과정의 단계와 하위단계는 다음과 같다.

(1) 정상적 자폐단계(0-2개월)

이 단계에서 영아는 어느 정도 폐쇄된 심리적 체계를 형성하고, 수면상태와 같은 공상에 잠겨 있다. 영아의 심리적 철회는 격리된 태내에서의 삶과 유사하다. 이러한 망각상태는 태내와 태외 삶의 중간지대를 제공한다. 영아는 이 시기 동안 자기 자신과 외부세계를 구별할수 없다. 즉 외부세계의 모든 것을 자신의 일부로 인식한다. 이때 영아는 자신 이외의 어떠한 외부대상도 필요로 하지 않기 때문에 외부를 인식하지도, 관여하려고도 하지 않는다. 영아의 이러한 시기를 '정상적 자폐기'라고 일컫는다.

(2) 정상적 공생단계(2, 4개월-6개월)

공생단계 초기에 영아는 "필요를 충족시켜 주는 대상에 대한 희미한 인식"을 발전시킨다. 유아는 마치 어머니와 자신이 동일한 "전능한 시스템", 즉 같은 하나의 경계선 안에 있는 "이중적 합일체"의 일부인 것처럼 행동하기 시작한다.

양자관계에 대한 인식의 조짐은 경험이 축적되고 신경계가 성숙하는 데서 비롯된다. 신경생리학적으로 이 시기에 기억과 인지 및 운동협응의 자아 기능이 발달한다. 이런 기능을 통해 유아는 배고프면 젖이 먹여지고, 안겨지고, 바닥에 내려지고, 어머니의 몸과 자신의 몸을 보고 듣고 냄새맡는 경험을 기억하고 조직할 수 있게 된다. 이런 경험이 대상과의 관계에서 자기애에 대한 인식을 싹트게 한다. 영아는 자폐라는 일인시스템에서 공생이라는 양극의 자기-타자 시스템으로 이동한다. 하지만 진정한 양자관계로 발전하기에는 분화가 아직 완전하지 않다.

영아는 외부의 어떤 것, 즉 자신을 소홀히 내버려 두는 대신 자신을 안아주고 어루만져 주며 먹여 주는 어떤 존재에 대한 인식을 서서히 갖게 된다. 영아는 동시에 자기가 바로 자기 자신을 어루만져 주고 먹여 준다고 느낄 수 있다. 이런 혼동은 유아의 자기-타자 분화가 아직 부족하기 때문이다. 영아는 자기가 눈을 움직이고 어머니를 찾으면 어머니가 마술처럼 나타나는 것을 쉽게 느낄 수 있다. 또한 영아가 어머니 젖가슴을 향해 움직이면 가슴이 저절로 다가온다. 공생단계에서 어머니와 영아가 충분히 심리적으로 함께하면, 유아는 소망과 성취가 하나인 것처럼 자신의 요구와 바람, 배고픔이 어머니의 존재로 충족된다고 연결지을 수 있다. 전능감이 영아의 공생적 세계를 가득 채운다. 영아가 움직이면 세상도 움직이고, 영아가 느끼면 세상도 느끼고, 영아가 숨쉬면 세상도 숨쉰다.

만일 영아가 이런 관계를 갖지 못하거나 영아가 자신의 요구를 알리는 단서를 어머니가 적절히 받아들여 반응하지 않으면, 유전적으로 입력된 유아의 자아기능이 제대로 발달하지 못한다.

(3) 분리-개별화단계(6개월-3세)

① 첫 번째 하위단계 : 부화(6-10개월)

이 시기의 영아는 어머니로부터 스스로 무엇인가를 해 보고자 하는 분리-개별화 욕구가 행동으로 나타나게 된다. 즉, 눕혀진 장소에서 보이는 것만을 보고, 듣고, 만지고 하던 수동적인 상태에 있던 영아가 스스로 새로운 장소를 찾아가 새로운 환경에 접하는 능동적인 상태가 된다. 생후 7~8개월경은 신체적으로나 심리적으로 분화의 시작을 알리는 가장 중요한 시기로 '낯가림'을 시작하게 되는데, 어머니와 '다른 사람'을 구별할 수 있게 된다. 부화단계에서는 가까움과 거리두기의 다가갔다 멀어졌다 하는 움직임, 즉 분리-개별화의 춤이 시작된다.

② 두 번째 하위단계 : 연습(10-16개월)

이 시기의 영아는 마치 새로운 기술을 익히려는 듯 자율적인 자아기능을 반복해서 실행하기를 즐기는 것처럼 보이기 때문에 '연습'의 시기라고 부른다. 처음 이런 연습은 다소 은밀하게 이루어질 수 있다. 영아가 심리적으로 부화되면서 생긴 어머니에 대한 관심은 어머니가 제공하는 대상으로 확산된다. 연습 초기에 영아는 담요와 잠옷, 우유병 등 어머니에 의해 제공된 무생물들이 영아의 '중간대상'이 될 수 있다. 점차 발달하는 운동기능은 영아가 세상의 모든 측면을 탐색하도록 하는 원동력이 된다. 곧 영아는 기어서 어머니에게서 떨어질 수 있게 되는데, 처음에는 적어도 눈으로는 항상 어머니를 되돌아보며 점검한다. 유아는 어머니의 주위를 맴도는 것 같은데, 어머니는 '안전기지(a home base)'로 남아 있고, 영아는 탐험을 다시 시도하기 전에 마치 '정서적 재충전'을 하려는 듯 때때로 어머니에게 되돌아온다. 서는 자세가 확립되면 유아는 세상을 다른 조망으로 보게 되며, 보행은 그의 앞에 새로운 전경을 열어준다. 이 시기 영아는 자기 세계의 위대성과 자기능력에 도취되며, 자기애가 최고조에 이르게 된다. 즉, 위대성과 전능감이 이 시기의 주된 상태가 된다.

③ 세 번째 하위단계 : 재접근(16-24개월)

이 시기의 영아는 어머니로부터 신체적 독립을 하고 끊임없이 분리하고자 시도하지만 정서적으로 독립하지 못함으로써 심리내면의 갈등을 격렬하게 경험하게 된다. 어머니에게 영향을 미치고 어머니를 찾고 어머니의 관심을 끌고 어머니의 환심을 얻고 어머니를 떠나는 능력이 증가하는 가운데, 유아는 자기 능력의 한계를 분명하게 인식하게 된다. 영아는 마술적인 힘의 상실을 경험하고 그 결과 과대성이 잠식된다. 다른 영역에서 영아의 능력이 성장하면서 영아가 실패를 인식하고 기억하는 인지능력 또한 발달하므로 전능감의 붕괴는 피할 수 없다. '재접근'단계의 영아는 자기가 원하는 것을 어머니가 항상 원하는 것은 아니라는 사실을 곧 알게 된다. 영아는 더 이상 어머니를 '안전기지' 혹은 자기 요구를 충족시켜 줄 목적으로만 만들어진 재충전 기지로 대할 수 없게 된 것이다. 분리와 존재의 작음, 전능한 과대성의 상실에 대한 자각이 증가함에 따라 영아는 무력한 분노와 무력감의 폭발을 쉽게 경험한다. 재접근

동안 영아의 정서적인 동요는 분열(splitting)이라 불리는 특정한 패턴을 취할 수 있다. 어머니나 대리모가 특정 순간 자신과 어떻게 상호작용하는가에 따라 좋은 대상이나 나쁜 대상으로 이미지를 만든다. 이렇게 대상세계를 '전적으로 좋은'과 '전적으로 나쁜'으로 구별하는 것이 분열이다.

④ 네 번째 하위단계 : 대상항상성(24-36개월)

재접근단계의 분리와 다가갔다 멀어졌다 하는 움직임이 줄어들면서 '개별성'(individuality)과 '대상항상성'(object constancy)이 나타나가 시작한다. '개별성'은 다양한 상황과 기분상태에서 자신이 어떤 사람인지에 대한 안정된 감각을 말하며, 대상항상성은 대상, 특히 어머니가 곁에 있거나 부재하든 간에, 또 욕구를 충족시키거나 좌절시키거나 간에 어머니에 대한 일관된 상을 유지할 수 있는 능력을 의미한다. '개별성'과 '대상항상성'의 발달은 평생을 통해 지속된다.

충분히 좋은 어머니상을 항상 마음 속에 유지하는 능력은 신경생리학적 발달과 대인관계 경험 둘 다에 달려 있다. 피아제(Piaget, 1937)가 제시한 '대상영속성'은 일정한 시간 후에 숨겨진 사물을 찾아 나서는 능력으로, 보이지 않은 사물에 대한 정신적 상을 떠올리고 그것을 찾는 능력을 말한다. 반면 '대상항상성'은 물리적인 사람을 기억하는 인지적 과제보다 좀 더 복잡하다. 이는 부모에게 몹시 실망했을 때에도 부모에 대한 좋은 감정을 떠올릴 수 있는 능력을 말한다. 이런 방식으로 감정을 통합하는 능력의 발달은 더 오랜 시간이 걸린다. 즉, 동일한 사람과의 관계에서 경험하는 유쾌한 경험과 불쾌한 경험을 통합하는 것이다. 현재 곁에 없어서 좌절시키는 어머니가 칭찬해 주고 사랑해 주는 사람과 동일한 인물이라는 확신을 유지할 수 있는 능력은 지적인 차원에서 양극단을 연합할 수 있는 능력뿐만 아니라 충분히 많은 좋은 경험의 축척에 달려 있다. 대상영속성 이전에 유아에게 최대의 정서적 위협은 대상의 상실이었다면, 이제는 대상의 애정상실이 위협한다. 사랑하는 대상에 대해 중요한 것은 정서적 일관성이지 양육자의 단순한 존재가 아니다.

'개별성'의 성취는 대체로 대상에 대해 어느 정도 항상적인 상을 형성하는 능력과 함께 이루어진다. 자기항상성(self constancy)도 생겨나기 시작한다. 점차 안정되어 가는 자기에 대한 감각은 좀 더 목표지향적인 활동을 가능하게 한다. 영아는 자기가 누구인지, 자기가 무엇을 원하는지 알기 때문에 좌절감을 약간 느끼는 경우에도 이 과제를 지속할 수 있다.

2) 대상관계의 주요개념

(1) 대상, 자기, 자기-대상

대상(objects)은 정서적 에너지, 즉 애정이나 증오 또는 애정과 증오의 좀 더 조절된 결합이 투여된 사람이나 장소, 사물, 환상 또는 기억을 의미한다. 대상에는 내적 대상(internal objects)과 외적 대상(external objects)이 있는데 내적 대상은 어떤 정신적 표상(a mental representation), 즉 어떤 이미지나 개념, 환상, 감정 혹은 다른 사람과 관련된 기억을 말하며, 반대로 외적 대상은 실제 사람이나 사물을 지칭한다.

자기(self)는 나라는 사람과 관련된 의식적이고 무의식적인 정신적 표상을 가리킨다. 대상(objects)은 외적인 사람, 장소, 혹은 사물을 뜻하기도 하며, 내적 이미지를 뜻하기도 한 반면에 자기(self)는 항상 내적인 이미지를 가리킨다. 외부의 관찰자에 의해 보여지는 사람은 자기(self)가 아니라 한 개인이다. 자기(self)의 개념은 사적인 개념이라고 할 수 있다.

이론적으로나 발달적으로나 자기(self)라는 개념은 대상(object)이라는 개념에 비해 늦게 발달한다. 아기는 어머니에게서 분리된 개체로 자기에 대한 확고한 인식을 발달시키기 전에 어머니와 타인을 구별하는 것을 배우게 된다. 어머니와 타인간의 구별이 자기와 어머니의 구별보다 앞서 이루어진다. 즉, 대상을 구별하는 능력이 자기를 분리된 개체로 인식하는 능력에 앞선다고 할 수 있다.

대상관계는 자기와 내적 혹은 외적 대상과의 상호작용이다. 환상에 관한 연구에 의하면 자기표상(self-representations)과 대상표상(object-representations)은 독립적으로 존재하는 것이 아니라, 대상관계 구성단위(object relations units)라고 불리는 관계 안에서 존재한다 라고 한다. 대상관계 단위는 자기표상과 내적 대상이 어떤 욕동이나 정서로 연결된 것이라고 할 수 있다. 대상관계 단위에서 자기와 대상 간의 구별이 모호해질 때, 이것을 자기-대상이라 부른다. 공생(symbiosis)은 가장 철저하게 미분화된 자기-대상이며, 이로부터 다른 대상관계가 발달한다. 공생은 전통적으로 사랑이나 황홀감 같은 유쾌한 정서와 연합된다고 묘사되는데, 이에 비해 다른 융합상태는 혼란스럽게 하거나 두렵게 느껴질 수 있다.

온전한 대상관계의 발달은 궁극적으로 자기표상의 좋은 측면과 나쁜 측면, 대상표상의 좋은 측면과 나쁜 측면을 통합하는 것을 말한다. 전적으로 좋은 대상이미지와 전적으로 나쁜 대상이미지가 합쳐지면, 이를 대상항상성을 발달해 가는 것이라고 부른다. 동시에 전적으로 좋은 자기 이미지와 전적으로 나쁜 자기 이미지를 합쳐서 정체성이 공고해진다. 우리는 우리 자신을 본질적으로는 좋게 볼 수 있지만, 또한 우리에게 바람직하지 못한 자질도 있음을 인정한다. 이와 마찬가지로 우리는 대상이 대체로 좋지만 몇 가지 좋지 않은 측면도 갖고 있다고 경험한다. 세상은 더 이상 흑과 백으로 보이지 않는다. 이러한 새로운 통합으로 분열된 대상관계는 온전한 대상관계(whole object relations)가 된다.

(2) 이상화와 평가절하

이상화(idealization)와 평가절하(devaluation)는 분열과 유사하지만 자기경험과 대상경험이 약간 다르게 배치된다. 분열된 대상관계 단위는 좋은 자기-좋은 대상, 나쁜 자기-나쁜 대상이 하나의 단위로 결합되는 반면 이상화된-평가절하된 대상관계 단위는 좋은 자기-나쁜 대상(이상화), 나쁜 자기-좋은 대상(평가절하)으로 배열되는 것을 볼 수 있다.

이상화는 자기 또는 대상이 완벽하다고 보는 것이고, 평가절하는 자기 또는 대상이 무가치하다고 보는 것이다. 이러한 극단적인 양극성 때문에 이상화와 평가절하는 분열과 마찬가지로 불안정한 심리적 기제라고 할 수 있다.

치료에서 환자는 어떤 때는 자신이 의존적이고 문제가 있으며, 자신의 건강을 회복해 줄 수 있는 강력하고 이상화된 치유자의 도움이 필요한 사람이라고 느낄 수 있다. 그러다가 다른 순간에는 이런 양극성이 뒤바뀌어, 환자는 자신이 아무 문제가 없는 사람이고, 치료자는 불필요하거나 심지어 무가치하고 무능한 사람으로 경험할 수 있다. 자기와 타인의 측면을 가치있게 여기는데 있어서 일상적으로 기복이 있지만, 이상화와 평가절하에서 나타나는 이런 변동이 일상적인 기복과 구별되는 점은 정서의 극단성이라고 할 수 있다.

(3) 담아 내는 것과 담기는 것

영국의 대상관계이론가인 Bion(1962)은 치료와 육아에서 담아 내는 것(the container)과 담기는 것(the contained)이라는 개념을 개발하였다. 그의 관점에서 보면 유아는 극단적이고 조절되지 않는 감정에 의해 압도되고 그들의 얼굴표정과 울음 그리고 웅얼거림을 통해 이런 감정을 전달한다. 주의깊은 부모는 경청과 관찰을 통해 유아가 전하는 이런 감정을 받아들이고 조절하며 변화시킨 후 그것에 의미를 부여하여 유아에게 되돌려 준다. 유아는 결국 이러한 과정을 내면화하여 자신의 감정을 "담아 내는" 방법을 배우게 된다.

생애 초기에 유아는 불쾌감을 느끼면 울음을 터트릴 것이다. 부모는 아이의 울음을 듣고 불편해진다. 마치 아이의 불쾌감을 받아들인 것 처럼 부모는 무엇인가를 해야 한다는 압박감을 느낄 것이다. 부모는 자신의 아이보다 감정을 더 잘 조절할 수 있기 때문에 대체로 그들의 불편함을 생산적인 행동으로 바꾸고 아이를 들어올려 진정시키고 어르면서 흔들어 준다. "그래, 그래. 기분이 정말 안 좋구나."라고 어르는 말을 하며 아이의 고통을 언어와 공감적인 위로로 바꿀 수 있다.

이런 방법으로 유아는 '자신을 조절하는 방법'을 배운다. 부모는 자녀의 불쾌한 감정만을 "담아 내는" 것은 아니다. 유아는 또한 그들에게 관심이 있는 사람이 그들이 노는 모습을 지켜보고, 그들의 성취를 함께 기뻐해 주고, 즐거움과 칭찬을 해 주는 것, 즉 부모와 아이 모두에게 좀 더 유쾌한 "담아내기" 기능을 필요로 한다.

치료에서 조용하게 경청하는 것, 방해받지 않는 시간, 조절되고 관심을 보여주는 반응은 담아 내는 기능을 제공하며 어떤 환자에 대해서는 그들의 감정을 담아 내는 것이 치료의 주된 일이 될 수도 있다.

(4) 보듬어 주는 환경과 괜찮은 엄마

담아 내는 것과 담기는 것이라는 개념은 Winnicott(1960)의 보듬어 주는 환경(the holding environment)이라는 개념과 유사하다. Winnicott은 공생단계에서 신체적으로 안아 주는 것이 얼마나 중요한지에 대한 정신분석자 집단의 높아진 인식을 표현한 것이라고 할 수 있다.

유아에게 필요한 보듬어 주기는 아동의 발달과 함께 서서히 변화하게 된다. 유아가 크면 어머니의 팔에 안기기 보다는 어머니의 관심 속에 안기는 것이 필요하며, 학령기에는 자기가 학교에 있거나 허락을 받고 친구집에 있다는 것에 대해 어머니가 알고 있다는 것으로도 충분할 수 있다.

"괜찮은" 혹은 "이만하면 좋은(good-enough)" 어머니는 Winnicott의 설명에 의하면 충분하지만 지나치지 않은 보듬어 주기를 제공한다. "괜찮은 엄마"는 아이에게 무관심하지도 않고 아이의 세계를 침범하거나 지나치게 통제하지도 않는다.

3. Touch(접촉)

애착의 맥락에서 발달상의 신체적 접촉의 가치를 빼고 논한다는 것은 매우 어려운 일이다. 신체접촉은 모든 부모-자녀 상호작용의 가장 정상적이고 건강한 요소이다. 신체적 접촉을 통해 스트레스를 경감시키고 불안과 우울을 줄이며 안정감을 증가시킨다. 애정 어린 양육자로부터의 신체접촉의 경험은 아동의 자기감(sense of self)을 발달시키며 타인과 관계를 맺는 능력을 키워 주기 때문이다. 출생 직후부터 접촉자극은 신생아를 진정시키는 효과가 있으며, 팔이나 다리를 붙잡아 주거나 배를 가볍게 어루만져 주는 것만으로도 아기를 조용하게 만들 수 있다. 특히 출산 직후 어머니와의 피부접촉이 중요하며, 이런 초기 순간의 피부접촉이 어머니와 아기 간의 유대에 결정적이라고 주장하는 학자들도 있다(Klaus & Kennell, 1982). 영아들은 출생 후 몇 개월 동안 중에서도 첫 24시간 동안에 가장 기민하다고 알려져 있으며, 이런 시기에 어머니와 신생아가 서로 유대를 형성하기 시작하는 중요한 기회가 될 것이다.

1) 동물행동학과 Touch

할로우(Harlow, 1958)는 새끼원숭이에게 있어 배고픔이나 갈증과 같은 일차적인 생리욕구에 덧붙여 편안하고 부드러운 어떤 것에 밀접하게 접촉하려는 몇 가지 기본적인 욕구가 있다고 가정하게 되었고, 이것을 검증하기 위한 일련의 실험을 하였다. 새끼원숭이들은 철사로 만들어진 어미원숭이와 벨벳으로 싸여진 어미원숭이로부터 우유를 제공받았다. 놀라운 결과는 철사 어미로부터 우유를 제공받았던 새끼원숭이조차도 벨벳천으로 된 어미를 선호했다는 사실이었으며, 어느 어미에게서 수유를 받았는가와 관계없이 모든 원숭이들이 천으로 된 어미에게서 거의 모든 시간을 보냈고, 오직 철사 어미에게 의해서만 양육되었던 원숭이 집단은 우유를 소화하지 못할 뿐 아니라 빈번히 설사를 하였다. 붉은털 원숭이 실험에서 부드러운 헝겊 대리모에게 더 많이 매달리는 모습을 보며 애착행동을 유발시키는 것이 단순히 먹이를 구하기 위한 생존을 위한 것이 아닌 접촉에 대한 본능적인 욕구 때문이라는 것을 알 수 있다.

조류와 포유류에 대한 다양한 연구에서도, 새끼가 건강하게 자라고 어미가 양육할 능력을 갖추기 위해서는 신체접촉이 절대적으로 필요하다는 사실을 알 수 있다. 임신 기간 동안 자신의 몸을 핥지 않은 암컷은 새끼를 낳은 후에도 어미 노릇을 제대로 하지 않았다. 그에 반해 새끼를 밴 암컷을 날마다 부드럽게 쓰다듬어 주면, 그 어미의 새끼들은 체중이 크게 늘어나고 훨씬 차분해졌으며, 어미들은 그런 자신의 새끼들에게 질 좋은 젖을 양껏 먹이면서 많은 사랑을 쏟았다.

2) Touch의 결핍

어머니와 떨어져 있는 영아들의 접촉결핍에 대한 연구들에서 접촉이 결핍된 영아들이 더 자주 질병에 걸리고 특히, 변비, 설사, 그리고 더 높은 호흡기 감염이 발생된다고 보고된다.

Bellevue 영아병동에서는 높은 영아 사망률로 인해 자체 진단결과, 처음에는 영양실조였다. 그 후 영양상태가 개선되었지만 여전히 사망률이 높자 이번 진단은 세균감염, 다음은 만성감염이었다. 따라서 감염 위험을 줄이기 위해 과거 개방병동은 칸막이가 있는 방으로 대체되고, 의사와 간호사들은 마스크와 두건을 쓰고 손을 깨끗이 씻은 채 박테리아가 번성하지 않도록 조심조심 움직였다. 그러나 영아들의 체중은 늘지 않고, 잠도 자지 않으며, 미소도 없고 옹알이도 하지 않았다. 1931년 Bakwim이 Bellevue 영아병동을 인계받은 뒤 일상과정을 모두 바꾸었다. 청결을 강조한 예전의 지시상항("이곳에 들어오기 전 손을 두 번 씻으시오.")을 떼어 버리고 새 지시사항("아기를 안아주지 않으려거든 이 방에 들어오지 마시오")을 걸었다. 간호사들은 영아들을 정기적으로 안아주고 쓰다듬어 주고 무릎에도 앉히라는 지시를 받았으며, 영아들의 감염률은 곧 떨어졌다.

한편 Spitz(1947)는 모성박탈의 위험성에 대한 연구를 위해 한편의 영화(Grief : A Peril in Infancy)를 제작하였다. 이 영화 속의 영아는 엄마와 3개월 떨어져 있었으며, 처음 헤어질 당시 영아는 잘 웃고 잘 놀았다. 그러나 일주일 후의 영아의 모습은 너무나도 우울해 하고 거칠고 절망적으로 통곡하는 것 외에는 아무런 반응도 보이지 않았으며, 이런 모습이 3달 내내 계속되었다. 또 다른 아기의 경우도 마찬가지로 몇 주 후에는 아무런 반응도 보이지 않은 채 매우 초조해 보였다. 영아는 공포상태에 있는 듯 보였다고 했다. 이 영화는 모성박탈에 대한 위험에 대해 사회적인 관심을 불러일으켰다.

브라젤톤(Brazelton, 1978)에 의하면 접촉은 처음에는 생존을 가능하게 하고, 다음으로는 삶의 의미 있게 하는 것이며, 초기 자아에 대한 인식은 신체에 대한 인식으로부터 시작되고, 신체에 대한 긍정적 인식은 신뢰할 수 있는 성인과의 신체적 접촉을 통해 이루어진다는 것이다. 즉, 초기의 신체적 접촉은 영아의 생존을 위해서 필요할 뿐 아니라, 영아는 그러한 접촉을 통해 자기 신체에 대한 인식을 할 수 있게 되고, 그것이 심리적으로 건강한 자아발달에 기초가 되는 것이다.

3) 미숙아와 Touch

미숙아로 태어난 아기는 긴 기간 동안 엄마와 떨어져 있게 된다. 미숙아들은 그들의 생명을 유지하기 위하여 며칠 동안 인큐베이터에 있게 되기 때문에 터치를 박탈당하게 된다. 많은 신생아 집중 간호는 최소한의 터치로 이루어지는데 그 이유는 미숙아들에게는 어떠한 자극도 병의 원인이 될 수 있다는 배려 때문이었다.

많은 연구에서 미숙아들에게 토닥거림, 흔들어 주기, 물침대 그리고 숨쉬는 곰인형 등을 포함한 다양한 종류의 터치들이 긍정적인 효과를 보였다고 한다. M. Neal은 흔들어 주었던 영아가 흔들어 주지 않은 영아에 비해 몸무게가 늘고, 시각, 청각적 자극에 더 잘 반응하는 것을 발견하였다. D. Freedman과 그의 동료들은 쌍둥이 아기들을 흔들어 주어 몸무게가 2배가량 증가하는 것을 보여주었다.

접촉연구소(Touch Research Institute)를 창설한 티파니 필드(Tiffany Field, 1995)와 마이애미 의과대학 연구진은 20명의 미숙아에게 하루 30분씩 마사지를 해준 결과, 미숙아들의 체중이 하루 평균 47% 증가했고, 훨씬 더 활발하고 민첩해졌으며, 마사지를 받지 않은 영아들에 비해 신경계 발달 속도가 무척 빨랐다. 아울러 입원 시간도 평균 6시간 단축되었다.

4) 뇌발달과 Touch

영아기에는 인간의 뇌의 뉴론이 급성장하고 3살경에 이르러서는 뇌의 10분의 9가 발달한다. 특히 생애 첫해에는 뉴론의 연결망이 급속히 성장하고 다음에는 "가지치기(Pruning)" 시기가 뒤따른다. 이 시기에 뉴론의 경로들이 자극을 받지 못한 아동들(박탈 또는 방임으로 인해)의 뇌는 정상적인 아동의 뇌와 비교해 볼 때 뇌의 활동성이 매우 미약하다. 뿐만 아니라 그 아동은 빈약한 애착 또는 외상의 환경에 놓여 있음으로 인해 계속적으로 만성적인 발작상태에 처하게 될 경우에는 노르에피네프린(norepinephrine) 또는 스트레스 호르몬인 코티솔과 같은 신경전도체가 강하게 생성되어 뇌에 치명적인 독이 된다. 이로 인해 세포가 죽거나 뇌의 덴트리틱(dendritic field) 부분의 성장이 억제될 수 있다.

자연스러운 피부접촉은 뇌와 신경계의 미엘린 수초의 형성을 촉진한다. 미엘린 수초란 전선을 둘러싼 절연체처럼 신경을 에워싼 지방질인데, 신경계를 보호하고 뇌에서 수용한 자극을 몸전체로 전달하는 기능을 촉진하는 역할을 한다. 신경계의 보호막은 태어날 때 완벽하게 형성되지 않지만 피부를 자극함으로써 신경세포의 기능을 향상시켜 뇌와 신체의 의사소통을 원활하게 해 줄 수 있다.

CHAPTER 04

치료놀이 사정(MIM)

1. 평가과정
2. MIM
3. MIM의 실제

치료놀이에서는 부모와 아동 사이의 다양한 관계 양상을 측정하기 위하여 구조화된 방법으로 MIM(마샥 상호작용 평가도구 : Marschak Interaction Method)을 사용하고 있다. 모든 가족구성원은 가족으로부터 영향을 주고받으며, 그들의 상호작용 방식은 종종 그들의 언어로 의사소통하는 것보다 더 강력한 영향을 미친다고 할 수 있다. 만약 일상생활을 하는 가족들 간의 상호작용을 관찰하는 것이 가능하다면 가족 내의 문제를 설명하는데 도움을 주는 가설을 세울 수 있을 것이라는 생각에서 MIM이 생겨났다.

MIM은 상호작용의 긍정적인 측면과 부정적인 측면을 모두 확인하는 강력한 도구이며, 치료현장에서는 진단, 개입, 치료를 위한 기초로서 이용되고 있다.

이 장에서는 MIM에 대한 설명과 실시과정에 대해 소개하고 실제 평가한 MIM 사례를 소개함으로써 MIM에 대한 이해를 돕고자 하였다.

1. 평가과정

치료놀이를 실시 전 아동과 가족을 이해하고 적합한 치료계획을 세우기 위해 애착과 관계문제에 초점을 맞추어 평가를 실시하고 있다. 치료놀이에서의 평가는 아동의 양육자와의 면접, MIM을 통한 아동과 부모와의 관계에 대한 평가, 추후 피드백을 포함하고 있다.

1) 초기면접

부모와의 초기면접은 아동을 이해하는데 상당히 중요한 부분이다. 아동상담의 경우 아동이 자신의 성장과정에 대해 말할 수 없기 때문에 아동의 과거에 대한 모든 정보를 부모를 통해 얻어내야 한다. 아동에 대한 이해를 돕기 위해 초기면접을 통해 파악해야 할 정보는 다음과 같다.

(1) 의뢰사유

현재 이곳에 오게 된 원인인 주호소 문제를 파악한다. 부모의 어려움을 들어 보는 것에서 그치는 것이 아니라 상담을 통해 부모 자신이 아동의 문제행동에 대해 정확히 기술하고 정리할 수 있도록 도와 주어야 한다. 또한 가족은 문제를 어떻게 정의하고 있는가? 각 부모가 문제를 어떻게 보고 있는가? 아동과 관련된 다른 성인(교사, 의사 등)이 이 문제를 어떻게 보고 있는가? 문제가 시작된 시기는? 현 시점에 치료를 받으러 온 이유는? 부모가 아동의 문제에 대해 어떻게 대응해 왔는가? 등에 대한 질문을 실시하게 된다.

(2) 발달력

임신시부터 현재까지 아동의 생활에 이르기까지 총체적인 발달정보를 통해 아동의 발달력과 관련하여 아동의 애착형성에 영향을 미쳤던 요인을 탐색해 본다. 임신시(약물복용이나 심리적인 충격, 질병들? 계획된 임신이었는가? 임신기간 중 순조로 왔는가? 출산을 위한 준비?) 출생시(아동과 어머니의 건강 상태는 어떠했는가?) 병력(건강문제가 아동의 발달에 영향을 미쳤는지 여부, 아동의 병력이 부모-자녀관계에 어떠한 영향을 미쳤는가에 대한 평가) 출생순위(형제 자매관계), 기타(섭식, 수면습관, 아동의 성격, 활동, 특성, 아동과 어떻게 시간을 보내는가?)에 대한 질문을 한다.

(3) 부모의 기대와 태도

아동의 자율성과 의존성에 대한 부모의 태도와 아동의 성과에 대한 부모의 요구 등과 같은 아동에 대한 부모의 기대와 태도에 대해 살펴보도록 한다.

(4) 가정 내에서의 부모와 자신의 경험

부모는 자신의 원가족과 맺어 왔던 상호작용의 패턴을 반복하는 경우가 많다. 그러므로 부모의 원가족과의 관계를 살펴보는 것은 부모와 아동을 이해하는데 도움을 제공하는 경우가 많다. 부모와의 면담을 통해 애착형성과정에 대한 부모의 견해와 가족들과의 현재관계에 대해 살펴본다.

(5) 부부관계

원만한 부부관계는 안정적인 아동기를 위한 필수적인 환경이라고 할 수 있다. 부부관계, 아동양육에 대한 부부 간의 일치 정도, 아동을 돕는데 부부가 얼마나 협력하는지 등에 대한 질문을 하도록 한다.

2) MIM의 실시

평가의 두 번째 단계는 MIM(Marschak Interaction Method)을 이용하여 부모와 아동을 관찰하는 것이다. MIM이란 부모-자녀관계의 다양한 형태를 측정하도록 구조화되고 발전된 기술로 부모-자녀 간의 유대관계 정도(bonding assessment)를 제공한다. MIM을 통해 부모와 아동 간의 상호작용 방식을 관찰하고, 현재 부모-자녀관계의 긍정적인 측면과 부정적인 측면에 대해 평가할 수 있다. 많은 부모들은 자신들의 상호작용 방식을 인식하지 못하고 따라서 아동과의 상호작용 방식에 대해 적절히 설명하지 못한다. 그러므로 부모의 주관적인 보고에만 의존하기 보다는 직접적으로 상호작용을 관찰함으로써 많은 정보를 얻을 수 있다.

3) 추후 피드백

MIM이 녹화되지 않았을 경우는 피드백을 위한 면접은 즉시 이루어지는 것이 좋다 그러나 비디오로 녹화된 경우라면 일주일 후로 정하여 MIM을 통해 관찰된 의미있는 상호작용을 지적할 수 있도록 한다.

피드백 세션에 대한 준비는 MIM을 주의 깊게 분석하고 부모에게 설명할 계획을 수립한다. 이 세션에서 아동은 참여하지 않고 부모가 모두 있으면 둘 다 참여해야 한다. 피드백의 중요한 초점은 상호관계에서 긍정적인 면과 상호작용에서 잘 되고 있는 부분을 지적해 주는 것이다. 그러나 현재의 상황을 긍정적으로 변화시키기 위해서는 부모의 적극적인 역할이 필요하다는 것을 깨닫는 것이 중요하다. 그들의 자발성은 치료를 성공적으로 이끄는데 핵심이다.

MIM의 비디오테이프를 사용하는 이점은 치료자의 해석을 통해 아동들의 욕구에 대한 자신들의 행동반응을 객관적으로 바라볼 수 있도록 하고 부모들의 개인적인 방어를 빨리 깨도록 돕는다는 점이다. 이 때 치료자의 해석은 언어적인 접근보다는 구체적이고 가시적인 접근이 효과적이라고 할 수 있다.

(1) 부모가 자신들의 행동을 이해하도록 돕기

피드백 세션의 토론은 부모들로 하여금 자신들의 행동에 통찰력을 갖도록 하고 아동의 행동에 대한 새로운 이해와 그것을 통제하려는 의지를 이끌어 낸다.

(2) 부모가 아이의 욕구를 이해하도록 돕기

피드백 세션에서 치료자가 아동과 관계를 맺는 효과적인 방법을 제시하고 치료과정의 틀을 구성함으로써 부모가 더욱 감정 이입적이고 이해하는 태도로 자신의 아동을 바라보는 것을 가르쳐 주게 된다. 부모는 그들이 간절히 바라던 아동과의 상호관계를 가질 수 있다는 새로운 낙관을 가지고 피드백 세션을 마쳐야 한다.

(3) 치료계획 세우기

피드백 세션의 마지막에서 치료자는 치료를 시작할 것인가에 대해 부모와 합의해야 한다. 치료놀이가 어떻게 이뤄지는지 설명하고 치료의 목적과 세션의 횟수를 합의한다.

2. MIM

치료놀이를 실시할 때에는 접수상담 때 수집된 정보 외에도 부모-자녀의 상호작용을 평가하는 MIM을 실시하여 아동과 부모에 대한 이해와 치료계획에 도움을 제공하도록 하고 있다.

MIM(Marschak Interaction Method)은 마샥 상호작용 평가도구로 1960년 예일아동연구센터에서 근무하던 마리안 마샥이 구조화된 방법으로 통제된 상호작용 스케줄(Controlled interaction Schedule : CIS)로 개발되었다가 이후 활동들이 추가 수정되어 오늘날 MIM으로 개발되었다(Marschak, 1960). 현재 MIM은 치료놀이기관과 회원들 그리고 전국에 있는 훈련생들에 의해 사용되고 있다. 일부 부모들은 MIM 평가과제에 단순히 참여하는 것만으로도 부모-아동 관계에 긍정적인 영향을 준다고 하였다(Jenberg & Des lauriers, 1962).

MIM은 구조, 도전, 개입, 양육 4차원의 틀을 가지고 자료를 분석하도록 개발되었다. MIM은 통계적으로 타당한 규준을 지닌 표준화된 검사는 아니지만 상호작용의 특별한 면을 정의하고 내적 신뢰도를 수립하는 것이 가능하다. Koller(1980)는 부모와 상호작용하는 4~8개월 된 유아의 행동을 부호화하는 시스템을 개발했고, Mckay, Pickens, Stewart(1996)는 MIM을 하는 동안에 관찰된 부모-자녀 상호작용 행동을 수량화하기 위해서 표준화된 행동 시스템을 개발하였다.

MIM의 해석은 임상적인 통찰과 아동발달 및 부모-자녀 상호작용에 관한 모든 지식에 기초를 두고 있기 때문에 MIM을 사용하는 전문가는 광범위한 임상경험이 필요하다. MIM 사용에 대한 훈련 및 슈퍼비전은 치료놀이 기관을 통해 할 수 있다.

MIM의 활동과제는 치료놀이의 각 차원(구조, 도전, 개입, 양육) 중 특정 차원의 상호작용을 끌어 내기 위해 설계되어진다. 양자 관계가 도움이 필요한 것으로 나타난 행동, 그리고 각 차원을 협상하는 부모와 아동의 능력을 임상가가 구체화하는데 도움을 주기 위해 설계되었다.

1) MIM 준비

MIM을 실시하기 위한 공간은 활동을 방해하거나 관계의 집중을 흩트릴 수 있는 물건이 없는 공간이 좋다. 아이와 엄마는 방에 들어가 가운데 선이 그어진 테이블 옆에 나란히 앉는다. 테이블 가운데 선은 한 사람이 다른 사람에게 접근할 때, 즉 한 사람이 선을 넘어 다른 사람 옆으로 움직이는 것을 보기 위한 것이다(최근 미국치료놀이 센터에서는 선을 긋지 않도록 규정하고 있다). 테이블 위에는 카드(활동지시)가 뒤집어져 놓여 있으며, 한 장 한 장의 지시문에 따라 엄마는 아이와 활동을 전개한다. 필요한 활동자료는 책상 옆 바구니에 준비해 놓는다.

영아나 걸음마기 아기와 MIM을 할 때는 테이블 없이 마루바닥이나 매트 위에서도 할 수 있다. 이 모든 내용은 비디오로 녹화될 것이며 이는 사전 부모의 동의를 받아야 한다. 비디오카메라가 활동에 방해를 주지 않기 위해서는 눈에 띄지 않는 곳에 있는 것이 이상적이다. 또한 대부분의 일방경을 통해서 상담자에 의해 관찰되어진다. 만약, 상담자가 MIM을 하는 동안 방안에 남아 있다면 두 사람과 시선을 맞추거나 격려하는 것을 피해야 한다.

MIM을 위한 시간은 일부는 10분 정도로 짧게 걸리기도 하지만 다른 경우에는 90분 정도 길게 걸리기도 한다. 보통 30~45분 정도의 시간을 예상하면 된다.

모-아 및 부-아의 세션은 보통 다른 날에 일정을 잡는다. 만일 시급한 평가나 여행이 있으면 두 개의 MIM은 아동이 지나치게 피곤하지 않는 한 약간의 휴식을 두고 같은 날 수행될 수도 있다.

2) MIM 과제의 선별

마샤은 초기연구에서 양육의 4가지 측면, 즉 애착증진, 환경에 대한 경계, 목적 있는 행동의 지침, 긴장을 극복하거나 스트레스 감소를 돕는 것을 연구하는데 관심을 가졌다. 이러한 근본원리를 중심으로 4가지 차원(구조, 도전, 개입, 양육)으로 정리되었다.

각 차원에서 평가하고자 하는 것은 다음과 같다.

첫째, 구조과제는 자녀에게 명령하고 지시하고 제한을 설정하고 자녀로 하여금 이러한 지침을 따르게 하는 부모의 능력을 평가하는 것이다. 구조는 "내가 너를 아주 잘 돌볼 것이기 때문에 너는 나와 있는 것이 안전하다."라는 메시지를 전달한다. '충분히 좋은 부모'는 신뢰할 수 있고 예측 가능하며, 그들은 아동의 경험을 정의하고 명백히 하도록 돕는다. 특정과제 수행에 덧붙여, 재료와 카드를 누가 다루는지, 활동은 누가 시작하고 끝내는지, 무엇을 할지 누가 결정하는지, 그리고 이러한 결정이 어떻게 내려지는지를 관찰한다.

- 부모는 아동의 발달 수준에 적절하고 명확한 구조화를 제공하는 성인역할을 하는가?
- 아동은 성인의 구조를 받아들이는가?

둘째, 도전과제는 아동의 연령에 적합한 기대를 부모가 할 수 있는지, 부모는 기능을 개발하기 위한 자극과 격려를 자녀에게 주는지, 부모는 자녀의 성취를 즐기고 자랑스러워하는지 등의 부모의 능력을 평가하는 것이다. 도전이 주는 메시지는 "너는 성장할 수 있고 세상에 긍정적인 영향을 줄 수 있다." 라는 것이다. 이 차원에서 과제는 아동의 발달을 자극하고 발달적으로 적절한 기대를 설정하고 아동의 성취에 즐거움을 주는 성인의 능력을 평가하도록 설계되어 있다. 도전에 반응하는 아동의 능력도 평가된다.

- 부모는 아동의 발달수준을 인식하고 약간의 노력을 해서 아동이 습득할 수 있는 과제를 설정한다.
- 부모는 아동의 노력에 긍정적인 반응을 해 준다.
- 부모와 아동은 성취에 대한 즐거움을 함께 나눈다.

셋째, 개입과제는 부모가 자녀를 활동에 끌어들이는 능력과 활동에 몰두하고, 필요하면 상호작용도 하며 협력도 하게 하는 능력, 적절하게 독립심과 자기만족을 고양시키는 부모의 능력을 평가하는 것이다. 이는 부모에게 자녀의 스트레스 수준을 알아차리고 스트레스 감소를 돕는 방법이 무엇인지를 알 수 있는 기회를 제공한다. 개입은 "너는 다른 사람과 적절한 방법으로 상호작용할 수 있다. 너는 다른 사람과 가까워질 수 있다. 너는 다른 사람과 함께 있는데 즐거움을 느낀다."라는 메시지를 전달한다. 이 차원의 과제는 아동의 발달 수준과 정서 상태에 적절하게 상호작용하는 개입을 격려하는 부모의 능력을 평가하기 위해 설계되었다. 자폐적 또는 강박 행동의 사례에서 상담자는 아동을 자신의 완고한 고립상태에서 끌어 내어 상호작용으로 유도하는 부모의 능력을 평가한다.

- 부모는 아동에게 개입하고 적절할 때 함께 작업할 수 있다.
- 부모와 아동은 과제를 실행하는 동안 즐겁게 될 수 있다.
- 부모는 아동의 정서 상태에 대해 공감적 인식과 반응을 보여 준다.
- 부모와 아동은 동시에 정서적으로 조화를 이룬다.

넷째, 양육과제는 자녀를 보살피고 자녀를 지지해 줄 수 있는지 자녀의 기본적인 욕구를 충족시키고 자녀가 성장하는 동안 때때로 퇴행할 수 있다는 것을 수용하는 부모의 능력을 평가하는 것이다. 필요한 심리적 접촉을 하는 부모의 능력과 이 접촉을 받아들이는 자녀의 능력을 모두 관찰하게 된다. 양육의 메시지는 "너는 사랑받을 만하고 보호받을 가치가 있다."라는 것이다. 이 차원의 과제는 발달적으로 그리고 상황적으로 적절한 아동의 욕구에 적합하게 반응하는 부모의 능력을 평가할 뿐 아니라 아동의 긴장과 스트레스를 인식하고 그것을 다루도록 도와 주는 부모의 능력도 평가하도록 설계되었다. 덧붙여, 적절한 자기돌봄이나 자기-조절에 대한 아동의 능력도 관찰할 수 있다.

- 부모는 반응적이고, 공감적으로 아동의 욕구에 맞춘다.
- 부모는 신체접촉, 잡기, 포옹, 먹여 주는 것이 편안하다.
- 부모는 어르고 진정시켜야 하는 아동의 욕구를 인식하고 있다.
- 부모는 아동의 긴장이 증가함을 인식해서 아동을 진정시키고 편안하게 적절한 방법을 다양하게 가지고 있다.

- 부모는 아동이 달아나도록 성급하게 뛰어들지 않을 뿐만 아니라 아동이 자포자기하거나 통제를 벗어날 때까지 기다리지도 않는다.
- 부모는 아동에게 분리에 대한 준비를 시킨다(전이 대상을 제공하더라도).
- 아동은 부모의 양육을 받아들인다.
- 아동은 부모의 떠남에 대해 나이에 적절한 관심을 보이지만 부모가 들어오면 편안해진다.
- 나이든 아동은 부모가 돌아오면 즐거움을 보이고 부모와 재결합할 수 있다.

MIM에 포함되는 네 가지 차원의 과제는 다음과 같다.

표 4-1 MIM 활동의 예

차원	활동의 예
구조	· 내가 한 것처럼 블록을 만들어 보아라. · 내가 한 것처럼 그림을 그려라. · 성인이 아동에게 "원을 그려라", "네모를 그려라", "얼굴을 그려라." 그리고 "네가 좋아하는 것을 그려라."라고 요청한다.
도전	· 아동이 알지 못하는 것을 가르치도록 한다. · 블록으로 구조물을 만든 후 아동에게 똑같이 만들도록 요구한다. · 어려운 퍼즐을 맞추도록 한다. · 성인은 아동에게 눈을 감고 방에 있는 모든 것에 대해 설명하도록 한다.
개입	· 쎄쎄쎄 놀이 · 까꿍놀이 · 서로의 발 간질이기 · 찍찍거리는 동물인형으로 함께 놀이하기 · 친숙한 게임하기
양육	· 서로에게 먹여 주시오. · 서로에게 로션을 바르시오. · 아동에게 밴드를 붙여 주시오. · 서로의 머리를 빗겨 주시오.

최근 미국 치료놀이센터에서는 MIM 활동을 연령별 몇 가지로 한정하여 동일하게

실시하도록 하고 있다. 그 중 3세 이상(청소년 이하)의 아동을 위한 MIM 활동의 예를 살펴보면 다음과 같다.

표 4-2 3세 이상 아동을 위한 MIM 활동의 예

1. 동물인형을 가지고 놀이해 보세요.
2. 블록을 각자 한 세트씩 나눠 가진 후 어머니가 먼저 모양을 만들고, 자녀에게 똑같이 만들어 보라고 하세요.
3. 로션을 서로 발라주세요.
4. 어머니가 자녀에게 "네가 아기였을 때……"로 시작하는 이야기를 해 주세요.
5. 어머니가 자녀가 모르는 것에 대해 자녀에게 가르쳐 주세요.
6. 어머니가 자녀를 남겨 둔 채 1분간 방을 떠나세요.
7. 어머니 자녀 모두에게 익숙한 놀이를 해 보세요.
8. 어머니 자녀가 서로에게 모자를 씌워 주세요.
9. 서로에게 음식을 먹여 주세요.

※ 출처 : 2009년 초급 치료놀이 워크숍 자료집.

MIM의 과제를 선택할 때에는 아동 연령에 어울리는 과제를 선택하는 것이 중요하다. 어떤 과제는 매우 어린 아동을 위해 고안된 반면, 다른 것들은 청소년에게 적합한 과제도 있다. 아동이 스스로 과업을 수행하려고 할 때와 부모와 함께 하려고 할 때의 부모의 반응을 잘 관찰하는 것이 중요하다. 게다가, 몇몇 과제들은 아동이 노력하도록 도전을 주는 반면, 다른 과업들은 퇴행행동을 조장하기도 한다. 전자의 경우, 아동에 대한 부모의 기대 수준을 파악하도록 하는 반면, 후자는 부모 자신의 편안한 정도뿐만 아니라 부모가 자녀의 자립심을 어떻게 잘 수용하는지 또는 격려하는지를 알 수 있고, 그리고 아동의 좋지 못한 행동이나 의존적 충동에 대한 부모의 반응도 알 수 있다.

활동과제는 대개 7~10개 정도로 4차원으로 구성하되 초기면접 그리고 가족 역사와 현재 가족문제에 기초하여 선별된다. 전형적으로 정보는 부모와 초기면접에서 아동과 가족에 대해서 수집한다. 그 다음에 아동과 각각의 부모는 MIM을 수행한다. 초기 가족면접 때 주요문제로 확인된 행동들을 유도해 내기 위하여 특별한 과제들이 선택되어진다. 가설을 세우는데 MIM은 이러한 가설을 시험해 보고 그 반응을 보기 위한 기회가 된다. 예를 들어 만약 어떤 엄마가 아기와 출생 후 애착문제를 가졌다고 털어놓는다면, 선택되는 과제들은 서로 머리를 빗겨 준다든지 어릴 때 기억들을 이야기하는 것과 같은 엄마와 아동 간의 애착 정도를 나타내는 것이 될 것이다. 만약 부모 면접시 자녀가 아버지의 말은 듣지만 어머니의 말은 어떤 것도 듣지 않는다고 밝히면 부모 양쪽과 그들의 지시를 자녀가 따르도록 하는 과업을 포함하는 것이 중요하다. 이를 통해 부모는 각각 자녀를 구조적인 상황에 어떻게 접근시키는지 그 차이점을 관찰하게 되고 또한 자녀들은 부모 각각의 지시에 어떻게 반응하는지를 관찰하게 된다. 이 경우, 부모의 지시적인 과업이 부모 각각에게 똑같이 주어져야 한다.

수행할 과제의 순서는 주의 깊게 고려하여 선정한다. 재미있고 편안한 과제로 시작하여 참가자들이 긴장을 풀고 함께 할 수 있도록 한다. 아동에게 스트레스를 주는 과제를 연속적으로 제시하지 않도록 하며 마지막 과제는 성인과 아동이 서로 먹여주거나 책을 읽어 주는 등의 편안하고 재미있는 과제를 선정하여 MIM의 시간이 재미있고 만족스러운 시간이었다는 기억을 가질 수 있도록 선정한다.

3) 사후질문

MIM이 끝난 후 다음과 같은 질문을 한다. 이러한 질문의 반응은 활동에 대한 통찰을 제공한다.

- 가정에서 두 사람의 상호작용을 잘 설명해 주는 것 같습니까?
- 만약 그렇지 않다면 어떤 점이 다릅니까?
- 놀라운 것이 있습니까? 있다면 무엇입니까?
- 당신이 가장 좋아하는 과제는 무엇입니까?
- 당신이 가장 싫어하는 과제는 무엇입니까? 이유는?
- 아이가 가장 좋아했다고 생각하는 과제는 무엇입니까? 이유는?
- 아이가 가장 싫어했다고 생각하는 것은 무엇입니까? 이유는?

자녀가 돌아왔을 때 아동이 가장 좋았던 활동과 가장 싫었던 활동이 어느 것이었나를 물어 보고 아동과 조율하는 방법을 부모에게 가르쳐 준다. 이 질문에 대한 대답은 관찰자가 보이지 않는 활동이 부모의 마음에는 나타날 수 있도록 귀중한 통찰력을 길러 주는 것이다. 그것은 가설을 확고히 하도록 도움을 제공하고 개인의 문제와 동기를 깊이 통찰할 수 있도록 한다. 예를 들어 자녀가 좋아하는 활동을 부모는 자녀가 좋아하지 않는다고 생각할 수 있다. 이는 자녀가 좋아하는 것에 대한 지각의 부족뿐만 아니라 자녀의 반응에 주의를 기울이지 않는 것일 수도 있다.

4) MIM의 평가

MIM의 평가는 기호를 사용한 다양한 상호작용의 비언어적인 형태를 기록하는 방법이 발달되어 왔다. MIM에서 가장 흔히 사용되는 기호들은 누가 먼저 상호작용을 시작하고 어떤 종류의 상호작용이었고(몸동작, 눈맞춤, 표정 등) 상대방의 어떤 감정을 불러일으키도록 했는가를 나타내도록 씌여진다. 말을 수반한 행동과 표정을 나타내도록 비언어적인 상징(예: 〉, ∧, ∨, ∪, ∩, ⟷, ◉ 등)은 가운데 칸을 이용한다. MIM을 할 때 혹은 후에 관찰자에 의해 내려진 추론의 결과는 세션을 다시 한 번 보는 재검토 위에 덧붙여진다. 피드백란은 피드백 인터뷰 중의 특정 상호작용을 논의하기 위한 일종의 상기자료로서 노트하도록 사용되어진다. 모든 상호작용은 쉽게 시간적 순서로 기록된다. 관찰은 여러 명(한 명 이상) 할 수 있다. 이는 다양한 상호작용이 내포하는 바 또는 의미의 다른 해석을 허용 또는 용인하고 있다. 이것은 해석이 보다 객관적으로 유지될 수 있게 하고 치료를 계획할 때 협력하도록 한다.

MIM 과정 중 상호작용을 살펴보기 위한 평정도구는 다음 3가지가 있다.

첫째, Jemberg, A. Booth, P. Kooler, T. & Allert, A.(1991)가 개발하고 박랑규(1999)가 번안한 것으로 영아용 MIM을 평정하는 도구이다. 부모행동과 아동행동을 각각 평정하도록 되어 있다.

둘째, McKay, Pickens와 Stewart(1996)가 개발하고 박랑규(1999)가 번안한 것으로, 어머니 상호작용 행동 영역 6개 항목(얼굴표정/정서, 언어화의 질, 접근/신체정향, 반응성,

응시고착/혐오, 지도를 제공하는 경향), 자녀 상호작용 행동 영역 7개 항목(얼굴표정/정서, 언어화의 질, 접근/신체정향, 반응성, 응시고착/혐오, 지도를 받아들이는 경향, 과제집중), 모-자 상호작용 행동 영역 3개 항목(사회적 몰입의 정도, 통제의 균형, 전반적 상호작용의 질) 총 17개 항목을 5점 척도로 평정하고 세 영역 점수를 합하여 전체 상호작용의 질에 대한 점수를 계산한다.

셋째, O'Conner, Ammen, Htchcock, Backman(2003)이 개발하고 성영혜(2004)가 번안한 MIM 평정척도(Marschak Interaction Method Rating System)가 있다. 구조, 도전, 개입, 양육의 4차원의 상호작용의 질에 대한 점수를 측정하였다. 본 척도는 '아주 부적절' 0점, '조금적절' 1점, '평균' 2점, '우수함' 3점의 척도로 되어 있다. 세부 내용은 아래 〈표 4-3〉과 같다.

표 4-3 MIM 평가내용의 예

원리	평가내용
구조	1. 부모는 명백하게 구조, 지시와 제한을 제공한다. 2. 아동은 부모의 구조, 지시, 제한에 대해 명확하게 신호/의사소통 반응을 한다. 3. 부모는 아동의 신호에 반응하면서 구조, 지시, 제한을 수정한다. 4. 아동은 구조, 지시, 제한을 받아들인다. 5. 구조를 제공하는 부모의 정서는? 6. 부모의 구조를 받아들이는 아동의 정서는?
도전	7. 발달적으로 적절한 과제수행 방법을 부모가 선택하거나 아동이 선택하도록 돕는다. 8. 아동은 필요할 때 도움을 요청하거나 과제에 대해 명백하게 신호/의사소통을 한다. 9. 부모는 도움을 제공하거나 아동의 신호에 반응하면서 과제를 조절한다. 10. 부모와 아동은 (조율을 통해) 과제를 끝마친다. 11. 도전을 제공할 때 부모의 정서는? 12. 부모의 도전에 반응하는 아동의 정서는?
개입	13. 부모는 발달적으로 절적한 방법으로 언어·신체적 개입을 시작한다. 14. 아동은 부모의 상호작용 시도에 명확하게 신호/의사소통 반응을 한다. 15. 부모는 아동의 신호에 반응하면서 상호작용 시도를 조절한다. 16. 아동은 자극과 (또는) 개입의 최적의 수준을 유지한다. 17. 아동은 언어·비언어적·신체적 개입을 시작한다. 18. 부모는 아동의 상호작용 시작에 반응한다. 19. 개입을 제공할 때 부모의 정서는?

원리	평가내용
	20. 부모의 개입에 반응하는 아동의 정서는? 21. 부모와 아동은 함께 재미있다.
양육	22. 부모는 발달적으로 적절한 수준의 양육, 언어적 강화와(또는) 애정이 담긴 접촉을 제공한다. 23. 아동은 부모의 양육과 애정이 담긴 시도에 명확하게 신호/의사소통 반응을 한다. 24. 부모는 아동의 신호에 반응하면서 양육과 (또는) 애정이 담긴 시도를 조절한다. 25. 아동은 양육과(또는)애정에 긍정적으로 반응한다. 26. 아동은 양육과(또는) 애정을 추구한다. 27. 부모는 아동의 양육/애정 요구에 반응한다. 28. 아동은 부모에게 애정적이다. 29. 부모는 아동의 애착에 긍정적으로 반응한다. 30. 양육을 제공할 때 부모의 정서는? 31. 부모의 양육에 반응하는 아동의 정서는?

※ 출처 : 성영혜(2004)

5) MIM의 활용

MIM은 다양한 대상과 다양한 분야에서 활용되고 있다. 수년에 걸쳐 MIM의 사용법은 동시에 두 명 이상이 참여하여 사용할 수 있도록, 또 더 어린사람과 나이든 사람도 사용할 수 있도록 확장되고 변경되었다. 영아기부터 청소년까지 각 연령에 맞는 과제들이 선정되었고, 부부치료를 돕는데도 사용되고 있으며, 요양소에 있는 노인이나 치매환자, 미혼모를 위해서도 MIM이 활용되고 있다.

(1) 가족 MIM

가족 MIM은 어머니와 아버지가 자녀와 상호작용하는 모습을 관찰할 수 있도록 한다. 예를 들어 부모 중 누가 지시하고 누가 복종하는지, 셋이 다 모였을 때 자녀가 어떻게 반응하는지, 부모는 서로 어떻게 반응하는지 관찰할 수 있게 되고 부부관계를 바라보는 통찰력을 제공한다.

본래 자녀가 지치지 않도록 부모를 따로 두 세션으로 시행했는데, 가족 MIM에서는 자녀의 나이와 집중시간에 따라 과제의 수를 감소시킴으로써 자녀에게 큰 부담을 주지 않고 부모 모두 포함한 가족 MIM을 한 번의 세션으로 끝내도록 하였다.

일반적인 MIM 활동이 제시되며, 카드가 분류되어 각 세션마다 누가 시작할 지 명확히 표시되어 있다. 일반적으로 가족은 첫 번째 활동은 함께하고 그리고 나서 한번씩 어머니와 아버지가 각각 자녀와 함께 참여하게 된다.

가족 MIM을 통해 관찰할 수 있는 내용은 다음과 같다. 그들은 팀이 되어 함께 활동하고 서로 돕는가? 서로 눈을 맞추고 있는가? 서로 보살피고 있는가? 각자 서로 파트너라고 생각하고 있는가? 한쪽 부모는 자기 파트너가 없을 때 자신이 해야 하는 일에 충실하고 있는가? 자녀가 다른 쪽 부모에 비해 한쪽 부모에 더 집중하고 지시를 따르는가? 자녀의 행동이 더 야단스러워지거나 조용해지는가? 자녀가 한쪽 부모를 적대시하고 다른 쪽 부모와만 어울리는가? 한 명 이상의 자녀를 가진 경우에는 다음과 같은 상호작용을 더 관찰할 수 있게 된다. 부모가 어느 자녀에게 더 관심을 두는가? 자녀에 대한 선호도에 따라 반응하는가? 자녀들을 동등하게 대하려고 하는가? 형제들과의 관계도 살펴볼 수 있다. 형제들은 서로 잘 노는가? 한 자녀가 다른 자녀에게 부모처럼 행동하는가? 부모의 관심을 끌기 위해 증오나 질투심은 없는가? 그들은 함께 노는 것을 즐기는가? 등을 살펴볼 수 있다.

(2) 신생아와 태어나지 않은 태아를 위한 MIM

부모가 애착문제를 보이므로 위험해 보이는 경우 그것을 평가하고 치료하는 도구로 '신생아와 태어나지 않은 태아를 위한 MIM'이 사용된다. 이는 부모가 태중에 있는 자녀를 독립된 인간으로 대하고 대화할 수 있도록 돕는다. 과제는 태중의 아이와 말하고 놀고, 어떤 것을 가르치고 그가 자랐을 때의 관한 애기를 들려주는 것과 같은 내용으로 구성되어 있다. 즉, 아이의 미래에 대한 희망과 걱정의 솔직한 표현을 통해 태아와 애착을 높이는 것이다. 이는 약물중독자인 여성이 그들의 아이를 인간으로 바라볼 수 있게 도와 주는 데 사용되기도 한다. 약물중독자들은 엄마가 태아에게 얼마나 중요한 영향을 미치는지를 종종 부정한다. 그러나 태아에 대한 엄마의 애착을 증진시킴으로써 중독으로부터 회복하려는 의지를 제공하기도 한다(Chandler, 1992).

신생아와 태어나지 않은 태아를 위한 MIM은 어머니 혼자 자녀를 길러야 할지 말아야 할지를 결정하는데 도움을 주고 또 입양을 보낼 아이와 헤어져야 하는 심리적인 준비를 하는 데도 도움을 준다.

(3) 부부 MIM

부부의 상호작용을 평가하기 위해 최근 새롭게 개발된 것이 부부마샥상호작용방법(Marital Marschak Interaction Method : MMIM)이다. MMIM은 구조적인 관찰과 임상적 개입을 통해 치료 정도를 예견해 볼 수 있는 관계의 질을 평가하는데 사용된다. 즉, 결혼생활은 잘 유지할 것인가? 아니면, 이혼을 해야 하나 말아야 하나를 결정하는데 도움을 준다. 비디오테이프와 그들의 상호작용을 보는 것으로도 그들의 관계의 본질을 통찰할 수 있게 하며, 이혼 중재를 위해 사용되는 MIM은 토론과 깊은 분석의 출발점을 제공한다.

(4) 법정에서의 평가

미국의 경우 아동학대와 유기로 인해 정서적인 외상을 가진 아동들을 조사하기 위해 법정에서 평가하는데 사용되고 있다(Safarjan, 1992). 이 경우 종종 부모의 정서적인 문제에서 기인하기 때문에 부모의 능력을 평가하고, 부모와 아동의 상호관계를 확인하며, 효율적인 부모역할을 가르치기 위해 어떤 사회적 서비스가 필요한지 결정하고, 개인치료 혹은 가족치료를 추천하도록 하는데 활용되고 있다. MIM은 부모의 능력과 양육자와 아동 사이의 애착과 결속을 평가하여 아동의 배치를 최상으로 결정하고자 하는데 도움을 제공하게 되며, MIM을 통해 얻어진 정보는 법정판결에 있어서도 중요한 비중을 차지하게 된다.

최근 우리나라에서도 법정에서도 시범적으로 MIM이 활용되고 있다. 2005년 이혼숙려 제도가 도입되고 가정법원에서 가사 조정이 이루어지면서 이혼 재판과정 중 가족상담을 통하여 원활한 이혼상담이나 자녀의 양육문제에 대한 조정을 목적으로 가사상담이 이루어지고 있다. 안산법원에서는 가족상담, 놀이치료 이외에도 치료놀이를 가사상담에 활용하고 있다. 치료놀이 전문가에 의해 실시되는 MIM은 이혼을 결정한 부모 중 양육자를 선정하는데 중요한 도움을 제공하고 있으며, 면접교섭과 같이 이혼 후에도 건강한 부모의 역할을 제공하기 위한 훈련방법으로 활용되고 있다(이숙영, 2009).

(5) MIM을 활용한 국내 연구

MIM은 임상현상에서는 치료전략과 목표를 세우는데 활용되고 있으며, 기존의 국내 치료놀이에 관한 연구에서도 부모–자녀의 상호작용의 변화를 확인하기 위한 방법으로 MIM이 활용되고 있다(권은희, 2009; 성영혜, 2004; 양한연, 2009; 윤정희, 2005; 최순옥, 2005; 홍정애, 2007).

권은희(2009)는 “부자가정의 아버지–자녀 상호작용 증진을 위한 가족치료놀이 효과”연구에서 아버지와 자녀의 상호작용을 평가하며, 치료놀이의 효과 검증을 위하여 MIM을 이용하였으며, 양한연(2009)은 “아토피 유아의 적응행동과 어머니의 양육행동 증진을 위한 모–아 집단치료놀이 효과” 연구에서 집단치료놀이 프로그램에 참여한 아토피 유아를 가진 어머니와 아동의 상호작용의 변화를 MIM을 통해 살펴보았다. 최순옥(2005)은 “가정폭력피해가족을 위한 가족치료놀이 프로그램 개발 및 효과” 연구에서 가족폭력 피해가족 어머니와 자녀들의 상호작용을 MIM을 이용하여 평가하였다. 홍정애(2007)는 “가족치료놀이를 적용한 가족탄력성 증진프로그램 효과” 연구에서 장애를 가진 가족을 대상으로 가족치료놀이를 적용하고 그들의 상호작용의 변화를 MIM을 통해 살펴보았다.

3. MIM의 실제

〈소아우울 증상을 가진 아동의 MIM 사례〉

아동명 : 정혜원(가명)

생년월일 : 1999년 *월 *일
나이 : 만 5세
성별 : 여
실시일자 : 2005년 *월 *일

1) MIM과제

1. 소리나는 동물인형을 가지고 아이와 함께 놀이 하세요.(개입)
2. 블록과 같은 모양과 색깔로 똑같이 나눈 후 어머니가 블록으로 만들고 아동이 같이 만들게 하세요.(구조)
3. 아이와 손가락 씨름을 3회 하세요.(도전)
4. 잠시 자리를 비웠다 돌아오세요.(분리)
5. 아이에게 로션을 발라 주세요.(양육)
6. "네가 아기였을 때" 이야기를 들려주세요.(양육)

2) 활동결과

활동 1. 소리나는 동물인형을 가지고 아이와 함께 놀이하세요.

모는 인형을 보고 "혜원"이라고 지칭하고 "야 혜원아 너 머리 좀 잘 감고, 잘 씻고 좀 해라."라고 말하고는 혜원에게 "이건 무슨 인형이야?"/ 혜원 : "엄마"/ 모 : "엄마? 그럼 엄마에게 하고 싶은 말 없어?" / 혜원 : (묵묵부답) …… 모는 혜원의 얼굴 가까이 가져가서 장난을 걸자 혜원은 약간 짜증스러운 반응을 보이다가 약간 "껄껄" 웃으며, 엄마에게도 똑같이 공격을 하는 모습이 관찰됨. 모는 약간 미소를 비치나 곧 활동을 바꿈.

활동 2. 블록과 같은 모양과 색깔로 똑같이 나눈 후 어머니가 블록으로 만들고 아동이 같이 만들게 하세요.

모는 블록을 혜원과 함께 하나씩 나눠 갖고는 이미 활동과 관심이 끝난 동물인형을 혜원에게 어디에 둘까 질문을 한 후 혜원이 관심 없이 고개를 끄떡이자 확인을 받고 내려놓음(왜? 아동의 의견을 존중한다는 보여주기는 아닌지?) 모는 블록을 만들고는 혜원이도 만들 수 있겠어? 라고 질문하고는 얼른 분리해 버림. 혜원 "어떻게 해?" / 모 "어떡해 하는 것은 없어. 그냥 만들고 싶은 대로 만들면 돼." 혜원이 만들기 진행에 어려움을 보여 치료자가 개입하여 어머니가 만들고 아동이 똑같이 만들라는 지시를 다시 함. 모는 얼른 다시 만들고는 질문함. "보고 만들어도 돼요?" 혜원은 모가 만드는 것을 보고는 "너무 빨리 만들지마." 하고는 하나씩 생각하며 만듦. 모는 완성한 것을 보고 잠시 박수를 치고는 빼버리려고 하자 혜원 : "똑같애?" 모는 다시 끼우고 확인하여 살펴보고 분리해 버리고는 다른 형태로 만듦. 혜원: "그만하자. 재미 하나도 없어. 너무 어려워."하며 몸을 비꼼. 그러나 곧 활동을 찬찬히 따라함. 혜원은 다음 활동을 위해 블록을 상자에 정리해 놓고는 "아 예쁘다." 감탄함. 모는 "정리 잘 하네. 집에서도 이렇게 잘하자."라고 반응함.

활동 3. 아이와 손가락 씨름을 3회 하세요.

모 : "이거는 이렇게 손이 내려가면 지는 거야." 혜원은 얼른 손가락을 올려놓음. 모가 어지럽게 손가락을 움직이자 짜증을 내다가 자신이 주도를 잡고 모두 혜원이 이기도록 주도해 나감. 모는 "나 안 해 만날 혜원만 이겨." 혜원 : "그럼 다른 놀이해." 혜원이 주도적으로 카드를 읽음.

활동 4. 잠시 자리를 비웠다 돌아오세요.

모 : "그럼 오빠한테 갔다 올게." 혜원은 책상을 한 바퀴 돌고는 문쪽으로 가서 문을 열고 모를 확인함. 다시 돌아와서 "히히히" 웃고는 지시카드를 읽어 봄. 모가 돌아오자 지시카드를 읽어 줌.

활동 5. 아이에게 로션을 발라 주세요.

혜원 : "아이에게 로션을 발라 주세요." 모 : "아이가 누구야?" 모가 자신의 손에 로션을 짜자 혜원은 "나두" 혜원의 손에도 짜주고는 각자 바름. 모는 자신의 볼을

두드리는 척하며 “얼굴도 발라” 이마를 덮은 머리를 올려 주자 혜원은 몸을 뒤로 물러섬. 얼굴을 찡그리고 웃을 소리를 내고 있지만 발은 불안한 듯 계속 굴리고 있음. 머리를 귀 뒤로 넘겨 주자 머리를 흔들며 짜증을 냄. 혜원 :“그만해.” 모 : “ 그만해?” 손을 만져서 로션을 닦아 줌. 잠시 안정된 모습을 보임.

활동 6. “네가 아기였을 때” 이야기를 들려주세요.

모는 지시카드의 내용을 제대로 이해하지 못하고 자신의 아이였을 때 이야기를 함. 모는 어린 시절 자신의 모와 떨어지지 못하였으며, 형제들과 나이 차이가 많아서 혼자 놀았다는 이야기를 하며 자신이 불쌍하지 않느냐며 혜원의 동의를 구함. 혜원은 과잉 웃음을 보이기 시작함. 모는 계속해서 자신은 착했으며, 혜원처럼 피아노에 올라가서 떨어지는 일은 하지 않은 착한 아이였다고 이야기하기 시작하자 혜원의 과잉 웃음은 극을 이루기 시작함. 모는 자신은 어렸을 때 밥만 먹고 생선가시도 잘 먹었다는 이야기를 하자 혜원은 과잉 웃음과 함께 “엉덩이를 먹었어.”라는 공격적인 언어를 시작함. 치료자가 혜원의 아기 때 이야기를 해달라고 말하자 혜원이 얼마나 작았는지를 이야기해 주었고 잠시 혜원은 안정되는 듯 보였으나 곧 크기를 가지고 과잉행동을 보이기 시작함. 모가 혜원이 애기였을 때 찌찌를 먹었다라고 이야기하자 혀를 내밀고 핥는 흉내를 내며 “핥아 먹었어?” “무슨 맛이야?” / 모 : “우유가 나왔지.” 혜원이 잠시 안정되어 관심을 갖는 모습을 보임. 다시 모는 3명의 아이가 장난감을 갖고 치고 다친 이야기와 병원에서 다친 이야기를 하자 흥분한 웃음과 과잉된 행동이 계속됨. 모가 아기였을 때 8일간 입원한 일을 이야기하자 혜원은 “언제? 꾀꼬리반 때? 병아리반 때?” “더 어렸을 때, 너 00어린이집 갔던 것 생각나?” “00유아 성경부는?” 혜원은 관심을 갖지 못하고 자리에서 일어나서 산만하게 돌아다니기 시작함.

3) 평가

모는 적극적으로 아이와 상호작용을 하기 위해 노력하는 모습이 관찰됩니다. 사소

한 일에도 아이의 의견을 묻고 배려하고자 하며, 아이가 스스로 놀이를 시도하도록 기회를 제공해 주고자 노력하시는 분입니다.

그러나 아이가 필요할 때 적절한 지도와 격려를 제공하고 있으나 반응이 미약하고 특히 조금은 반응이 느리게 오는 아동을 특성을 고려해 보면 아이가 격려나 칭찬을 채 느끼기 전에 중단해 버리는 경향이 있습니다. 즉, 아이의 감정과 욕구를 읽고 그에 따라 조절하려는 세심함과 배려가 부족해 보입니다. 예를 들어 아동이 스트레스를 받고 있는 상황이지만 모는 전혀 파악하지 못하고 흥분을 계속 유도하는 모습도 관찰됩니다.

혜원은 모의 지시에 따르고 있으나 승부와 관련될 경우 자신이 주도하는 모습이 관찰되고 있어, 힘에 대한 욕구(승부)가 많은 아동이지만 반면 완벽하고자 하는 면도 있어 다른 아동에 비해 느리게 반응하고 활동하는 경우가 많습니다. 그럼에도 불구하고 모는 상황을 무시하고 도전과제를 제시하고 있음을 알 수 있습니다.

활동에 대해 혜원은 많은 웃음을 보이고 있지만 그 웃음의 정도가 순수한 즐거움이라기 보다는 공허해 보이며, 피하고 싶거나 싫은 반응으로 과잉된 웃음을 짓고 있는 것으로 생각됩니다. 모도 자신의 이야기에서는 즐거워하는 모습을 보였으나 전반적으로 아동과 즐기는 모습은 보이지 않습니다.

모와의 눈맞춤과 신체접촉은 자연스럽게 이루어지고 있으나 모의 양육적인 신체적인 접촉시도에는 거부하는 모습이 많이 관찰되고 있습니다. 양육에 대해 즐거워하면서도 거부하는 양가적인 반응이 관찰되고 있습니다.

모는 자신의 어린 시절 이야기를 통해 자신의 모와의 분리의 어려움이 자신의 자녀들과의 분리의 어려움으로 같이 나타나고 있는 것으로 생각되며, 아이에게 동정받고 위로 받고자 하는 모습과 아이를 배려하기 보다는 배려받기를 원하는 것으로 보입니다.

개별치료놀이 실제

PART 02

CHAPTER 05

개별치료놀이와 활동

1. 치료놀이의 전략
2. 치료과정과 절차
3. 개별치료놀이 활동의 실제

개별치료놀이(Individual Theraplay)란 치료자 한 사람과 아동 한 사람이 치료환경에 들어가는 것인데, 이는 아동 개개인의 욕구와 특성에 따라 개별적 접근을 원칙으로 적용하는 것을 의미한다. 아동의 기질과 애착형태와 관계형성의 어려움이 특별한 방식으로 표현되기 때문에 아동마다 다른 욕구를 지니게 되고 다른 행동을 하게 된다. 예를 들면, 어떤 아동은 걱정하고 두려워하여 움츠러드는 행동을 하거나 화를 내고 공격적이고 과장된 성인행동을 하는 것 등이다.

수줍고 두려워하는 아동에게는 구조화보다는 양육활동과 도전활동을 적용하도록 하고 산만하고 도전적인 아동에게는 양육활동과 구조화활동이 필요할 것이다. 구조화를 필요로 하는 아동에게 도전적 행동을 하게 하는 것은 역효과를 가져올 수 있고 도전과 개입 모두를 필요로 하는 아동에게 어느 한쪽만 제공하는 것은 불필요한 제한을 하는 것이 된다. 그러므로 아동의 행동과 저항의 유형에 따라 적용하는 방법을 다르게 해야 한다 치료를 어떻게 계획해야 하는지, 아동의 저항을 어떻게 다룰 것인지, 심리적인 치료과정은 어떤지, 치료환경은 어떻게 할 것인지 등을 알아보고자 한다.

1. 치료놀이의 전략

1) 아동의 행동에 따른 반응

(1) 불편해하는 아동

신체적 접촉에 대해 민감하여 짜증을 내거나 불편해하는 아동이라고 할지라도 접촉을 배제해서는 안 되며 약간의 거리를 두면서 상호작용을 하므로 아동이 점차 참여하도록 하여야 한다. 예를 들면, 까꿍놀이, 노래 불러 주기, 콩주머니 던지기, 풍선배구, 솜공 불어 주기와 같은 활동을 적용한다. 피부에 로션을 바르는 것을 불편해하는 아동에게는 파우더로 대신할 수 있으며 손등 그림그리기를 피하는 아동에게는 손톱에 그리기를 해 주면 된다. 안정된 접촉은 가벼운 터치보다 더 수용적일 수 있으므로 때로는 근육을 은근하면서 강하게 압박해 줄 때 오히려 매우 편한 느낌을 준다. 어떤 아동은 깃털을 가지고 볼에 가볍게 간지럼 태우는 것을 허용하지 않는 반면 부드러운 담요에 꼭 끼어 둘둘 말게 하는 활동은 허용한다. 신체적 터치는 아동 발달에 매우 중요하고 친밀감과 감동을 주므로 아동이 허용할 수 있도록 점차적으로 시도해야 한다(Jernberg & Booth, 1999).

(2) 흥분을 쉽게 하는 아동

어떤 아동은 치료놀이 활동 상황에 과잉 흥분하는데 이런 아동은 상황을 대처하고 조절하는데 어려움을 느끼는 경우이다. 신경과민, 감각의 예민성, 자극에 대한 과잉 반응으로 말미암아 초기부터 애착과 관계형성의 어려움을 보이며, 이런 아동을 진정시키기 위해서는 흥분의 수준을 주의 깊게 살펴보아 자극을 감소시켜 주어야 한다.

TP활동은 아동의 하용범위 안에서 조금 더 진정시킬 수 있는 방향으로 도와 주어야 하는데 예를 들면, 뗏목놀이를 할 때 '저라 노저라 시냇물 따라' 노래를 느리고 빠르게 계속하다가 마지막에는 과장되게 느리게 하거나 아동의 어깨를 꼭 껴안고 압박해 줌으로써 아동의 흥분이 잘 진정되도록 마무리해 주어야 한다. 성공적으로 흥분상태를 조절하는 도움을 많이 받은 아동은 스스로 흥분수준을 감지할 줄 알게 될 것이다(Jernberg & Booth, 1999).

(3) 불행감이 있는 아동

아동이 울거나 당황한 것처럼 보일 경우에는 아픔, 슬픔, 공포나 분노 때문인지 판단하여야 한다.

① 아픔

아파서 우는 경우에는 아픈 정도를 알아보고 조심스럽고 천천히 활동을 진행해

가야 한다. 병상에 있는 아동을 대상으로 치료놀이를 할 경우도 있는데, 부채질해 주기, 물수건 머리에 얹어 주기, 까꿍놀이, 마사지해 주기, 로션으로 손등에 그림 그려주기, 등에 글씨쓰기 등을 할 수 있다. 열이 나는 경우에는 치료를 중단하고 양육자에게 돌려보내야 한다.

② 슬픔

아동이 슬퍼서 우는 경우에는 언어적 · 비언어적으로 반응하여서 치료자가 아이의 감정을 이해한다는 것을 전달해야 한다. 치료자는 아동을 잡거나 안고 천천히 흔들어 주면서 부드럽게 이야기해야만 한다. 아이를 기쁘게 하려고 하거나 주의를 딴 곳으로 돌리려고 하거나 '곧 기분이 좋아질 거야'라고 말해서도 안 된다. 아동의 슬픈 감정이 좋아진 후에 재미있는 놀이를 제안하면 된다(Jernberg, 1979).

③ 공포

때로는 아동이 겁먹은 표정일 때가 있는데 친밀감을 피하기 위한 것인지 정말 무서운 것인지 쉽사리 구분하기가 어렵겠지만 치료자는 경험을 통해 구분할 수 있다. 아동의 두려움이 새로운 상황 때문인지 치료자의 개입 때문인지 부모와 분리되는 것이 싫어서인지 알아야 한다. 만약 낯선상황이나 치료자의 접근이 부담스러워서라면 '너는 나를 만난 적이 없으니 무서운 거야!'라고 간략하게 말해 주고 재빨리 '그렇지만 우리는 함께 재미있는 놀이를 할 거란다' 하면서 놀이활동으로 넘어가면 된다. 그리고 부모와의 분리가 원인이라면 '엄마는 밖에서 너를 기다리고 계신단다. 놀이가 끝나면 엄마를 만날 수 있단다.' 하면서 엄지발가락을 만지면서 '우선 이 예쁜 곰돌이 양말 속에 있는 막대사탕을 보고 싶어, 와! 맛있게 생겼는걸!'하고 슬쩍 양말을 벗기면서 활동으로 들어갈 수 있다. 단순히 거리를 유지하기 위한 것이 아니라 외상의 경험 때문이거나 혹은 안정감을 전혀 느껴 보지 못하였을 가능성도 고려해 본다면 더욱 천천히 과정을 진행시키면서 아동의 공포감을 인지한다는 것을 전달할 필요가 있다.

④ 분노

아동이 화가 나서 울거나 분노에 찬 행동을 보일 때는 놀이를 중단하고 분노의 강도와 치료자가 하는 말의 강도를 맞추어서 아동의 화난 감정을 확인시켜 주어야 한다. '넌 정말 나한테 화가 났구나!' 치료자는 아동으로 하여금 분노를 신체적으로 안전하게 표현할 수 있도록 도움을 줄 수 있다. 아동의 앞에 치료자의 두 손을 펴서 '네가 화가 났다는 거 알아!'라고 하면서 아이가 칠 수 있도록 해 주고 '세게, 더 세게, 그것 보다 더 세게!'라고 말한다. 분노를 인정하고 표출할 수 있는 안전한 통로를 제공해 주고 성인이 책임을 진다는 것을 전달하고 분노에 찬 행동이 경계를 넘어가지 않게 할 수 있다.

극심한 분노발작을 보이는 경우에는 치료자가 아동이 안전하도록 조치를 취할 뿐 아니라 치료자도 안전할 수 있도록 하면서 아동과 함께 있어야 한다. 만약 아동이 치료자를 때리거나 발로 찰 때 '네가 당황스럽고 화가 나 있다는 거 알아. 네 기분이 나아질 때까지 나는 너랑 같이 있을 거야. 내가 너를 안전하게 지켜 줄 거야. 너는 나를 아프게 할 수 없어. 네 기분이 나아질 때까지 너를 잡고 있을 게.'라고 안심시키는 말을 한다. 계속하여 '내가 잡고 있는 거 싫어한다는 거 알아. 네가 화가 나 있는 거 알아. 화내도 괜찮아. 네가 준비가 되면 우리 함께 놀이를 할 수 있어.'라고 말해 준다. 아동의 몸의 긴장을 주시하고 있다가 조금이라도 편안해진 것처럼 보이면 '네가 준비가 된 것 같구나.'라고 말하면서 아동의 손을 조금씩 놓아준다. 다시 때리려고 하면 '아! 아직 준비가 안 된 것 같구나.'라고 말해 준다. 어떤 아동은 잡고 있는 것이 자기행동의 벌이라고 생각하여 '나를 놓아주면 그만 할게요.'라고 협상하려고 시도한다. 치료자는 '네 기분이 나아졌는지 내가 말해 줄게. 나는 언제 네 몸이 편안해졌는지 알아.' 하면서 아동의 이마에 바람을 부드럽게 불어줄 수도 있다. 대부분의 아동은 이런 경험 후에 울고 안정을 찾는다.

(4) 불행한 경험 공유하기

어떤 아동은 치료회기를 주도하기 위해 질문을 퍼붓기도 하고 어떤 아동은 치료회기를 통제하기 위한 수단으로서가 아니라 정말 알고 싶어서 치료자에게 질문을 하기도 한다. 치료자는 욕구를 충족할 때까지 활동을 보류하여야 한다. 그리고 자신의 불행한 감정을 표현하고 싶어서 불행했던 이야기를 하는 아동도 있다. 담배에 중독되었던 경험과 돈을 구해 오라는 선배에 대해 이야기하기 위해 다른 질문을 하기도 한다. 연예인 이야기도 하면서 치료자의 신뢰성을 탐색하다가 아버지 돌아가셨을 때의 일을 울면서 공유하기도 한다. '대화'를 통한 치료는 아니지만 아동이 공포에 대처할 수 있게 치료계획을 잠시 보류해야 한다.

(5) 환경의 영향 이해하기

치료놀이의 기반이 건강한 부모와 자녀의 상호작용인데 이것은 미국과 서구 문화적 가치와 양육방식에 많은 영향을 받았다고 볼 수 있다. 서양에서는 눈맞춤이 정직과 솔직함의 표현이고 애착발달을 증진하는데 매우 중요하다고 여겨지지만 아동이 성인의 눈을 쳐다보는 것은 무례하다고 여기는 문화도 있다. 어머니의 손에서 아기를 떼어 놓지 않는 것이 보편적이지만 서양에서는 접촉을 별로 중요하게 여기지 않는 것 같기도 하다. 미국에서는 아동이 부끄러움을 타고 조용하면 위축되어 있다고 생각할 수도 있지만 미덕으로 평가되는 나라도 있다. 요즈음 한국에서도 서구의 문화가 들어와서 과거보다는 높은 수준의 활동과 감정표현을 허용하는 편이지만 대가족이 함께 사는 가정에서는 엄격하고 고착된 규칙을 따르도록 하는 경우도 있는 것이다. 또한 복지관과 같은 곳에서 상담을 할 때는 다양한 유형의 가족을 만날 수 있어서 문화를 이해하는 것이 매우 중요하다.

가족의 생활방식의 다양성도 고려해야 하는 것과 마찬가지로 양육방식의 다양성도 인정해야 한다. 어떤 가정에서는 부모가 독단적으로 구조화하고 엄격하며 벌을 중요시하여 아동의 욕구와 자율성이나 희망은 부차적일 수 있고, 아동의 욕구와 희망을 가장 중요시하는 가정에서는 구조와 규칙이나 부모의 권위가 결핍되어 있을 수 있다. 전자의 부모는 '아이를 그냥 놀게 하라는 건가요? 인생은 힘들고 요즈음 어떤 세상인데요, 그러다 그냥 습관이 되어 버리면 어떻게 하지요?'라고 질문하기도 한다. 또 허용적인 부모는 '부모가 아이를 위해 다 결정해 줄 권리가 있나요? 우리 아이는 지고는 못 배기는 성격이거든요.'라고 한다. 이런 부모에게는 아동의 이야기를 듣고 아동과 논쟁하거나 설득하는 것을 줄이도록 하고 권위적인 부모에게는 아동의 이야기를 더 많이 들어주고 아동과 논쟁하는 것을 더 늘리도록 해야 하는 것이다(Jernberg & Booth, 1999; 김태련 외 공역, 2007).

2) 치료놀이 원리에 따른 아동의 저항

대부분의 아동은 새로운 관계를 가지는데 저항을 가지게 되는데, 치료자가 아동에게 제한을 두거나 구조화하려는 노력, 아동에게 심리적인 개입을 하려고 가까이 다가가고, 친밀해 지려는 노력을 다양한 형태로 회피한다. 친밀하려는 욕구가 클수록 더욱 회피하려고 하며 치료자의 노력으로부터 도망가려고 한다. 아동의 생의 초기에 경험하였던 박탈을 보상해 주는 것이 중요하다면 치료자는 아동의 좌절된 욕구를 인식하고 지속적인 저항에도 치료적인 태도를 유지해야 한다. 치료자 자신의 욕구를 충족시키기 위한 것이 아니고 아동의 욕구를 만족시키는 것이 중요하다는 것을 확실히 해야 한다.

(1) 구조화에 대한 저항

구조화에 대한 욕구를 거부하는 아동은 미묘하고 헛갈리는 행동을 하는데 갑자기 규칙을 바꾸어 버리고 주도하려고 한다. 이런 아동에게는 다른 사람의 구조화를 받아들이도록 하는데 가치가 있으므로 치료자는 방심해서는 안 되며 치료자를 이기려는 아동을 통제해야 한다. 주도하는 것에는 다른 사람에게 무엇을 시키거나 아동 자신이 결정해 버리는 것이 포함된다. 치료자는 문제를 주의 깊게 보고 아동보다 한 걸음 앞서 있어야 한다. 즉, 재미있는 놀이를 할 생각으로 충만해 있는 아동을 저지하기는 어려우므로 '음, 정말 좋은 생각이구나, 그런데 오늘은 우리가 함께 하려고 계획한 재미있는 것을 너에게 보여주고 싶어'라고 말할 준비가 되어 있어야 한다는 것이다. 아동이 또 '지난 주에 방석빼기 엄청 재미있었어요. 그거해요'라고 할 때, 치료자는 '이번 주에는 방석을 몇 개나 집어 넣을 수 있는지 한 번 해 보자.'라고 재치 있게 주도하면 된다.

그러나 아동은 드러내고 거부하지는 않지만 고통을 호소하거나 지루함(몸을 늘어뜨림), 무능력(얼굴을 찡그림), 불복종을 호소하면서 치료자의 제안을 거부함으로써 치료자를 무시하기도 한다. 아동이 '우리 엄마가 그런 건 하지 말라고 했어요.'라고 하면서 책략을 쓰더라도 논쟁하거나 사과하거나 물러서지 말고 '이것이 오늘 우리가 할 일이란다.' '자 시작하자'라고 하면서 지속적으로 나가야 한다. 때로는 역설적으로 '오너 오늘 굉장히 조용하구나. 코를 만지면 코에서 소리가 나는지 보자!'라고 하면서 코를 만지면서 치료자가 '삑' 소리를 내고 아동의 다른 신체 부위에서 나는 소리도 탐색하면 된다.

아동이 적극적으로 저항하고 때리고 침을 뱉거나 치료자를 밀어내면 아동의 행동을 이용하여 재미있는 새로운 놀이를 시작하는 순발력이 필요하다. '음 네 팔이 정말 튼튼하구나, 네가 또 밀어낼 수 있는지 보여줘. 시-작! 밀어!'이런 유도에도 밀어내는 아동은 드물다(Jernberg & Booth, 1999).

치료자는 아동이 보내는 단서에 융통성이 있고 자발적이며, 민감하게 행동해야 하지만 치료자의 행동특성이 아동과의 불쾌한 대립을 피하기 위한 버팀목으로 사용되어서는 안 된다.

치료자와 함께 활동하는 동기가 치료자와 함께 즐기기 위해서가 아니라 치료자를 노예로 삼으려고 아첨하거나 귀여운 행동, 재치 있는 대화, 논쟁, 통찰력 있는 관찰, 환상, 꿈 이야기, 집에서 가져온 장난감, 치료자를 칭찬하기, 먹을 것 등을 가지고 치료자의 주의를 돌리려고 한다. 아동이 익숙한 입장을 유지하려고 하는 책략임을 인식하고, 치료자가 준비한 활동을 계속 진행시키면서 치료자를 칭찬하는 주제를 아동에게로 돌리면서 '네 볼처럼 부드러운 볼은 처음 보았어. 네 코도 부드러운지 어디 보자!'라고 하면서 활동을 지속해 나간다.

(2) 개입하기에 대한 저항

아동은 울기도 하고 꾀병도 부리고 늑장을 부리면서 다리를 손으로 잡고 한쪽 발로 뛰면서 구석에 가서 앉아 있기도 한다. 몸을 구부리고 반항적으로 말하면서 저항한다. 개입을 거부하면서 치료자가 아닌 다른 사람에게 관심을 보이고 달아나기도 한다. 큰 TV가 놓여 있는 구석에 몸을 웅크리고 나오려고 하지 않을 때 치료자는 감정을 확인해 주면서 '아 오늘은 숨바꼭질을 하자구? 좋아! 네가 먼저 숨어! 내가 열 셀 동안!' 하면서 기둥에 돌아서서 '무궁화 꽃이 피었습니다.'를 천천히 한 후 찾으러 다니면서 이 문 저 문을 열어 보고 서서히 아동이 숨어 있는 곳으로 찾아 나선다. 자율성을 촉진시켜 주는 부모가 하듯이 '건강하지 않은' 행동을 중단하고 자기존중감과 즐거움을 향상시키기 위한 활동을 하도록 일관적으로 행동하되 너무 엄격하지 않게 한다. 목적을 가지고 개입을 하지만 항상 재미를 줄 수 있어야 하는데, 코에 로션 바른 솜공을 붙이고 아동의 호기심을 불러일으키기도 한다. 아동의 체면을 살려 주기 위해 일시적으로 한 걸음 물러설 수도 있지만 치료자의 전반적 전략을 지켜 나가야 한다.

아스퍼거 아동의 극단적인 저항인 경우에도 가능하다. '나 너 싫어! OO싫어!'라고 계속하여 부르짖는 5세의 아동에게 치료자는 '난 너 좋아! OO가 좋아!'를 연속적으로 따라 하면서 콩주머니를 치료자 머리에 얹어 놓고 아동의 두 손을 모아 잡고 손위로 떨어뜨리는 활동을 반복하고 솜공을 로션 발라 코에 붙이고 지속적으로 개입하도록 노력하고 적극적으로 즐거움을 유지하면 3~4회기 정도에서 그 말을 멈출 뿐만 아니라 찡그림이나 울분이 감소될 수 있다.

(3) 양육하기에 대한 저항

양육에 대한 욕구를 거부하는 아동의 행동은 달아나려는 책략으로 나타나는데, 이런 독특한 특성이 바로 욕구의 강도를 의미한다. 타인을 개의치 않고 세게 때리고 큰 소리로 욕을 하고 화를 내면서 회피하고 변명하고 주장하고 말싸움을 한다. 치료자는 항상 즐거운 마음으로 아동만큼 큰 목소리로 강하고 빠르게 대답해야 하고 재치있게 활동해야 한다.

어떤 아동은 로션으로 상처 난 손등에 위로해 주려고 하면 '앗 난 손에 진득거리는 것 싫은데'라면서 손을 뒤로 감춘다. 그렇지만 물감을 섞어 종이나 거울에 손도장을 찍는 것은 재미있어 한다. 치료자가 아동의 '체면을 세워 주면서' 재빨리 물감을 짜서 손가락으로 섞는 모습을 보면 호기심을 유발시키게 마련이다.

자기가 먹겠다고 피딩을 거절하며 주장하다가도 젓가락에 도넛을 끼워서 게임을 하거나 꼬깔콘을 손가락에 끼우고 가위 바위 보를 하면서 따먹기 게임을 하면 즐겁게 진행이 될 수 있다. 청소년은 물감을 섞은 로션도장도 표면적으로 거부하지만 발도장을 전지에 여러 개 찍어서 벽에 붙이고 발을 따뜻한 물에 씻어 주고, 예쁘고 깨끗한 수건으로 닦아 준다면 벽으로 올라가는 듯한 자기의 발자국을 보면서 가슴 뿌듯함을 느끼게 된다. 이런 양육활동은 양육적인 터치를 가능하게 하는 중요한 기회가 되는 것이다.

(4) 도전하기에 대한 저항

유아적 행동을 고집하는 아동은 도전활동에 퇴행반응을 보이곤 한다. 실패하기를 두려워하기도 하는 경우에 '신문지 펀치'가 즉각적으로 성공할 수 있는 도전일 수 있다. 치료자가 신문지 한 장을 쫙 펴서 두 손으로 잡고 '자 주먹으로 쳐서 뚫을 수 있는지 보자!'라고 하면서 '주먹으로 여기를 치는 거야, 준비-, 시작, 쳐!' 하면서 윙크나 말코(코를 벌름거리는 신호)로 신호를 준다. 어떤 아동은 뛰어와서 바로 앞에서 주먹을 뻗지 못한다. 치료자는 아동이 팔을 뻗는 자세를 취하도록 도와주면서 신문지를 가까이 가지고 가서 '윙크'를 할 때 칠 수 있도록 재미를 더해 준다. 대부분의 아동은 신문지 한 장은 쉽게 뚫을 수 있으므로 성공할 수 있고 치료자는 성공한 것에 대해 매우 기뻐한다. 그 다음은 두 장으로 늘일 수 있지만 아동은 작은 일에 좌절을 경험할 수 있으므로 아동의 능력에 알맞게 장수를 맞추어야 한다.

2. 치료과정과 절차

치료놀이의 전반적인 과정은 6단계의 심리적인 치료과정과 3단계의 본 회기 치료과정으로 구성되며 치료환경은 어떻게 구성되고 누가 참여하는지에 대해 설명할 것이다.

1) 심리적인 치료과정

(1) 도입단계(introduction)

치료자가 먼저 아동에게 다가가고 치료놀이에 대해 적극적이며 재미있게 소개하는 단계이다. 기본규칙은 첫 시간에 분명히 설정된다. 첫째, 치료놀이 시간은 재미있을 것이다. 둘째, 치료자가 분명히 아동을 이끌 것이다. 셋째, 언어나 통찰 지향적이기보다는 관계를 위한 행동 지향적이다. 넷째, 시간과 공간, 치료자와 부모의 역할에 대해 분명하게 설명이 될 것이다(성영혜, 2000).

첫 만남에서는 '난 네가 사랑스러운 사람인 것을 알고 있고 재미있는 것을 좋아하며, 다른 사람과 함께 있는 것을 좋아한다는 것을 알고 있단다. 가장 멋진 세상의 모습을 보여줄게' 라는 메시지의 몸짓과 언어로 아동에게 다가간다. 어린 아동일 경우 아동이 의심을 하거나 주저함을 보일 기회를 줄임으로써 불안해하는 시간을 최소화한다. 그러나 초기상담에서 이미 아동은 치료자가 재미있는 사람이고 자기를 소중한 사람으로 여긴다는 것을 알고 있을 때는 쉽게 치료실로 따라 들어온다. 그러나 분리불안 아동이나 자폐아동, 나이가 어린 걸음마기 아동일 경우에는 부모와 함께 치료실로 들어와서 아동이 편안해 질 때까지 부모의 무릎에 앉아 있게 할 수도 있고 엄마가 치료실 한쪽에 앉아 있을 수도 있다.

(2) 탐색단계

탐색단계는 아동과 치료자가 적극적으로 서로를 탐색하는 단계이다. 이러한 탐색은 치료자가 아동의 많은 흥미로운 신체적 특징을 인식하면서 시작된다. 마치 어머니가 아기의 손가락과 발가락을 세어 보는 것처럼 얼굴의 점을 세어보고, 이빨이 몇 개가 났는지 새로 나는지 세어보기도 하면서 치료자와 아동은 서로의 신체적인 차이와 같은 점을 알아간다. 치료자가 제시하는 새로운 관계의 본질에 대해 아동은 얼마간의 회기 동안 탐색해 나간다. 이러한 과정에서 아동은 새로운 시각에서 자신을 바라볼 수 있게 된다. 자신의 팔을 뻗어 신문지를 칠 때 팔꿈치의 바람이 신선하다는 것, 자신의 팔 길이가 줄자로 재어질 때 팔이 다른 아동보다 길다는 사실, 호일구두를 만들었을 때 자기 발이 그렇게 예쁘다는 사실 등을 미처 알지 못했을 수 있다. '나 너 싫어'라고 계속 외치는 아스퍼거 아동에게 '나 너 좋아'라고 계속 말해 줄 때 횟수가 점점 줄어들게 되고 입술을 재빠르게 잡고 살짝 비틀면 '시-이-ㄹ- 어'라고 발음이 나오고 서로 웃게 된다. 치료자의 마음에 들기 위해 애쓰거나 사랑받기 위해 어려운 과제를 수행해야 할 필요가 없다는 것을 알게 된다. 탐색 회기가 지나고 다음 주에 왔을 때 자기 이빨이 새로 났음을 보여주기도 하면서 치료자가 자기의 이빨에 관심이 있다는 사실을 알고 치료자가 자기를 사랑하고 인정하는 사람임을 알므로 치료자를 신뢰하기 시작하는 것이다.

(3) 불확실한 수용단계

처음 치료놀이의 독특한 특성에 대해 놀라고 나서 많은 아동들은 불확실한 수용단계로 접어든다. 아동이 몰입해서 반응하고 친밀한 반응을 보일 때조차도 이러한 반응을 진정으로 이완된 관계에 대한 증거로 볼 수는 없다. 아직은 약간의 불안이 잠재되어 있어서 당황하거나 흥분되거나 수줍어하거나 관심이 있는 것처럼 보이기도 한다. 치료자는 아동이 보이는 불확실함에 민감해야 하며, 표면적으로만 참여하고 있다는 것을 이해하고 있어야 한다. 아동이 적극적으로 활동에 임하고 친밀감으로 반응을 할 때도 진정으로 참여하고 있다는 증거가 되기에는 아직 이르다. 개입하려는 치료자를 가까이 오지 못하도록 하려는 방어적이며 불안에 찬 책략일 수 있다. 그러나 치료자는 일관성 있게 지속적으로 개입하고 놀라움을 주고 주의를 끌며 재미있게 도전하고 양육하여야 한다. 치료자는 아동의 표면적 수용에 넘어가서는 안 되며 좀 더 진실하고 신뢰감 있는 관계로 나아가야 한다.

(4) 부정적 반응단계

부정적 반응단계에서 아동은 친밀해지고자 하는 노력에 대해 분명하게 저항하게 된다. 갑자기 기운이 빠진 것처럼 행동하고 말을 하지 않을 수도 있고 적극적으로 저항하거나 거부적인 태도를 보인다. 아동은 '내가 위험을 무릅쓰고 가까워졌을 때, 내가 정말 다시 상처를 입지 않을 수 있을까?', '만약 당신이 나의 사랑스럽고 순종적인 모습 외에 추하고 화내는 모습을 보았을 때도 나를 싫어하지 않을 수 있을까?'라고 물어 보고 있을 수 있다. 이에 대해 치료자는 지속적이고 일관성 있게 반응해야 하며 어떤 일이 있어도 아동에게 성실할 것이고 항상 아동의 곁에 함께 있을 것이며 활동이 재미있을 것이라는 것을 계속적으로 분명하게 전달하여야 한다. 아동의 울음, 분노발작, 거부가 치료자를 밀어낼 수 없다는 것을 알려 주어야 한다. 저항은 같은 형태로 또는 다른 행태로 몇 회기 동안 지속될 수 있다. 그러나 치료자의 굳은 인내와 암묵적인 희망으로 저항의 강도는 감소되고 결국 사라지게 될 것이다. 이런 부정적인 반응은 치료결과에 매우 중요하지만 부모들은 이런 과정을 겪는 것을 지켜보는 것을 힘들어하기 때문에 부모가 예상할 수 있도록 미리 준비시켜야 한다.

(5) 성장과 신뢰단계

치료자의 따뜻하고 확고한 반응에 의해서 아동은 부정적 단계를 극복하고 성장과 신뢰의 단계로 나아가게 된다. 이 단계에서 아동은 타인과 정상적이고 서로 만족스러운 방식으로 상호작용하는 데서 오는 즐거움을 처음으로 경험하기 시작한다. 아동은 자신에 대한 확신과 세상에 대한 신뢰를 발달시키게 된다. 이 단계는 치료하기 위한 노력의 대부분을 차지하는데, 치료자와 아동이 파트너가 되어 오래된 주제를 새롭게 변화시키고 좀 더 길고 강렬하게 친밀함을 즐기며, 서로를 즐겁게 해 주기 위한 계획을 함께 세우게 된다.

처음에는 친밀한 시간이 짧게 지나가고 주로 치료자가 아동을 웃게 하지만, 치료과정이 진행됨에 따라 서로 웃기고 화기애애한 시간을 보낼 수 있게 된다. 부드럽게 노래를 부르거나 '쎄쎄쎄' 등의 활동을 하면서 서로의 눈을 쳐다볼 수 있게 된다. 치료자와 아동이 높은 수준의 즐거움을 발견하게 되면 형제나 부모를 참여시킬 수 있는데 각 회기의 후반부에 부모가 참여하여 점차 회기를 주도할 수 있다. 학교에서 치료를 하는 경우 친구나 교사를 참여시킬 수도 있다. 이러한 과정에서 자존감이

향상되고 아동의 세계가 확장되게 되므로 종결을 위한 중요한 준비가 된다.

(6) 종결단계

치료의 종결은 준비단계와 예고단계가 있은 후에 헤어짐으로 이어지게 된다. 부모와 교사가 아동의 증후가 감소하거나 사라졌다고 보고하고 아동이 자신과 세상에 대해 조화롭고 행복한 행동을 보인다면 치료회기에 다른 사람들(형제, 부모, 친구, 교사 등)을 참여시킨다.

① 준비

아동의 정서적 세계가 즐거워 보이고 적절히 확장되었다면 아동은 치료의 종결을 위한 준비가 되었다고 볼 수 있다. 치료자와 아동이 친밀하고 치료회기 자체가 아동에게 일상적인 중요한 의미를 가지더라도 종결기간이 침울하거나 그리움이나 일시적인 불안으로 이어지거나 장기간 이어져서는 안 된다.

② 예고

치료를 종결하기 3주 전에 아동이 이룬 성과에 대해 언급하며 종결계획에 대해 알린다. '이제 너는 엄마와 아빠와 함께 즐겁게 놀 수 있게 되었어, 그래서 이제부터는 지금처럼 자주 나를 보로 여기에 오지 않아도 된단다.' 또는 '이제 너는 다른 친구들과 함께 노는 것을 매우 즐거워하고 다른 친구들도 너랑 노는 것을 즐거워해, 그래서 내가 너와 친구가 되지 않아도 된단다.' 아동이 이해하였는지 확인한 후 '우리는 다음 주와 그 다음 주에 만나서 함께 놀고 그 다음 주에는 마지막 놀이 시간이 될 거야. 그 때는 헤어지는 파티를 할 수 있단다.' 그리고 이후에는 그 동안 아동이 획득한 기술에 초점을 맞추어 활동을 계획하고 아동의 애착을 치료자로부터 치료 후 환경에 적응할 다른 사람에게 방향을 지어 준다. 만약 아동이 종결에 대해 분노나 슬픔, 무력감, 당혹감 등을 보인다면 치료자는 이전에 아동의 신체에 대해 인식해 주었던 것처럼 그러한 감정에 대해서도 인정해 주어야 한다. 그 이후에도 치료자와 아동이 함께 할 시간이 얼마나 남았는지를 상기시켜 주어야 한다.

③ 헤어짐

종결파티 시간에는 친구 또는 가족들과 함께 할 수 있는데 종결파티를 열 때쯤이면 아동과 치료놀이에 참여했던 친구나 가족 사이에는 동맹을 형성하게 되므로 치료자는 따뜻한 참여자의 위치에서 벗어나야 한다. 파티의 주제는 미래를 향한 아동의 강함과 정체성에 대한 재확인이 된다. 손님과 아동과 치료자는 파티용 모자를 쓰고 케이크를 나누어 먹으면서 노래를 부르고 참여자가 모두 손에 물감을 묻혀서 찍고 기념으로 아동에게 집으로 가져가도록 한다. 치료자는 아동의 독특한 특성과 아동과 함께 노는 시간이 얼마나 즐거웠는지를 카드에 적어 아동에게 주고 그 동안 아동의 손과 발 도장을 코팅해서 집으로 가지고 가도록 한다. 파티가 끝날 때쯤에는 아동을 꼭 끌어안아 주고 다른 친구들이나 가족과 재미있는 활동을 하게 될 것임을 확인한다. 추후 방문할 여지를 주거나 상기시켜 주는 것으로 마지막 회기를 마친다(성영혜, 2000).

2) 본 회기 치료절차

(1) 시작단계

① 인사하기

인사하기의 목표는 다른 사람이 자신을 발견한다는 사실에 아동이 기쁨을 경험하도록 하는 것이다. 첫인사는 보통 치료자가 아동을 처음 만난 장소에서 이루어진다. 목소리, 얼굴표정, 언어선택에서 치료자는 마치 오랜 친구와 다시 만난 것과 같은 안정된 흥분과 기쁨을 전달한다. 인사는 열렬하고 명랑하며 극히 개인적이어야 하고 아동이 자신의 특정 부분이 특별하고 사랑스럽다고 느끼게 해야 한다. '오늘도 역시 그 예쁜 미소를 띠고 왔구나!' 또는 '내가 널 만나려고 얼마나 기다렸는지 알아?' '음~, 원상이를 만날 때는 가슴이 뛰는 것 같아!' 이런 인사는 부모가 아기를 만났을 때 표현할 수 있는 상호작용의 모델이기 때문에 친밀감을 더해 주고 강도 높은 즐거움을 줄 수 있다.

② 점검하기

점검하기의 목적은 세 가지이다. 첫째, 치료자와 아동이 서로 친해지기 위해서 둘째, 아동이 자신감을 느끼게 하기 위해서 셋째, 아동이 성장하고 있다는 것을 전달하기 위해서이다. '어머 저번에 보았던 이빨이 좀 더 자랐구나! 어디 좀 보여줘!'라든지 '저번에 여기 긁힌 자국이 있었는데 다 나았구나!'라고 말해 주면서 로션을 발라준다. '키가 더 큰 것 같아! 어디 여기 서봐!'라고 하면서 벽에 그어 놓은 표시 앞에서 다시 재어 본다. 아동의 근육, 미소의 크기, 머리카락 길이, 높이뛰기, 던지는 거리 등은 점검하기에 좋은 예이다.

(2) 치료회기 중심단계

구조, 개입, 양육, 도전활동이 그때 그때 치료자의 계획에 따라 적절히 활용된다.

① 구조활동

치료자는 제한을 설정하고 아동을 안전하게 보호하며 활동을 끝까지 수행할 수 있도록 돕는다. 구조활동의 목적은 시간과 공간의 설정을 명확히 하고 규칙을 내면화할 수 있도록 하는 것이다.

예) 머리에 쿠션을 얹고 선 따라 걸어가기, 손그리기, 파란 네모 안에서만 걸을 수 있기, 방석 위에 서서 누가 천천히 앉는가 하기 등

② 개입활동

개입활동의 목적은 아동을 양육자와 함께 참여시키고 자극의 적정 수준을 유지하며 독립된 개체로서의 자신의 경험을 강화시켜 주는 것이다. 개입활동들은 아동과의 연결고리를 형성하고 유지하며 집중적인 관심을 아동에게 보이고 새로운 경험들을 즐길 수 있도록 아동을 놀라게 하고 끌어들이는 것이다.

예) 솜공을 상대방의 손으로 불어 주기, 까꿍놀이, 그림자놀이, 손등에 그림그리기 등

③ 양육활동

양육활동은 일반적으로 달래고, 진정시키고, 안심시키는 것이다. 이러한 활동들은 아동에게 자신이 보살핌을 받을 만한 가치가 있고 아동이 요청하지 않아도 성인이 아동을 돌보아 줄 것이라는 의미를 전달한다.

예) 먹여 주기, 꼭 껴안아 주기, 로션이나 파우더 발라 주기, 자장가 불러 주기, 머리 빗겨 주기, 둥게야, 뗏목놀이 등

④ 도전활동

도전활동의 목적은 능력에 대한 느낌을 강화하고 억눌린 긴장과 분노를 안전하고 직접적이며 통제된 방식으로 해소하고 집중시킬 수 있도록 하는 것이다. 아동은 자신이 유능하다는 생각을 가지게 되고 자신감을 가지게 된다.

예) 숨바꼭질, 팔씨름, 엄지씨름, 콩 탁구, 줄다리기, 베개싸움, 강 건너기 등

(3) 끝맺음 단계

① 헤어짐

이 의식은 치료활동을 즐겁게 마무리하고 다음에 새롭게 만나자는 약속의 시간이다. 헤어지는 활동의 목적은 관계를 끊지 않으면서 회기를 마감하는 것과 아동이 일상생활로 넘어갈 수 있도록 북돋아 주기 위한 것이다. 신발을 신거나 과자 몇 개를 먹여 주면서 즐거웠던 일이 무엇이 있었는지, 다음 주에는 어떤 즐거운 계획이 있는지에 대한 기대를 하도록 한다. 코끼리 입맞춤이나 나비입맞춤, 하트인사, 헤어지는 노래로 재미있는 마무리를 할 수 있다.

② 인계하기

처음에 양육자로부터 아동을 인계받았듯이 부모 또는 양육자에게 직접 아동을 데려다 주는 것이다. 치료자는 아동을 대기실에 혼자 놔두지 않고 아동을 책임지고 있는 어른에게 인계하면서 오늘과 다음의 치료단계 사이의 연속성을 부여하는 메시지를 큰 소리로 전달한다. '원상 어머니 오늘은 특별한 덤블링을 하였는데 보여 달라

고 하세요. 원상이가 멋진 묘기를 보여 드릴 거예요!' 또는 '원상이에게 어린이집 갈 때 코끼리 입맞춤을 해 달라고 하세요. 아주 기분이 좋아지실 거예요!'라고 한다.

3) 치료놀이를 위한 사전준비

(1) 치료환경

치료놀이는 아동의 치료와 부모-자녀관계를 촉진시킬 수 있도록 구조화되었다. 치료실 구성, 부모 관찰실, 치료시간과 횟수, 치료과정에 포함되는 사람에 대한 고려가 필요하다.

① 치료실

치료놀이는 아동과 성인 간의 관계에 강한 초점을 두고 있으므로 물리적 환경구성은 매우 단순하다. 비교적 이상적이지 않은 환경에서도 효과적인 치료가 가능한데, 헤드스타트센터에서 치료놀이를 시작할 초기에는 계단 아래에서 하기도 하였던 것이다. 그러나 이상적인 공간으로는 가로 세로 3미터 정도 크기의 단순하고 깨끗하며, 청소하기 쉬운 마루나 매트가 깔려 있는 바닥으로 된 공간에 큰 베개나 쿠션, 방석, 거울 등이 있다면 적절하다. 장난감이나 아동의 주의를 끌 수 있는 물건들은 없게 하고, 활동에 필요한 로션이나 파우더, 호일, 신문, 비눗방울 등 역시 안 보이는 곳에 두되 회기 동안 필요할 때에는 쉽게 사용할 수 있도록 작은 바구니에 담아 보관해야 한다(성영혜, 2000).

② 관찰실

부모 또는 다른 성인이 회기를 관찰할 수 있도록 일방경과 음향시설이 있는 관찰실이 이상적이며 회기의 녹화를 위한 비디오카메라가 필요하다. 회기를 녹화하는 이유는 회기에서 일어난 일들에 대해 더 잘 이해할 수 있으며, 이를 바탕으로 다음 치료에 실시할 활동을 계획하기 위해서이다. 관찰실이 없는 경우에도 치료회기를 녹화하여 부모에게 보여줄 수 있고 훈련 중인 치료자라면 녹화된 테이프로 슈퍼비전을 받을 수 있다. 또 어려운 사례의 경과를 동료들과 논의할 때도 이용할 수 있을 뿐만 아니라 치료자와의 상호작용과 관련된 문제가 제기될 경우에는 치료 중에 있었던 정확한 기록을 사용할 수 있기 때문이다.

③ 회기의 횟수와 시간

치료놀이 회기는 전형적으로 30-40분간이며 1주일에 1회 실시한다. 가족이 시간을 낼 수 있다면 1주일에 2~3회의 보다 강화된 구성도 도움이 된다. 이렇게 집중적인 치료는 어린 자폐아동이나 PDD아동에게 특히 유용하다. 매일 실시하거나 하루에 두 번 실시하는 것은 매우 강력한 영향력을 갖는다. 치료를 위해 지방에서 오는 경우에는 집중적인 치료를 하게 된다.

(2) 치료에 참여하는 사람

치료놀이에서 적어도 두 명의 치료자가 참여하는 것이 이상적이다. 한 치료자는 아동과 함께 하고 다른 치료자는 부모와 함께 일방경이나 모니터를 통해 치료활동을 관찰하면서 해석해 준다. 아동에 대해 책임이 있는 모든 사람을 참여시킬 수 있고 또 형제를 참여시킬 수도 있다.

① 부모나 양육자

치료놀이를 통해 해결해야 하는 문제는 부모-아동 간의 상호작용과 관련된 것이므로 부모는 치료에 반드시 포함되어야 한다. 부모가 참여하지 않아도 치료는 성공적일 수 있지만 적어도 주양육자가 참여하면 더욱 효과적이기 때문이다. 아동의 양육자가 여럿일 경우에 누가 포함되어야 할지 결정하여야 하고 한부모 가정일 경우에 부모는 반드시 참여하여야 한다. 부모가 모두 치료에 함께 참여하는 것이 중요하다는 것을 명확하게 하여야 한다. 치료자가 보여줄 새로운 접근을 부모가 모두 이해하고 동의하는 것이 매우 중요하기 때문이다. 부모가 이혼하고 공동양육을 하는 경우에도 부모와 현재 배우자까지 모두 포함시켜야 하며 번갈아 가면서 치료에 참여하도록 한다. 아동을 위한 최선의 방법을 이해하고 부모 각각의 접근을 조율하여야 하기 때문이다.

치료놀이에 많이 참여하면 할수록 아동에게 미치는 영향은 더욱 커지므로 교사나 주양육자(보모, 조부모)도 치료에 참여할 수 있다.

② 형제

처음부터 형제 자매와 함께하는 가족치료와는 달리 치료놀이는 도움을 필요로 하는 아동에게 집중한다. 영아와 부모 관계에서 집중적인 상호작용이 안정애착에 필수적인 것처럼 치료자는 바로 그 아동을 대상으로 치료를 시작하게 된다. 다른 형제가 함께 할 때 안정애착의 전조가 되는 집중적 상호작용을 방해받을 수 있으므로 참여하는 형제의 수만큼의 치료자가 참여하면 치료자와 아동 간에 강한 관계를 형성할 수 있어서 바람직하다. 치료놀이에서는 먼저 치료자와 아동, 부모와 아동 간 긍정적인 관계가 형성된 후에라야 형제나 자매가 치료에 참여할 수 있다. 그것은 부모가 여러 자녀에게 동시에 반응할 수 있게 하기 위해서이다.

③ 치료자

치료자가 두 사람이어서 해석해 주는 치료자가 있으면 바람직하지만 여의치 않을 경우에는 한 사람이 두 역할을 모두 담당해야 한다. 부모는 관찰실에 있거나 치료실에 있다가 치료가 끝난 후 관찰한 내용에 대해 논의를 할 수 있다. 치료자가 두 사람일 경우는 한 사람이 수련 중에 있어서 함께 사전계획을 세우고 주도적인 역할을 누가 할 것인지 의논한다. 어린 아동을 치료할 경우 한 사람은 아동을 안고 다른 치료자는 상호작용을 하면 된다. 청소년일 경우에는 내담자와 같은 성인 치료자를 포함하여 두 사람이 참여하면 두 배 이상의 활력과 강렬함, 즐거움, 놀라움, 자발성을 제공하게 된다. 또한 어떤 연령을 대상으로 하든 치료자가 두 사람일 경우에는 어떻게 협력하는지를 보여줌으로써 양쪽 부모에 대해 모델의 역할을 할 수 있는 장점이 있다. 그러나 치료자들 간의 행동이 조화롭게 되도록 연습이 필요하고 각 활동에서 어떻게 참여할지를 명확하게 해야 한다. 치료회기를 녹화해서 잘 조화를 이루었는지, 신중하게 계획되고 잘 통합되었는지를 평가해야 한다.

4) 평가

치료과정의 첫 번째 단계는 문제를 진단하고 아동과 가족에게 적합한 계획을 세우는 것이다. 초기면접은 특히 애착과 관계 문제에 초점을 맞춘다. 치료놀이에서의 진단은 아동의 양육자와의 면접과 MIM을 통한 부모-아동 간의 관계에 대한 평가, 추후 피드백 회기를 포함한다.

(1) 초기면접

① 의뢰사유

가족이 문제를 어떻게 정의하고 있는지를 이해해야 한다. 각 부모가 문제를 어떻게 보고 있는지, 아동과 관련된 다른 성인(교사, 의사 등)이 문제를 어떻게 보고 있는지, 문제가 시작된 시기와 현 시점에 치료를 받으러 온 이유를 알아야 한다. 또한 부모가 아동의 문제에 어떻게 대응해 왔는지에 대한 탐색도 필요하다.

② 발달력

아동의 발달력에 관련하여 아동의 애착에 영향을 미쳤던 요인에 대한 탐색하는 것은 중요하다.

계획된 임신인지, 임신기간 중 순조로웠는지, 출산을 위한 준비는 어떻게 하였는지, 출생 시 아동과 어머니의 건강상태는 어떠하였는지를 알아야 한다. 아동의 병력 여부와 건강문제가 아동의 발달에 어떤 영향을 미쳤는지, 아동의 병력이 부모-자녀 관계에 어떠한 영향을 미쳤는가에 대한 평가가 필요하다. 또한 출생순위와 형제 자매와의 관계를 알 필요가 있고 그 외에도 섭식, 수면습관, 아동의 성격, 활동, 특성, 아동과 어떻게 시간을 보내는지 등을 탐색해야 한다(성영혜 외, 2002).

③ 부모의 기대와 태도

아동의 자율성과 의존성에 대한 부모의 태도, 즉 양육방식은 대단히 중요하다.

아동의 성과에 대한 부모의 요구가 어느 정도인지, 아동과 부모와의 밀착 정도, 아동을 연령에 맞게 상호작용하는지의 여부뿐만 아니라 가족의 기대와 문화적인 기대가 아동의 현재 문제와 어떤 관련이 있는지에 대한 평가도 필요하다.

④ 부모 자신의 원 가족에서의 경험

부모 자신의 성장경험과 애착형성 과정은 아동 양육방식에 강한 영향을 주므로 부모 각각의 형제 자매 순위, 가정에서의 역할, 부모의 기대, 가족들과의 현재 관계와 가족패턴에 대한 평가가 필요하다.

⑤ 부부관계

현재의 부부관계, 아동 양육에 대한 부부 간 일치 정도, 아동을 돕는데 부부가 얼마나 협력하는지 등에 대한 평가가 이루어져야 한다.

부부간 상호작용에 대한 단서를 얻기 위해서는 부모 모두에게 같은 질문을 하지만 어머니에게만 해당하는 임신, 출산, 모유수유 등에 대한 질문은 모두에게 할 수 없다. 또한 한쪽 부모에게서만 검증될 수 있는 가설을 질문할 경우와 한쪽 부모가 다른 부모를 제외시키려고 면접과정을 독점하는 경우는 예외가 된다.

(2) MIM의 실시

평가의 두 번째 단계는 평가도구(Marschak Interaction Method, MIM)를 이용하여 부모와 아동을 관찰하는 것이다. MIM이란 부모-자녀관계의 다양한 형태를 측정하도록 구조화되고 발전된 상호작용 평가도구이다. 부모-자녀간의 유대관계의 정도(bonding assessment)를 알 수 있고 MIM을 통해 부모와 아동 간의 상호작용 방식을 관찰하여 현재 부모-자녀관계의 긍정적인 측면과 부정적인 측면에 대해 평가할 수 있다. 많은 부모는 자신들의 상호작용 방식을 인식하지 못하고 따라서 아동과의 상호작용 방식에 대해 적절히 설명하지 못한다. 그러므로 부모의 주관적인 보고에만 의존하기 보다는 직접적으로 상호작용을 관찰함으로써 많은 정보를 얻을 수 있다(Munns, 2000; 성영혜 외 공역, 2006).

MIM은 많은 과제로 구성되어 있으며, 아동의 발달과 각 가정의 특성에 맞는 8-10개의 과제를 선택하여 실시한다. 또한 과제가 적힌 카드는 치료놀이의 주요 원리인 양육, 구조, 개입, 도전의 네 가지 차원에 따라 분류되어 있으며, 혼자 실행해야 하는 과제와 함께해야 하는 과제별로 되어 있다. 이런 다양한 차원에서 아동이 부모의 노력을 어느 정도나 수용하고 있는지에 대한 판단을 하는 것이 중요하다. 구체적인 실시방법은 다른 장에서 설명하기로 한다.

(3) 추후 피드백 회기

피드백 회기에 대한 준비는 MIM을 주의 깊이 깊게 분석하고 부모에게 설명할 계획을 수립한다. 이 회기에서 아동은 참여하지 않고 부모가 모두 있으면 둘 다 참여해야 한다. 피드백의 중요한 초점은 상호관계에서 긍정적인 면과 상호작용에서 잘되고 있는 부분을 지적해 주는 것이다. 피드백 회기의 토론은 부모들로 하여금 자신들의 행동에 통찰력을 갖게 하고 아동의 행동을 다루는 데 도움이 될 수 있는 새로운 이해와 동기를 줄 수 있다. 부모가 아이의 욕구를 이해하도록 돕기 위해서 피드백 회기에서 치료자가 아이와 관계를 맺는 효과적인 방법을 제시하고 치료과정의 틀을 구성함으로써 부모가 더욱 공감적이고 이해하는 태도로 자신의 아이를 바라보는 것을 가르쳐 주게 된다. 부모는 그들이 간절히 바라던 아이와의 상호관계를 가질 수 있다는 새로운 낙관을 가지고 피드백 회기를 마쳐야 한다.

(4) 치료계획 세우기

피드백 회기의 마지막에서 치료자는 치료를 시작할 것인가에 대해 부모와 합의해야 한다. 치료놀이가 어떻게 이뤄지는지 설명하고 치료의 목적과 회기의 횟수를 합의한다. 부모가 바라는 치료목표를 자세히 물어 보고 아동에게 필요한 경험을 제공하게 되는데, 치료자는 부모와 아동 간 상호작용의 특성과 문제에 대한 이해를 통해 치료목표를 명확하게 하는 것이 필요하다.

3. 개별치료놀이 활동의 실제

1) 아동에 대한 기본 정보

(1) 의뢰사유

원상이는 만 5세였고 어린이집 교사의 전화를 여러 차례 받고 의뢰하게 되었는데, 친구들과 사이좋게 관계를 지속할 수 없다는 것이었다. 친구가 놀고 있는데 가서 갑자기 옆구리를 찌르고, 친구가 만들고 있는 것을 부셔 버리고 교사가 그러지 말라고 하면 화를 내고 위축되어 친구를 노려보면서 울기가 일쑤라는 것이었다. 집에서는 TV를 열두시까지 보고 잘 씻으려고 하지 않고 엄마의 말을 잘 듣지 않는다. 놀이터에서 어린 아이들에게 접근하여 장난감을 빼앗고 울린다. 그래서 아무도 아이들이 놀이터에 있을 때 원상이를 데리고 나가기가 겁이 난다고 하였다. 슈퍼마켓에서 자기가 사고 싶은 물건을 사 주지 않으면 드러눕는다고 하였다.

(2) 발달력

부모는 연애결혼하였고 정상분만하였으나 임신 중에 스트레스를 많이 받았다고 하였다. 한분 시어머니와 함께 살면서 관계에 어려움이 있었고 늘 긴장하면서 지냈다고 하였다. 아동이 태어나면서 어머니는 직장생활을 시작하였다. 2개월 간 모유수유를 하다가 주양육자가 할머니로 바뀌었고 어머니는 점점 양육으로부터 멀어져 가고 늦게 들어오는 일이 잦았다고 하였다. 아이는 약간의 분리불안이 있었으나 만 2세부터 어린이집으로 보내게 되었다.

(3) 부모의 기대와 태도

어머니는 사람을 별로 좋아하지 않는다고 하였고 아이에게 대한 별 기대 없이

지냈으며 아버지는 거의 매일 술을 먹고 일찍 들어오면 12시이고 3시 정도에 들어오는 경우가 허다하다고 하였다. 아버지의 성격은 말이 없고 전혀 아이에게도 사근사근하지 않으며 퇴근해서 집으로 돌아왔을 때 할머니의 잔소리가 심하여서 아들과 갈등이 있다고 하였다. 할머니는 아이와 함께 아버지가 들어올 때까지 TV를 보시다가 '네가 좀 애비에게 잘해야지 애비가 일찍 들어올 것 아니냐'고 하시면서 며느리에게 잔소리하는 것으로 하루가 끝이 난다고 하였다. 어머니는 '아이가 무엇을 배울 수가 있을까?'라고 항상 생각하지만 속수무책이었다고 하였다. 어머니가 아이에게 강하게 통제하고 소리도 지르며 아버지는 어머니의 양육방식은 아랑곳하지 않고 비싼 장난감을 사 주어서 갈등을 빚을 때가 있다고 하였다.

(4) 부모의 원 가족

원상이 어머니의 친정에는 어머니가 좀 일찍 돌아가셔서 엄마에 대한 모델링이 부족하다고 하였다. 시어머니를 친어머니처럼 모시고 살려고 하는데 잘되지 않는다고 하였다. 친정아버지는 엄격하시고 말이 없는 분이라고 하였다. 시아버지는 남편이 어려서 돌아가셔서 시어머니가 혼자 아들을 키우셨기 때문에 예나 지금이나 아들에게 잔소리하는 버릇이 있다고 하였고, 남편은 시어머니의 잔소리에 진저리를 친다고 하였다. 그래서 시어머니께 남편은 말대꾸를 하고 대들기까지 한다고 하였다.

(5) 부부관계

별로 사이가 좋지 않다고 하였다. 거의 매일 늦게 귀가하는 남편이 못마땅하고 주말에는 잠만 잔다고 하였다. 아이도 귀여워하지 않는 것 같다고 하였다. 치료자가 아이를 잘 키우려면 남편을 좀 세워 주도록 권면하자 원상 어머니는 '그 인간하고는 말도 하기싫다'고 표현하였다. 또 시어머니가 잔소리하시면 부부싸움을 하게 된다고 하였다.

(6) MIM

구조화를 잘하고 심리적 개입을 하려고 노력하는 모습이지만 아동이 여러 번 자리를 이동하는 모습을 보인다. 양육하기 활동으로 로션을 아동의 손에 발라 주면서 강도가 센 터치를 한다. 도전활동으로 블록 5개를 엄마가 하는 대로 쌓게 하였으나 두 번 자리를 이동하느라고 집중하지 않는다.

(7) 치료과정

-제1회기-

활동계획	활동내용과 반응	준비물
악수 네 가지 (개입, 구조)	치료자의 아동이 오른손으로 악수하고 왼쪽 주먹끼리 악수하면서 눈을 마주친다. 오른쪽 엄지와 닿게 하면서 함께 미소를 짓게 된다. 그런 다음 다시 왼쪽 새끼손가락끼리 붙이면서 웃음을 웃는다. 아동이 치료자를 쳐다보며 미소짓는다. 치료자는 '기쁜날 좋은날~'환영노래를 불러준다.	
상처 확인 (양육, 구조)	로션으로 손톱 위에 점을 찍듯이 작은 그림을 그리고 '미끌미끌 미끄럼, 사르사르 사르르~' 노래를 부르면서 한꺼번에 두 손가락을 치료자의 두 손으로 리듬을 타듯이 문지른다. 아동이 자기 손가락을 내려다 보면서 치료자가 하는 대로 가만히 있는다. 그러다가 양 손을 뒤로 감춘다. 치료자가 손을 가만히 당겨서 다시 노래를 계속하면서 문지르자 입술을 약간 벌리고 상기된 표정을 짓는다. 똑같이 고른 이빨이 가지런히 보인다.	로션 한 병
손등 그림 그려주기 (양육, 구조, 개입)	초록색으로 잠자리를 그려주었으나 마를 때를 참지 못하고 비벼서 지운다. 다시 노란 잠자리 그려 주었더니 가만히 본다. 손을 들고 치료자에게 내민다. 자기가 지웠는데 또 그려 주어서 참았다는 표시인 것 같다.	물감, 작은붓, 물 한 컵, 손수건 한 장
풍선배구 (도전)	치료자가 아동에게 '손으로만 쳐서 상대방에게 보내기로 하자'고 규칙을 말해 주고 풍선을 아동에게 보냈으나 풍선을 치지 않고 잡았다. 두 번 다시 시도하였지만 잡고만	풍선 큰 것 한 개

활동계획	활동내용과 반응	준비물
풍선배구 (도전)	있다가 다른 방향으로 홱 던진다. '우와, 원상이는 기운이 세구나, 내가 받을 수 있도록 보낼 수 있는지 보자'라고 말하자 두어 번 치다가 다시 잡는다. 치료자도 그냥 잡았다가 다시 아동에게 보내기로 하면서 재빨리 다음 활동으로 넘어갔다.	
풍선축구 (도전)	아동은 두 번 차고 나서 치료자의 얼굴을 빤히 쳐다본다. 그래서 '아 원상이는 그렇게 가만히 서서 오래 있을 수도 있구나' 하면서 풍선을 다시 아이에게 보냈지만 두 번 차고 나서 뛰기 시작하였다. 치료자는 아동을 잡으려고 뛰면서 아이를 잡고 가슴과 두 다리를 손으로 받치고 비행기를 삼아 '붕~' 소리를 내면서 치료실을 한 바퀴 돌았다. 그리고는 다음 놀이로 넘어갔다.	
뗏목놀이 (도전, 양육, 구조)	아동을 조그만 이불이 앉히고 '저라 노저라, 시냇물 따라~, 기쁘고 즐겁게~'조용히 시작하여 점점 목소리를 높이고 점점 빠르게 하다가 서서히 낮은 소리와 느린 템포로 마무리를 지으니 아동의 뺨은 상기되고 표정은 즐거움으로 넘쳤다.	누비이불 작은 것
먹여 주기 (양육)	얼굴을 집이라고 가정하고 눈을 창문이라고 하며, 코는 초인종, 입은 출입문이라고 아동에게 설명해 주고 키위를 예쁜 포크에 찍어 '창문 내려'라고 치료자가 말하면 아이는 눈을 감는다. 그런데 눈을 자꾸만 뜬다. 그래서 치료자가 손으로 아이의 눈을 가려 주고 코에 '딩동'하면서 터치하면 아이가 입을 벌려 준다. 그때 키위를 넣어 준다.	키위 깍뚝 썬 것 여섯 개
하트인사 (양육, 개입)	치료자와 아동이 두 손을 마주 대고 크게 하트를 그리면서 헤어지는 인사를 한다. '사랑해'라고 말해 준다.	
코끼리 입맞춤 (양육, 개입)	엄마에게 양도하면서 두 주먹을 코에 대고 치료자와 아이가 마지막 헤어지는 인사를 하면서 '쪽'하고 소리를 낸다. 웃음이 절로 나온다.	
엄마상담	엄마를 떨어지지 않아 엄마는 한쪽 코너에서 앉아 계심. 엄마가 대인기피증이 있다고 하시면서 엄마를 닮아서 그런게 아닌가 걱정된다고 하심. 더 큰 친구가 놀려서 관계 어려움 호소함.	

-제6회기-

활동계획	활동내용과 반응	준비물
환영 노래 부르기 (양육)	'안녕 안녕 원상이' 노래를 부르면서 손과 손, 발과 발, 무릎과 무릎, 어깨와 어깨를 터치하면서 인사를 하였다. 아동은 밝은 웃음을 웃으며 가지런한 이빨을 보여 준다. 치료자는 '오늘은 특별히 하얀 이빨을 가지고 왔구나, 이빨이 몇 개인지 보여 줘'라고 하면서 입을 벌려서 이빨을 세어 본다. '어머 스물두 개네, 넌 아주 건강하구나' 라고 말한다. 아동은 미소를 띠며 약간 자랑스럽다는 표정을 짓는다.	
가슴 위로 (양육, 개입, 구조)	가슴에 아주 조금 로션을 묻혀서 가슴과 등에 바르고 말없이 양 손을 가슴과 등에 마주 대고 부드럽지만 약간 압박하듯이 문질러 준다. 아이는 가만히 대고 숨죽이고 무언가를 듣는 것 같은 표정으로 있는다.	로션 한 병
노래와 손뼉치기 (양육, 도전, 구조)	'곰 세 마리가' 노래를 함께 부르면서 두 종류의 손뼉치기를 하면서 치료자가 빠르게 하면 아이도 빠르게 하고, 치료자가 느리게 하면 그대로 하면서 순수한 재미를 느껴 본다.	
고구마 놀이 (도전, 구조)	공을 고구마라고 상상하면서 치료자가 '찬고구마'라고 하면 공을 천천히 상대방에게 전달하고 '뜨거운 고구마'라고 하면 재빨리 전달하면서 함께 웃음이 터진다. 두 번째는 감자로 바꾸어서 변화를 주고 그 다음은 호박으로 바꾸어 지루함이 없게 하였다.	공 한 개
둥개야 (양육, 개입, 구조)	치료자가 바닥에 누워서 발등에 아이를 올라 앉게 하고 다리를 흔들면서 '둥게 둥게 둥게야'를 하다가 치료자의 발바닥을 아이의 가슴에 대고 공중으로 올려 준다. 아이는 자기도 모르게 '야'하고 소리를 지르면서 두 손과 두 발을 사방으로 뻗쳐 본다. 두 번 해 주었더니 더 해 달라고 하여 나중에 더해 주기로 손가락 걸고 약속하였다.	
신문지펀치 (도전, 구조)	치료자가 신문지를 들고 아동에게 주먹으로 치게 하는데, 처음에는 한 장, 다음엔 두 장으로 하였다. 시작신호는 윙크와 코를 벌름거리는 일명 '말코신호'를 하였고 아동은 웃음을 머금고 뛰어와서 신문지를 세게 치면서 힘의 긍정적인 면을 체험하였다.	신문지 석장
낙하산 놀이 (양육, 구조)	큰 타월을 한다음 신체부위 알아맞히기를 하였다.	큰 타월 한 장

활동계획	활동내용과 반응	준비물
먹여 주기 (양육)	양파링을 왼쪽 손가락에 끼우고 가위 바위 보로 이긴 사람이 먼저 상대방에게 먹여 주고 곧 바로 진 사람이 먹여 주었다.	양파링 여섯 개
엄마상담	엄마가 주도권 잡기를 권유함. 가슴높이 대화를 하도록 격려함. 아빠가 매일 늦게 오고 양육에 관심 없어 보인다고 하여서 남편을 높여 주도록 말씀드림. 예) 아이의 일에 의견이 서로 다를 때	

-제10회기- 엄마와 함께

활동계획	활동내용과 반응	준비물
터치인사 (개입, 양육)	손, 무릎, 어깨, 등, 귀끼리 터치하고 그대로 등에 글씨쓰기로 넘어가서 맞추면 '딩동댕동'하고 등을 골고루 터치해 웃음이 터진다.	
주먹탑 쌓기 (구조, 도전)	치료자와 엄마와 아이가 번갈아 가면서 주먹을 서로의 주먹 위에 쌓아 올리는데 치료자가 어떤 템포와 제스처를 하든지 그대로 따라서 올려놓는다. 아이가 할 수 있는 최대한까지 올라가다가 멈추고 다시 내려와서 치료자의 '하나 둘 셋'하는 구령에 맞추어 '야!'하고 함께 탄성을 지른다.	
낚시놀이 (도전, 구조)	가위 바위 보로 차례를 정하고 낚시를 하여 물고기에 적힌 대로 행동을 한다. 내용은 '코 잡고 세 번 돌기' 등이며 아동이 행동하면 박수를 쳐 준다.	색깔 물고기 자석낚시
신호등 놀이 (구조, 도전)	치료자가 신호등, 엄마가 신호등 한 번씩 하면서 아이가 신호에 따라 꽃게처럼 오다가 멈추고를 계속한다.	시트지 빨강 초록 둥근 신호
신호따라 움직이기 (양육, 도전, 구조)	엄마와 아이가 배에 풍선을 끼우고 치료자의 신호에 따라 하는데 신호는 윙크, 말코, 입으로 금붕어 사인이다.	풍선 한 개
낙하산 놀이 (양육, 구조)	엄마와 치료자가 타월을 들고 아이의 머리 위에서 크게 들었다 놓았다 하면서 '떴다떴다 비행기' 노래를 부르다가 노래가 끝나면서 타월로 아이의 몸을 감싸고 '원상이 코는 어디 있나?' 치료자가 노래하면 '여기' 하면서 엄마가 맞춘다.	큰 타월

활동계획	활동내용과 반응	준비물
춤추기 (도전, 구조)	'즐겁게 춤을 추다가' 노래를 부르면서 함께 춤을 추다가 엄마가 하는 포즈를 그대로 하면서 멈춘다. 웃음이 계속 된다.	
먹여주기 (양육)	창문을 내리고 코 초인종을 누르고 생일 파티에 온 꼬마 손님을 환영하며 맞아들인다.	해바라기씨 초콜릿
가마타기 (양육, 도전)	엄마와 치료자가 손으로 가마를 만들고 아이를 태워서 치료실을 나온다. 엄마상담 끝나고 현관에서 코끼리 입맞춤을 하고 헤어진다.	
엄마상담	어른들이 TV볼 때 아이가 박스나 탁자 위에 올라가는 등 어른이 원치 않은 일을 하고 엄마는 그 때마다 지적하고 야단만 쳤지 민감하게 반응하지 못한 것 등이 깨달아졌다고 하심. 아빠를 인정하고 높인 결과 본인과 아빠가 변화하였다고 기뻐함. 12회기로 종결예정	

아동은 말을 잘 듣게 되었고 슈퍼마켓에서 드러눕는 일이 없어졌다고 하였다. 엄마는 예전에 안 보이던 게 이제는 보인다고 하였다. 남편이 주말에는 잠만 잔다고 미워하였는데 남편을 세워 주려고 마음을 먹으니 본인이 소리를 지르지 않게 되었다고 하였다. '당신이 소리를 안 지르니 세상이 다 조용하다'고 남편이 말하였다고 한다. 저녁시간에는 할머니께서 밤늦게까지 아이와 함께 TV앞에서 떠나지 않고 연속극을 보았는데 할머니를 복지관 노래교실을 신청해 드렸더니 일찍 주무시게 되어 남편에게 잔소리를 하지 않게 되었다고 한다. 그렇게 되니 남편의 귀가시간이 빨라지고 부부 관계가 회복되었다고 한다. 세 어른이 함께 연속극에 집중하면 그 때는 아이가 보이지 않았다고 한다. 지금은 왜 아이가 박스 위나 높은 곳에 올라가서 뛰어내리는지 알게 되었다는 것이다.

아동의 말과 행동과 마음을 존중하게 되고 보니 이전에는 생각지 못하였던 자기 모습을 아이의 '거울'(신현정, 2009)을 통해 보면서 '이젠 그렇게 행동하지 말아야 되겠다'고 다짐하게 되었다. 또한 오목거울이나 볼록거울이 아닌 바른 '거울부모'(권수영, 2005)가 되기 위해 가슴높이 대화와 비폭력 언어를 연습하고 있다고 한다. 11회기까지 엄마와 함께 참여하고 12회기에는 아빠도 오셔서 치료자와 함께 활동을 하였다. 그

동안 모아 놓은 손도장과 발자국을 코팅해 목걸이를 만들어서 카드와 함께 주고 케이크를 먹으며 모자를 쓰고 노래를 부르며 종결파티를 하였다.

Memo

CHAPTER 06

내면화 문제행동 아동을 위한 치료놀이

1. 내면화 문제행동 개요
2. 내면화 문제행동의 발달 경로
3. 내면화 문제행동 증상
4. 내면화 문제행동 아동을 위한 부모와 교사의 역할
5. 내면화 문제행동 아동의 치료놀이 접근

치료놀이 초창기에 의뢰되어 치료적 개입을 실시한 아동 · 청소년들은 주로 크게 대조적인 두 유형의 집단으로 나눌 수 있다. 한 집단은 부끄럼을 많이 타고 소심하고 위축된 집단이고, 다른 집단은 과잉행동 충동성을 띤 집단이다(Jernberg & Booth, 2001). 이는 치료놀이가 소심하고 부끄럼 잘 타고 위축된 아동뿐만 아니라 부주의하고 산만하며 과잉행동을 보이며 충동적으로 공격성을 보이는 아동들에게도 적용됨을 시사하고 있다. 이 장에서는 정서적으로 불안하고 사회적으로 위축되어 자신의 감정을 적절하게 발산하는데 어려움을 가지고 있는 '내면화 장애'에 대한 기초지식과 치료놀이를 적용하는 구체적인 개입방안, 치료놀이 적용 시에 주의 사항에 대해 다루기로 한다.

1. 내면화 문제행동 개요

아동 · 청소년들 중 불안하고 겁이 많으며, 위축되어 있고 소심하며, 자기 스스로도 행복하지 않다고 느끼며, 자신감도 부족하고, 자기 자신에게 감정을 발산하는 정서적 문제를 갖고 있는 것을 '내면화 장애(Internalizing Disorders)'라고 한다. 과거에는 내면화 문제를 신경증(neurosis)이라는 포괄적 용어로 표현하였으나, 오늘날에는 공포증이나 강박증, 불안장애, 우울증과 같은 구체적인 용어로 표현된다. 그런데 아동·청소년 정신장애는 한 가지 이상의 다른 장애 진단을 함께 갖는 공병(comorbidity)의 경우가 많다. 예를 들면 불안장애 아동 중에 우울증을 함께 가지고 있는 경우도 많고, 불안장애 아동 중에 외현화 장애의 대표적인 주의력결핍 과잉행동장애(Attention-Deficit and Hyperactivity Behavior Disorders)를 함께 가지고 있는 경우가 대다수이다. 특히 내면화 문제행동 중에 가장 빈번하게 진단을 받는 것은 불안장애와 우울장애이다(Achenbach & Rescorla, 2001). 이러한 불안, 우울한 아동들은 대체로 정서적으로 불안하고, 사회적으로 위축되어 있다는 점이 공통이다.

또한 내면화 문제행동 아동들이 가장 힘든 환경으로 학교환경을 들고(Masia, Klein, Storch, & Corda, 2001) 있으며, 정서적 어려움을 지닌 아동들은 대인관계 및 사회적 기술의 결함으로 또래집단에서 잘 어울리지 못하고 고립되는 경향이 강할 뿐만 아니라(Hughes & Fullwood, 1985), 교사들과의 상호작용에서도 어려움을 경험한다.

자신의 감정 및 자기 의사 등을 적절하게 표현하는 정서적 능력에 결함이 있는 내면화 문제행동 아동들은 또래 및 학급 내에서 사회적 상호작용의 어려움으로 고립되는 경향이 강하다. 즉 내면화 문제행동 아동들은 자신의 생각을 표현하거나 요구하고 권리를 주장하지 못하여 학급활동 참여 및 또래와의 상호작용에서 어려움을 경험하게 된다. 최근 문제가 되고 있는 초등학생들의 학교에서의 따돌림 현상에 있어서, 피해 대상 아동들의 공통적 개인내적 특성으로 자존감이 낮고 의존적인 성격, 수줍은 성격이 거론되었다(Olweus, 1994). 이러한 특성들은 따돌림의 원인이 되기도 하는 동시에 결과가 되어 또래들로부터 고립되고 학교에 적응하지 못하게 되는 요인이 되기도 한다.

이러한 부정적인 경험에 의한 불안감과 열등감은 내면화 장애아동들을 더욱 사회적으로 위축되게 만드는 요인이 되어 일반아동과의 사회적 상호작용을 어렵게 만들며, 일반아동들의 거부적 태도는 내면화 문제행동 아동의 위축을 더욱 가속화시키는 악순환을 되풀이하게 되며(이소현, 박은혜, 2006) 교실활동에서 소극적인 참여로 인해 학업성취에도 어려움을 가져온다.

그러나 이러한 내면화 문제행동 아동의 문제는 공격행동과 같이 쉽게 드러나는 문제를 보이는 아동에 비해 쉽게 드러나지 않기에 그 심각성이 가볍게 여겨지거나 눈에 잘 띄지 않아서 관심을 받지 못한다. 실제로 소심하고 위축된 아동의 전반적 특성이나 상호작용, 중재 방안에 대한 연구는 거의 없으며(서유진, 2005), 적절한 지원 및 서비스를 받지 못하고 있는 실정이다.

2. 내면화 문제행동의 발달 경로

내면화 및 외현화 장애에 기여하는 변인은 아동의 기질적 취약성과 환경에서 비롯된 위험요인을 두 가지로 나눌 수 있다(강지현, 2008). 환경적 위험요인으로는 빈곤, 가족의 구조적 결손, 부부갈등, 부모의 우울 및 음주 등으로 주로 가족 환경과 관련된 변인들이다. 본 장에서는 아동의 심리적 부적응에 영향을 미치는 개인 내적인 기질적 취약성과 환경적 위험요인 중에 부모 양육태도를 중심으로 살피고자 한다.

1) 아동의 기질

내면화 및 외현화 문제행동에 공통적으로 영향을 미치는 것으로 아동의 기질을 살펴보면, 부정적 정서와 적응성의 부족, 사회적 철회와 높은 반응강도 등으로 구성된 '까다로운 기질'이 아동의 정서 및 행동문제의 위험성을 높이는 중요한 요인으로 언급되어 왔으며(Thomas & Chess, 1977), 이후의 내면화 장애와 관련된다고 보고되었다(Bates & Bayles, 1988). 이와 관련하여 '높은 수준의 부정적 정서'와 '낮은 수준의 적극적 통제'가 내면화 증상을 가진 아동에게 영향을 끼치며, 불안장애는 높은 수준의 부정적 정서만 있을 때보다 높은 수준의 부정적 정서와 '낮은 수준의 적극적 통제'가 공존할 때 발생한다고 지속적으로 보고되고(Anthony, Lonigan, Hooe, & Phillips, 2002) 있다.

또 다른 내면화 문제행동과 주로 관련되는 대표적인 기질 중의 하나는 친숙하지 않은 상황이나 사람 또는 대상으로부터 철회하거나 상호작용이 감소하는 성향으로 정의되는 '행동억제(behavioral inhibition)'이다. 유아기에 수줍음을 잘 타고 행동을 억제하는 경향은 이후 아동기의 회피장애, 불안장애, 광장공포증, 사회공포증, 낮은 사회유능감 등이 발생할 수 있는 위험요인으로 작용할 수 있으며(Biederman, Hirshfeld-Becher, Rosenbaum, Herot, Fiedman, Snidman, Kagan & Fraone, 2001), '높은 위험회피 성향'은 우울, 불안장애 등 내면화 문제행동과 관련된다(Rettew, Copeland, Stanger & Hudziak, 2004)고 보고하였다.

2) 부모의 양육행동

아동기나 청소년기의 부모양육과 문제행동 간 연구에서 부모의 '엄격하고 과잉

통제적' 양육은 사회적 위축, 불안을 비롯한 내면화 문제행동과 주로 관련되고(Parker, 1983; Rubin & Mill, 1991; Rubin, Hastings, Steweet, Henderson & Chen, 1997), 부모의 적대적이고 거절하는 양육행동과 지나치게 엄격하고 과잉통제하는 양육행동은 내면화 및 외현화 장애 등 두 영역에 공통적인 위험요인으로 밝혀지고 있다(강지현, 2008).

또한 최근 연구에서는 위축된 아동의 부모들은 과잉통제 뿐만 아니라 과잉보호, 과잉관여하려는 경향이 있다고 보고하였다(Rubin, Hastings, Steweet, Henderson & Chen, 1997). 즉 과잉보호를 받은 아동들은 대개 활동이 적고 의존적이다. 이들은 모험의 기회가 제한되기 때문에 조용하고 수동적이며 부끄럼을 타게 되며, 환경이나 타인을 효과적으로 다루고 대처하는 기술을 배울 기회가 박탈된다. 부모들은 아동이 자신을 스스로 잘 보살피지 못하므로 모든 위험으로부터 계속 아동을 보호해 주고 보살펴 주게 된다. 특히 두려움을 느끼는 부모와 죄책감이 많은 부모들은 아동을 과잉보호하는 경향이 있다.

반면 아동에게 지나치게 독립심을 키워 주기 위해 아동에게 지속적으로 무관심하게 양육할 경우도 아동은 자신감이 부족하여 오히려 부끄럼, 위축을 강화시킬 수 있다. 부모의 부정적인 반응을 자주 경험한 아동들은 주저함, 망설임이 많고 확신이 없어지며 부끄럼을 많이 타게 된다. 일부 부모 중에는 비판하는 것이 아동을 올바른 판단력을 갖게 한다고 생각해서 비판하는 경우가 있는데 지나친 비판은 아동으로 하여금 두려움을 갖게 하고 부끄럼 타는 아이들로 만들게 된다. 어떤 경우에는 부모나 형제가 아동의 회피적인 행동을 습관적으로 놀리기도 하는데 소심하고 위축된 아동들은 이런 놀림을 피하기 위해서 사람과의 접촉을 피하게 된다. 위축되고 소심하며 부끄럼을 많이 타는 아동들은 타인에게 평가받는 것, 거부당하는 것, 당황하게 되는 것에 대해 민감해진다.

그리고 부모의 비일관적인 양육태도, 즉 부모가 너무 엄격했다가 지나치게 관대해지거나, 어떤 때는 자상했다가 반대로 무관심해지는 방식으로 행동한다면, 아동은 안정감이 없어지고 앞으로의 일에 대한 확신을 할 수 없게 된다. 이들 아동은 극도의 두려움, 좌절 등을 표현하는 특이한 행동을 보이는 등 행동변화가 심하다. 보통 이런 아동의 부모들은 미해결된 애착 문제를 보이는 경우가 많았고 부모의 양육행동에도 일관성이 없이 혼란된 경우가 많았다. 이런 환경에서 자란 아동들은 가정과 학교에서 위축되고 부끄럼을 많이 타게 된다. 특히 가정 안에서만 위축되고 수줍어한다면 양육에서의 일관성 결여를 생각해 보아야 한다. 또한 반복적으로 벌을 받고 사랑의 표현을 하지 않겠다고 위협을 하는 부모 밑에서 자란 아동들은 두려움과 겁을 느끼게 된다. 이런 위협을 피하는 수단으로 아무것도 하지 않으려 하게 되고 방어적이 되며 자신의 의견을 말하지 않게 된다(최영, 2002).

또한 불안정 회피애착과 불안정 혼란애착으로 인한 부모의 양육행동과 내면화 문제행동은 관련성이 있다. 불안정 회피애착을 보이는 아동의 부모는 아동기 초기에 아동의 욕구를 무시하거나 민감하게 반응하지 못한 경우가 많았다. 이러한 거절의 경험은 아동이 더 이상 부모를 신뢰하지 않게 만든다. 아동은 부모와의 관계에서 객관성을 유지하려고 노력하고, 물리적인 거리감을 유지하거나 부모의 행동이나 관심을 모른 척 무시하기도 하며, 부모와 자발적이고 사적인 대화를 하지 않으며, 계속해서 장난감에만 열중하는 모습으로 나타난다. 부모의 관심에 대한 아동의 반응은 짧고 적으며, 감정을 잘 드러내지 않는다.

3) 아동의 기질과 부모 양육행동의 상호작용

최근 연구에서 기질과 부모의 양육행동간 상호작용의 중요성이 부각되고 있다. 유아의 부정적 정서, 두려움, 억제된 행동 양식과 부모의 강압적이고 둔한 양육이 상호작용하여 불안정한 부모-자녀간의 애착관계가 형성이 되고 이로 인해 불안하고 위축된 행동발달이 초래된다. 이럴 때 부모는 유아의 불안과 불안정성에 대해 감지하고 환경에 대한 유능감을 갖도록 해 주기 위해 강압적인 지시를 하거나 유아의 문제를 직접적으로 해결해 주려는 방식으로 도와주게 되는 경우가 많다. 이런 방식은 유아에게 일시적으로는 스트레스를 최소화할 수 있을지 모르지만 궁극적으로는 유아의 자기주도적인 대처 기술의 발달을 방해한다. 그 결과 유아는 사회적 도전 상황을 직면할 때 불안과 우울증상에 취약해지게 된다(Rubin & Mill, 1991).

또한 아동의 낮은 긍정적 정서와 부모의 거절이 상호작용할 때 아동기 우울과 관련이 있고(Lengua, Wolchik, Sandler & West, 2000), 강한 부정적 정서기질, 즉 '까다로운 기질'과 우울한 엄마가 상호작용할 때 아동의 문제행동은 극적으로 증가한다는 보고(Radke, 1998)는 아동기의 내면화 및 외현화 장애에 있어서 아동의 기질과 부모 양육행동간 상호작용이 중요하다는 것을 보여주는 결과이다.

3. 내면화 문제행동 증상

내면화 문제행동 아동들은 주로 불안, 우울한 경우가 많다. 그들은 대체로 정서적으로 불안하고, 사회적으로 위축되어 있다는 공통점을 가지고 있다. 즉 내면화 문제행동 특성인 소심한 아이들은 대개 위축되고 새로운 환경에 적응하는데 시간이 걸리고 문제 상황이나 위험에 대해 회피하려는 경향이 강하다. 이런 아동들은 부끄럼이나 수줍음, 매사에 망설임이 많아서 부모나 또래관계에서 어려움을 많이 겪는 것이 사실이다. 또한 조용하며 다른 사람과의 눈맞춤을 회피하고 자발적인 행동을 취하지 않기 때문에 다른 사람의 눈에는 둔하고 따분한 아동으로 비치게 될 수도 있다. 이 아동들은 대개 남의 이목을 의식하고 자기 의사표현을 잘 하지 못하며, 마음 속의 불편감과 불안을 경험하고 안절부절 못하여 사회적 상황을 떠나고 싶어한다. 이들은 내면에 열등감을 느끼고 있거나 너무 타인을 의식해서 완벽하지 않으면 다른 사람들이 자신을 무시하거나 좋지 않게 볼 줄 모른다고 생각하기에 사회적 상황에 노출되는 것에 대해 두려움을 가지고 있다. 또한 다른 사람의 부정적인 평가에 대한 두려움 때문에 허둥지둥하고 서툰 행동을 하거나 말을 더듬기도 한다.

대다수의 내면화 문제행동 아동들은 다른 사람에 대한 관심은 있으나, 사회적 기술과 자신감이 부족하여 친구에게 자신의 관심을 표현하지 못하거나 배려를 나타내지 않는다. 학령전기나 학령기 아동의 경우 낯선 사람이나 새로운 환경에 대한 부적절한 두려움으로 인해 특히 교사나 또래로부터 칭찬이나 관심을 적게 받을 수 있으며 또래활동 참여하는데 어려움을 겪고 있다. 그런데 이런 두려운 태도 때문에 사회적 기술을 익히고 연습하지 못하고, 다른 사람으로부터 긍정적인 피드백을 받지 못하는 것이 또다시 소심하고 위축되는 것을 강화시켜 악순환이 반복되는 경향이 있다. 지나친 소심함과 위축은 사회적 적응 능력을 떨어뜨리고 또래관계를 방해하며 아동의 자존감을 저하시키는 원인이 될 수 있다. 또 다른 연구에 따르면 극도의 소심함이나 수줍음은 성인이 되어 결혼 상대자를 만나고 유지하고, 좋은 직장을 찾고 유지하는 데도 문제를 일으킨다고 한다(최영, 2002).

내면화 문제행동 중에 가장 대표적으로 진단을 받는 불안장애와 우울장애(Achenbach & Rescorla, 2001)에 대한 특징들을 구체적으로 살펴보면 다음과 같다.

1) 불안장애 증상

아동과 청소년의 경우 여러 가지 불안 및 우울 증상들이 함께 발생하는 경향이 있다. 아동의 불안장애의 증상은 어지럽거나 복통을 느끼는 것과 같은 신체적 증상을 호소하거나, 말하기를 거부하거나, 위축감을 느끼거나, 어떤 특정 것에 대한 두려움을 나타내는 등 다양하다. 어떤 특정 두려움은 정상적인 아동 연령에서도 다르게 나타나는데 6~9개월에서는 낯선 사람에 대한 두려움, 2세에는 상상 속의 대상에 대한 두려움, 4세에서는 어둠에 대한 두려움, 나이가 든 아동에게는 사회적 불안이나 실패에 대한 두려움이 있다. 불안장애는 특정대상이나 상황에 대해 현저하고 지속적인 두려움을 나타내야 하고, 두려움의 정도가 매우 심하고 비합리적인 경우에 해당된다. 즉 두려움이 현저한 심리적 불편을 일으켜야 하며, 아동의 일상생활, 학업 또는 대인관계에 방해가 되어야 한다.

이러한 불안장애의 병인은 생물학적 영향으로, 억제된 기질의 아동이 낯선 상황이나 사람들을 만났을 때 생리적 각성 상태를 보이면서 상황을 피하려 하거나 의존적이고 매달리는 행동을 보인다. 불안장애의 다른 병인은 부모 양육태도로, 불안한 아동의 부모들은 상황을 적대적으로 지각하든지 간섭이 심하고 과잉보호하는 것으로 나타났다. 불안장애의 또 다른 병인으로는 영아기 때 불안정/ 저항애착과 회피애착을 들 수 있다.

불안이나 실패에 대한 두려움은 사회적 위축된 행동으로 나타날 수 있는데 이런 아동들의 특징을 살펴보면 첫째, 다른 아동과 어울리지 못하고 둘째, 자기의사를 잘 표현하지 못하며 셋째, 자기의 권리를 지키지 못한다(황정규, 1968). 이처럼 위축된 아동은 다른 아동들에게 다가가 말을 건다든지 상대를 쳐다보는 등의 근접행동에 어려움이 있다. 또한 또래의 권유에 응하는 일도 드물고 사회적 기술이 부족하여 자기 의사를 잘 표현하지 못한다(Kauffman, 1981). 이러한 문제들은 사회적 상호작용의 어려움으로 직결되고, 또 관계의 질을 빈약하게 만들 수 있다.

표 6-1 내면화 장애(불안/ 우울증후군)에 포함되어 있는 문제행동

- 잘 운다
- 두려움
- 학교를 두려워 함
- 나쁜 행동에 대한 걱정
- 완벽하려는 욕구
- 사랑받지 못한다고 느낌
- 가치 없다고 느낌
- 긴장
- 겁이 많고 불안해함
- 지나친 죄책감
- 자의식
- 비판받았을 때 상처받음
- 자살에 대해 이야기하거나 생각함
- 남을 기쁘게 하기 위해 걱정함
- 실수에 대한 두려움
- 걱정이 많음

* 출처 : Achenbach & Rescorla(2001)에서 인용.

2) 우울장애 증상

우울증은 흔히 마음의 감기라고 한다. 감기처럼 흔하게 걸릴 수 있다는 말이다.

하지만 감기와 다른 점은 시간이 지난다고 해서 저절로 치유되지 않는다는 것이다. 우울증은 특히 심리치료와 약물치료를 적극적으로 해야 한다. 일단 치료를 시작하면 약 80% 이상의 완치율을 보이기 때문이다. 반면 우울증을 방치했을 때는 저절로 호전될 가능성은 거의 없다. 아동기 우울은 성인 우울과 다르고 자살의 첫 번째 원인이 될 만큼 위험하다. 아동기 우울은 명확한 우울감이나 생리적 증상과 무관한 모습으로 위장된 모습, 일명 '가면우울'로 나타나기도 한다. 즉, '과도한 활동, 파괴적이고 공격적인 비행, 무단결석, 분노발작, 친구관계 문제 등'으로 나타나기도 한다.

초등학교 저학년의 경우는 학교 적응이 힘들 만큼 생활이 규칙적이지 못하고 검사에는 특별한 이상이 없는 데 자주 신체적인 증세를 호소하기도 한다. 매사에 짜증이 많고, 화를 잘 내고, 부정적인 감정을 보이고, 학교에 안 가려고 하거나 자기 파괴적 행동 등을 나타낼 때가 많다. 초등학교 고학년의 경우에는 성적이 심하게 떨어지거나 행동에 일관성이 없어지는 등 분열적인 모습을 보이며, 매사에 귀찮아하고 의욕이 없으며, 친구관계에도 문제가 생긴다. 종종 공격적인 행동을 보일 수도 있고, 짜증을 심하게 부리다가 갑자기 자살에 대한 이야기를 꺼내기도 한다(이향숙, 2009).

우울증이 있는 아동은 집중력이 떨어지기 때문에 학업에 대한 관심이 줄고, 자주 머리가 멍하다, 기억력이 떨어졌다는 등의 이런 증상으로 인해 고통을 호소하는 경우가 많다. 이런 아동의 증상들은 활동수준에도 변화를 가져다 준다. 이제까지 즐거워했던 활동과 취미를 부담스럽고 따분하게 느끼며, 친구를 피하고, 집 밖으로 나가는 것을 귀찮아하면서 변명이 늘어가는 행동을 자주 보인다. 또한 아동기의 우울은 신체기능의 변화를 가져오기도 한다. 예를 들면 때로는 수면형태나 식사습관의 변화, 체중 저하나 증가가 있게 된다. 또한 생기가 없고 별로 하는 일이 없음에도 불구하고 하루 종일 피곤해하고, 초조하고 흥분하기도 하며, 종종 자기 비판적이 되기도 한다.

표 6-2 **아동기 우울증 자가진단 검사**

아래 열거한 증상 가운데 A나 B 중 하나 이상에 해당하고, 1–10번의 증상 가운데 5개 이상이 2주 동안 지속될 때 우울증(major depression)을 의심해 볼 수 있다.

[체크리스트]
A. 별것 아닌 일에 쉽게 짜증을 내고 흥분한다.
B. 거의 모든 일상 활동에 대해 무관심하고, 귀찮아하고, 의욕이 없다.

1. 체중이 눈에 띄게 늘거나 줄었다(식욕이 없거나, 너무 많이 먹는다)
2. 잠을 제 시간에 이룰 수 없거나, 너무 많이 잔다.
3. 특별한 이유 없이 불안하고, 초조하다.
4. 활력이 없어 축 쳐져 있고, 피로를 자주 느낀다.
5. 자신이 무가치하다고 느끼고, 사소한 일에 죄책감을 느낀다.
6. 사고력이나 집중력이 떨어져 공부가 잘 되지 않고, 성적이 떨어졌다.
7. 과거에 즐겨했던 놀이나 활동에 흥미가 없다.
8. 두통, 소화불량, 빼근함 등 특별한 이유 없이 신체적으로 불편함을 느낀다.
9. 부모, 친구들과의 대화가 줄었다.
10. 죽음이나 자살에 관한 이야기를 한다.

* 출처 : 신의진(2008). 우리아이 문제행동 체크리스트 12.

4. 내면화 문제행동 아동을 위한 부모와 교사의 역할

카렌(1994)에 따르면 태어날 때부터 매우 성급하고, 부정적 정서, 까다로운 기질을 가진 신생아를 대상으로 부모에게 간단한 개입방법(우는 아기를 진정시키는 방법 등)을 지도한 일년 후, 아무 개입도 하지 않은 집단과 비교한 결과, 개입을 한 집단의 매우 까다로운 기질을 가진 아이의 68%가 일년 동안 안정된 애착이었다는 사실은 기질보다는 양육태도가 얼마나 중요하지를 보여준 결과라고 볼 수 있다. 소심하고 위축된 아동들에게 있어서 특히 자신에게 영향력을 끼칠 수 있는 사람들, 즉 부모나 교사의 말 한 마디는 아주 중요한 동기를 주는 역할을 할 수 있다. 즉 사회화 과정에서 만나는 초기 대상인 부모와 교사는 아동의 특성을 극복할 수 있는 위치에 있으므로 소심하고 위축된 아동들의 단점인 특성에 초점을 두기보다는 그들만이 가지고 있는 장점을 부각시킴으로써 작은 긍정적인 피드백이 실마리가 되어 자존감을 향상시킬 수 있도록 노력해야 할 것이다. 예를 들어 소심하고 위축된 아동들은 모험을 선호하지 않고 지나치게 조심스럽다보니 어떤 결정을 내릴 때 충분한 시간을 들여 이모저모를 살필 수 있는 장점이 있다. 물론 모험을 선호하지 않는다고 해서 창의성이 없는 것은 아니다. 또한 소심한 아동들은 비록 사교적이지는 않아서 쉽게 친숙해 지지는 않지만 한번 사귄 사람과는 보다 깊은 수준의 관계를 가져가는 어른으로 발전하는 등 매사에 사려 깊은 태도를 가지게 된다.

조심성 높은 기질을 가진 아동이 이처럼 긍정적인 성격으로 발전할지 아니면 두려움이 많은 부정적인 성격으로 발전할지는 아이를 키우는 환경적인 조건에 달려 있다. 소심한 기질은 두려움이 많은 성격으로 변화하기 쉽다. 역설적으로 부모가 아동의 소심함을 싫어해서 과도하게 반응하는 것이 그런 변화를 만들어 낼 수 있다. 아동들은 세상과 부딪히면서 많은 스트레스를 겪게 되고 그러한 자신의 옆에 든든한 부모가 있기를 바란다. 그런데 대부분의 부모들은 아이의 겁먹은 듯한 반응에 대해 부정적으로 평가하며 일반적으로 강요한다. 아동들은 어쩔 수 없이 부모의 의견을 따르게 되지만 그 과정에서 자신이 정상이 아니라는 생각을 갖고 이제는 정말로 소심한 아이가 되어 버린다. 스스로를 부정적으로 생각하는 아이가 긍정적으로 되기는 어려운 일이다.

소심한 아이가 자신의 생각을 당당하게 표현하는 아이가 되기 위해서는 뒤에서 버텨 주고 안아 주는 중요한 양육자가 필요하다. 양육자는 아동의 이야기에 귀 기울여 듣고 감정을 표현할 수 있도록 기다려 주어야 한다. 그리고 교사 및 부모도 때로는 겁을 먹는다는 사실을 알게 하고 그것은 당연한 것이라는 것을 말해 주며 스스로 극복하도록 만들어 주어야 한다. 아동이 두려움을 이겨낸 경험들을 아동에게 반복적으로 말해 주는 것도 도움이 된다. 아동이 스스로 두려움을 이겨낼 수 있는 다양한 방법들을 찾아보게 하고, 엄마가 알아낸 여러 가지 방법을 알려 주는 것도 좋다. 또한 평소에 소리 지르기, 심호흡, 노래 부르기, 맘껏 웃기와 같은 자신을 이완하고 에너지를 발산할 수 있는 놀이를 아동과 같이 자주 하는 것도 도움이 된다. 두려움을 느낄 때 과거 경험 속에서 즐거웠던 표상을 가슴 속에서 꺼낼 수 있다면 아동은 두려움을 극복하는데 한결 쉬울 수 있다.

5. 내면화 문제행동 아동의 치료놀이 접근

1) 소심하고 우울한 아동을 위한 치료놀이

(1) 소심하고 위축된 아동을 위한 치료놀이 차원 적용

소심하고 위축된 아동들은 수줍음이 많고, 접촉이나 신체적 친밀감에 대해 불안해하고, 다른 사람과의 눈맞춤이 적으며, 낯선 환경이나 새로운 사람을 만나는 것을 회피하고, 변화에 대해 두려움을 갖는 경우가 많다. 소심하고 위축된 아동들은 부모로부터 적절한 정서적인 분리를 하지 못하여 불안한 채 있으며, 지속적인 상호작용 유지를 하지 못한다. 또한 소심하고 위축된 아동들은 초기에 부모나 또래들로부터의 부정적 경험이나 혐오적 만남 때문에 타인과 사회적 상호작용을 할 의사가 없거나 두려워해서 회피하는 경우가 많았다. 결국 사회적 상호작용의 기회가 줄어들게 되어, 적절한 역할모델을 보지 못하였거나 결정적인 사회행동을 배울 충분한 기회를 갖지 못하였기 때문에, 이들 아동들은 사회접촉을 모방하고 유지하며, 그런 기술을 언제 어디에서 사용하여야 하는가에 대한 지식 습득을 하지 못하게 되는 경우가 많았을 것이다.

소심하고 위축된 아동을 위한 치료원리는 다음과 같다. 그들은 매우 관심이 제한적이며 에너지수준이 낮다는 점을 고려하여 치료놀이 활동에서 중요한 치료목표는 아동이 자발적으로 활기 있고 즐겁게 참여할 수 있도록 돕는 것이다. 아동의 수동성을 변화시키기 위해서는 재미있고, 밝고, 즐거우며 놀라움과 자극을 줄 수 있는 활동을 실시하는 것이 도움이 된다. 예를 들어, 엄지손가락으로 종이 한가운데 도장 찍기를 하는 것보다 비닐 전체에 로션을 가득 뿌려 놓고 손바닥 전체로 그림그리기나 '미끌미끌 자동차 놀이'를 통해 개입할 수 있다.

또한 치료과정에서 접촉이나 신체적 친밀감에 대해 불안해 하는 위축된 아동에게 치료놀이를 적용할 때 아동에게 로션을 먼저 바르도록 요구하지 않고, 치료자가 먼저 거울 등에 로션을 발라 두고 '달팽이집을 지읍시다~'라며 손가락으로 그림을 그리며 아동이 보도록 한다. 이것을 지켜보던 아동은 치료자가 흥얼거리며 노래 부르며 놀 때 자기에게 강요하지 않는 것을 보고 특별한 사람으로 생각하게 된다. 안전하다는 것을 확인받은 다음 아동은 치료자 옆에서 자기도 거울에 손가락으로 로션그림을 그린다. 이런 경우와 같이 치료자는 초기 상호작용 동안 일정거리를 유지하도록 하는 활동을 통해 아동을 개입과 양육시키는데 초점을 두는 것이 좋다(예, 까꿍놀이, 로션놀이, 솜공 터치, 휴지 불고 받기놀이 등).

신체접촉은 아동에게 매우 중요하기 때문에 치료자는 아동에게 어떤 형태로든 접촉을 시도해야 한다. 로션이나 밀가루 반죽 등이 피부에 닿는 느낌을 불편해 하는 아동에게는 대신 파우더나 천사점토 등을 사용하는 것이 도움이 된다. 이와 같이 치료자는 아동이 나타내는 불안이 접촉(touch)을 피하기 위해 꾸며낸 것인지 진정한 불안인지를 읽어야 한다. 만약 진정한 불안의 표현일 경우에는 어떠한 이유에서 오는 불안인지 읽어 내고, 아동에게 안정감을 주는 활동으로 이끌어 나가거나 불안의 이유에 따라서 활동을 변경할 수 있다. 치료자는 끊임없이 아동의 욕구를 탐색하여 접촉의 스트레스를 줄이고 활동의 즐거움을 체험할 수 있도록 아동을 도와야 한다.

불안한 아동의 경우에는 활동을 너무 빠른 속도로 이끌지 않고, 안정감을 줄 수 있도록 타인(부모)을 초대할 수도 있다. 이때 치료자는 아동에게 두려움을 느끼는 자체는 있을 수 있으며 네 잘못이 아니라, 치료자가 너를 두렵게 했다고 고백할 필요도 있다. 예를 들어, 아동의 두려움이 치료자의 개입활동에 대한 것이라면, 활동을 더욱 천천히 부드럽게 진행하면서 '널 내가 놀라게 했구나. 네가 안심할 수 있도록 할께'라고 하며 아동의 감정을 인정해 준다. 아동에게 안정감을 줄 수 있는 사람이 치료실에 초대될 수도 있고, 아동에게 안정감을 주는 물건(손수건, 딱지, 인형 등)을 옆에 두고 진행할 수도 있다. 또한 아동이 활동에 대한 두려움이 있다면 쉬운 활동으로 자신감을 찾아 주도록 하고, 활동을 부드럽게 진행한다.

소심하고 위축된 아동에게 필요한 것은 치료자와 재미있고, 비 위협적인 상호작용을 하며, 보살핌을 받고, 달래 주고, '옳은' 것만 하거나 항상 깨끗하고 정리해야 한다는 걱정을 하지 않으면서 활동에 참여할 수 있는 기회를 주는 것이다.

(2) 우울한 아동을 위한 치료놀이 차원적용

아동이 침울한 표정을 짓거나 우는 경우, 치료자는 언어적 · 비언어적으로 아동의 마음을 충분히 이해하고 공감하고 있음을 전달해야 하며, 아동을 지지하고 달래며 위로의 말을 전해야 한다. 그리고 아동의 기분이 나아지고 난 뒤 재미있는 활동을 하도록 개입해야 한다. 이때 아동이 가장 즐거워하는 활동을 하는 것이 도움이 된다. 가벼운 우울증의 경우에는 활동(acting)만으로도 항우울제가 나오는 것과 마찬가지로 치료효과가 있다. 우울한 아동의 개입은 자신과 타인, 미래에 대한 부정적인 이미지를 긍정적으로 전환시켜 줌으로써 해소될 수 있다. 이러한 자기 표상의 전환은 아동의 자신감 있는 행동으로 이어지고, 적극적인 행동은 사람들과의 상호작용을 훨씬 더 건강하게 만들 수 있다. 따라서 아동이 가지고 있는 부정적인 이미지를 전환시킬 수 있는 다양한 개입이 필요하다.

우울증은 아동기에 획득해야 할 자기조절 능력의 발달을 방해하여 자기 유능감을 저하시킨다. 예를 들어 우울한 아동은 침착하지 못함과 초조함, 감소된 활동성, 느린 말 표현, 그리고 때때로 심한 울음을 나타낸다. 일상 속에서 나타나는 이러한 행동은 오랫동안 지속되고 일상의 기능을 방해한다. 또한 우울증은 아동의 낮은 활동성에 따라 사회적 접촉이 감소하게 되면서 사회적 위축, 비관주의, 학습된 무기력으로 표현되기도 한다. 이는 사회적 관계에서 성공적인 상호작용과 숙달감을 심각하게 손상시키게 된다. 우울한 아동들은 조숙한 척하는 아동처럼 지나치게 많은 통제를 하거나, 화가 나고 충동적인 아동들처럼 지나치게 통제를 못하여 신체 및 정서조절에 어려움을 가져온다(성영혜, 2009). 그러므로 치료놀이 활동을 통해 우울한 아동들은 자기 몸이 자기 마음대로 될 수 있다는 성취감을 얻을 수 있으며, 이는 자존감 향상에도 도움이 된다.

이러한 치료놀이 과정에서 아동은 가정에서 겪었던 부정적인 경험과는 다른, 안전하고 신뢰할 수 있는 치료자가 자신을 안전하게 보호해 주는 성인 주도적 놀이 활동 체험과 함께, 해도 되는 것과 안 되는 것에 대한 일관적인 규칙인 구조화 활동을 통해 안정과 안전을 느끼고 신뢰를 형성하게 된다. 또한 이런 아동은 내면에 욕구좌절에 대한 공격성이 행동화될 경우가 있으므로, 치료놀이 회기의 놀이의 즐거움과 긍정적이고 보호받는 경험을 통해서 다른 사람들과 함께 신뢰하는 관계를 맺을 수 있다(성영혜, 2000). 그러므로 우울한 아동의 치료계획을 구성할 때는 주의 깊게 성취감을 맛볼 수 있는 놀이를 구성하는 것이 좋다. 아동이 반복적인 활동에 쉽게 몰입되는 경우, 치료자는 신속하고 재미있고 새로운 활동으로 넘어가야 한다. 또한 우울증이 있는 아동을 위한 치료놀이에서는 양육적인 언어 표현과 활동을 통해 자존감 향상에 도움을 준다.

아동이 우울한 이유에는 사랑하는 사람의 상실감이 원인이 되며, 그 상실의 근원이 자신의 탓으로 생각하는 경우가 많아 자기를 비하하고 자신에 대해 열등감이나 무가치함을 느끼며, 자신의 미래에 대해 절망하는 경우가 많다. 이런 점을 고려하여 치료자가 세심하게 내담자 아동의 장점과 특별한 점들을 발견해 줌으로써 자아강도를 높여 치유의 효과를 낼 수 있다. 예를 들어 '초롱초롱한 너의 눈은 우주의 별들 중에서 가장 빛난 별 같아!', '너의 코는 정말 복코다, 흔하지 않은 코다, 이런 코를 가진 사람들은 앞으로 부자가 된대!', '웃을 때 너의 눈은 정말 사랑스럽다' 등의 표현을 할 수 있으며, 양육활동을 통해 '너는 사랑스러워, 너는 있는 그대로가 가치 있는 사람이야'라는 메시지를 전달하도록 한다.

2) 내면화 문제행동 아동을 위한 치료놀이 적용 실제

〈개입〉

개입활동을 통해 낮은 에너지를 가진 내면화 문제행동을 보이는 아동들에게 '함께 하는 것이 얼마나 즐거운지'를 깨닫게 해 준다.

(1) 인형인사(개입, 구조)

아이에게 잠시 눈을 감으라고 지시한 후, 아이의 머리 위에 아이들이 좋아하면서 머리에 얹기 쉽고 받기 쉬운 인형(예 : 거북이, 물고기 천인형 등)을 올려놓고 아이의 손바닥이 위로 향하게 손을 잡는다. 눈을 뜬 후 '하나 둘 셋'하고 인사를 하자고 한다. 인사를 하면 머리 위에서 인형이 아이의 두 손 위에 떨어지게 된다. 이러한 활동은 상대방에 대한 관심과 친밀감을 가질 수 있는 기회가 되며 상호간의 긴장감을 완화시킬 수 있다.

(2) 창문 닫아!(개입, 구조)

치료가 끝난 다음에 양육활동으로 먹여 주기 하기 전에 개입활동으로 치료자가 아동에게 '먼지난다, 창문 닫아!'라고 말을 하면 아동은 두 눈을 감는다. 치료자가 코를 초인종처럼 누르면 아동이 다양한 소리(예 : 삐삐, 딩동딩동)를 내게 한다. 치료자가 '정훈아! 나 향숙이야! 들어가도 되니?' 물었을 때 아동이 '응'이라고 대답하면, 치료자가 아동의 코를 문고리로 생각하고 돌리면서 '철커덕' 문 열리는 소리를 낸다. 아동은 입을 벌리고 치료자는 음식을 넣는다.

(3) 토실토실 아기돼지(개입)

아동과 치료자가 '토실토실 아기 돼지~'노래를 같이 부르다가 가사에 '꿀꿀'이라는 단어가 나오면 서로 발바닥이나 팔, 다리 등을 재미있게 간질이면서 자연스럽게 접촉을 이끌 수 있다.

(4) 비누거품 까꿍놀이(개입, 도전)

아동과 치료자가 대야에 비누거품이 나도록 푼 다음에 치료자가 아동에게 두 손 가득 거품을 담아서 '내 마음을 받아줘~'라고 말하며 아동이 거품을 받을 수 있게 천천히 거품을 부어 준다. 아동이 거품을 받으면, 치료자와 아동이 같이 거품을 양 손으로 가득 담아서 서로의 얼굴이 안 보이게 거품으로 막는다. 다음에 조금씩 서로 잡은 양 손을 서서히 간격을 두고 벌리면서 '내 눈 보여?, 내 코 보여?'라고 말하면서 까꿍놀이로 연결한 후, 거울이나 비닐에 그림을 그려 주는 놀이로 전개할 수 있다. 놀이가 끝나면 계절에 따라 물(예 : 차가운 물, 따뜻한 물)로 씻어 주고 수건으로 닦아 준다.

이 활동을 통해 자연스럽게 접촉하고, 날아오는 거품을 잡으면서 자신감을 얻게 되며, 까꿍놀이를 통해 천천히 타인에게 자신을 개방하게 된다. 또한 비누거품으로 마구 그려 보면서 자기감정을 표출해 보는 경험을 갖게 한다.

(5) 신데렐라 구두 만들기(개입)

치료자가 '너 신데렐라 책을 읽어 본 적이 있니?' 라고 묻고, '왕자님이 어떻게 공주님을 찾았지?'라고 물었을 때 아동이 '신발이요'라고 대답하면, 치료자는 '그래! 맞아! 너도 오늘 공주님 신발을 신을 수 있어!'라고 말한다. 아동의 한 발 전체를 감쌀 수 있을 만한 크기의 호일을 편 다음에 아동의 한 발을 중앙에 올려놓고 조심스럽게 발가락 전체 부분부터 호일을 감싸고 양 옆을 두 손으로 감싼 다음에 뒷부분도 감싼다. 이때 치료자와 아동이 함께 '신데렐라는 어려서~'라는 노래를 부르면서 신발을 만든다. 이때 아동은 마치 자기가 공주님, 왕자님이 된 듯 기분이 좋아지고 자신의 발에 대한 새로운 시각(발등이 두툼하다고 불평하는 아동에게 치료자는 발등이 두꺼운 사람들이 주로 큰 부자가 된다고 하더라는 말을 해 주었을 때 아동은 자기 발에 대한 이미지를 바꾸게 된다)을 가짐으로써 자존감을 향상시킬 수 있다.

〈구조〉

내면화 문제행동을 보이는 아동들은 주로 자신과 타인, 미래에 대한 신뢰가 부족하기에 구조 활동을 통해 성인과 함께 하는 것이 자신을 안전하게 하며 예측할 수 있어 불안하지 않다는 느낌을 받도록 한다.

(1) 두 팔 농구(도전, 구조)

치료자는 두 팔을 벌려 원을 만들고, 아동은 그 원 속에 준비한 공을 던져 넣는다. 이 활동은 위축된 아동에게 자신감을 줄 수 있으며, 불안감이나 좌절감을 해소할 수 있고, 치료자와의 래포(rapport) 형성에도 도움이 된다.

(2) 퍼프 찍기(구조, 도전)

치료자가 바닥에 색 테이프로 네모난 선을 만들어 붙인다. 치료자와 아동이 대각선으로 서서 치료자의 신호에 따라 오른쪽 혹은 왼쪽으로 빠른 걸음으로 선을 밟고 걸어가서 서로의 등에 파우더를 찍는다. 이때 치료자는 되도록 진한 색 상의를 입어서 아동이 찍은 파우더의 색이 잘 보이도록 하는 것이 소심하고 위축된 아동에게 유능감을 향상시키는데 도움이 된다.

(3) 휴지(깃털) 불기(구조, 도전)

아동과 치료자가 서로 마주 앉거나 서서 먼저 치료자가 사각 휴지 한 장(또는 색깔 깃털)을 불면 아동이 두 손바닥으로 받게 한 다음, 아동이 치료자에게 입으로 불어서 주려고 할 때 치료자는 얼굴신호(예 : 오른쪽 눈 윙크, 입을 씰룩)를 할 때 불라고 한다. 그 다음부터는 아동의 신호에 치료자가 불어 준다.

다른 방법으로는 두 장의 사각 휴지(또는 색깔 깃털 2개)를 아동과 치료자가 하나씩 각각 들고 동시에 불고 받기를 한다. 이 활동을 통해 안전한 거리에서 상호작용할 수 있는 경험을 제공하고 규칙을 지키며 놀면서 규칙은 재미있게 놀 수 있으며, 안정감을 느끼고 상황을 예측하게 하는 방법임을 깨닫게 한다.

〈도전〉

소심하고 위축된 내면화 문제행동 아동에게 있어서 도전활동은 새로운 환경에 도전할 수 있는 용기와 자신감을 심어 주며 자신에 대한 현실적인 기대를 가질 수 있게 한다.

(1) 신체 부위별 풍선치기(도전, 구조)

치료실 가운데에 선을 그어 영역을 구분해 놓고, 치료사가 '우리는 국가 대표야! 넌 어느 나라 대표 할래?'라고 묻는다. 아동이 주저하면 '난 한국!'이라고 먼저 말을 하고, 아동이 특정 국가의 이름을 말할 수 있도록 치료자가 힌트를 줄 수도 있다. 처음에는 치료자가 신체의 한군데를 정해서(예 : 주먹손, 발, 어깨 등) 배구하듯이 풍선치기를 한다.

고학년 아동에게 적합한 다른 방법으로는 풍선 2개를 신체부위(예 : 발, 손바닥)를 이용해서 상대편에 2개의 풍선이 모두 떨어지면 지는 것으로 한다. 2개의 풍선이 동시에 아동에게 향할 때 소심하고 위축된 아이들은 처음에는 스트레스 상황에 압도당해서 어떻게 대처해야 할지 몰라 당황하다가 이 활동을 반복해 가면서 점차 현실적인 수준에서 먼저 한 개를 치는 것이 필요하다는 사실을 깨닫게 된다. 이를 통해 아동은 문제 상황을 파악할 수 있고 현실지각 능력을 키울 수 있게 된다.

(2) 방석 위에서 점프하기(도전, 구조)

내면화 문제행동을 보이는 아동의 치료중기 이후에 적합한 활동으로 아동을 10개의 방석(어린 연령은 5개) 위에 서 있게 한 후, 아동이 전신거울을 통해 치료자의 얼굴신호에 따라 점프하면 치료자는 두 손으로 방석을 하나씩 뺀다. 방석 빼기를 성공하면 같은 방법으로 점프할 때마다 방석 집어넣기를 할 수 있다. 이 활동을 통해 아동은 한 번도 해 보지 않는 것은 어렵고 두렵다는 생각에서 다소 벗어날 수 있고, 내가 점프할 때마다 치료자가 방석을 잘 넣고 뺄 것이라는 안정감과 치료자에 대한 신뢰감을 가지게 되며, '나도 할 수 있다'라는 유능감을 맛보게 된다.

(3) 물풍선 축구(도전)

아동과 치료자가 치료실 벽 맞은편에 각각 골대(예 : 방석이나 세울 수 있는 의자쿠션)를 세워 두고 물풍선(두꺼운 것)을 차서 골대에 무조건 맞으면 점수가 올라가는 것을 규칙으로 정한다. 이때 소심하고 위축된 아동들은 '물풍선이 터지면 어떻게 해요?'라는 말을 자주 묻는다. 이때 치료자는 '응! 터질 수도 있어! 터질 때는 뻥(다소 큰 목소리)이라는 소리가 날 거야! 그럴 때 우리는 걸레로 닦으면 돼'라고 말을 해 준다. 위축된 아동에게 이 활동은 지금까지 다소 어렵거나 불안하다고 생각하면 무조건 회피하기만 했던 모습과는 다르게 굉장히 도전이 되는 활동일 수 있다. 그러나 용기를 내어 활동을 하게 되면 물풍선을 발로 찰 때마다 소리를 들으므로 자신의 발이 얼마나 큰 힘을 가지고 있는지 알게 된다. 또한 생각보다 물풍선이 터지지 않는 것을 보고, 내가 지금까지 있지도 않은 많은 걱정들을 하고 있음을 깨닫게 되며, 이는 향후 아동이 새로운 상황에 도전할 수 있는 용기를 줄 수 있는 활동이 될 것이다.

(4) 신문지 펀치(도전)

치료자가 신문지를 팽팽하게 잡고 있으면 아동이 신문지를 주먹으로 치도록 한다. 이때 치료자가 신호를 주면 아동은 신문지 가운데를 힘껏 뚫는다. 맨 처음에는 한 장으로 시작했다가 차츰 두 장, 세 장으로 신문지 수를 조절하면서 소심한 아동에게 유능감을 키우도록 도와 준다. 이때 치료자가 주의할 점은 아동의 수준을 알아서 신문지의 수를 설정하는 것이 좋고, 무리하게 많은 수의 신문지에 도전해서 실패감을 맛보게 해서는 안 된다. 또한 신문지의 결을 잘 살펴서 신문지가 쉽게 뚫릴 수 있도록 방향을 조절해서 잡고 있어야 한다.

〈양육〉

불안하고 우울한 아동에게 양육활동은 결핍된 애정욕구를 채워 주어서 '사랑스럽고, 가치 있는 존재'라는 느낌을 갖게 하고 자아존중감이 증진될 수 있도록 도움을 준다.

(1) 손톱 매니큐어 발라 주기(양육)

치료자는 로션으로 아동의 손톱에 매니큐어를 발라 준다. 이 활동은 치료 초기에 치료자가 아동에게 로션을 발라 주면서 '이것은 매직 로션이야, 상처난 곳이 있으면 내가 발라 주면 빨리 나을 수 있어!'라는 말을 함으로써 아동이 치료자에게 의지할 수 있도록 하며, 치료자가 나를 지켜 줄 것이라는 기대를 갖게 한다. 다음 날부터 아동은 상처난 곳이 있으면 먼저 치료자에게 알려주는 경우가 많다. 이 활동은 신뢰를 형성하는데 도움이 되는데, 특히 불안한 아동들 중에는 구강기 고착현상으로 손톱을 깨물어서 상처난 경우가 많기에 이 활동을 통해 그 당시에 결핍된 사랑을 채워 줄 수 있다. 뿐만 아니라 소심하기에 손바닥 전체를 내밀 수 없는 위축된 아동에게 적합한 활동이다. 이 활동을 통해 아동은 자신이 소중한 사람이라는 인식을 가질 수 있다.

(2) 손도장, 발도장 찍기(양육)

치료자는 물감을 준비해서 아동에게 '좋아하는 색깔 5가지를 선택하라'고 한다. 치료자는 팔레트에 미리 로션을 몇 가지 짜 두고 아동이 선택한 물감을 로션 위에 짠다. 다양한 로션물감을 치료사의 5개 손가락 각각으로 저어서 아동의 손바닥에 치료자의 손가락에 묻은 순서대로 찍어 주고 종이 위에 손도장이나 발도장을 찍는다. 도장을 찍은 후에는 물로 씻어 주거나 물수건으로 부드럽게 닦아 주고, 마른수건으로 다시 닦은 다음 로션을 발라 준다. 아동은 부드러운 양육활동을 통해 사랑스러운 존재라는 존재감을 얻을 뿐만 아니라 자신의 신체 부위에 대한 자부심을 갖게 된다.

(3) 이불썰매 태워 주기(양육)

아동을 폭신한 이불 위에 눕히고 머리 쪽에 작은 쿠션을 넣어 줘서 치료자가 담요를 끌 때 아동의 눈이 잘 보이게 한다. 치료자가 이불을 끌 때 노래(예 : 달팽이집)를 불러 주면서 아동을 조심스럽게 바닥에서 끌어 준다. 이때 아동이 치료자와 눈이 마주치면 끌어 주고 마주치지 않으면 멈춰서 아동과 상호작용을 유도해 본다.

(4) 코끼리 입맞춤(양육)

치료자와 아동은 양 주먹을 입에 나란히 대고(마치 나팔을 불듯) '쪽'하고 입맞추는 소리를 낸 다음, 아동과 치료자는 두 손을 마주 대고 하트를 그린다. 이렇게 치료자와 아동간의 특별한 악수 규칙을 정했다는 것은 소심하고 위축된 아동에게 친밀감과 래포를 형성하는데 효과적이다.

3) 내면화 문제행동 아동을 위한 치료놀이 적용 시 유의사항

내면화 문제행동 가진 아동의 경우 부모의 과잉보호, 과잉통제적인 양육태도로 인해 불안, 우울, 위축되는 경우가 많기에 아동은 내면에 현재 사회라는 현실 속으로 들어가는 과정에 대한 두려움이나 불안을 느낄 수 있다. 이러한 위축되고 소심한 아동들은 접촉이나 신체적 친밀감에 대해 불안해하고, 다른 사람과의 눈맞춤이 거의 없으며, 주변 상황의 변화에 적응하지 못하거나, 자주 우는 행동을 보이는 경우도 많다. 평소에 얌전하고 조용한 아동도 치료자가 자신의 세계에 들어오려고 했을 때 큰 소리를 내거나 도망을 치는 행동을 보일 수 있다. 그러므로 치료자가 내면화 문제행동 아동을 접하게 되면 조심스럽고 자연스럽게 천천히 다가가는 것이 도움이 된다. 즉 그들은 새로운 상황이나 사람에 대해 불안과 두려움을 가지고 있기에 치료자가 시간여유를 두고 낮은 목소리, 부드러운 손길로 다가갈 때 훨씬 신뢰를 형성하기 쉽다.

내면화 문제행동 아동 중에는 방임, 학대 등을 받아 불안정한 경우가 많은데 이들의 경우에는 치료놀이가 꼭 필요하며, 치료놀이 과정에서 시간과 공간을 완전히 개념화하고 규칙을 내재화하여 숙지시키는 구조화 활동이 필요하다. 그리고 불안정한 아동은 점차로 독립된 개인으로 받아들이기 위한 개입활동과 위축에 동반되는 우울의 정도에 따라 양육적인 활동도 제공되어야 한다.

내면화 문제행동을 가진 아동은 치료놀이 과정 중에 치료자의 놀이 제안에 대하여 '하기 싫다'고 직접적인 거부를 하거나 갑자기 '배 아프다, 오줌 누고 싶다, 물 먹고 싶다'는 등 수동적인 방법으로 저항을 나타내는 경우가 있다. 치료자는 여기에 휘둘리지 말고 놀이 도중에 중단하는 일이 없도록 치료 시작 전에 미리 '우리 함께 오줌 누고 오자, 물 먹고 오자', '너 배 아프지! 선생님 손은 약손이야, 선생님이 배를 이렇게 만져 주면 다 나을 거야!' 라고 먼저 시도함으로써 역설적인 방법으로 주도권을 잡을 수 있다. 이렇게 치료자는 끊임없는 개입을 통해 아동이 활동에 참여하도록 해야 한다.

또한 실패에 대한 두려움 때문에 저항이 나타나는 아동인 경우에는 쉽고 즉각적으로 성공할 수 있는 도전을 제공해야 한다. 신문지 펀치와 같은 활동이 좋은 예인데 아동이 성공할 수 있는 개수만큼 도전해서 아동이 성공적인 경험을 통해 자신감을 갖도록 해야 한다. 만약 신문지 펀치에서 한 장의 신문지에도 주저하는 모습을 보인다면 치료자는 재빨리 각 티슈로 재료를 바꿔서 펀치를 하도록 제안해서 성공적인 경험을 하는 것이 무엇보다 중요하다. 또한 치료 시작 처음부터 도전적인 놀이를 제공해주면 내면화 아동은 거부하는 경우가 많다. 그러므로 개입 · 양육 놀이가 충분히 이루어지고 난 후에 도전적인 놀이를 제시하는 것이 바람직하다.

CHAPTER 07

외현화 문제행동 아동을 위한 치료놀이

1. 외현화 문제행동 개요
2. 외현화 문제행동의 발달 경로
3. 외현화 문제행동 증상
4. 외현화 문제행동 아동을 위한 부모와 교사의 역할
5. 외현화 문제행동 아동의 치료놀이 접근

아동 · 청소년 정신질환은 종류가 많고 증상도 다양하다. 그런데 아동 · 청소년기의 이런 장애들은 한 가지 단독으로 발생하는 경우는 거의 없다. 여러 장애들이 서로 영향을 미쳐 많은 장애를 동시에 보이는 사례가 훨씬 많다. 예를 들면 주의력결핍 과잉행동장애(Attention-Deficit and Hyperactivity Behavior Disorders) 중에 대다수 경우 학습장애나 불안장애 등을 가지고 있으며, 주의력결핍 과잉행동장애(ADHD)만 단독으로 가지고 있는 경우는 30%에 불과하다. 그 뿐만 아니라 아동기에 나타난 정신질환이 제대로 치료되지 않으면 성인이 되었을 때 어떤 식으로든 안 좋은 영향을 끼치게 되므로, 이차적인 피해를 막으려면 무엇보다 조기 발견하여 치료하도록 해야 한다.

아동 · 청소년들에게서 많이 발생하는 정서 및 행동문제 증상은 크게 외현화 문제행동과 내면화 문제행동으로 구분할 수 있다. 본 장에서는 비행행동, 공격행동, 주의집중의 문제 등 타인에게 해를 끼치거나 공격적인 행동, 싸움, 비행 등 통제가 부족하고 부적응적 행동이 겉으로 드러나는 외현화(externalizing) 문제를 가진 아동에 대한 기초지식과 치료놀이를 적용하는 구체적인 개입방안과 치료놀이 적용시의 주의사항에 대해 다루기로 한다.

1. 외현화 문제행동 개요

외현화 문제행동은 억압된 감정의 행동화, 공격행동 등으로 알려진 바와 같이 외부로 명확히 나타나는 행동을 일컫는 말로 이는 충동적이고 자기 통제력이 부족한 것을 의미하며, 흔히 반항적, 공격적이거나 분열적으로 나타나기 쉽다. 외현화 문제를 지닌 아동은 심한 정서장애를 보이거나 다른 아동을 집적거리는 등의 행동을 보임으로 그들의 행동이 다른 아동들에게 영향을 주기 때문에 눈에 쉽게 드러나게 된다. 이런 유형의 문제를 나타내는 용어로는, 문제를 행동으로 나타내는(acting out), 파괴적(destructive), 외현화(externalizing), 과소통제(undercontrolled), 반항적(oppositional), 반사회적(antisocial), 품행장애(conduct disorder), 비행(deliquent) 등의 다양한 용어들이 사용된다.

외현화 증후군은 두 가지 하위 증후군으로 구분된다(Achenbach & Rescorla, 2001). 하나는 공격적 행동(예 : 말다툼, 물건부수기, 불복종, 싸움)이며, 다른 하나는 규칙위반 행동(예 : 규칙위반, 거짓말, 도벽, 무단결석)이다. 두 증후군의 특징 행동으로 공격성 증후군이 규칙위반 증후군보다 더 높은 유전성을 갖는다는 연구결과가 있다. 또 다른 연구에서는 발병연령(age of onset)에 따라 구분할 것을 제안하였다. 즉 발병연령이 높거나, 청소년기에 발병하는 범주는 일차적으로 비공격적인 규칙위반 행동을 포함하며, 발병연령이 낮은 범주는 규칙위반행동과 공격적인 행동 모두를 포함한다는 것이다. 다양한 형태로 나타나는 공격성과 괴롭힘(bullying)은 학령기 초기로부터 중학교 시기 전반을 통해 빈번하게 나타난다. 청소년들 중에는 위험한 행동을 하며 불법약물을 사용하는 경우도 있다. 이러한 행동이 극단적으로 지속될 때는 일반적인 경험의 범위를 넘어 장애와 파괴를 가져올 수 있다. 따라서 이 문제는 그러한 행동을 하게 하는 아동과 청소년의 가족에게만 심각한 문제인 것이 아니라 학교를 포함한 기관, 그리고 나아가 사회 전체로 보아서도 심각한 문제라 할 수 있다. 어떤 사람들의 경우에는 이러한 행동이 오랫동안(아동 초기에서 성인기까지) 지속되는데, 이것 역시 이 문제의 중요성을 보여 준다(Rita & Allen, 2004).

2. 외현화 문제행동의 발달 경로

아동의 외현화 문제행동에 대한 발달 경로를 찾으려는 연구는 주로 품행문제와 반사회적 문제를 중심으로 남아를 대상으로 한 연구가 다수를 차지하고 있다. 일찍부터 시작되는 품행문제에 연구자들이 관심을 둔 이유는 2세 전후로 보이는 공격적인 행동문제가 매우 안정적이며(특히 남아에게서), 영아기부터 학령전기라는 시기 이후의 적응·부적응에 있어서 매우 결정적인 시기이며, 심각한 품행문제가 치료(개입)에 대한 저항이 커서, 초기의 적응문제가 적절히 해결되지 않고 이들이 성장하여 이후

건강한 사회구성원으로 제 기능을 다하지 못할 시 사회가 감당해야 할 대가가 크기 때문인 것으로 보인다(Smith, Calkins, Keane, Anastopoulos, & Shelton, 2004).

발달정신 병리학적인 시각에서 공격성이 '일찍 시작되어 지속되는' 아동의 기제를 강압적인 모델(coercion model)로 설명한 바 있다(Patterson & Capaldi, 1990). 패터슨은 일찍부터 시작되는 비행경로의 주요 위험 요인을 가정의 감찰(monitoring)이 부족하고 부모의 훈육이 일관적이지 못한 것으로 파악하였고, 외현화 문제행동에 대한 설명에서는 어린시기의 외현화 문제행동의 발달에 특히, 가족 상호작용 패턴의 역할이 크다는 것을 강조하였다.

그에 따르면, 억압적인 가족 상호작용에서 부모는 거칠고, 처벌적인 방식으로 자녀와 의사소통하고 자녀의 주요한 요구를 포기하게 함으로써 아동의 적대감을 부적으로 강화시키고 모델링하는 역할을 하게 되고, 이것이 아동의 외현화 문제행동과 공격성을 조형하고 유지시킨다고 볼 수 있다.

그 외에 외현화 문제행동의 발달 경로를 두 가지로 제시하였는데, 예를 들면 주의력결핍장애에 대한 연구에서, 한 가지는 생물학적 요인 경로로 뇌의 이상 발달 같은 것을 들 수 있고, 다른 하나는 아동의 필요에 둔감한 양육방식으로 설명하였다.

그리고 주의력결핍장애는 유전과 환경의 복합체라고 볼 수 있는데, 뇌 발달에 문제를 일으킬 소인을 가진 아동이 생애 초기에 양육자와의 관계에서 세상을 탐색하는 방식을 충동적인 방식으로 형성하였을 때 발달할 수 있다고 설명하였다. 또한 아동정신병리에 부모의 영향이 큰 것으로 볼 수 있다. 따라서 부모-자녀 상호작용에서 부모와 아동의 각각의 측면을 살펴보는 것은 도움이 될 것이다.

1) 아동의 기질

내면화 및 외현화 문제행동에 공통적으로 영향을 미치는 아동의 기질에 대하여 살펴보면, 부정적 정서와 적응성의 부족, 사회적 철회와 높은 반응강도 등으로 구성된 '까다로운 기질'은 아동의 정서 및 행동문제의 위험성을 높이는 중요한 요인으로 언급되어 왔다(Thomas & Chess, 1977). 까다로운 기질은 이후의 외현화 문제행동과 관련되어 있다. 즉 성미가 급하고, 통제를 거부하며, 떼를 쓰고 화를 잘 내는 영아기의 까다로운 기질은 유아기에 이르러 부모와 다른 사람들과의 부적응적 상호작용을 논쟁하기, 반항하기, 앙심품기 등 다른 사람을 괴롭히거나 책임을 전가하는 행동으로 전환시킬 가능성 있다(Sanson, Smart. Prior & Oberklaid, 1993).

외현화 문제행동과 관련된 주요 위험 기질요인인 까다로운 기질은 충동적 표현을 조절하지 못하고, 문제해결을 지속하지 못하며, 부정적 정서에 예민한 속성을 지닌 '통제 결여'와 강한 관련을 갖고 있다(Caspi, Henry, McGee, Moffitt & Silva, 1995). 케이건(Kagan, 1997)은 아동들에게서 보여지는 '두려움 없는 기질(fearlessness)'이 아동기 외현화 문제들을 상승시킨다는 것을 보여주었다(Shaw, Gillom, Ingoldsby & Nagin, 2003).

유아의 문제행동에 영향을 미치는 기질변인에 관한 연구 결과를 종합해 보면 '까다로운 기질' 외에 '낮은 수준의 적극적 통제', '높은 수준의 자극추구와 위험회피' 등은 내면화와 외현화 문제행동 모두와 관련되어 공통의 위험요인으로 나타났고, '행동억제 기질'은 주로 내면화 문제행동과 '두려움 없는 기질'은 외현화 문제행동과 관련성이 있다고 보고되었다(강지현, 2008).

2) 부모의 양육행동

부모의 양육행동은 자녀의 정신 병리에 많은 영향을 주고 있다는 연구들이 많은데, 부모의 가혹하고, 비일관적인 훈육으로 자란 자녀들은 커서 반사회적 행동과 관련이 된다는 연구들이 있다. 주의력결핍 과잉행동장애를 가진 아동의 부모-자녀 상호작용에 대한 연구에서, 부모는 자녀에게 높은 통제를 하는 것으로 나타났으며, 자녀에 대해 부정적인 감정을 갖고 있고, 자녀와 갈등을 일으키며 서로 협동적인 작업을 잘 하지 않고, 자녀의 요청에 대해 반응 정도가 낮은 것으로 나타났다. 예를 들면, 주의력결핍 과잉행동장애 아동과 부모의 상호작용을 관찰한 연구를 볼 때, 주의력결핍 과잉행동장애를 가진 소년의 부모는, 좀 더 부정적인 방식으로 언어적인 통제 전략을 사용하고, 아동에게 통제하는 전략이 빈약하며, 아동과 협조적인 과제에서 더 뒤로 물러나는 경향이 있었다. 패터슨 등(Patterson, Reid & Dishing, 1992)은 아동의 특성보다 부모양육 측면을 강조하였는데 심각한 수준의 품행문제에는 아동과 부모간에 서로 괴롭히고, 통제가 안 되는 강압적인 방식을 취하여 적대감을 갖게 한다고 하였다. 그 밖에 많은 연구결과에서도, 전형적으로 외현화 행동장애를 가진 아동의 부모가 아동과의 상호작용에서 부모는 칭찬을 훨씬 적게 하고, 매우 부정적이며, 통제적인 양상을 보였다(Campbell, 1997).

지금까지 연구자들이 제시한 외현화 문제행동의 발달에 영향을 미치는 가족요인으로는, 부정적인 부모양육과 파괴적 혹은 공격적 행동 간의 관계를 연결짓는 증거들을 지속적으로 보고하였다. 예를 들어, 적대적인 부모행동(낮은 온정성, 높은 지시성, 높은 신체적/언어적 처벌)은 공격적이고 파괴적인 행동과 관련을 보이며, 반대로 온정적인 부모행동(따뜻함, 수용, 긍정적인 통제-안내 등)은 낮은 수준의 외현화 문제를 예측하게 한다는 것이다. 또한 부모 양육행동과 관련된 초기 연구에서는 비일관성, 엄격함, 방임 등의 부모양육과 아동기 문제, 특히 비행과 공격성 문제를 확인해 주고 있다(McCord, McCord, & Howard, 1961).

외현화 문제행동과 주의력결핍 과잉행동장애, 반항장애, 품행장애에 관련한 부모-자녀관계가 많이 연구되어 왔는데, 그 이유를 들자면 외현화 문제행동을 가진 아동들은 부모에게 반항적이고 적대적이며 부모-자녀관계에 많은 어려움을 가지고 있고, 학교에서도 교사에게 문제행동이 자주 지적되므로 개입이 시급하게 여겨졌기 때문이다. 많은 연구에서 아동의 외현화 문제행동은 부모의 거부-비반응성과 관련되는 것으로 나타났다.

아동기나 청소년기의 부모양육과 문제행동간 관련 연구에서 '부모의 적대적이고 거절하는' 양육과 '비일관적이고 방임적인' 양육방식은 외현화 문제행동과 관련되며, '엄격하고 과잉통제적' 양육은 내재화 문제행동과 주로 관련되는 가운데, 부모의 적대적이고 거절하는 양육행동과 지나치게 엄격하고 과잉통제하는 부모 양육행동은 내재화 및 외현화 문제 등 두 문제 영역에 공통적인 위험요인으로 밝혀지고 있다(강지현, 2008). 또 다른 최근 연구에는 2, 3, 4, 7, 9세에 걸쳐 외현화 행동의 변화를 살펴본 연구를 통해 동일하게 까다로운 기질을 갖고 있는 유아라 하더라도 모의 엄격한 훈육하에서만 외현화 문제를 보여 부모의 양육행동의 차이에 의해 외현화 문제행동의 발현 유무가 달라질 수 있음을 시사한다(Miner & Clarke-Stewart, 2008).

3) 아동의 기질과 부모 양육행동의 상호작용

근래 연구들은 기질과 부모의 양육행동간의 상호작용의 중요성을 부각시키고 있다. 아동의 자극에 과도하게 반응하는 기질특성(손소영, 2004)이나 두려움 없는 기질(Shaw, Gillom, Ingoldsby & Nagin, 2003)과 거부적인 양육태도가 외현화 문제행동과 상관이 있음을 보고하였다. 관련된 국내연구로는 손소영(2004)이 만 4세-7세 유아 218명을 대상으로 유아의 기질, 부모 양육태도 그리고 유아의 문제행동 수준을 측정한 바에 의하면, 기분이 부정적이고 활동량이 많으며 주의를 기울이지 못해 산만하고 자극에 과도하게 반응하는 기질적 특성과 거부적인 양육태도가 외현화 문제행동과 관련 있음을 보고하였다. 그 밖에 부모의 거부적인 양육태도가 유아의 외현화 문제행동과 관련되어 있음을 보고하고 있다(이찬숙 & 현은자, 2008).

3. 외현화 문제행동 증상

가정이나 학교장면에서 아동의 문제행동으로 흔히 힘들어 하는 부모나 교사의 보고를 살펴보면 과잉행동, 충동성, 짜증, 아동의 불복종, 친구와의 싸움, 폭력, 파괴, 거짓말, 도벽 등을 들 수 있다. 이런 외현화 문제행동을 보이는 아동의 부모는 자녀를 다루는 것이 너무 힘들고 어려우며, 어떻게 아동의 행동을 감소시킬 수 있는지 방법을 모르겠다고 보고한다. 그런데 이런 행동을 보이는 아동의 가정을 살펴보면 가정 내에서 부모가 서로 사이가 안 좋거나, 폭력을 사용하는 경우가 많았고, 부모 자신이 힘든 성장과정을 경험했으며, 의존적이고 불안한 모습을 보이는 경우가 많다. 이러한 미해결된 부모의 상처는 부모 자신도 모르게 아동을 적대적으로 대하거나, 또는 귀찮고 무관심한 존재로 여겨서 살갑게 아동과 접촉(touch)하지 않았으며, 부모의 감정변화에 따라 양육태도가 달라져서 아동은 불안한 상태일 때가 많고 눈치보는 경향이 있었다. 이러한 비일관적인 양육태도는 아동에게 불안과 분노를 쌓게 하며 작은 스트레스 상황에도 취약하여 폭발할 준비가 된 아이처럼 늘 날카롭고 부모나 친구들과 잘 부딪히게 된다. 외현화 문제행동을 가진 아동의 행동특성을 살펴보면 학령전기에는 한 자리에 가만히 있지 못하고 여기저기 돌아다니는 등 처음에는 과잉행동과 충동행동을 보인다. 학령기가 되면 무엇을 해야 할지 자주 잊어버리고 부모에게 뻔한 거짓말을 능청스럽게 하거나 우기는 행동을 하여 상대를 화나게 만드는 것으로 즐거움을 찾거나 부모나 친구의 활동을 파괴하기도 한다. 때로 지칠 때까지 투쟁하는 등 점차 반항적, 공격적인 행동으로 발전하는 경향이 있다. 이런 아동들은 주변의 사람들과 지속적으로 갈등을 겪고, 그들의 공격적인 행위로 인해 다른 사람들을 난처하게 만들기도 하며, 다른 사람의 호감을 얻는다든지 또래관계를 형성하거나 유지하는 것을 어렵게 만든다.

외현화 문제행동을 가진 아동은 위험할 때 부모를 안식처로 사용하지 않고, 계속해서 위험한 공격적인 행동을 함으로써 스스로에게 해가 되거나 양육자로부터 공격성을 유발하게 한다. 대표적인 외현화 장애는 주의력결핍 과잉행동장애(Attention-Deficit and Hyperactivity Behavior Disorders), 반항성 장애(Oppositional Defiant Disorders), 품행장애(Conduct Disorders)가 있다.

1) 주의력결핍 과잉행동장애 증상

주의력결핍 과잉행동장애(Attention-Deficit and Hyperactivity Behavior Disorders)란 주의력결핍, 충동성, 그리고 과잉행동이라는 핵심적 특성으로 정의되며 이러한 행동특성이 7세 이전에 나타나 적어도 6개월 이상 지속되는 것을 의미한다. 최근에 임상장애에서 가장 흔하게 접할 수 있는 장애로, 현대병이라고 불릴 만큼 조용히 앉아 있도록 요구받거나 보상이 거의 없는 상황에서 행동을 조절해야 하는 오늘날과 같은 고도로 구조화된 환경에서 더 많이 나타나는 경향이 있다. 2008년 현재 우리나라 아동 · 청소년 920만 여 명 중 약 34만 명의 아동이 ADHD 증상을 가진 것으로 추정되고 있다.

그런데 이 중에 치료적 개입을 받는 수는 약 4만 2천명으로 전체의 12% 정도에 그치는 것으로 나타났다(국민일보, 2008. 12. 15). ADHD는 다른 내면화(불안, 우울) · 외현화 장애(품행, 반항성 장애) 및 학습장애와 동반되는 경우가 많고, ADHD만 진단되는 경우는 약 30%에 불과하다. 또한 ADHD만 있는 경우에 비해 다른 행동장애가 있는 경우는 대체로 사회계층이 낮고 부모의 양육에 문제가 있는 경우가 많았다.

ADHD 장애는 아동기에 어려서부터 행동상의 문제를 나타낼 가능성이 가장 크고, 대개 이러한 문제가 지속된다. ADHD 아동의 35~70%가 반항성 장애(Oppositional Defiant Disorders)를 나타내며, 30~50%는 품행장애(Conduct Disorders)를 나타내는 것으로 추정되고 있다. 이와 같이 ADHD 증상이 보일 때 조기 발견하여 조치를 취하면 정상적인 삶을 사는데 큰 어려움이 없지만 적절한 치료와 개입 없이는 저절로 나아지지 않는다. 오히려 갈수록 문제는 심각해져서 공격성이 드러나고 가족, 친구관계가 나빠지고 술, 담배 등 물질에 의존할 가능성이 커진다.

표 7-1 DSM-IV에 따른 주의력결핍 과잉행동장애의 증후들

A. 주의력결핍의 증후
1. 세세한 것에 주의를 기울이는 것에 실패한다. 부주의한 실수를 한다. 2. 과제나 놀이에 주의력을 유지하는 데 어려움을 가진다. 3. 다른 사람이 직접 이야기할 때 듣지 않는 것처럼 보인다. 4. 지시를 따르는 것에 어려움을 나타낸다. 5. 과제와 활동을 구조화하는 것에 어려움을 나타낸다. 6. 정신적인 노력을 유지해야 하는 과제를 피한다. 7. 가정이나 학교에서 필요한 것들을 자주 잃어버린다. 8. 외부 자극에 의해 쉽게 주의가 흐트러진다. 9. 자주 잊어버린다.
B. 과잉행동-충동성의 증후
• 과잉행동 1. 자주 안절부절못하거나 움직인다. 2. 계속 앉아 있는 것에 어려움을 나타낸다.

3. 지나치게 뛰거나 높은 곳에 기어오른다.
4. 조용히 여가활동을 하거나 노는 데 어려움을 나타낸다.
5. 지나치게 말이 많다.
6. 자주 쉬지 않고 행동을 계속한다.

• 충동성

1. 자주 질문이 끝나기 전에 불쑥 대답한다.
2. 순서 기다리는 것에 어려움을 나타낸다.
3. 자주 다른 사람을 방해하거나 끼어 든다.

=> 주의력결핍의 9가지 진단준거 중 6가지 혹은 과잉행동과 충동성의 9가지 진단준거 중 6가지가 부적절한 정도로 최소한 6개월 동안 나타나야 한다.

* 진단에 필요한 기준

주의력결핍 우세형 : A증후군 중에서 6가지 이상 해당

과잉행동–충동성 우세형 : B증후군 중에서 6가지 이상 해당

복합형 : A와 B의 양쪽에서 6가지 이상 해당

ADHD의 대표적 증상은 다음과 같다.

(1) 주의력

- 부주의는 학업, 직업, 사회 상황에서 드러난다.
- 선택적 주의집중과 주의집중 유지에 문제를 나타낸다.
- 주의집중에 일관성이 없다.

(2) 과잉행동

- 교실에서의 과잉행동은 자리를 이탈하는 것, 몸을 흔드는 것, 안절부절못하는 것 등으로 나타낸다.

- 과잉행동은 나이와 발달 수준에 따라 다양하다. 어린 아동에게는 이 진단을 신중하게 내려야 한다.

* 걸음마 시기와 학령기 이전 유아 – 모든 것을 항상 멋대로 한다는 점에서 정상 아이들과 다르다. 앞뒤로 돌진하고, 가구 위로 뛰거나 기어오르고, 집안을 온통 정신없이 뛰어다닌다.
* 학령기 아동 – 비슷한 행동을 보이나 걸음마 시기나 학령기 이전의 유아에 비해 빈도나 강도는 약하다. 자리에 계속 앉아 있지 못하고 자주 일어나며 공부하다가도 자리에서 일어나 수다스럽게 말을 많이 하며 소란을 피운다.
* 청소년과 성인 – 안절부절못하고 조용히 앉아서 하는 활동을 잘하지 못하는 양상을 보이나 아동기에 비해 다소 줄어든다.

(3) 충동성

- 성급하게 말하거나 생각 없이 행동하는 경향을 의미한다.
- 질문이 끝나기 전에 불쑥 대답하는 것, 순서 기다리는 것에 어려움을 갖는 것, 사회, 학업, 직업 장면에서 장애를 초래할 정도로 다른 사람의 활동을 방해하는 것 등을 말한다.
- 충동성은 교실과 가정에서의 과제완수에 영향을 미칠 뿐 아니라 대인관계에도 영향을 미친다.

(4) 학업 수행

- 과잉행동, 충동성, 그리고 주의집중 문제들과 학업적인 문제는 서로 영향을 미친다. 학업적인 어려움을 가진다. 예) 낙제, 유급 등을 포함
- 지능적으로는 잠재능력이 있음에도 불구하고 낮은 학업성취를 나타내는 경향이 있다.
- 읽기, 쓰기, 산수 장애가 많다.

(5) 사회적인 상호작용

- 사회적 기술과 또래와의 상호작용이 결핍, 주의를 끄는 기술 결여, 요구에 대해 덜 순응적인 경향이 있다.
- 대인관계 곤란이나 반항적인 경향은 ADHD의 원래 증상은 아니다.
- 사회적인 상황을 해석할 때 부정적인 편견을 보인다.
- 사회적 상황을 이해하는 것에 있어서도 적절한 문제해결책을 찾는 것과 행동하는 면에 있어서 능력이 결여되어 있다.

결국, 주의력결핍과 과잉행동 그 자체도 문제이지만, 그로 인해 부차적으로 생기는 대인관계의 곤란이나 품행문제, 자신감의 상실, 학습장애 등은 나이가 들수록 더 큰 문제가 된다. 이를 오랫동안 방치해 두면 영구적인 성격장애, 최악의 경우 반사회적인 성격으로 발전하여 범죄를 저지르기도 한다.

ADHD 치료방법으로 약물치료를 들 수 있다. 그러나 약물치료는 증상을 완화해 줄 수 있지만 그동안 입었던 마음의 상처와 자존감까지 회복시켜 주지는 않는다. 또한 약물치료 효과가 장기간 지속적이지 않기에 심리치료를 동시에 병행하는 것이 효과적이다. 또한 가벼운 ADHD인 경우에는 심리치료나 부모교육을 하면 좋아질 수 있다.

2) 반항성 장애 증상

반항성 장애(Oppositional Defiant Disorders)는 권위적인 인물에 대한 끊임없이 계속되는 비협조적이고 적대적인 태도 등이 적어도 6개월 이상 지속되고 일상생활 기능에 심각한 지장을 초래하는 것을 말한다. 반항성 장애의 증상은 다음과 같다.

(1) 권위자에 대한 비협조적, 반항적, 적대적 행동을 보임으로써 일상생활에 심각한 영향을 미친다.

(2) 자주 화를 내고, 어른과 다투고 어른의 규칙을 어기고, 어른의 요구를 거부하고, 고의로 다른 사람을 화나게 한다.
(3) 자신의 실수를 남의 탓으로 돌리면서 종종 감정적이고 화가 나 있으며, 분노에 가득 차 있고 악의에 차 있으며, 양심이 없는 것처럼 보인다.
(4) 분명한 공격적인 행동은 제한되어 있지만, 일부는 가벼운 신체적인 공격을 하기도 한다.
(5) 이 아동들의 언어는 매우 공격적이고 욕설을 자주 한다.
(6) 행동 면에서도 빈둥거리고 꾸물거린다.
(7) 가벼운 형태는 가정환경에만 국한되어 있고, 학교에서는 수동적으로 저항하거나 비협조적이지만 더 심한 형태는 교사와 같은 다른 권위자에게 반항을 한다.
(8) 자신에게 문제가 있다는 것을 인정하지 않는다. 자신의 어려움을 다른 사람이나 외부 환경의 탓으로 돌린다.

이런 증상들은 대개 여러 상황에서 나타나지만, 집이나 학교에서 더욱 두드러지게 나타나고, 전형적으로 잘 알고 있는 어른이나 친구에게 더 잘 나타나고 있어서 임상장면에서는 분명하게 드러나지 않을 수 있다(이근후, 1997). 학령기 아동의 5-15% 정도가 반항성 장애를 갖고 있다. 원인은 아직 명확하지 않지만, 반항성 장애를 가진 자녀들은 다른 형제들에 비해 어린 시절부터 완고하고 요구가 많았다고 부모들은 말하고 있으며, 대체로 부적절한 양육행동, 부모의 불화, 가족환경 요인 등과 기질특성 등이 원인일 수 있다. 치료방안으로 부모 훈련 프로그램(Parent Training Programs), 분노를 보다 잘 다스릴 수 있도록 도와주는 개인 정신치료(Individual Psychotherapy), 가족의 의사소통 개선을 위한 가족치료(Family Psychotherapy), 문제해결 능력을 길러 주고 부정적인 행동을 줄여주는 인지-행동 치료(Cognitive-Behavioral Therapy), 그리고 또래관계에서 융통성을 증가시키고 좌절에 대한 참을성을 길러 주기 위한 사회기술 훈련(Social Skills Training) 등이 있다.

4. 외현화 문제행동을 가진 아동을 위한 부모와 교사의 역할

1) 긍정적인 행동을 늘려라. 장점에 초점을 두고 칭찬하고 긍정적 강화물을 제공하라. 아동에게 잘한 점을 칭찬해서 자신감을 강화하고 무언가 하려는 동기를 늘여주는 것이 도움이 된다.
2) 부적절한 행동을 할 때는 무시하라. 타임아웃기법 적용. 아동이 주의를 끌기 위해 과장된 행동이나 우스꽝스런 행동을 할 때 철저하게 무시하고 아동이 적절한 행동을 했을 때 '왜 무시했는지'를 그때 설명하라.
3) 반항성 장애를 가진 아이들은 힘겨루기를 피하는데 어려움이 있기 때문에, 부모는 바라는 자녀의 행동에 대해 우선순위를 정하는 것이 좋다. 만약 부모가 자녀의 잘못된 행동에 대해 자신의 방에 들어가 있도록 하는 '타임아웃'을 결정했다면, 더 이상의 잔소리는 하지 말라. 단지 "자, 이제 너의 방에 들어갈 시간이다"라고만 말한다.
4) 합리적이고, 자녀의 나이에 적절한 한계를 정하고, 그 결과에 대해서는 일관성 있게 꾸준히 시행하라.
5) 명확하게 지시하기, 즉 모호한 지시는 서로에게 싸움의 실마리를 제공하므로 분명하게 지시하라. 예를 들어 "좀 잘 해"라는 식의 지시는 모호하다. 보다 구체적으로 연령에 맞게 지시하라.
6) 운동이나 휴식으로 스스로의 스트레스를 관리하라.

5. 외현화 문제행동 아동의 치료놀이 접근

1) ADHD와 반항적인 아동을 위한 치료놀이

조절에 문제가 있는 아동은 쉽게 짜증을 내고, 자기중심적으로 상황을 지각해서

늘 억울해 하며 다른 사람의 활동에 방해가 될 만큼 큰 소리로 울어버린다. 치료자가 진정시키려고 하면 거부하고, 막상 치료자와 친구가 쳐다보면 '놀렸다'며 더 큰 소리로 울어서 주변 사람들을 당황하게 만들고 상황을 압도하려 한다. 이러한 아동들은 각성, 주의조절의 문제로 연령이 증가함에 따라 학교 적응이나 또래관계, 부모와의 관계에 지속적으로 문제를 일으킨다. 치료놀이는 이런 관계의 문제가 있는 아동을 치료하는데 도움이 된다. 조절장애 아동은 쉽게 짜증을 내고, 신경질적이다. 혹은 진정되기 어렵고 까다로운 기질처럼 보인다. 조절장애 아동은 이후 주의력결핍 과잉행동장애나 주의력결핍장애와 관련된 행동을 보일 위험이 높다(DeGangi, 1991a). 이러한 어려움이 있는 아동의 치료목표는 과도하게 민감하고 과잉행동을 보이는 아동을 진정시키는 것이다.

(1) ADHD 아동을 위한 치료놀이 차원 적용

ADHD 아동은 충동적이고 쉽게 흥분하고 과잉행동을 보이고 공격적이다. 이런 아동은 주의집중 시간이 짧고, 함께 있다가도 쉽게 달아나려고 한다. ADHD로 진단받은 아동은 자신의 연령에 적합한 방식으로 다른 사람과 관계를 맺고 의사소통을 하는데 문제가 발생한다. 이 상황을 극복하기 위해 치료자는 자극의 강도를 조절해 아동이 적절한 정도의 각성을 유지하도록 도와야 한다. 먼저 치료자는 아동이 자신의 활동과 흥분수준을 조절할 수 있도록 구조화를 제공해야 한다. 쉽게 과잉자극되는 아동에게는 가능한 한 흥분시키지 않는 활동을 하게 해야 한다. 그러나 아동이 흥분되었다가 다시 진정되는 순환을 경험할 수 있도록 하는 활동을 포함시키는 것도 중요하다. 예를 들어, 학령기의 과잉행동 아동에게 치료놀이를 참여시키기 위해서는 아동의 높은 흥분수준과 일치되는 활동으로 시작해서 좀 더 진정된 상태로 끝낼 수 있도록 치료계획을 세우는 것이 도움이 된다. 그러나 활동이 치료자의 통제력을 벗어났다고 판단되면, 즉각적으로 활동을 중단하고 아동을 진정시킬 수 있는 활동으로 전환해야 한다. 아동이 흥분되었다가 다시 진정되는 순환을 경험할 수 있게 하는 활동을 예를 들면, '달팽이집'과 같은 놀이가 있다. 이 놀이에는 이러한 순환이 포함되어 있다. 즉, 아동을 담요에 눕게 한 다음 '점점 크게, 점점 빠르게, 빠르게……' 노래를 부르면서 담요를 크게 빠르게 말다가 '점점 천천히…… 천천히……'라고 노래를 부르면서 속도를 늦출 수 있다. 이러한 활동은 노랫말과 함께 조율이 포함되어 있어서 아동과 치료자가 예측 가능하게 함으로써 안정감과 일체감을 가질 수 있도록 한다. 또한 '손탑 쌓기' 놀이는 치료자가 노래를 부르면서 속도가 빨라지면 빠르게 쌓다가 속도가 느려지면 천천히 쌓을 수 있게 함으로써 조율하는데 도움이 된다.

두 번째 치료 방법으로 ADHD 아동에게는 퇴행적이고 너그러운 양육이 필요하다. ADHD 아동들은 과장하거나 허풍치는 모습으로 자신을 감추려고 한다. 이런 아동에 대해서는 아동이 성숙하게 행동하도록 도전하기보다는, 보살펴 주고 진정시켜 주며 아동의 퇴행적 · 유아적 욕구에 반응해 주어야 한다.

(2) 반항적인 아동을 위한 치료놀이 차원 적용

반항적인 아동들은 부적절한 행동, 욕설, 어설픈 사회적 대처방법으로 인해 사회적 관계를 형성하기가 어렵다. 이러한 행동을 보이는 원인을 찾아보면 안전하고 양육적이며 적절한 자극을 주는 환경이 부족한 경우가 많다. 그러므로 치료놀이에서 반항적인 아동을 변화시킬 수 있는 방안은 안정적인 애착을 형성하도록 돕는 것이다. 치료놀이의 특성인 '지금-여기'의 경험과 치료놀이의 원리인 '양육활동'은 아동이 안정적이고 안전한 관계형성을 할 수 있는데 도움을 준다. 이로 인해 반항적인 아동이 처음에는 치료자와 나중에는 다른 사람들까지 관계를 확장하고 일반화할 수 있는 용기와 신뢰를 얻어서 양육적인 환경을 지속적으로 경험할 수 있게 된다. 애착은 타인에 의해서만 아니라 자신에게도 형성된다. 이러한 연결이 적절히 이루어지면 긍정적인 자기 이미지를 형성하고, 타인과의 관계 속에서 문제해결, 관계 개선이 가능하게 된다. 또한 치료놀이 원리인 '구조활동'을 통해 반항적인 아동에게 부정적인 감정을 인식하고 적절하게 표출할 수 있는 기회를 제공하고 치료놀이 과정 중에서 '성인이 책임지기'를 통해 안전의 욕구를 충족시키고 예측 가능한 상황에 대해 신뢰와 불안을 축소시킴으로써 안정감을 느낄 수 있게 한다. 그리고 치료놀이 원리인 '도전활동'은 아동이 할 수 있다는 성취감을 경험하면서 자기유능감과 좌절을 견딜 수 있는 능력이 증진될 수 있도록 도울 수 있다. 특히 반항성 장애아동을 위한 치료놀이 원리에서 가장 중요한 것은 치료자와 관계를 형성할 수 있도록 돕는 '개입활동'이다. 치료자와의 긍정적인 상호작용으로 인해 '타인과 함께하는 것이 재미없고 따분한 것'이 아니라 '함께하는 것이 즐겁고 기쁘다'라는 새로운 인식을 심어 주는 것이 가장 큰 목표라고 볼 수 있겠다. 그로 인해 타인에 대한 불신의 벽을 허물고 적절하게 상호작용할 수 있도록 도와주는 것이 치료놀이 활동의 최대 목적이라고 볼 수 있다.

2) 외현화 문제행동 아동을 위한 치료놀이 적용 실제

〈구조〉

충동조절에 어려움이 있는 외현화 문제행동 아동들에게 구조화는 '나와 함께 있으면 안전해'라는 메시지를 준다. 특히 과잉행동아동에 대해서는 매 회기마다 구조화가 중요하다. 아동은 규칙을 미리 알고 있고, 치료자가 주도하는 활동을 통해 안전과 안정을 느낄 수 있다.

(1) 얼음 땡(구조)

신문지를 2절지 크기로 자른 다음 신문지 결이 있는 세로 방향으로 아동과 치료자가 각각 한 장씩 갖는다. 치료자가 '땡'하면 신문을 찢다가 '얼음'이라고 말하면 신문 찢기를 멈춘다. 아동도 번갈아 신호를 줄 수 있게 한다. 신문지를 다 찢고 나면 찢어진 신문지를 뭉치면서 '동글이를 만들자~'라고 말하면서 공을 만든다. 치료자는 자신의 팔로 골대를 만들고 아동에게 치료자가 얼굴 신호(왼쪽 눈을 깜박일 때, 코를 씰룩일 때)를 보내면 뭉친 신문지 공을 넣어 보라고 한다. 외현화 문제행동을 보이는 아동은 신문지를 찢어 보면서 적절하게 분노를 표출하는 방법을 배우게 되고 규칙에 맞춰 찢음으로 충동적인 아동에게 자기감정을 조절할 수 있는 기회를 제공하여 자신감과 즐거움을 갖게 한다.

(2) 멈춰라! 호흡!(구조, 도전)

아동과 치료자는 바닥 출발선에 올려 있는 솜공(콩알)을 각각 긴 빨대로 빨아들여서 호흡을 멈춘 상태로 다음 선까지 옮기고 그 다음은 골대까지 옮겨 놓으면 이기게 된다. 또는 되돌아서 같은 방법으로 출발선까지 도착하는 사람이 이기는 것으로 규칙을 정할 수도 있다. 이 활동은 특히 감정조절을 못하고 충동적인 아동에게 자기 신체 조절능력을 통해 감정을 조절하도록 돕는다. 주의할 점은 연령에 따라 빨대에 들어가지 않는 크기의 큰 콩이나 솜공을 이용하는 것이 좋다.

(3) 길이재기(구조, 양육)

아동의 키, 발, 팔, 손 등의 길이를 재고, 나중에 비교하기 위해서 잘 기록해 두거나 색깔실 등(먹을 수 있는 테이프)을 이용해서 길이를 잰 부위별로 거울이나 바닥 등에 비교하거나 어느 부위인지 맞춰 보기도 하고 치료자가 길이만큼 뜯어서 아동에게 먹여 주면서 '이만큼이 네 미소의 길이야'라고 말해 보기도 한다. 이 활동은 자기 신체에 대한 새로운 정보와 즐거움을 얻게 함으로써 긍정적인 자기상을 갖도록 한다.

(4) 얼굴 신호하기(구조)

거울이 보이도록 치료자와 아동이 붙어서 서 있는 상태에서 풍선을 팔 사이에 두고 (단 손으로 잡지 않는다) 얼굴 표정으로 신호를 보내면 왼쪽, 오른쪽, 앞뒤로 움직인다. 예를 들어, 왼쪽-왼쪽 눈 깜빡, 오른쪽-오른쪽 눈 깜빡(횟수), 앞-두 눈 깜빡, 뒤-고개 젖히는 것 등 신호를 서로 협의해서 정한다. 이 활동은 타인에게 관심을 갖고 수용하는 놀이로 외현화 장애아동들에게 관계욕구 뿐만 아니라 시각적 주의집중에 도움이 된다.

(5) 신체 윤곽선 그리기(구조, 도전)

종이 위에 아동의 손이나 발을 대고 그 윤곽선을 그린다. 잠시 동안 아동을 종이 위에 눕게 한 다음 몸 전체의 윤곽선을 그리면서 아동과 지속적으로 언어적 접촉을 한다. 예를 들어, '지금은 팔 부분을 그리고 있어, 이제 손가락을 그릴거야……' 이 활동은 과잉행동 아동에게는 가만히 누워 있다는 자체가 도전적인 활동이 될 수 있고,

타인의 접촉을 수용하고 긍정적인 자기 이미지를 형성하는데 도움이 된다.

〈개입〉

관계 맺는 것이 힘든 외현화 문제행동에게 개입활동은 매우 중요하다. 이 활동을 통해서 긍정적인 관계를 맺을 수 있도록 하여 '다른 사람과 노는 것이 즐겁구나'를 맛보게 해 주어야 한다. 그런데 치료 초기단계에서 외현화 장애아동과 관계를 맺기 위해서는 아동의 넘치는 에너지를 빼기 위해 다소 활동적이고 도전적인 활동을 하는 것이 더 적절한 개입에 도움이 된다.

(1) 풍선 전달하기(개입, 구조)

풍선을 엄지손가락, 발, 팔꿈치, 머리, 주먹 등 신체의 부분을 통해서 주고받기를 하면서 규칙을 지키면서도 재미있게 놀 수 있다. 이 활동은 과잉행동, 충동성 있는 아동에게 자기신체 조절능력과 주의집중력을 높이는 데 도움이 된다.

(2) 등 뒤로 암호 알아맞히기(개입, 도전)

치료자와 아동이 가위, 바위, 보를 해서 이긴 사람이 진 사람의 등 뒤에 숫자나 글자를 쓰면 앞에 있는 사람이 알아맞힌다. 이 활동은 외현화 아동들이 타인과의 관계에서 언어 및 비언어를 잘못 지각해서 관계에 문제가 생기는데, 이 활동을 통해 촉각적 주의집중을 해서 등에 어떤 신호를 쓰는지 알아맞혀 봄으로써 상황에 맞게 알아차리고 적절하게 표현하는 경험을 제공한다.

(3) 노래에 맞추어 박수치기(개입, 구조)

치료자와 아동이 바닥에 마주 앉은 후, '퐁당퐁당~' 노래를 부르며 손뼉을 친다. 이때 저학년 아동은 자기 손바닥을 먼저 친 다음 앞에 있는 치료자가 펼친 손바닥을 치도록 가르친다. 예를 들면, '자기 손, 남의 손'식으로 가르친다. 아동과 치료자가 '퐁당퐁당~' 노래를 부르다가 치료자가 '한 박자, 두 박자, 세 박자, 네 박자' 할 때마다 노래 한 마디에 박수를 리듬과 숫자(1, 2, 3, 4)에 맞게 친다. 이 활동은 아동과 치료자가 일체감을 갖게 하고 청각적 주의집중력과 자기신체 조절능력 향상을 통해 유능감을 맛보는 데 도움이 된다.

〈양육〉

치료자는 과잉행동아동이 저항을 하더라도 이러한 아동은 그 내면에 양육받고 싶은 강한 욕구를 갖고 있는 것(특히 공격적인 아동)을 인식하고, 아동을 꼭 안아주고, 잡아주고, 편안하게 해 주며, 흔들어 주고, 노래를 불러 주고 먹여주기 등 활동을 계속해야 한다.

(1) 면도크림 발라 주기(양육, 개입)

치료자가 면도크림을 흔들며, '이것이 뭔 줄 아니?' '아빠가 면도하는 것을 본 적이 있니?', '오늘 선생님이 너의 다리에 면도를 해 줄거야'라고 말한다. 이때 아동들은 대개 눈이 휘둥그레지면서 '뭘까?'라는 눈빛을 보내며, 신기해한다. 치료자는 면도크림을 한쪽 다리에 길게 한 줄로 짜서 바르고 아이스크림 막대를 가지고 면도하듯이 다리에 잘 펴 준다. 그 다음에 나무막대로 부드럽고 천천히 면도하듯이 닦아 낸다. 면도가 끝나면 물티슈로 한 번 더 닦은 다음에 면도 안한 다리와 비교하면서 '어떻게 달라졌니?'라고 물어 보면, 아동은 금방 면도한 다리가 훨씬 깨끗하고 매끄럽다는 말을 한다. 이 활동을 통해 치료자와 아동은 친밀감을 쌓게 되고 아동은 치료자가 '특별한 유능한 사람'이라고 믿는 마음이 생기며, 자신도 지금보다 더 변화될 수 있다는 믿음도 생긴다.

(2) 도넛 둥글게 먹기(양육, 도전)

치료자가 도넛을 들고 있으면 아동은 중앙의 모양대로 둥글게 먹는다. 이때 치료자는 아동이 잘 먹을 수 있도록 돌려주고 힌트를(이쪽으로 조금 더) 준다. 이 활동을 통해 치료자와 아동은 하나가 될 수 있다. 외현화 아동들은 주로 타인을 '나의 적 또는 불신의 대상'으로만 생각하게 했던 아동들에게 타인은 '나를 돕는 자'라는 경험을 하게 한다.

〈도전〉

도전활동으로 외현화 문제행동 아동의 특성인 충동성, 자극에 대한 과잉민감성, 구조를 힘들어 하는 것 등의 문제를 다룰 수 있다.

(1) 거미줄 치기(도전)

아동용 책상과 의자를 놀이실에 띄엄띄엄 놓고, 아이와 치료자는 명주실을 들고 한 의자와 다른 한 의자를 연결한다. 실을 가지고 이 의자 저 의자를 돌며 거미줄과 같이 연결한 후, 더 이상 이동이 불가능할 정도로 실이 감기면 아이가 가위로 그 실을 모두 잘라 내도록 한다. 가위로 자르면서 치료자는 '우리가 때로는 풀어야 할 일도 있지만, 어떤 경우에는 잘라야 하는 일도 있어!'라고 말한다. 이 활동을 통해 외현화 아동은 스트레스나 부정적인 감정을 해소할 수 있다.

(2) 페트병 소리 듣고 따라 하기(구조, 도전)

치료자가 친 페트병 소리를 듣고 아동이 그대로 따라 한다. 치료자가 난이도를 조절하며 페트병을 친다(난타처럼). 아동이 성공했을 경우 격려와 칭찬을 해 주며, 아이가 지나치게 흥분되지 않도록 조용하고 집중적인 놀이 분위기로 만든다. 이 활동은 주의산만한 외현화 장애아동들에게 청각적 주의집중력과 타인의 말을 잘 경청할 수 있는 태도를 기를 수 있다.

(3) 강철! 오징어 되기!(구조, 도전)

아동을 편안하게 눕게 한 후에 치료자가 '강철'이라고 말을 하면 아동은 순간 호흡을 순간 멈추면서 몸에 온 힘을 주어서 강철 로봇처럼 단단하게 한다. 이때 치료자는 팔, 다리 등 손바닥을 만지면서 '정말 단단하구나' 등으로 격려했다가, 치료자가 '오징어'라고 말하면 아동은 온몸이 부드러워지게 힘을 빼 준다. 이때 치료자는 '진짜 오징어처럼 흐물흐물 거리네'라는 말을 해 준다. 이 활동은 산만하고 충동적인 아동에게 자신의 몸이 원하는 대로 자유롭게 움직일 수 있다는 유능감을 느끼게 하고 충동성은 충분히 조절할 수 있다는 것을 체험을 하게 한다.

(4) 얼굴표정 보고 알아맞히기(구조, 도전)

얼굴표정 있는 카드 여러 장(웃는 얼굴, 짜증난 얼굴, 삐진 얼굴, 우는 얼굴 등)을 뒤집어 놓고 가위, 바위, 보를 한 후에 한 장을 골라서 카드를 잠시 보고 상대편에게 말을 사용하지 않고 카드의 표정을 그대로 지어서 알아맞히는 놀이다. ADHD 아동들은 타인의 얼굴 감정표현을 상황과 의도에 맞게 해석하는데 어려움이 있다. 그러다 보니 속마음과 다르게 표현하는 경우가 많아서 부적절한 관계를 형성하게 된다. 이 활동을 통해 타인의 마음을 정확하게 읽으려는 연습과 함께 솔직한 자신의 감정을 전달하는 경험이 될 수 있다.

(5) 소리나는 과자 숫자 알아맞히기(도전)

치료자는 소리나는 과자를 아동의 한쪽 귀에 대고 씹으면 아동은 몇 번 씹었는지 소리만을 듣고 알아맞춘다. 이 활동은 부주의한 외현화 아동에게 청각적 주의집중력을 강화시킬 수 있는 도전적 활동이 될 수 있다.

(6) 스노보드 타기(도전)

저학년은 이불썰매를 타고 고학년은 담요 뒷부분에 서 있다가 치료자와 눈이 마주칠 때 치료자가 이불을 잡아당기면, 아동은 두 팔을 벌려서 스노보드 타듯이 온몸을 조절한다. 이 활동은 자존감이 낮은 외현화 아동에게 신체유능감과 주의집중력과 상황에 맞는 문제해결력을 키우는데 도움이 된다.

(7) 둘이 하나(도전)

고학년인 경우 아동과 치료자가 서로 등을 대고 서서(저학년은 앉아서) 치료자가 먼저 하는 동작대로 아동은 몸을 치료자에게 맡긴 것처럼 그대로 동작을 따라 한다. 다음에는 아동이 하는 동작대로 치료자가 아동에게 몸을 맡기듯이 그대로 따라 한다. 외현화 아동들은 타인을 믿지 않는데 이 활동을 통해 타인에게 내 전체를 맡겨도 안전하다는 경험을 하게 한다.

3) 외현화 문제행동 아동을 위한 치료놀이 적용 시 유의사항

외현화 아동의 경우, 규칙이 있는 구조 활동을 제시하였을 때, 스스로 규칙을 변화시키는 경우가 있다. 이때 치료자는 아동이 하고 싶은 욕구인지, 조종하려고 하는 것인지를 잘 파악해야 한다. 외현화 아동에게 아직 준비가 안 된 상태인데 무조건 일방적, 지시적으로 '~하라'는 식의 놀이중심은 자칫하면 외현화 아동들이 일상에서 교사나 부모로부터 통제받는다는 느낌을 줄 수 있다. 이때 치료자는 아동의 욕구를 읽어 주되 조종당하지는 말아야 한다. 치료 초기에는 신뢰 형성하는 것에 초점을 주되 구조화는 해야 한다. 예를 들어 때때로 아동이 좋은 아이디어를 낼 때가 있다. 이때 치료자는 '좋은 생각이다. 지금 선생님 말한 규칙대로 하고 그 다음은 네가 낸 멋진 아이디어처럼도 한번 해 보자'라는 식이 도움이 된다. 또, 치료과정에서 치료자의 지시대로 하지 않고 반대로 행동하는 아동과 같이 놀이 중에 개입 혹은 양육에 대한 저항이 나타날 수도 있다. 즉 아동이 치료과정에서 활동에 응하지 않으면 치료자는 역설적인 방법으로 그 상황 자체를 놀이로 만들어 활동을 진행해야 한다. 예를 들어 특별한 악수에서 치료자와 아동이 같이 손뼉을 마주쳐야 할 때 일부러 피하는 아동이 있다. 이때 치료자는 '잘 했어! 이번에는 내가 피할 거야 넌 내 손뼉을 쳐야만 해!' 라고 말하며 피하고, 아동은 치료자의 손뼉을 치려고 하게 된다. 이때 치료자는 실수로 못 피하는 척해서 아동과 손뼉 치는 활동을 성공시킬 수 있다.

Memo

CHAPTER 08

외상과 외상 후 스트레스 장애아동을 위한 치료놀이

1. 외상과 외상 후 스트레스 장애
2. 아동과 외상 후 스트레스 장애
3. 외상 경험이 있는 아동의 치료놀이

1. 외상과 외상 후 스트레스 장애

1) 정의

외상(trauma)은 상처를 뜻하는 그리스어의 traumat에서 나온 말로 '상처'라는 뜻의 외부로부터의 충격에 의한 손상을 입는 장애를 총칭하는 것으로 외적인 힘에 의해서 신체에 가해진 손상이나 정신적 충격을 말한다.

외상은 어떤 강한 충격을 받게 되는 경우에 장기적으로 또는 영구적으로 정신, 심리, 사회적 장애를 유발하는 현상을 이야기하며, 비슷한 상황이 되면 다시 강한 심신의 반응을 보이거나 괴로움을 느끼는 상황 등이 되어 힘든 상황을 다시 겪게 된다.

외상과 외상적 사건은 죽음을 초래할 만한 위협이나 상해 그리고 개인의 신체적 안녕을 위협하는 사건을 직접 경험하는 것으로, 사람들의 생명과 신체적 안녕을 위협하는 엄청난 재난 및 사건을 의미한다. 문명이 발달하고 작업이 분화되고 거대해지고 복잡해진 현대에 와서는 더욱 그러하다. 영유아기, 사춘기, 성장기 등의 학대, 갑작스런 이별, 사랑하는 사람의 사망으로 인한 사별, 사람들은 대형 교통사고의 위험에 노출되어 있고, 어린이와 여자들을 노리는 범죄자들도 급증하고 있다. 폭행(추행, 신체공격, 강도 등), 성추행, 강간, 유괴, 인질경험, 고문, 비행기 사고, 자연적 혹은 인위적 재해(홍수, 화재, 허리케인, 태풍, 쓰나미), 폭파, 만성 혹은 급성질환, 실직, 경제적 어려움, 왕따, 전쟁, 믿었던 사람으로부터의 사기 등이 이런 외상적 사건의 예가될 수 있다. 한편 자신과 아주 가까운 사람, 즉 친구나 가족들이 이러한 사건에 당면한 것을 목격하는 것도 사람들에게는 외상으로 남을 수 있다(장정수, 2007).

외상에 대한 개인의 경험과 기억은 각자 개인차가 있으며 이는 외상의 특성이나 개인의 소인, 주변인들의 지지 등 회복환경의 특성에 의해서 영향을 받는다(이선미·김정희, 2002).

심각한 외상을 경험한 사람들은 종종 감정적 스트레스를 나타내게 되는데 일종의 불안증이며 외상경험의 결과로 인해 한 개인에게서 발생할 수 있는 가장 대표적인 심리적인 문제를 외상 후 스트레스 장애(Post Traumatic Stress Disorder : PTSD)라고 한다.

외상에 관한 연구는 1970년대까지 거의 대부분 성인 남성에 국한된 것이었지만, 1980년에 외상 후 스트레스 장애가 공식적인 정신장애로 DSM-Ⅲ에 포함되면서 비로소 다양한 사회적 계층과 연령, 성별 그리고 외상적 사건의 유형들에 따른 체계적인 연구들이 본격적으로 이루어지기 시작했다(안무옥, 2008).

정신장애의 진단분류 및 통계편람인 DSM-Ⅳ(1994)에 의하면 외상적 사건은 핵심적 특징들을 가지고 있다(한노을, 2008).

첫째, 실제적이거나 위협적인 죽음이나 심각한 장애 또는 개인의 신체적 안녕을 위협하는 사건에 대한 개인의 직접적 경험이다.

둘째, 타인의 죽음, 상해, 신체 건강을 위협하는 사건의 목격이다.

셋째, 가족이나 친지의 예기치 못한 무자비한 죽음이나 심각한 상해 및 이들이 경험한 죽음이나 상해에의 위협을 알게 되는 것이다.

Tedeschi와 Calhoun(1995)은 무엇이 사건들을 외상적인 것으로 만드는지 다시 말해, 외상적 사건이 갖는 특징에 대해 6가지로 정리하였다.

첫째, 갑작스럽고 예기치 못하게 발생하는 사건은 외상적일 수가 있다(McCann & Pearlman, 1990). 즉, 준비되지 않은 상황에서 발생한 사건은 재빠른 해결에 도달하기 보다는 먼저 충격을 안겨 주기 때문이다.

둘째, 통제할 수 없다고 지각하는 것이다(Guerra & Slaby, 1989). 통제감의 상실은 경험자로 하여금 무력감을 느끼게 하고 심리적 안녕을 위협하기 쉽기 때문이다.

셋째, 일상적인 경험이 아니라는 것이다(McCann &Pearlman, 1990). 비일상적인 경험은 주변에서 도움을 주고자 하는 사람에게까지 지지 방법에 대해 고심하도록 한다.

넷째, 사건으로 인한 문제들이 오랜기간 동안 지속될수록 그것은 외상적인 사건이 되기가 쉽다는 것이다(Davidson, Fleming & Baum, 1986), 이것은 사건으로 인한 돌이킬 수 없는 상황은 심리적 고통을 가져오고, 그러한 고통은 무망감을 야기하기 때문이다.

다섯째, 사건의 경험이 비난을 끌어들인다는 점이다. 사건 발생에 대해 가해지는 비난이 자신에게 향할 수도 있고, 아니면 타인에게 향할 수도 있는데, 타인에게 향할 때 더운 큰 심리적 어려움을 겪는다(Downey, Silver & Wortman, 1990).

여섯째, 외상적 사건은 인생주기의 각 시기마다 다양하게 영향을 끼친다는 점이다. 다시 말해, 성인기에 사건을 경험한 것과 아동기에 경험한 것은 그 결과가 다를 수 있다. 성인기에 경험하는 사건은 이미 형성된 정체성에 위협을 가하는 것이지만, 아동기에 경험하는 사건은 정체성이 형성되어 가는 과정이므로 인생 전반을 통해 그 영향이 계속 따라 다닐 가능성이 더욱 크다.

다시 정리하자면, 외상 후 스트레스 장애는(Post Traumatic Stress Disorder : PTSD) 심한 정신적 충격 이후에 찾아오는 정신적 장애로 사람이 전쟁, 고문, 자연재해 사고 등의 심각한 사건을 경험한 후 그 사건에 공포감을 느끼고 사건 후에도 계속적인 재경험을 통해 고통을 느끼며 거기서 벗어나기 위해 에너지를 소비하게 되는 질환으로, 정상적인 사회생활에 부정적인 영향을 끼치게 되는 것을 의미한다.

외상 후 스트레스 장애는 불안장애 가운데 하나로서 어떤 충격적인 사건을 겪은 후에 악몽이나 침입적 사고, 플래시백 등을 통해 당시의 증상들을 반복적으로 재경험하거나 사건과 관련된 자극들을 회피하려 하거나, 지속적인 과각성 상태에 놓임으로써 불면증이나 여러 가지 신체적인 증상들을 경험하는 것이 특징이다(American Psychiatric Association, 1984).

2) 외상 후 스트레스 장애의 진단 기준

외상 후 스트레스 장애의 핵심 증상은 극심한 외상성 스트레스 사건에 노출된 후 곧 이어서 특징적 증상이 나타나는 것이다. 타인의 죽음, 상해, 건강을 위협하는 사건의 목격, 가족이나 친지의 예기치 못한 무자비한 죽음이나 심각한 상해 및 이들이 경험한 죽음이나 상해에의 위협을 알게 된다(진단기준 A1). 이러한 사건에 대한 반응으로 극심한 공포, 무력감, 두려움(소아는 지리멸렬하거나 초조한 행동)이 일어나야 한다(진단기준 A2). 극심한 외상에 노출된 후 그 사건을 지속적으로 재경험하고(진단기준 B), 그 사건에 관련되는 자극을 지속적으로 회피하고 일반적으로 반응이 마비되고(진단기준 C), 각성 상태가 증가되는 지속적인 증상이 있다(진단기준 D), 이러한 증상이 일개월 이상 나타나야 하고(진단기준 E), 사회적, 직업적, 기타 중요한 기능 영역에서 임상적으로 심각한 고통이나 장애를 초래해야 한다(진단기준 F).

이상의 장애 진단에 대한 것을 좀 더 자세히 설명한 자료를 보면 서울대학교 병원에서 제공하는 자료의 내용은 다음과 같다.

미국정신의학회(American Psychiatric Association) 정신장애의 진단분류 및 통계편람(DSM-IV-TR)에 따르면, 다음 기준을 만족하면 외상 후 스트레스 장애로 진단한다.

A. 외상성 사건을 경험했던 개인에게 다음 2가지 증상이 모두 나타난다.

① 개인이 자신이나 타인의 실제적이거나 위협적인 죽음이나 심각한 상해, 또는 신체적 안정에 위협을 가져다 주는 사건(들)을 경험하거나 목격하거나 직면하였을 때(A1)

② 개인의 반응에 극심한 공포, 무력감, 고통이 동반될 때, 아동의 경우 이런 반응 대신 지리멸렬하거나 초조한 행동을 보인다(A2).

B. 외상성 사건을 다음과 같은 방식 가운데 1가지(또는 그 이상) 방식으로 지속적으로 재경험할 때

① 사건에 대한 반복적이고 집요하게 떠오르는 고통스런 회상(영상이나 생각, 지각을 포함), 아동의 경우 사고의 주제나 특징이 표현되는 반복적 놀이를 한다.

② 사건에 대한 반복적이고 괴로운 꿈, 아동의 경우 내용이 인지되지 않는 무서운 꿈

③ 마치 외상성 사건이 재발하고 있는 것은 같은 행동이나 느낌(사건을 다시 경험하는 듯한 지각, 착각, 환각, 해리적인 환각 재현의 삽화들, 이런 경험은 잠에서 깨어날 때 혹은 중독 상태에서의 경험을 포함), 아동의 경우 외상의 특유한 재연(놀이를 통한 재경험)이 일어난다.

④ 외상적 사건과 유사하거나 상징적인 내적 또는 외적 단서에 노출되었을 때 심각한 심리적 고통

⑤ 외상적 사건과 유사하거나 상징적인 내적 또는 외적 단서에 노출되었을 때의

생리적 재반응(강한 심장 박동, 땀 등)

C. 외상과 연관되는 자극을 지속적으로 회피하려 하거나, 전에는 없었던 일반적인 반응의 마비가 다음 중 3가지 이상일 때

① 외상과 관련되는 생각, 느낌, 대화를 피한다,

② 외상이 회상되는 행동, 장소, 사람들을 피한다.

③ 외상의 중요한 부분을 회상할 수 없다.

④ 중요한 활동에 흥미나 참여가 매우 저하되어 있다.

⑤ 다른 사람들로부터 소외감

⑥ 정서의 범위가 제한되어 있다(예 : 사랑의 감정을 느낄 수 없다).

⑦ 미래가 단축된 느낌(예 : 직업, 결혼, 자녀, 정상적 삶을 기대하지 않는다.)

D. 외상 전에는 존재하지 않았던 증가된 각성 반응의 증상이 2가지 이상 있을 때

① 잠들기 어려움 또는 잠을 계속 자기 어려움

② 자극에 과민한 상태 또는 분노의 폭발

③ 집중의 어려움

④ 지나친 경계(누군가 날 노리고 있는 것 같은 느낌이 듬)

⑤ 악화된 놀람 반응(쉽게 깜짝깜짝 놀라거나 말에 조리가 없고 횡설수설함)

E. 장해(진단기준 B, C, D)의 기간이 1개월 이상 지속되는 경우

한 달 이내일 경우에는 급성 스트레스 장애(ASD)일 수 있음

F. 증상이 임상적으로 심각한 고통이나 사회적 · 직업적인 다른 중요한 기능 영역에서 장애를 초래한다. 외상 후 스트레스 장애를 진단받은 후에는 다음과 같이 급성, 만성, 지연성으로 세분화할 수 있다.

① 급성 : 증상 기간이 3개월 이하

② 만성 : 증상 기간이 3개월 이상

③ 지연성 : 스트레스 발생 후 적어도 6개월 이후 증상이 나타난다.

3) 외상 후 스트레스 장애의 원인

외상 후 스트레스 장애란 개인이 극심한 외상성 스트레스 사건에 노출된 후 연이어서 특징적 증상이 나타나는 것으로, 외상성 사건에는 직접적으로 경험한 전투, 폭행, 유괴, 인질, 테러리스트의 공격, 전쟁 포로나 수용소 수감, 자연적 혹은 인위적인 재해, 심한 자동차 사고, 생명을 위협하는 질병의 진단 등이 포함된다(안무옥 재인용, 2008).

미국의 911테러, 필리핀의 쓰나미 피해, 우리나라의 대구 지하철 참사사건 등을 예로 들 수 있으며, 외상 후 스트레스 장애는 실제로 전쟁을 겪은 나라의 국민이나 전쟁에 직접 참전한 군인들이 심하게 겪고 있는 정신장애로 이라크, 아프가니스탄 파병 미군의 경우 5명 중 1명이 외상 후 스트레스 장애를 겪고 있다고 보고되었다. 외상 후 스트레스 장애는 충격적인 사건 자체가 일차적 원인이지만 충격적인 사건을 경험한 모두가 경험하는 것은 아니다.

외상 후 스트레스 장애의 유병률은 일반인은 1-14% 이며, 위험도가 높은 그룹은 참전군인이나 자연재해나 범죄사고의 피해자로 3-58%이다. 외상에 대한 재경험, 회피, 지나친 각성 중 어느 것이 우세할지는 시간경과에 따라 다양하며 50%는 3개월 안에 완전히 회복되거나 12개월 이상 지속되는 경우도 있다. 성별 외상 후 스트레스 장애의 위험요인으로 미국전역 5,877명을 대상으로 조사한 결과 남자의 경우 성폭행(65%), 전투(38.8%), 아동기 방치당함(23.9%), 아동기 학대(22.3%), 성추행(12.2%)이며 여성의 경우에는 성폭행(49.5%), 무기로 위협당한 것(32.6%), 성추행(26.5%), 폭행당함(21.3%), 아동기 신체학대(48.5%), 아동기 방치당함(19.7%) 순으로 나타났다(최성애, 2010).

2000년 이후 시행된 전 세계적인 연구결과에 따르면 외상 후 스트레스 장애의 평생 유병률은 0.3%에서 68%까지 보고되고 있다. 일반인 중 60%의 남성과 50%의

여성이 상당히 의미 있는 사건을 경험하지만 외상 후 스트레스 장애가 출현하는 것은 6.7% 정도라고 한다(조맹제, 2006).

외상 경험 전의 심리적 · 생물학적 사전 요인들로 인해 외상 후 스트레스 장애와 연관된 원인으로는 어렸을 때 경험한 심리적 상처의 존재여부, 즉 심한 학대나 부모의 이혼 등 아동이 감당하기 어려운 심리적 상처 등, 그리고 성격장애나 문제, 부적절한 가족이나 동료의 정서적 지원, 정신과 질환에 취약한 유전적 특성, 최근 스트레스로 인한 삶의 많은 변화, 과도한 음주 등도 원인으로 들 수 있다.

외상 후 스트레스 장애의 심리학적 원인은 어렸을 때 심리적 충격과 관련하여 해결되지 않은 심리적 갈등들이 현재의 사건과 맞물려 다시 일깨워지는 것으로 보는 정신분석적 모델과, 조건화 자극이 지속적으로 공포반응을 일으켜서 그 자극을 피하려는 행동이 문제를 일으키는 것으로 보는 인지행동적 모델로 설명하고 있다.

생물학적 요인으로는 신경전달 물질인 도파민, 노르에피네프린, 벤조다이아제핀 수용체 그리고 시상하부-뇌하수체-부신 축의 기능 등이 연관이 있는 것으로 보고되고 있다.

외상 후 스트레스 장애를 겪고 있는 사람들에게 자율신경계의 반응이 과도하게 증가되어 있다는 연구 결과도 있는데, 혈압과 심장 박동수가 증가되어 있고 비정상적 수면 구조를 보이고 우울장애 및 공황장애의 원인적 측면에서 유사성을 가진다는 설명도 있다.

이진숙, 한영숙(2006)의 연구에서 아동의 경우는 주로 학교장면에서 폭력, 집단따돌림, 교통사고, 가정폭력에서의 노출 가능성 등이 아동기에 경험했던 외상적 사건들로 나타났다. 학교폭력의 대표적 유형으로는 신체적 폭행, 패싸움, 따돌림, 금품갈취, 협박 등이 있는데, 그 중에서 아동이나 청소년들이 가장 두려워하는 것이 또래들로부터 따돌림을 당하는 것이라고 한다. 김용태(1997)의 연구에서는 전국 초 · 중고교의 남녀학생 1624명 중 30%의 학생들이 학교에서 친구들로부터 따돌림을 당한 경험이 있는 것으로 나타났다. 또한 교육부 조사결과에 의하면, 1998년 한 해 동안 전국의 초 · 중고교에서 발생한 집단따돌림 사례가 400여건 이르며 피해학생이 5400명이나 되는 것으로 밝혀졌다(주은선, 박은란, 2003).

성인의 경우에는 교통사고(김태형 등, 1998), 재향군인(정문용, 1996), 탈북자(홍창형, 2005), 재난사고(권영숙, 2001) 등을 경험한 피해자를 대상으로 외상 후 스트레스 장애 연구들이 이루어졌다. 이러한 연구들은 외상 후 스트레스 장애를 진단하는 도구(DSM-IV, CAPS)를 통해 개인의 신체, 심리적 손상의 정도를 진단하고 관련 요인들을 규명하였다.

국내에서는 성피해 아동(김정규, 2000), 가정폭력 피해아동(안귀여루, 2001), 학교에서의 집단따돌림 피해아동(이봉건, 2001), 청소년의 심리적 외상에 관한 탐색적 연구(안현의, 2005) 및 청소년의 외상경험과 인지변화(안현의, 2005), 성폭력 피해 청소년(류분순, 2009), 학교폭력피해 학생(김혜령, 2009)의 연구 등에서 외상 후 스트레스 장애 관련 연구들을 찾아볼 수 있다.

4) 외상 후 스트레스 장애의 증상

외상 경험은 그 사건의 객관적 위험성이 중요성 때문이 아니라 외상을 경험하는 사람의 주관적 느낌에 의해 정의되며 외상경험은 반드시 부적응이나 정신병리를 유발시키는 것은 아니다(Brewin, et al., 2000).

외상 후 스트레스 장애의 주된 증상은 충격적인 사건의 재경험과 이와 관련된 상황 및 자극에서 회피하는 행동을 보이는 것으로서, 해리현상이나 공황장애, 환청 등의 지각 이상을 경험할 수 있다. 그리고 공격적 성향, 충동조절 장애, 우울증, 약물남용 등이 나타날 수 있으며 집중력 및 기억력 저하 등의 인지기능 문제가 나타날 수도 있다.

외상과 스트레스에 관한 최근의 연구에서는 외상과 스트레스가 과잉성 행동을 촉진하고, 스트레스가 있는 환경적 상황은 뇌의 신경화학 물질에 영향을 주는 것으로 보이며 외상 경험을 가지고 있는 아동의 행동은 종종 ADHD가 있는 아동과 구별되기 어렵다고 하였다(Thomas, 1995).

외상을 경험한 사람은 쉽게 놀라고 작은 유발에도 과민하게 반응하며, 잠을 잘 자지 못한다. 신체는 각종 위험에 대해서 항상 경계하고 있다. 외상을 경험한 사람들은 본래의 외상을 암시하는 상황에 반복적으로 노출되고 이러한 상황을 재연하게 되는 경향을 보인다. 최근의 이론가들은 외상으로 인한 정서조절 능력의 파괴, 대인관계의 문제, 그리고 외상 후 스트레스 장애의 증상 자체가 반복적인 피해와 외상의 재현을 불러일으킨다고 보고 있다(김혜령, 2009).

엄청난 외상을 경험한 사람들은 행동과 외형 및 발달단계상의 급속한 파멸을 보여주는 심각한 성격 변화가 나타나기도 한다. 외상을 겪은 사람들은 성격이 비융통적이 되며 과거의 발달단계로 후퇴하고, 승화의 능력이 감소하고, 침투적 사고 · 느낌 · 이미지 · 기억들을 피하기 위해 공격적인 방어를 과도하게 사용한다. 그 밖에도 적응문제, 손상된 대인관계, 현저한 성적하락, 생활방식의 변화, 강렬한 불신감, 배신감, 사기당하는 느낌, 자기 이미지 손상 등을 들 수 있다. 사람들은 자신의 고유한 성격구조에 따라 서로 다른 증상을 발달시키게 되며, 그들이 겪은 외상적 사건의 종류에 따라서도 각기 다른 성격 변화의 양상이 초래된다(김순진, 김환, 2000).

아동기 성폭력 피해로 인한 외상 후 스트레스 장애의 증상으로 심리적 · 신체적 · 사회적 측면의 전반적인 발달에 있어서 부정적인 특징들을 나타낸다. 아동기 성폭력 피해자들은 심한 불안감, 악몽, 외상 후 스트레스 장애, 우울감, 죄책감, 수치심, 혼란감, 얕은 정서체험, 통제문제, 전반적인 행동장애, 부적절한 성행동, 성화된 행동(sexualized behavior)을 많이 보이며 청소년기에 이르러 과도한 성행동, 임신, 혼잡한 성행동 등으로 연결되는 경우가 흔하다고 한다. 이들은 비보호 성행동을 함으로써 자주 성병에 걸리며, 스스로를 위험한 성행동에 노출시킴으로써 16세 이후에 성피해를 당할 확률이 높다(Fergusson, Horwood & Lynskey, 1997).

또한 성적 외상은 가장 특징적으로 이성관계에서 어려움을 보이게 되는데 대개 남성 혐오감, 성관계의 어려움 등의 문제를 보인다고 한다(Davis & Petretic-Jackson, 2000). 아동기 성폭력 피해자 중 86%가 외상 후 스트레스 장애 진단을 받으며(Rodriguez 등, 1996) 상담소나 정신과에 심리치료를 받으러 오는 사람들의 상당수는 아동기 성폭력 피해자들이다(Briere & Runtz, 1987; Hutchings & Dutton, 1993; Gold, Hughes & Swingle, 1996).

그리고 김정규와 김중술의 연구에서 1,032명의 일반여성을 대상으로 조사한 결과 아동기에 성폭력 피해를 입은 여성이 86%였고, 비피해자와 비교했을 때 성인기에 더 많은 정서적 불안을 보였으며, 대인관계 능력이나 문제해결 능력, 대인 신뢰감이 더 낮았다. 뿐만 아니라 우울증, 반사회성, 편집증, 강박증, 정신분열증, 경조증 등의 더 많은 임상증상을 보였다. 이처럼 아동에게 있어서 성적 외상은 발달에 있어서 부적응이나 정신병리로 발전할 수 있는 위험한 사건이다(김정규, 김중술, 2000).

최성애(2010)는 트라우마와 PTSD 특강자료에서 Dr. Lerner의 외상의 반응을 소개하고 있는데 다음과 같다.

첫째, 정서적 반응으로 충격을 받으면 고도의 불안감, 정서적 마비상태로 경악, 안개 속에 있는 것과 같다는 표현을 하기도 하고, 사건과 사건이 주는 충격을 부인, 정신이 멍함, 무표정, 무감동, 비현실적인것 같이 느끼는 해리상태가 되기도 한다.

둘째, 인지적 반응으로 집중이 안 되고 집중시간이 단축되며 혼란감, 방향감각 상실, 암시에 잘 빠지며 두려움을 느끼고 외상성 사건에 대한 줄기찬 생각의 반복을 한다.

셋째, 신체생리적 반응이며 빠른 심장박동, 혈압상승, 호흡곤란, 흉부통증, 근육의 긴장과 통증, 두통, 극도의 피로감, 기절, 얼굴홍조, 안면창백, 목이 마르거나 진땀이 나거나 소름이 돋움, 이를 갈거나 소화가 안 되거나 위와 장이 쓰리거나 쿡쿡 쑤시는 듯한 증상을 보이기도 한다.

넷째, 행동적 반응이며 위축되거나 멍해지거나 말을 안하고 말을 하는 패턴의 변화를 보인다. 퇴행적 행동과 이상한 몸 동작을 보이고 충동성을 보인다. 소유물에 대한 집착으로 물건을 버리지 못하며 목적 없이 걸어 다니며 가만히 앉아 있지 못하고 작은 일에도 깜짝 놀라는 과잉 반응이나 반사회적 행동을 보인다.

그리고 외상 후 스트레스 장애의 일반적 증상으로는 타인의 죽음이나 상해를 목격했을 때의 죄책감, 대인관계의 어려움, 감정조절의 상실, 자해, 충동적 행동, 해리증상, 신체와 현상, 무력감, 수치감, 절망감, 영원히 상처받았다는 느낌, 불신감, 적개심, 사회적 위축과 고립감, 위협감, 성격변화, 공황장애, 광장공포증, 심각한 우울증, 물질장애 등을 들 수 있다(최성애, 2010).

5) 외상 후 스트레스 장애의 치료

현재까지 외상 후 스트레스 장애 증상 완화를 위해 개발된 치료개입 중 가장 효과 검증 연구가 많이 되었고 임상적 장면에서 널리 사용되고 있는 것이 인지행동적 접근이다(Foa & Rothbaum, 1998). 성인들과 마찬가지로 아동과 청소년들의 외상 후 스트레스 장애 치료에도 인지행동적 접근이 매우 효과적인 것으로 나타났는데(American Academy of Child and Adolescent Psychiatry, 1998), 이를테면 외상 후 스트레스 장애 증상을 지속시키는 것과 관련이 높은 것으로 알려져 있는 인지- 도식의 왜곡을 변화하는데 목적을 둔 인지적 재구성 기법이나(Veronen & Kilpatrick, 1983), 외상경험의 기억을 직면하고 불안을 일으키는 구체적 장소나 물건에 노출시킴으로써 불안자극에 대한 둔감화를 유도하는 노출기법 등이 흔히 사용되고 있다(Foa et al., 1991). 그 외에도 노출기법을 사용한 인지행동 집단치료와 불안대처 훈련(Farrell, Hains & Davies, 1998)도 청소년의 외상 후 스트레스 장애 증상 완화에 효과적이라는 연구 결과가 있다.

이와 같은 다양한 형태의 인지행동적 치료기법이 지닌 공통점은 외상경험이 피해자의 사고와 신념에 변화를 일으킨다는 것을 전제하고(Ehlers & Clark, 2000; Foa & Rothbaum, 1998; Foa &Riggs, 1993), 그러한 사고와 신념의 변화가 외상 사건에 대한 정서적 반응에 변화를 일으킨다는 것이다(Foa, Clark, Tolin & Orsillo, 1999).

최성애(2010)는 외상 후 스트레스 장애의 치료방법으로 인지행동치료, 가족치료, EMDR(Eye Movement Desensitization and Reprocessing), 스트레스 면역훈련(SIT), 수용책임치료(ACT) 등을 소개하였다.

2. 아동과 외상 후 스트레스 장애

1) 아동기 외상경험

아동기의 외상은 성인과 달리 전반적 발달에 있어서 아동이 사회적, 인지적, 언어적, 신체적 발달 및 기술이 미숙하기 때문에 자신의 외상 경험을 언어로 표현하는 능력이 부족하며 자신에게 무슨 일이 왜곡이 심하고 성인의 외상과는 다른 특징을 갖는다. 아동기의 외상은 아동의 무력감이나 수동적 행동과 연관되고, 당면한 상실에 대한 개인의 사고방식과 자존감 유지능력에 영향을 끼치며, 외상의 기억이 성인기의 질병이나 상처에 영향을 주는 요인으로 작용될 수 있다. 어린 시절 부모님의 죽음이나 이혼, 형제의 죽음, 수술, 신체적 · 정신적 침해와 학대 등은 현재 당면한 장애를 극복하는데 장벽으로 작용하며 외상 후 스트레스 장애로 이어져 치료적 중재를 필요로 하는 경우가 많다(한국산재노동자협회, 김종인 외, 2002).

DSM-IV의 진단기준에서도 성인과 아동이 경험하는 외상을 나누어 설명하고 있으며 별도로 주의사항을 두었다. 아동기 외상관련 연구들을 소개하면 다음과 같다.

Maimquist(1985)는 부모 살해 또는 가족 살해를 목격한 16명의 아동연구에서, 아동의 88%가 외상에 대한 침투적 사고를 갖고 있다는 연구 결과를 보였다.

Nir(1985)는 암환아의 경우 침투적 회상과 반복적 꿈과 악몽들을 공통적 반응이라고 하였으며 암치료 이후에도 재발의 공포를 표현하였다고 하였다.

아동의 경우, 외상 경험 후에 며칠 이상 계속 잠을 못 이루며, 분리불안과 매달리기 행동을 보이거나 학교에 돌아가기를 주저하며, 외상사건의 피해를 상기시키는 고통과 자극(예 : 학교건물, TV장면, 사람들)에 대해 공포증을 보일 수도 있다. 그리고 집 또는 학교에서 폭력적 행동, 무단결석 등의 품행장애를 보이기도 하고 자신에 대한 의심 및 신체혼란 등이 나타나고, 자기 가치감이 무너지는 양상을 보이며, 사회적인 상황에서 회피하고자 하는 바람 등에 대해 언급할 수 있다고 하였다(김청송, 2003).

외상을 경험한 아동의 외상적 사건 대처에 있어 부모의 반응이 큰 영향을 미치는데, 지지적이고 관심을 보이는 부모들은 아동들의 대처에 큰 도움을 줄 수 있다. 그러나 부모의 극성스러운 대처나 강압적인 반응은 아동에게 주요한 스트레스의 원천으로 작용할 수 있다(김순진, 김환, 2000).

2) 외상 후 스트레스 장애가 있는 아동의 욕구

외상 후 스트레스 장애가 있는 아동에게 우선적으로 제공해야 할 것은 정서적인 지지와 그 사건으로 인한 충격에서 벗어날 수 있도록 용기를 북돋우고 자아존중감과 긍정적 자아개념을 회복시키는 것이다.

2005년 한국아동치료놀이교육연구소 주최로 열린 제2회 국제치료놀이 워크숍 자료에 수록되어 있는 외상을 입은 아동의 치료욕구를 소개하면 다음과 같다.

- 신뢰할 수 있는 양육자에 의해 안전하고 편안해지려는 욕구
- 외상과 관련된 문제들을 이해하고 해결하려는 욕구
- 신뢰감을 재형성하려는 욕구
- 정서를 조절하려는 욕구
- 부정적인 자기상을 긍정적인 것으로 변화시키려는 욕구
- 스스로 일어설 힘을 얻으려는 욕구
- 좋은 접촉을 경험하려는 욕구
- 파괴된 애착관계를 회복하려는 욕구
- 부모와 아동이 함께 놀도록 가르치려는 욕구

외상 후 스트레스 장애가 있는 아동의 치료 욕구를 통해 알 수 있는 것은 외상으로 인한 상처를 치료받고 위로받고 싶은 아동의 마음이다.

3) 외상 후 스트레스 장애가 있는 아동의 치료놀이 적용

최성애(2010)는 아동 PTSD 치료 목표를 외상성 기억의 조각들을 감소시키며 트라우마와 PTSD 증상의 잘못된 평가를 수정하고 역기능적인 대응방법을 감소시키며, 피해아동의 부모가 갖고 있는 비적응적 믿음을 수정해 주고 부모와 가족을 공동치유자로 하였다.

치료놀이는 마음에 상처를 입은 아동에게 관계형성을 강조하고 접촉을 강조하는 점에 비추어 볼 때, 양육적이고 온정적인 접촉을 통해 신체적으로 정서적으로 아동을 진정시키는 효과가 있음은 물론 외상의 경험으로 인한 붕괴된 관계를 회복하거나 친밀한 관계 형성을 돕기 위한 좋은 방법이다.

아동은 치료놀이 활동을 통하여 자신이 구조화된 안전한 환경 속에서 아동이 경험

했던 외상의 경험에 대해 아동 자신에게 일어났던 일들을 이해하고 그로 인한 현재 자신이 겪고 있는 어려움을 표현하고, 외상의 경험은 자신의 의지와는 상관없이 일어난 일이었음을 인식하고 문제를 통찰할 수 있도록 도움을 받을 수 있다.

외상을 경험한 아동과 함께 하는데 있어, 예를 들자면 만약 아동이 신체적으로나 성적으로 학대받았다면 신체적 폭행을 당한 것뿐만 아니라 정서적 안정에도 손상을 심하게 입은 것이라고 할 수 있다. 아동은 더 이상 안전하다고 느끼지 않으며 자신은 가치 없는 존재라는 생각을 내면화하게 된다. 또한 애정을 느끼고 보호를 받는 것에 대해 혼동하게 되고 양육욕구를 충족시키기 위해 부적절한 방법으로 애정을 요구하게 된다.

대부분의 치료놀이 세션에서의 초점이 지금 여기에 있지만 외상을 경험한 아동은 그 순간에 경험하고 있는 강렬한 감정뿐만 아니라 과거의 감정도 확인하는 것이 필요할 수 있다.

예를 들어, “네가 아기였을 때 침대에 혼자 남겨졌던 것이 생각나서 엄마가 이렇게 너를 안아 주도록 하는 것이 힘들구나. 그러나 우리는 네가 지금 안전하다는 것을 확신할 수 있어. 우리는 너를 안고 네가 이러한 감정들을 떠올리는 것을 다루도록 도울 수 있어. 우리는 엄마가 너를 돌보는데 네가 익숙해지도록 도울 수 있어”가 그것이다.

외상을 경험한 아동에게 치료자는 치료놀이 경험을 계속해서 제공하지만 관계가 발달될 때까지 신체적인 개입과 양육을 덜 사용하며 좋은 구조에 의한 안전감이나 도전에 의한 자신감 형성에 더 많은 초점을 둔다.

아동이 경험한 외상 중 성적 학대의 경험은 신체적 폭행을 당한 것뿐만이 아니라 정서적 안정에도 손상을 심하게 입은 것이라 할 수 있다. 아동은 더 이상 안전하다고 느끼지 않으며 자신은 가치 없는 존재라는 생각을 내면화하게 된다.

성학대를 받아 정신적 충격을 입은 아이들을 대상으로 현장에서 치료놀이를 하는 몇몇 전문가들은 이러한 아이들을 위한 치료의 한 부분으로 적절하고 긍정적인 신체적 접촉을 사용해야 한다고 주장한다.

치료놀이는 이런 아동에게 건강한 부모-자녀 관계적 양육을 받고 있다고 느끼도록 경험하게 해 준다. 접촉은 성인과 아동 사이에 적절하고 긍정적인 상호작용으로 제한되며 성인이 제공한 한계 내에서의 구조화된 활동은 아동에게 안정감을 제공한다(성영혜, 송주미, 2006).

치료놀이는 초기에 특히 성학대를 받은 아동치료시, 신체적 접촉을 줄이고 신체적인 개입과 양육을 덜 사용하며 좋은 구조에 의한 안전감이나 도전에 의한 자신감 형성에 더 많은 초점을 두었다. 그러나 비벌리 제임스(Beverly James, 1994)는 마음에 상처를 입히는 부적절한 신체적 접촉을 경험한 아이들은 긍정적인 신체접촉에 노출될 필요가 있으며 그로인해 접촉이라는 것이 안전하고 즐거울 수 있다는 것을 배우게 된다고 주장했다.

젠 핸드만(Jan Hindman, 1991)은 치료환경의 안전함 속에서 접촉을 배우는 것은 성적학대에서 정신적 외상을 주는 가장 중요한 매개물인 접촉이, 즉 성학대를 받은 아동들을 위한 치료놀이에서 가장 중요한 구성 요소 중 하나가 되며, 부적절한 접촉에 대한 기억을 경감시키는 것은 치료환경에서의 공통적 요인인 안전한 접촉을 통해서 가능하게 될 것이라고 하였다.

심한 학대와 방임은 애착의 문제와 그 밖의 심각한 증상들을 야기한다. 치료놀이는 계획된 양육적인 활동을 통하여 부모와 아동 간의 애착을 촉진시킨다.

2005년도 국제치료놀이워크숍에서 소개하는 외상을 입은 아동에 대한 치료놀이의 적용을 소개하면 다음과 같다.

- 편안하고 자신있는 자세를 유지하면서 아동의 반응에 대한 민감성을 증가시켜라. 만약 아동이 불편해한다면, 불편함을 인정하고 다른 접근을 시도해라.
- 만약 아동이 두려워한다면, 두려워한다는 것을 당신이 알고 있고, 그것은 과거에 상처를 입었기 때문이며, 새로운 양육자와 당신은 아동을 안전하게 할 것이라는 것을 확실히 해라.
- 아동이 신뢰하는 양육자와 방에 함께 있어라. 특히 아동에게는 처음에 그들이 신체적인 접촉을 하도록 해라.
- 아동이 당신과 함께 안전하지 않을 수도 있다는 것을 암시하는 주저하고 의심스러운 접근을 피해라.

- 속도를 늦추고, 부드럽게 이야기하고, 아동이 압도되지 않을 것이라는 것을 확실히 해라.
- 실제적이고, 위협적이지 않고, 달래고 진정시키는 접촉을 사용해라. 많은 활동들에 안전한 접촉을 포함시켜라.
- 아동이 '아니오'라고 말할 힘을 주어라. 아동이 자신의 강함을 느끼고 당신을 밀어내도록 자신의 신체를 사용하고 자기를 주장할 수 있는 기회를 주는 활동들에 아동을 참여시켜라.
- 만약 아동이 사람들이 자신을 접촉하기 위해서는 허락을 구해야 한다는 것을 배우게 된다면 그것이 아동을 존중하지 않는 사람들로부터 자신을 보호하기 위한 매우 좋은 규칙이라는 것을 확실히 해라. 부모와 치료자는 아동을 매우 많이 존중하고 아동이 좋은 접촉을 받아들이는 법을 배우도록 도울 것이다.
- 무엇보다도 즐겁게 참여하도록 해라. 아동이 즐겁고 강하고 재미있는 사람이라는 것과 당신이 믿을 만하고 재미있고 돌보는 사람이라는 메시지를 전달해라.

치료놀이 활동을 통하여 이와 같은 아동의 욕구가 충족될 수 있도록 치료놀이 환경과 활동을 안전하게 구조화하고 적절하고 정서적인 안정감을 줄 수 있는 따뜻하고 상처를 보듬을 수 있는 긍정적인 좋은 느낌의 양육적인 접촉을 경험을 줄 수 있도록 세심한 배려가 있는 회기 구성이 필요하다.

Jernberg와 Booths(1999)의 Theraplay(2nd edition) 9장에서 치료놀이가 외상을 경험한 아동의 상처를 어떻게 돕는지에 관한 내용을 간략히 요약 설명하자면 다음과 같다.

(1) 아동이 안전함을 느끼는 것을 도와 주기

충격적인 사건을 경험한 아동의 즉각적인 욕구는 안전을 찾고자 하는 욕구이며 안전하다고 느끼면 아동의 과거 경험을 표현하고 부정적인 자기의 감정을 다룰 수 있기 때문이다.

아동이 외상으로 인한 놀람상태에서 벗어나 신뢰로운 관계를 발전시키도록 돕기 위해 치료놀이를 활용할 수 있다. 치료놀이는 아동이 안전함을 느끼고 위로를 받는다고 느끼도록 하는 활동에 초점을 맞추어야 한다. 아동을 흔들어 주거나, 먹여 주기, 노래 불러 주기와 같은 양육적인 활동들은 많은 도움을 주며, 예측 가능성과 안전함을 제공하는 구조 활동도 중요한 치료놀이 활동이다.

특히, 신체적으로 학대받은 아동의 상처에 특별히 주의를 기울여 아동을 보살펴야 한다. 또한 양육자를 치료놀이에 적극적으로 포함시켜 참여시켜야 한다.

Jernberg(1993)는 양육활동을 통하여 세상이 안정적이고 따뜻하고 안전하고 예측할 수 있다고 느끼도록 해 준다고 하였으며 부모가 아기를 달래 주고 편안케 해 주는 것처럼 치료놀이의 치료자도 그렇게 하는 것이라고 하였다.

(2) 아동이 신뢰를 재형성 하도록 도와 주기

외상의 경험이 있는 아동들은 친밀감을 거부하고 자기경험에 대처하려 하며 다시 상처를 입을까 두려운 마음에 타인과 가까워지거나 의지하는 것을 회피한다. 그러므로 아동의 감정과 욕구에 세심하게 주의를 기울여야 한다.

외상으로 인해 두려워지거나 충분히 존중되는 믿을 수 있는 환경의 제공과 함께 진정시키고 아동을 위로하며 아동의 감정을 존중한다는 것을 경험시킴으로써 신뢰형성과 애착을 도모함으로 도와줄 수 있다. 안전하고 신뢰할 수 있고 애착형성의 경험을 주는 신문지 펀치, 파우더 찍기, 배를 저어라(row your boat), 솜공 불기, 근육과 키재어 보기 활동, 먹여 주기, 흔들어 주기, 노래 불러 주기와 같은 구조적이고 다양한 활동들이 있다.

(3) 아동이 정서를 조절할 수 있도록 도와 주기

최근 학대와 외상이 피해자의 중추신경에 미치는 영향에 비추어 보면 치료는 아동의 정서를 조절하도록 돕는 것에 초점을 맞춰야 한다고 제시한다.

외상을 경험한 아동은 정서적으로 불안한 정도가 크기 때문에 양육적으로 따뜻한 위로적인 치료놀이 활동을 통하여 정서를 조절하도록 도와 주어야 한다. 외상의 재현을 암시할 수 있는 생각과 공포를 이해하는 것을 포함하여 아동이 그 신호를 인지할 수 있게 되면 호흡법과 이완기법 등을 활용하여 정서를 조절할 수 있도록 도움을 준다.

아동은 부모가 안아 주고 흔들어 주고 신체적으로 보살펴줌으로써 흥분을 조절하는 방법을 배운다. 치료놀이는 불안해하는 아이들도 달래고 차분하게 하는 힘이 있다. 이불로 싸서 흔들어 주는 것, 꼬옥 안아 주는 것, 노래불러 주기, 먹여 주기 등의 활동은 심장박동수를 감소시키고, 호흡을 늦추고, 근육의 긴장을 이완시키는 것에 효과가 있다고 입증되었다.

아동의 행동을 느리고 부드럽게 조절하도록 해 주는 활동들로서 모터보트, 배를 저어라, 땅콩버터와 젤리 등이 있다.

(4) 아동이 긍정적인 자아상을 발달시키도록 도와 주기

외상과 학대의 경험은 더 이상 안전하다고 느끼지 않으며 자신은 가치없는 존재라고 느끼기 때문에 아동이 자신의 힘을 경험하고 아동이 충분히 사랑받을 가치가 있는 소중한 존재라는 것을 인식할 수 있는 치료놀이 활동을 통하여 긍정적인 자아상을 발달시킬 수 있도록 돕는다.

쿠션 밀어내기나 신문지 펀치와 같은 도전활동은 아동이 자신의 힘을 경험하고 긍정적인 자아상을 발달시키도록 돕는다.

(5) 아동이 자립할 수 있도록 권한(힘) 부여해 주기

지속적인 학대를 경험한 아동은 자신이 스스로 자립할 수 있다는 것을 느껴야 한다.

치료놀이는 외상을 경험한 아동에게 그 자신이 강하고, 튼튼하고 가치 있다고 느끼게 하는 통합된 활동이어야 한다.

(6) 아동이 건강한 양육적인 접촉을 경험하는 것을 도와 주기

치료놀이는 나쁜 접촉 경험을 좋은 접촉경험으로 바꿀 수 있다.

상처에 약을 바르고, 입김을 불어 주고, 붕대를 감아 주며, 요람 흔들기와 자장가 불러 주기 등 접촉과 양육이 안전하고 즐거운 경험이 될 수 있다는 것을 배운다. 치료놀이는 지속적으로 따듯하고, 위로해 주고 양육적인 활동을 통해 아동에게 접촉의 경험을 제공함으로써 접촉이 성적인 것이 아니라 양육적이며 적절한 것으로 인식할 수 있도록 해 준다.

Jan Hindman(1991)은 안전하고 건강한 접촉에 대해 다음과 같이 표현하였다.

접촉은 성적 학대에서 정신적 외상을 주는 가장 중요한 매개물로서 치료과정 안에서 안전한 환경을 계속 제공해 주기 위한 약속을 하는 것과 건강한 접촉을 포함하는 것은 중요한 치료과정이다. 부적절한 접촉에 대한 기억을 경감시키는 것은 치료환경에서의 안전한 접촉을 통해서 가능하다(Munns, 2006). 긍정적인 접촉과 양육활동의 치료놀이 활동은 빨간불, 초록불, 손탑쌓기, 손과 발에 파우더 바르기, 로션바르기 등이다.

트라우마 경험이 있는 아동의 치료놀이 시 유용한 활동을 소개하면 다음과 같다.

(1) 체크업 활동-신체 사이즈 재기

종이 테이프나 리본 테이프를 사용하여 얼마나 튼튼한 팔을 가지고 있을까, 얼마나 다리가 긴가 등의 질문을 하면서 조심스럽게 접촉을 유도한다. 지난 회기보다 얼마나 달라졌는지 신체 사이즈 재기 등의 체크업 활동은 아동의 긍정적 신체인식을 통한 자존감을 향상시켜 줄 수 있는 활동이다.

예) “주먹을 꼭 쥐어 볼까? 와! 알통이 크게 나왔네.” 팔 근육을 재어 보기도 한다.

(2) 로션바르기

부끄러움이 많은 아동이나 외상으로 인한 접촉에 대한 경험이 부정인 아동의 경우, 솜공에 로션을 묻혀서 장난스럽게 ‘톡’ 찍어 보면서 가볍게 터치하고 접근한다.

익숙해지면 손을 사용하여 손등이나 바닥 등부터 접촉이 쉬운 신체부분부터 로션바르기를 통해 로션 페인팅과 같은 활동을 이끌어 나간다.

(3) 발바닥 마주 대고 밀어 보기

발바닥을 마주 대고 누구 다리 힘이 센지 밀어 보는 활동을 번갈아 가며 해 보면서 상호 신뢰감과 자신의 힘을 인식할 수 있도록 도움을 줄 수 있다.

3. 외상 경험이 있는 아동의 치료놀이

Fredrick(1985)의 연구에서도 재난피해, 물질중독, 신체적 학대피해 아동을 대상으로 조사 연구한 결과 77%에 해당되는 아동들이 외상 후 스트레스 장애로 진단되었다.

외상은 아동에게 무력감이나 수동적 행동과 연관되고, 외상을 경험한 아동의 인지적 · 사회적 기술들이 발달하지 않았다(김순진 · 김환, 2000).

집단 치료놀이는 건강한 부모-자녀관계를 재형성시킴으로 아동의 자존감을 높이며 타인에 대한 신뢰감을 증진시키기 위한 프로그램이다.

이주연(2007)의 부모로부터 학대를 당하거나 또는 방임되어져 그룹홈에 입소한 아동을 대상으로 사회적 유능성 증진을 위한 집단치료 프로그램 효과 연구를 통해 외상 경험이 있는 아동의 치료놀이의 단계별 목표를 살펴보고자 한다.

왜냐하면 아동기 부모로부터의 신체적 학대나 성학대의 경험과 방임은 아동에게는 충격적인 사건이며 이는 외상 후 스트레스 장애의 심리학적 원인 중 어렸을 때의 부모의 학대나 이혼 가출 등과 같은 사건은 심리적 충격과 관련 해결되지 않는 이후의 심리적 갈등이 현재의 사건과 맞물려 다시 일깨워지는 것으로 보는 정신분석적 모델로 설명되고 있기 때문이다.

1) 시작

(1) 치료자와 집단 구성원과의 래포형성

치료자와 집단 구성원을 파악하고 친밀감을 형성할 수 있다.

(2) 치료놀이 활동 적응

치료놀이 집단, 활동에 적응할 수 있도록 한다.

2) 초기

(1) 치료자, 집단 구성원과의 애착 재경험

집단치료놀이 활동을 통해서 따뜻한 양육을 경험하고, 긍정적 애착관계에 대해서 인식, 재경험할 수 있다.

(2) 자아인식

긍정적인 애착관계의 재경험을 통해 자신에 대해서 새롭게 인식할 수 있다.

(3) 정서표출

양육적인 활동과 구조적인 활동을 통해서 긍정적, 부정적 정서를 자유롭게 표현함으로써 자신의 감정을 표출할 수 있다.

(4) 타인에 대한 인식

집단치료놀이 활동을 통해 집단 구성원과의 관계를 인식할 수 있다.

3) 중기

(1) 긍정적 애착경험 증진

양육적인 활동과 구조적인 활동을 통해서 안정적인 애착을 증진시킬 수 있다.

(2) 건강한 자아 인식과 정서조절 능력 향상

초기단계에서의 긍정적, 부정적 정서표현을 통해 자아에 대해서 긍정적으로 인식하고 건강한 자아를 발전시킬 수 있다. 구조, 개입활동을 통해서 자기조절 능력을 점차 향상시킬 수 있다.

(3) 사회적 상호작용 기술 형성

안정적 애착을 통해 집단 구성원과의 긍정적 관계를 형성하고 발전시킬 수 있다.

4) 후기

(1) 긍정적 애착경험 증진

타인과의 관계형성에 있어서도 긍정적인 애착을 바탕으로 건강한 관계를 유지할 수 있다.

(2) 건강한 자아 성장 및 정서조절 능력 향상

도전, 구조적인 활동을 통해서 건강한 자아로 발전시키고, 정서조절 능력을 향상시킬 수 있다.

(3) 사회적 상호작용 기술 향상

긍정적 애착경험과 건강한 자아성장을 바탕으로 타인과의 상호작용 능력을 향상시킬 수 있다.

5) 종결

〈종결에 대한 준비〉

집단치료놀이 경험에 대한 정리와 종결에 대해서 수용할 수 있도록 한다. 집단치료놀이 세부활동 내용은 〈표 8-1〉과 같다.

표 8-1 **프로그램 활동내용**

<table>
<tr><th>단계</th><th>목표</th><th>회기</th><th colspan="2">활동내용</th><th>원리</th><th>준비물</th></tr>
<tr><td rowspan="9">시작단계</td><td rowspan="9">치료자와
집단
구성원과
래포형성

치료놀이
활동적응</td><td rowspan="3">1</td><td>도입</td><td>인사하기
보자기로 풍선치기</td><td>양육
개입</td><td rowspan="3">보자기
풍선
쿠션
물티슈
간식</td></tr>
<tr><td>본활동</td><td>이름 부르고 쿠션 던지고 받기
발로 쿠션 전달하기
뜨거운 감자 차가운 감자</td><td>개입</td></tr>
<tr><td>마무리</td><td>feeding
인사하기</td><td>양육</td></tr>
<tr><td rowspan="3">2</td><td>도입</td><td>인사하기
밴드붙여 주기</td><td>양육
개입</td><td rowspan="3">밴드
물티슈
간식</td></tr>
<tr><td>본활동</td><td>점점 작게 점점 크게
엘리베이터 놀이</td><td>개입</td></tr>
<tr><td>마무리</td><td>feeding
인사하기</td><td>양육</td></tr>
<tr><td rowspan="3">3</td><td>도입</td><td>인사하기
이름 부르고 방석 주고받기</td><td>양육
개입</td><td rowspan="3">쿠션
이불
물티슈
간식</td></tr>
<tr><td>본활동</td><td>기차놀이
누구 손일까?</td><td>구조
개입</td></tr>
<tr><td>마무리</td><td>feeding
인사하기</td><td>양육</td></tr>
<tr><td rowspan="2">초기단계</td><td rowspan="2">애착의
재경험</td><td rowspan="2">4</td><td>도입</td><td>인사하기
방석으로 자리 정하기</td><td>양육
구조</td><td rowspan="2">방석
테이프
물티슈</td></tr>
<tr><td>본활동</td><td>손탑쌓기</td><td>개입</td></tr>
</table>

단계	목표	회기	활동내용		원리	준비물
초기단계	자아 인식 정서 표출 타인에 대한 인식			달팽이집	도전	간식
			마무리	feeding 인사하기	양육	
		5	도입	인사하기 자리 정하기	양육 개입	방석 인형 에어백 물티슈 간식
			본활동	노래부르며 인형 전달하기 작아지는 배	구조 도전	
			마무리	feeding 인사하기	양육	
		6	도입	인사하기	양육	비눗방울 물티슈 간식
			본활동	누구는 어디있나? 비눗방울 터뜨리기	개입 도전	
			마무리	feeding 인사하기	양육	
		7	도입	인사하기 자리정하기	양육 개입	방석 인형 물티슈 간식
			본활동	노래부르며 인형 전달하기 손잡고 풍선치기 오리오리 거위	도전 구조	
			마무리	feeding 인사하기	양육	
		8	도입	인사하기 자리정하기	양육 개입	방석 풍선 보자기 물티슈 간식
			본활동	오리오리 거위 앉아서 풍선치기 보자기로 풍선치기 손탑쌓기	도전 구조 개입	
			마무리	feeding 인사하기	양육	
		9	도입	인사하기 자리정하기	양육 개입	방석 시트지 물티슈 간식
			본활동	자석이 되어 보자 지그재그 발바닥	도전 구조	

단계	목표	회기	활동내용		원리	준비물
초기단계			마무리	feeding 인사하기	양육	
중기단계	긍정적 애착 경험 증진 건강한 자아인식 정서조절 능력향상 사회적 상호작용 기술형성	10	도입	인사하기 자리정하기	양육 개입	방석 솜공 쿠션 이불 물티슈 간식
			본활동	솜공 전달하기 쿠션 주고받기 누가 말하기를 뗏목타기	도전 구조 구조 양육	
			마무리	feeding 인사하기	양육	
		11	도입	자리정하기 특별한 인사하기	개입 양육	방석 이불 물티슈 간식
			본활동	손탑쌓기 뗏목타기	도전 구조	
			마무리	feeding 인사하기	양육	
		12	도입	자리정하기 누구 옆에~	양육 개입	방석 에어백 신문지 페트병 물티슈 간식
			본활동	작아지는 배 신문지 공 만들기 페트병 쓰러뜨리기	도전 도전 도전	
			마무리	feeding 인사하기	양육	
		13	도입	자리정하기 인형 전달하기	개입 도전	방석 인형 쿠션 테이프 물티슈 간식
			본활동	쌀보리 선따라 걷기 숫자 안마하기	도전 구조 구조	
			마무리	feeding 인사하기	양육	
		14	도입	특별한 악수하며 자리정하기	양육	방석 테이프 물티슈
			본활동	오리 오리 거위 달팽이집	도전 구조	

단계	목표	회기	활동내용		원리	준비물
중기단계			마무리	feeding 인사하기	양육	간식
		15	도입	특별한 악수하며 자리정하기 밴드붙여 주기	양육 개입	방석 밴드 풍선 이불 물티슈 간식
			본활동	발로 풍선 전달하고 치기 풍선 2인 3각 김밥말이	구조 도전 양육	
			마무리	feeding 인사하기	양육	
		16	도입	자리정하기 인형 전달하기	양육 개입	방석 인형 테이프 물티슈 간식
			본활동	쌀 보리 선따라 걷기	도전 구조	
			마무리	feeding 인사하기	양육	
후기단계	긍정적 애착경험 증진 건강한 자아성장 정서조절 능력향상 사회적 상호작용 기술향상	17	도입	인사하기 특징으로 친구 찾기	양육 개입	방석 빨대 탁구공 시트지 물티슈 간식
			본활동	누워서 방석 전달하기 빨대로 탁구공 불기 지그재그 발바닥	도전 구조 도전	
			마무리	feeding 인사하기	양육	
		18	도입	인사하기 밴드붙여 주기	양육 개입	밴드 신문지 물티슈 수박
			본활동	신문지 찢기 신문지 날리기 손잡고 신문지 축구	도전 도전 구조	
			마무리	수박씨 뱉기 인사하기	양육	
		19	도입	인사하기 노래부르며 인형 전달하기	양육 개입	인형 파우더 종이 색연필
			본활동	파우더 찍기 손발 아웃라인 그리기	구조 구조	

단계	목표	회기	활동내용		원리	준비물
후기단계			마무리	feeding 인사하기	양육	물티슈 간식
		20	도입	인사하기 밴드붙여 주기	양육 개입	밴드 공공 풍선 물티슈 포도
			본활동	솜공 전달하기 솜공 터치 풍선 옆구리에 끼고 걷기	도전 도전 구조	
			마무리	포도씨 뱉기 인사하기	양육	
		21	도입	인사하기 Check up	양육 개입	손전등 로션 물티슈 수박
			본활동	붕 끽 빛 따라 가기 로션활동	도전 구조 양육	
			마무리	수박씨 뱉기 인사하기	양육	
종결단계	종결에 대한 준비	22	도입	인사하기 인형 전달하기	양육 개입	인형 신문지 물티슈 간식
			본활동	신문지 활동-찢기 신무지 공 활동	도전 구조	
			마무리	feeding 인사하기	양육	
		23	도입	인사하기 Check up	양육 개입	에어백 그릇 빨대 비눗물 물수건 간식
			본활동	톡톡히 활동 비누거품 활동	도전 구조	
			마무리	feeding 인사하기	양육	
		24	도입	인사하기	양육	티셔츠 물감 케이크
			본활동	손바닥 찍기 케이크 만들어 종결파티	개입 양육	
			마무리	인사하기	양육	

CHAPTER 09

자폐성장애 아동을 위한 치료놀이

1. 자폐성장애의 진단 및 특성
2. 장애성장애와 치료놀이
3. 자폐성장애 아동을 위한 치료놀이 활동

치료놀이의 시작은 자폐성장애 아동의 치료에서부터 시작되었다고 할 수 있다. 자폐성장애 아동들은 그들이 원하지 않는 자극을 차단하는데 익숙하기 때문에 그들 자신의 목적대로 진행하기 보다는 자극에 직면하고 대처하는 힘을 키울 수 있는 치료놀이의 원칙이 이들에게 적합하다고 할 수 있다.

자폐성장애 아동에게 성공적으로 참여하도록 하는 치료놀이 활동들은 매우 어린 영아의 수준에 맞게 조정된 것이다. 그 활동들은 자연스럽고 매력적이며 아동이 퇴행을 시작하기 전부터 아동에게 익숙한 것일 수 있다. 이러한 활동들은 단순함으로 아동으로 하여금 성공하게 하고 유능감을 느끼게 한다. 그리고 "까꿍"놀이와 같은 활동은 아동의 눈맞춤을 이끌어 내고 주의집중에 초점을 맞추는 활동이라고 할 수 있다.

본 장에서는 자폐성장애 아동에 대한 전반적인 이해를 돕기 위한 부분과 자폐성장애 아동을 위한 치료놀이의 특성에 대해 살펴보고 실제 자폐성장애 아동과 함께 할 수 있는 치료놀이 활동을 소개하였다. 치료놀이 활동은 자폐성장애 아동의 특성에 맞게 단순하게 조정된 것이며, 그들의 특성에 따라 적용할 수 있도록 실제 치료현장에서 얻어진 경험을 바탕으로 활동에 대한 설명을 추가하였다.

1. 자폐성장애의 진단 및 특성

1) 자폐성장애의 정의

2008년 개정된 장애인복지법 시행규칙에서는 ICD-10(International Classification of Diseases, 10th Version)의 진단기준에 따른 전반적 발달장애(자폐증)를 지닌 자를 자폐성장애로 규정하고 있다. 전반적 발달장애(PDD : Pervasive Developmental Disorders)는 여러 분야, 즉 사회적 상호작용과 의사소통 기술에 있어서 심각하고 광범위한 장해가 있거나 상동증적인 행동 및 관심, 활동이 있는 것이 특징이며, 자폐성장애, 레트장애,

소아기 붕괴성장애, 아스퍼거장애가 포함된다.

자폐증이라는 단어 'autism'은 원래 희랍어에서 자신(self)을 의미하는 'autos'에서 유래되었다. 자폐증 아동들이 나타내는 가장 두드러진 특성은 자신에게 몰입하는 것과 사회적으로 위축된 행동을 보이는 것이다(Wing, 1976). 자폐증 장애를 구별하는 경계는 아주 모호하지만 기존적인 인지적 발달장애, 언어와 의사소통의 이상, 이차적인 행동 및 정서문제 등을 지니는 하나의 '증후군(syndrome)'이라고 설명할 수 있다.

자폐증과 정신분열증 아동들은 겉으로 드러나는 관찰 가능한 행동의 공통점을 가지고 있지만 발생 연령에서 두드러진 차이점을 보이고 있다. 자폐증 장애는 30개월 이전에 발생하며 정신분열증은 발생시기가 늦고 발달 초기에는 정상적으로 발달하다가 정신분열증이 확립되어 감에 따라 심한 퇴행행동을 보인다는 특징이 있다.

2) 자폐성장애의 발생 원인

자폐성장애의 발생 원인은 아직은 정확히 밝혀지지 않고 있다. 초기 이론에서는 자폐증 장애의 원인을 심리사회적 원인으로 보는 경향이 있었으나 최근의 연구는 생물학적 원인을 찾는 쪽으로 기울고 있다.

초기의 심리사회적 원인으로 보는 입장의 연구들을 살펴보면 다음과 같다.

Kanner(1062)는 자폐증 장애를 가진 11명의 아동을 관찰한 결과 그들의 부모에게서 공통점을 발견했는데, 정서적으로 냉정하고 무관심하며, 자녀들과 상호작용을 잘하지 않는다는 점을 발견하였다. Bettelheim(1967)은 이러한 아동의 어머니를 지칭하는 용어로 '냉장고 어머니(refrigerator mother)'라는 용어를 사용하였고 더 강력한 용어로 '정신분열적인 어머니'라고 하여 자녀의 자폐성장애에 대한 직접적인 책임을 사랑과 애정어린 양육을 하지 못한 어머니 탓으로 돌렸다. 그러나 연구가 계속됨에 따라 자폐성장애의 원인을 부모의 양육행동에 초점을 둔 환경이론은 폐기되었다. 실조된 환경에서 자란 아동들이 자폐성이 될 위험성이 더 높지 않다는 증거가 나오기 시작하였을 뿐만 아니라 자폐성장애를 둔 어머니에게 비장애 자녀들도 많이 있기 때문이다. 따라서 자폐아동의 발생 원인에 대해 초기의 심리적 원인에 초점을 둔 이론은 현재의 관점에서 볼 때 잘못된 것이라는 결론을 얻을 수 있다.

최근의 연구에서는 생화학, 감각-운동, 신경학적 및 인지적 결함에서 원인을 찾으려고 하고 있다. 새로운 연구에서 찾은 증거들을 살펴보면, 유전적 특질, 태아기의 합병증, 부모의 연령 등이 유아자폐증의 원인이 될 수 있다고 한다. 자폐증 장애를 가진 아동의 경우 중추신경계에 이상이 있는 것으로 보고되고 있다. 그들의 83%가 뇌손상이나 좌측두엽의 병리적 확대 증세를 보이고 있으며(Hauser 외, 1975), 6세 이전에 자폐적 증후를 보이는 아동들은 18세 이전에 발작증세를 일으키는 것으로 밝혀졌다. 많은 연구자들은 좌반구 손상(Arnold 외, 1983)과 중추 전정기능에 영향을 미치는 뇌간손상에 대한 조사를 했다. 그러나 이러한 요인들이 자폐증의 원인이라고 결정적으로 입증된 것은 없다.

3) 자폐성장애의 진단과 사정

미국정신의학협회의 정신장애에 진단에 관한 진단 통계 매뉴얼(DSM-Ⅳ : 1994)에서는 자폐성장애(Autistic Disorder)의 필수증상은 사회적 상호작용과 의사소통이 현저하게 비정상적이거나 발달이 장애되어 있고, 활동과 관심의 종류가 현저하게 제한되어 있는 양상으로 설명하고 있다.

세부증상들을 살펴보면, 첫째, 사회적 상호작용의 광범위하고 지속적인 장애가 있다. 즉, 사회적 상호작용과 의사소통을 조절하기 위해 여러 가지 비언어적 행동(예 : 눈 마주치기, 얼굴표정, 몸 자세와 몸짓)을 사용하는데 현저한 장해가 있으며, 나이에 따라 발달 수준에 적합한 친구 관계 발달에 실패하며(예 : 어린아동-친구관계 형성에 관심없음/ 나이든 소아 -사회적 상호작용의 관습을 이해하지 못하고, 자발적으로 기쁨, 관심, 성공을 다른 사람과 나누지 못한다) 사회적 놀이나 게임에 관심이 없고 혼자놀이를 즐긴다.

둘째, 언어적 · 비언어적 기술의 장애가 현저하며 지속적이다. 즉, 구두 언어의 발달이 지연되거나 완전히 결여되어 있으며. 말을 할 수 있는 경우에도 다른 사람과의 대화를 시작하거나 지속하는 능력이 떨어지며, 상동증적이고 반복적인 언어나 괴상한 언어를 사용한다. 언어가 발달할 때, 음성의 고조, 억양, 속도, 리듬 및 강도가 비정상적일 수 있으며, 언어이해에 있어서도 간단한 질문, 지시, 또는 농담을 이해하지 못하는 양상을 보이며 상상적인 놀이는 거의 하지 않거나 전혀 하지 못한다.

셋째, 행동이나 관심, 활동이 제한되어 있으며, 반복적이며 상동증적인 양상을 나타낸다. 강도나 초점에 있어서 비정상적인, 한 가지 이상의 상동증적이고 제한된 관심에 집착하고, 특이하고, 비기능적인, 틀에 박힌 일이나 의식에 고집스럽게 매달리고, 상동증적이고 반복적인 동작성 매너리즘을 보이거나 대상의 분류에 지속적으로 집착한다.

사회적 상호작용에 사용되는 언어, 상징 혹은 모방놀이 3가지 영역 중 1개 이상이 3세 이전에 지연되거나 비정상적인 기능을 하는 경우 자폐증의 진단을 받게 된다.

4) 자폐성장애의 유병률

역학적 연구결과 1만 명당 2~5명이 발생한다는 유병률을 보이며, 자폐성장애가 있는 개인의 형제들은 자폐성장애의 위험률이 증가한다고 보고하고 있다. 또한 자폐성장애는 3세 이전에 발병한다고 보고 있으며, 언어기술과 전반적인 지적 수준이 궁극적인 예후와 상관되는 가장 중요한 요인이라고 할 수 있다. 단지 소수의 개인들만이 성인기에 독립적으로 일하며 살아가며, 1/3은 부분적인 독립이 가능하다.

자폐증 장애는 남아가 여아에 비해 3배 정도 더 많다. 남아 대 여아의 비율 또한 2 : 1에서 5 : 1에 이르는 것으로 다양하게 추정치를 제시하고 있다. 또한 유아자폐증의 출현율은 일반가정의 아동보다 장애를 가지고 있는 가족과 친척을 둔 아동들에게서 훨씬 더 높게 나타난다.

자폐성장애와 기타 전반적 발달장애를 구별해 보면, 레트장애는 특징적인 성비율과 결함 양상에서 구별된다. 레트장애는 여성에게만 진단되는 반면 자폐성장애는 남성에게 더 흔하다. 레트장애는 머리 성장의 감속, 전에 습득한 의미있는 손기술의 상실, 운동 조정이 잘 안되는 보행이나 몸의 움직임이 특징적이다. 소아기 붕괴성장애는 적어도 2년간의 정상발달 후에 명백한 퇴행 양상이 나타난다. 아스퍼그장애는 언어발달의 지연이 없다는 점에서 구분된다.

5) 자폐성장애 아동의 특징

자폐성장애 아동은 행동이 괴이하고 정서는 매우 강렬하며, 완전히 고립적이어서 이해하는데 많은 어려움을 느낀다. 이런 아동들은 언어기능의 발달, 의사소통 방법의 학습, 다른 사람과 인간관계를 맺는데 어려움을 느낀다. 이상한 신체운동(예 : 상동행동), 지나친 두려움, 변화에 대한 심한 저항이 나타난다.

Rimland(1964)는 자폐성장애 아동의 두드러진 행동 특성을 연령에 따라 다음과 같이 제시하고 있다(김종현 외, 2009, 재인용).

〈출생에서 18개월까지〉

- 상호응시하지 않는다.
- 음식을 먹여줄 때 문제를 지닌다(예 : 빨기 기능 열등).
- 미소반응이 부족하다.
- 냉담 및 무반응이다.
- 안아줄 때 지나치게 긴장하거나 그 반대 현상을 보인다.
- 지속적으로 운다.
- 반복적인 운동행위를 한다.
- 어떤 물체에 지나치게 관심을 갖는다.
- 변화를 지극히 싫어한다.

〈18개월에서 2세까지〉

- 시선을 마주치지 못한다.
- 위축 및 고립적이다.
- 대소변 훈련이 곤란하다.
- 이상한 식사습관 및 편식을 한다.
- 입에 음식물 넣기, 씹기, 삼키기 등을 거부하는 등의 식사문제가 있다.

• 담화발달이 거의 되지 않거나 전혀 안 된다.
• 수용언어 기술이 열등하다.
• 장난감에 관심을 보이지 않으나 물건을 고집스럽게 가지고 논다.

〈2세 이후〉
• 위축 및 고립적이다.
• 협동놀이가 발달하지 않는다.
• 식사, 수면 및 대소변의 문제가 있다.
• 운동발달이 조숙하거나 늦다.
• 동일성을 지나치게 고집한다.
• 반복적인 습관, 몸짓 및 매너리즘이 발달한다.
• 변화에 짜증을 보이거나 활동이 엄격히 제한된다.

6) 자폐성장애 아동의 발달

(1) 인지발달

자폐성장애 아동의 지적 기능은 다양한 수준을 보이고 있는데, 많은 경우 "학습준비기능수준(pre-academic levels)"에 머무르고 있다. 자폐성장애가 있는 경우 60~80%가 IQ 50 미만의 정신지체를 지니고 있지만 정신지체와는 다른 특성을 보인다. 지능검사에서 추상적 사고, 상징 및 순차적 논리를 필요로 하는 과제의 수행에 낮은 점수를 보이며, 손과 시각적 공간 기능을 요구하는 과제를 잘 수행하는 경향이 있다. 이들의 열등한 인지발달은 아동들의 학습능력에 영향을 미치고, 행동문제는 주의력과 동기유발에 영향을 미친다고 보고 있다.

약 10%의 자폐아는 특출한 천재적인 재능을 가진 경우도 있다. 이는 일반적 기준에 비해 뛰어난 능력을 의미한다. 일명 서번트 증후군(savant syndrome)이라고 하여 음악연주, 달력 계산, 암산 등 특정한 부분에 특출한 재능을 보이는 것을 말한다.

(2) 언어발달

자폐성장애 아동의 언어는 고유한 특성을 지니고 있다. 의사소통과 언어능력이 전혀 없거나 그 특성이 매우 이상하다. 많은 아동들이 전혀 말을 하지 않거나 언어를 이해하지 못하는 것 같다. 어떤 아동들은 반향어, 앵무새와 같은 말, 의미없는 언어, 남의 말에 대한 끊임없는 반복, 강세와 높낮이와 같은 억양의 표현부족 등이 나타난다.

자폐성장애 아동들은 대화의 관습을 따르고, 언어적 비언어적 맥락에 따른 규칙을 해석하는데 큰 어려움이 있다. 그들은 대화의 주제에 이상할 정도로 오랫동안 매달려 있고, 차례로 대화하는 규칙을 인식하지 못하며, 제스처를 적절히 사용하지 못한다. 눈맞춤, 신체자세, 목소리의 음조, 얼굴표정 등과 같은 몸짓의 단서를 해석하지 못한다. 언어발달이 잘 되지 않으면 놀이와 상상 기능과 같은 다른 여러 가지 영역에도 좋지 않은 영향을 미친다.

(3) 지각발달

자폐성장애 아동은 지각에 이상증상을 보이는 경우가 많다. 관련 자극 단서에 주의를 기울이는데 어려움이 있어서, 일반적으로 들어오는 자극에 대해 과잉반응을 보이거나 과소 반응을 보인다. 이러한 증상은 감각적 입력을 견디지 못하여 관련된 환경 자극에 주의를 기울일 수 없다고 보는 입장과, 아주 소수의 자극에만 시선이 고정되어 환경 자극을 전체적으로 스캐닝(scanning)하지 못하기 때문이라고 보는 두 가지 관점이 제시되고 있다.

(4) 운동발달

자폐성장애 아동의 운동기능은 잘 발달할 수 있으나 반복적인 신체 움직임으로부터 의식적으로 고착된 활동에 이르기까지 다양한 상동행동을 한다. 지속적, 상동적, 반복적 매너리즘으로 나타나는 자기자극 행동은 자폐증의 명백한 특성 중의 하나이다. 그들의 놀이는 단순히 지체된 것이 아니라 특이한 특성을 보이고 있다. 상징적 측면에서 심한 장애를 보이는데, 상상력이 부족하고, 빈약하며, 반복적이고, 의식적이고 엉뚱하다. 그들은 놀이 방법을 잘 모르는 것 같고, 방에 장난감이 가득 차 있어도 그것에는 관심이 없고, 상동적, 자기자극적인 신체운동에 몰두한다. 장난감을 가지고 놀더라도 특이한 방식으로 논다.

(5) 사회 및 정서발달

자폐성장애 아동은 사회적 발달이 잘 이루어지지 않는다. 지능이 높고 언어를 사용하는 아동들도 사회적인 능력이 결핍된다. 다른 사람에게 냉담하고 무관심한 태도를 보이고, 관계를 맺으려고 시도하면 당황스러워한다. 일부 중증장애 아동들은 심하게 울화를 터뜨리면서 다른 사람을 물어뜯거나 차거나 할퀴거나 때리는 공격적인 행동을 보이기도 한다. 자폐성장애 아동들은 의미있는 대인관계를 통해 자신의 요구를 충족시키지 못하고, 오히려 사람들에게 무생물을 대하듯이 한다.

2. 자폐성장애와 치료놀이

치료놀이의 시작은 자폐성장애 아동의 치료에서 시작되었다. 당시 놀이치료를 하고 있던 전버그박사가 전통적인 아동치료로서 효과가 없었던 아동을 다른 새로운 방법으로 접근한데서 치료놀이가 시작되었다고 할 수 있다.

치료놀이의 SCEN의 차원은 자폐성장애를 가진 아동에게는 매우 적합한 접근방법이라고 할 수 있다. 치료놀이 치료사는 반드시 그 아동이 인식하도록 우선적으로 강도와 지속성 그리고 놀라움을 주어야 한다. 그러므로 개입활동은 매우 중요하다. 자폐성장애 아동은 그의 주변세계가 그에게 이치에 맞지 않는 한 발전을 이루지 못한다. 이때 구조는 이후 아동에게 예측성과 안정감을 제공해 준다. 치료놀이의 도전은 아동이 계속해서 연결되도록 유도하고 물러서기 전에 한번 더 참여할 수 있도록 한다. 양육은 모든 아동에게 중요하지만 자폐성장애를 지닌 아동들에게는 무엇이 편안함으로 지각되는지에 대해 발견하는 것이 필요하다. 그러므로 치료자는 건강한 대인관계의 촉진을 위해 반드시 권장된 치료방법을 사용해야 한다.

이러한 특성을 가진 아동들은 이들의 관심을 유지하고 참여를 지속시키고, 아동을 내버려두거나 혼자 있도록 하는 여지를 주어서는 안 된다. 문제들이 구조적으로 근원적인 원인을 갖고 있다 해도, 치료놀이는 특히 따뜻하고 보살펴 주는 방법으로 관계 맺는 아동의 능력을 변화시킬 수 있다. 치료자는 각 아동의 특수한 감성을 진단하고, 아동이 감당할 만한 자극의 종류를 개발하고, 자극에 대한 참을성을 길러 주는 경험들을 제공하며, 무엇보다도 아동을 따뜻하고 즐겁고 사회적인 상호작용에 참여시키는 방법을 꾸준히 찾고 개발하여야 한다.

1) 눈맞춤하기

자폐성장애 아들이 외부의 경험을 차단하기 위하여 가장 많이 사용하는 방법 중의 하나가 눈맞추기를 피하는 것이다. 그들이 눈맞추기에 적응하고 즐길 수 있는 방법을 찾는 것이 그들을 참여시키는 필수적인 과정이다. 하지만 눈맞춤은 물리적 보상을 받는 것이 아니다. 대신에 자발적인 눈맞춤을 만들어 내는 것은 즐겁고 놀라운 활동에 의한 것이다. 가능한 한 치료자가 아동의 얼굴에 가까이서 많은 활동들을 함으로써 아동이 활동에 관심을 보인다는 확신을 가질 수 있고, 아동도 치료자를 보게 될 것이다.

2) 제한된 활동을 사용하기

자폐아동들을 위한 활동들은 영아의 단계에 맞게 조정된 것이어야 한다. 이러한 활동들은 자연스럽고 매력적이며 아동이 퇴행하기 전부터 아동들에게 익숙한 활동들이다. 간단한 활동들을 통해 아동은 성공감과 유능감을 느끼게 된다. 제한된 활동을 사용함으로써 아동이 활동에 익숙해지고 편안함을 느낄 시간을 갖는 것이 필요하다. 그러나 아동이 익숙함과 편안함에서 반복하기를 원하는 것과 새로운 경험을 차단하는 것과 같은 강박적인 주장으로 반복의 요구는 구별되어야 한다.

3) 3단계 법칙을 따르기

자폐성장애아동들은 새롭거나 생소한 활동을 잘 받아들이지 않는데 그들에게는 활동들을 이해하고 움직임을 계획할 시간이 필요하다는 것을 이해하여야 한다. 이러한 빈번한 거부와 느린 집중력을 지닌 PDD아동에게는 3단계 법칙을 적용해야만 한다.

- 1단계 : 처음 새로운 활동이 아동들에게 제공되면 아동들은 소리를 지르거나 외면한다.
- 2단계 : 다시 활동을 반복하면 아동은 조심스럽게 관심을 가질 수 있다.
- 3단계 : 아동은 즐거워하고 활동을 반복하기를 원한다.

4) 반영해 주기

화를 내고 저항하는 아동을 개입하고 치료자의 존재를 알리기 위한 방법으로 아동의 감정을 반영해 준다. 반영하는 것의 기본법칙은 아동의 모든 언어와 비언어의 반응을 모방하는 것이며, 실제로 영향을 주기 위하여 치료자는 반응의 정도를 조절하고 부풀리기도 한다. 아동의 소리를 반영하는 것은 부모가 영아들과 함께 하는 의사소통의 기초가 되는 옹알이와 같은 것이다. 소리의 반영은 언어가 지체된 모든 아동에게 유용하다. 이는 진정한 의사소통을 위한 언어를 이끌어 내는 활동적인 상호작용의 시작이다.

5) 음악 이용하기

음악과 노래는 자폐성장애아들에게 유용하다. 좋아하는 노래의 익숙함과 새로움은 아동에게 언어를 기억하고 율동에 참여할 수 있는 기회를 준다. 자폐아들이 청각이 지체되었거나 운동능력이 덜 발달되었을 경우 또는 두 가지 경우 모두라면 그들이 말을 하거나 행동을 할 수 있는 충분한 기회를 가지기 위한 오랜 휴식과 긴 망설임과 여러 번의 반복이 필요하다.

자폐성장애 아동을 위한 치료놀이 프로그램을 적용한 국내연구를 살펴보면 다음과 같다.

임숙빈(1997)은 자폐아동 11명과 어머니를 대상으로 6개월 간 애착증진프로그램을 실시하였는데, 이 프로그램에서 실시한 애착증진 놀이활동은 치료놀이를 활용한 활동이었다. 그 결과 아동과 어머니간의 애착증진 및 어머니의 양육행위를 양적, 질적인 면에서 긍정적으로 변화시키는데 효과적임을 입증하였다.

박랑규(1999)는 치료놀이를 활용하여 부모와 자폐성장애 아동의 사회적 상호작용 발달을 위한 가족훈련 프로그램을 구성하고 그 효과성을 분석하였는데 연구결과를 보면 프로그램 실시 후로 실험집단의 어머니와 아동 모두 스트레스 조절 영역을 제외한 애착, 탐색활동, 주도적 활동영역에서 증가경향을 보였으며, 전체 상호작용에서도 유의미한 차이를 보였다.

임용택(2003)은 치료놀이 활동이 자폐아의 사회적 상호작용에 미치는 효과를 살펴보기 위하여 자폐성장애 아동 1명에게 치료놀이 활동을 중재한 결과 사회적 상호작용에 효과가 있는 것으로 나타났는데 대상 아동은 상호작용의 세부영역인 사회적 시작행동과 사회적 반응행동, 사회적 상호작용 도움 영역에 있어서 점진적으로 증가한 것으로 보고하였다.

오윤아(2004)는 집단 치료놀이가 자폐성장애 아동의 사회적 상호작용에 미치는 효과를 살펴보기 위해 3-4세의 자폐성장애 아동 3명을 대상으로 집단치료놀이를 실시한 결과 집단치료놀이가 자폐성 아동의 사회적 상호작용에 효과가 있는 것으로 보고되었다.

윤미원(2005)은 자폐아동의 사례분석을 통한 치료놀이 효과를 통하여 만 11세 남아를 대상으로 주 1회 총 30회 치료놀이 실시 후 사례 분석을 통해 치료놀이의 효과를 검증하였다. 그 결과 눈맞춤과 미소, 웃음, 이탈행동, 활동에 집중하는 행동에 긍정적인 변화를 보였으며, 아동과 어머니 아동과 치료자와의 상호작용에서 긍정적인 변화를 보였다. 눈맞춤은 수동적이며 회피적인 양상에서 감정의 전달과 공유를 위한 눈맞춤으로 변화되었으며, 미소와 웃음은 자동적이고 무의식적인 형태에서 자신의 즐거움을 표현하는 모습으로 변화하였다. 이탈행동은 초기단계에 대부분의 활동에서 드러났던 드러눕기 등의 소극적인 형태의 이탈에서 외부환경과 활동에 대한 흥미와 욕구를 표현하는 보다 적극적인 형태로 변화되었으며, 활동에 집중 정도는 활동적이고 운동성이 큰 놀이에만 잠깐 집중했던 초기의 양상들이 종결단계에서는 활동의 즐거움을 인식하고 몰입하는 정도가 매우 긍정적으로 변화하였다.

3. 자폐성장애 아동을 위한 치료놀이 활동

자폐성장애 아동의 경우 개별적인 증상이나 발달 정도에 따라 가능한 활동은 많은 차이를 보일 것이다. 자폐성장애 아동을 위한 치료놀이 활동은 다양한 새로운 활동을 계획하기 보다는 익숙한 몇 가지 놀이의 반복에 한두 가지 새로운 활동의 추가 정도의 활동계획이 효과적이라고 할 수 있다. 자폐성장애 아동을 위한 치료놀이 활동은 좀 더 단순화하고, 아동에 대한 주의와 이해, 그리고 눈맞춤을 통한 확인, 명확한 신호, 노래나 운율을 활용한 활동들, 예측 가능한 시작과 마침 노래로 선정한다.

다음은 자폐성장애 아동과 효과적으로 활동할 수 있는 치료놀이 활동의 예를 제시하였다.

1) 비눗방울놀이

자폐성장애 아동과 함께하는 비눗방울놀이는 좀 더 구조적이고, 단순하며, 눈맞춤과 신체접촉이 이루어질 수 있도록 실시한다.

먼저 치료자는 비눗방울을 불어 비눗방울 하나를 잡아서 아동의 손가락으로 터트리도록 한다. 이때 명확한 신호를 보내고("준비됐지? 하나, 둘, 셋! 팡~") 아동이 비눗방울과 치료자를 볼 수 있도록 시선을 맞출 수 있도록 한다. 동일한 방법으로 아동의 손가락 하나하나를 이용하여 비눗방울을 터트리도록 할 수 있을 것이다. 발가락을 이용하는 방법도 즐거워한다.

이렇게 신체를 이용하여 비눗방울을 터트리는 활동을 통해 자폐성장애 아동은 자신의 신체를 인식하게 될 것이며, 편안하고 자연스러운 눈맞춤의 경험을 할 수 있을 것이다. 또한 자신의 움직임을 통한 비눗방울이 터뜨려지는 놀라운 변화를 보면서 즐거움을 느낄 수 있을 것이다.

좀 더 기능할 수 있는 아동이라면 치료자가 잡아 온 비눗방울을 불도록 할 수도 있다. 하나의 비눗방울에서 여러 개의 비눗방울이 나오는 것을 보며 함께 즐거워할 수 있을 것이다. 특히 부는 힘이 약한 경우라면, 바로 불게 하는 것보다는 비눗방울이 하나 있는 상태에서 부는 것이 아동의 실패를 적게 할 수 있다. 만약 기능은 좋으나 누워만 있으려고 하고 움직임이 적은 아동이라면 자연스럽게 그리고 자발적으로 일어날 수 있도록 비눗방울을 이용할 수도 있을 것이다.

2) 로션놀이

자폐성장애 아동의 경우 촉각이나 후각에 민감성을 가진 경우가 많다. 이 경우에는 로션놀이를 거부할 가능성이 높다. 반대로 로션의 감촉으로 자기자극에 몰두하는 경우도 있다. 이 경우라면, 함께 놀이하기를 거부하고 혼자서 로션의 감촉을 즐기려고 할 것이다.

전자의 경우 로션놀이는 조심스럽고 점진적으로 접근해야 한다. 손톱이나 발톱에 로션을 발라줄 수 있을 것이다. 신체의 예쁜 곳에 소량의 로션을 발라줄 수도 있을 것이다. 아동이 민감성을 보이거나 심한 저항을 한다면, 재빨리 그러나 부드러운 손길로 로션을 닦아 주도록 한다. 점차 로션에 익숙해지도록 계속적인 시도를 해 보도록 한다.

후자의 경우라면 혼자 자극을 즐기도록 두지 않고 상호작용을 이끌어 내도록 한다. 함께 손을 잡고 미끄러운 손장난을 하거나 당기기 활동을 통해 강한 접촉을 유도하도록 한다. '토끼, 거북이'와 같이 한쪽 손을 잡고 빨리 마사지해 주기와 천천히 마사지해 주기로 신체조절 경험과 즐거움을 이끌어 낼 수 도 있을 것이다.

거울에 로션으로 손찍기 활동을 하는 경우에도 아동의 손을 함께 잡고 함께 활동함으로써 자연스러운 신체접촉과 구조가 이루어질 수 있도록 한다. 혼자 느끼는 감각의 자극이 아니라 함께 나누는 즐거운 활동이 될 수 있도록 한다. 거울에서 하는 활동을 바닥에 큰 비닐을 깔고 할 수도 있다. 썰매나 스케이트처럼 비닐에 양말을 벗고 올라가서 미끄러운 놀이를 해 본다. 이 경우 치료자의 안전에 대한 주의가 매우 필요한 활동이다. 치료자가 아동을 충분히 양육할 수 없다면 시도하지 않는 것 좋다. 그러나 이 활동의 경우 즐거움과 온전히 치료자를 신뢰하는 신체접촉이 일어날 수 있는 활동이다.

로션놀이를 통해 자폐성장애 아동은 치료자와의 상호작용을 통한 접촉과 자극이 자신이 두려워했던 것 만큼 압도적이지 않다는 것을 경험하게 될 것이다. 거부했던 자극을 점차 견딜 수 있게 되면 다양한 상호교류가 시작될 수 있을 것이다.

3) 까꿍놀이

자폐성장애 아동은 자신의 경험을 차단하기 위하여 눈맞춤을 피하고 자기만의 세상에 머물려고 할 것이다. 까꿍놀이는 이러한 특성을 가진 아동에게 개입하는 가장 좋은 방법이라고 할 수 있다.

치료자는 아동의 손을 잡고 치료자의 눈을 가린 후 갑자기 나타나서 "까꿍"하고 아동의 눈맞춤을 이끌어 낸다. 방석이나 쿠션을 이용하여 "까꿍"하면서 나타날 수도 있다. 보자기를 이용하여 "까꿍"을 시도해 본다. 그러나 쿠션, 방석, 보자기 등을 이용하는 것보다는 아동의 손을 잡고 "까꿍"을 시도하는 것이 신체접촉이 함께 이루어지며 좀 더 적극적이며, 직접적으로 개입할 수 있는 효과적인 방법이라고 할 수 있다.

눈맞춤을 계속적으로 피한다면, 아동의 시선을 따라 가서 "까꿍"을 시도해 본다. 치료놀이 치료사는 어떤 상황에서도 아동과 눈맞춤을 하기 위한 시도를 멈춰서는 안 된다.

치료자는 자신의 볼에 바람을 넣어 볼풍선을 만들어 아동의 손을 함께 잡고 볼풍선 터뜨리기를 해 본다. 어느 순간 아동이 자발적으로 치료자의 얼굴에 손을 가져다 대며 볼풍선을 터뜨리려고 하는 시도를 경험하게 될 것이다.

까꿍놀이를 통해 자폐성장애 아동은 단절된 세상에서 나와 따뜻하고 즐거운 관계의 경험을 하게 된다.

4) 시소놀이

시소놀이는 치료자가 아동의 손을 잡고 밀고 당기면서 누웠다 앉기를 반복하게 된다. 이때 치료자는 다리를 뻗어 아동의 머리가 바닥에 바로 닫지 않도록 치료자의 다리를 이용하여 아동의 머리를 받치도록 한다. 만약 아동의 행동이 클 경우 안전을 위해 치료자의 발등 부분, 즉 아동의 머리가 닿는 부위에 큰 쿠션을 두면 더욱 편안하게 활동을 진행할 수 있다. 치료자는 노래를 빠르게 또는 느리게 부르면서 노래에 맞추어 빠르게, 느리게 움직여 본다. 시소놀이가 끝난 후에는 아동의 손과 손목을 살펴보면서 마사지를 하여 양육의 경험을 제공하도록 한다.

만약 아동이 몸을 뻗치거나 힘을 완전히 빼서 놀이에 비협조적인 경우라면, 치료자가 아동의 머리 부분을 팔로 감싸고 놀이를 진행할 수 도 있을 것이다. 아동이 놀이의 규칙을 알고 즐거움을 깨닫게 되면 점차 적극적으로 활동에 참여하게 될 것이다.

시소놀이는 자폐성장애를 가진 아동들에게 밀고 당기기를 반복하면서 자신의 신체를 조절하는 경험을 제공하고 타인과의 즐거운 상호작용을 경험하도록 한다.

5) 티슈펀치

자폐성장애 아동과의 신문지 펀치를 시도한 많은 치료자들은 실패의 경험을 하는 경우가 많이 있었을 것이다. 이 경우 좀 더 부드럽고, 작은 티슈펀치에 도전해 보기를 권한다. 특히 누워만 있으려고 하거나 주먹을 쥐어 앞으로 뻗지 못하는 아동이라면, 치료자가 아동의 등을 뒤에서 앉아서 받치고 아동의 손에 티슈를 가져가서 신호에 맞춰 티슈를 터뜨려 보도록 한다. 이 경우 놀이에 수동적인 아동들에게도 치료자가 충분히 양육하면서 놀이의 경험을 제공할 수 있다는 장점을 가지고 있다.

자폐성장애 아동에게 놀이의 방법과 규칙이 있으며 함께 하는 즐거움을 제공할 수 있을 것이다. 자신의 신체에 무엇인가가 와서 닫으면서 모양이 변하고, 치료자의 신호가 함께 주어지는 상황에 대한 인식이 발생할 수 있도록 반복하여 시도해 본다.

6) 풍선치기

아동과 함께 손을 잡고 풍선치기를 시도해 본다. 풍선치기는 앉아서도 가능하고, 누워만 있는 아동에게도 시도해 볼 수 도 있다. 치료자와 함께 서서 풍선치기를 한다면 더욱 즐겁고 다양한 방법으로 풍선치기를 시도해 볼 수 있을 것이다. 누워만 있으려는 아동에게도 풍선을 보내고 치료자와 함께 쳐내는 활동은 아동의 관심과 즐거움을 이끌어 낼 수 있다.

풍선을 이용하여 다양한 활동을 시도해 볼 수 있다. 치료사가 풍선에 바람을 불어 손으로 잡은 후 풍선에 든 바람을 조금씩 아동의 각 신체 부위에 불어넣어 줄 수 있다. 그리고 치료자가 크게 분 풍선을 아동과 함께 잡고 신호 맞춰 던져 갑자기 작아지면서 재미있는 소리를 내는 풍선로켓놀이도 시도해 볼 만하다.

풍선치기 활동은 자폐성장애 아동에게 그들이 가진 능력에 맞게 다양한 수준으로 도전을 제공할 수 있는 즐거운 놀이이다.

7) 쿵덕쿵

'쿵덕쿵'은 다리방아를 찧는 전통놀이이다. "쿵덕쿵 쿵덕쿵 물레방아 돌아라. 쿵덕쿵 쿵덕쿵 밥쌀 떡쌀 찧어라." 등과 같은 노래를 부르면서 아동을 치료자의 발에 앉히고 치료자는 바닥에 누운 채 아동을 다리로 들어올려 준다.

자폐성장애 아동 중 감각에 이상이 있는 경우 급격하게 신체의 중심이 변화하는 것을 견디지 못하는 경우가 있다. 그런 경우에는 조금 더 조심스럽게 천천히 놀이를 실시하도록 한다.

'쿵덕쿵' 놀이가 주는 좋은 점 중 하나가 아동의 눈맞춤을 이끌어 낼 수 있다는 것이다. 치료자는 아동을 들어올리는 활동에만 집중하지 말고 아동과의 눈맞춤을 계속적으로 지속할 수 있도록 한다. 바닥에 내려 앉았다가 다시 들어올려지면 아동과 치료자는 눈맞춤을 하게 된다. "까꿍"놀이와 같은 즐거움을 함께 제공할 수 있다.

아동이 놀이에 익숙하고 치료자가 좀 더 도전적인 요소를 가미하고 싶다면 아동을 다리를 뻗어 들어올릴 때, 아동의 팔을 잡고 함께 팔을 뻗어 보는 방법도 있다. 아동의 배에 발을 대고 '비행기놀이'로도 확장할 수 있다.

8) 신체터치놀이

체크업(check up)은 치료놀이 시작할 때 "환영의 노래"를 부르면서 인사 나누기를 한 후 바로 실시한다. 아이의 몸 가운데 특별한 부위를 모두 알아낸다. 노래를 이용하여 신체터치를 실시하면 더욱 효과적일 것이다. "00의 눈은 어디 있나? 여기~"와 같은 노래를 이용하여 아동의 신체를 확인할 것이다. 눈, 코, 입, 귀, 머리, 어깨, 손, 발, 이마, 볼, 턱 등 아동의 각 신체부위를 터치하여 자신의 신체를 인식하도록 돕는다. 또한 자신이 얼마나 소중하고 아름다우며, 충분히 사랑받을 만하다는 것을 알 수 있는 메시지를 전달하게 될 것이다.

각각 다른 신체부위를 건드릴 때 각 부위에 따라 재미있는 소리를 내는 방법도 있다. 예를 들어 아이의 코를 건드리며 " 꿀꿀" 또는 귀를 건드리며 "찍찍" 등의 소리를 낸다.

치료자 또는 부모가 아동의 손가락과 발가락 하나하나에 뽀뽀를 해 주는 놀이도 할 수 있다. 아이의 눈을 바라보면서 손가락과 발가락 하나하나에 이름을 붙여 주며 뽀뽀해 주도록 한다. 손등과 손바닥, 발등과 발바닥에도 뽀뽀해 준다. 계속되는 뽀뽀 가운데 갑작스러운 "뽕"하며 방귀 소리를 내어 아동과 함께 놀람과 웃음을 터뜨릴 수도 있다.

좀 더 적극적인 마사지를 실시할 수 있을 것이다. 노래에 맞춰 아동의 팔과 다리를 마사지할 수 있다. 많은 자폐성장애 아동의 경우 몸이 심하게 경직되어 있는 경우가 많다. 편안하게 자신의 몸을 유지할 수 있도록 도울 수 있을 것이다. 이들과의 마사지를 실시할 때에는 좀 더 강한 터치를 실시하는 것이 좋다. 강한 힘을 주어 신체를 터치하여 신체인식을 돕도록 한다.

9) 업고 노래불러 주기

업고 노래를 불러주는 놀이는 활동이 적은 자폐성장애 아동에게 특히 유용하다. 편안하게 아이를 업고 아주 편안하고 느린 노래를 불러 준다. 이 때 치료실에 있는 거울을 통해 치료자는 아동을 바라볼 수 있도록 하고 아동도 치료자를 관찰할 수 있도록 한다. 조용하고 위협적이지 않은 환경에서 편안함을 제공하는 새로운 누군가에 대한 인식을 할 기회와 시간을 제공할 것이다. 업고 노래부르기에 익숙해 지면, 놀이를 확장할 수 있다. "숫자노래"와 같은 노래를 부르면서 좀 더 즐거움을 제공할 수도 있다. "하나하면 할머니가 지팡이 짚고서 "잘잘잘" 노래 부르면서 "잘잘잘"이 나올 때마다 치료자가 아동을 업은 상태에서 뛰어서 새롭고 놀라운 자극을 제공한다.

아동이 계속 업혀만 있으려고 한다면 그런 아동의 특성을 놀이로 전환할 수도 있다. 치료자가 아동에게 "자 지금부터 선생님이 널 떨어뜨리려고 몸을 흔들거야, 넌 선생님에게서 떨어지지 않도록 꼭 잡고 있어."라고 이야기한 후 아동을 잡은 손을 놓고 몸을 흔들어 업힌 아동이 떨어지는 놀이를 해 본다.

만약 업히지 않으려는 아동이라면 안고 노래불러 주기로 먼저 아동과의 신뢰감을 쌓도록 한다.

10) 이불 요람 태워 주기

이불에 아동을 눕힌 후 조심스럽게 들어 올려 천천히 흔들어 준다. 감각조절에 어려움이 있는 아동이라면 이러한 흔들림에 익숙하지 않으며 어려움을 호소할 수도 있다. 이 경우라면 더욱 조심스럽고 적은 흔들림을 제공해야 할 것이다.

이불에 누운 아동은 치료자를 바라볼 수 있도록 하며 치료자도 아동의 시선을 놓치지 않도록 한다. 조용하고 느린 노래를 불러 주며 안정감을 느낄 수 있도록 한다.

만약 보조 치료자나 부모가 함께 참석하지 않는 경우라면 이불 끌어 주기 활동도 유용하다. 노래에 맞춰 빠르게 느리게 끌어 주는 방법도 놀람과 즐거움을 제공한다. 노래를 함께 불러 주면서 끌어 준다면 아동은 이 활동이 어느 정도 지속될 것인가에 대한 예측할 수 있도록 도움을 제공할 수도 있을 것이다.

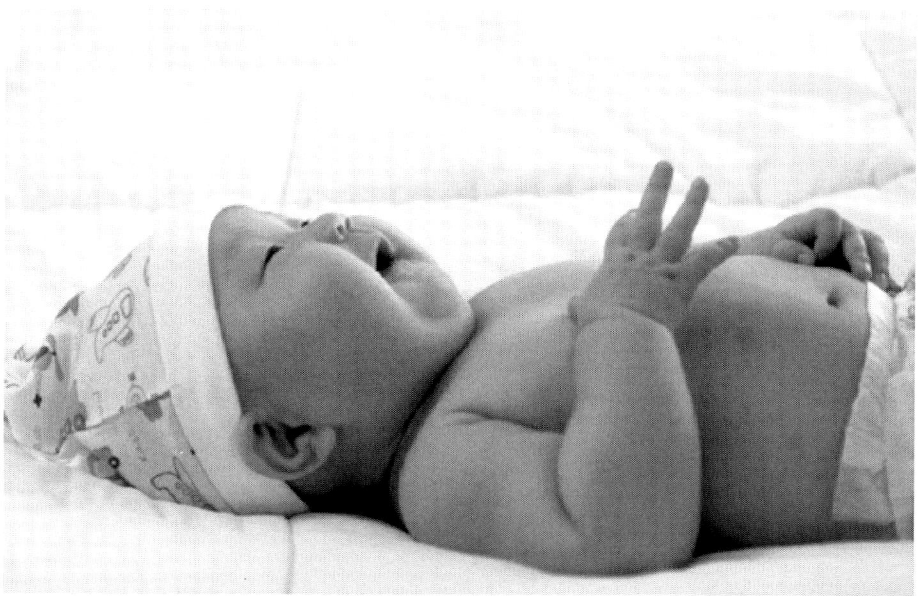

집단치료놀이 실제

03

PART

CHAPTER 10

집단치료놀이와 활동

1. 집단치료놀이의 구성
2. 집단치료놀이의 규칙
3. 집단치료놀이의 효과
4. 집단치료놀이 활동 분류
5. 집단치료놀이 활동

집단치료놀이는 치료놀이의 장점을 모든 아동이 갖게 되기를 원했던 학교 교사들에 의해 적용되었다. 집단치료놀이는 Rubin과 Tregay가 「Play with Them」이라는 책에서 자세히 다룬 이후 두드러진 발전을 해 왔으며 그것은 다양한 종류의 아동에게뿐만 아니라 부모집단과 우울증으로 고통받는 노인들에게까지도 사용되었다(Rubin & Tregay, 1989).

집단치료놀이는 또래와의 관계형성에 어려움을 겪는 어린이에게 적합한 생기 있고 재미있게 사회적 기술을 습득하게 하는 독립적 방법이다(성영혜, 2000). 집단치료놀이는 아동에게 자신감을 강화시키고 인간적이고 긍정적인 경험을 통해 타인에 대한 신뢰감, 가족 · 집단에 대한 소속감, 서로 도와 주는 협동심을 향상시키는 것을 목적으로 한다.

Schaefer(1993)에 의하면 집단치료에는 개별 치료와는 다른 치료적 요인이 있다고 하였다. 즉, 집단치료는 이타심, 응집력, 보편성, 대인관계에서의 배움과 가르침, 인내, 정화, 동일시, 자기 자신의 이해, 희망 얻기, 존재의식 높이기 등의 효과가 있다고 하였다.

집단치료놀이는 집단의 리더이자 코치, 참여자 역할을 하는 치료자에 의해 지원받으며 또래집단간의 활기차고 즐겁고 양육적인 상호작용 경험을 제공하기 위한 목적으로 실시된다.

집단치료놀이는 밖으로 드러나는 욕구보다는 부정되고 방어되는 구조, 개입, 도전, 양육활동들을 적절하게 대상에 따라 적용한다(Rubin, 1999).

집단에서 아동은 대리학습의 경험과 토대로부터 즉각적인 반응을 얻는 경험을 함으로써 대인 간 기술을 발전시키고 새로운 행동을 숙달하며, 도움을 주고 받으며 정서 및 행동을 조절하며 또래와의 긍정적 관계형성과 사회적 기술을 습득한다.

1. 집단치료놀이의 구성

1) 집단의 크기

집단치료놀이의 인원은 4명에서 30명(보육시설에서는 일반아동들에 대한 대집단활동이 실시된다)에 이르기까지 다양할 수 있다. 장애 또는 문제가 심각한 경우 아동의 집단의 크기는 보통 4명이나 8명으로 구성되어진다. 스트레스가 많고 정서적 요구가 많으며 감정조절이 잘 되지 않은 아동이나 방어적이고 심한 상처를 경험한 아동의 경우는 소집단이 적합하다. 집단치료놀이의 치료자는 주치료자(리더) 1명, 협력치료자 1명 또는 그 이상에 의해 진행된다.

2) 집단치료놀이 회기 수와 시간

집단치료놀이의 회기 수는 집단원과 집단원의 욕구에 따라 달라질 수 있으며 주 1회를 기본으로 하고 경우에 따라 주 2~3회 실시할 수도 있다.

집단원의 연령이나 주의집중 시간, 집단의 크기, 심리적 문제 유형이나 심각한 수준의 정도에 따라 다르다(김윤경, 2007).

집단의 회기가 주 1회보다 주 2~3회 정도가 되면 집단의 응집력은 더 빨리 형성되게 된다(Rubin, 1999).

집단치료놀이의 시간은 일반적으로 매 회기 30~45분 정도를 실시하나 집단의 크기나 문제유형에 따라 다르게 적용된다(Rubin & Tregay, 1989).

3) 집단치료놀이의 과정

집단치료놀이 과정은 1회기 내에서 과정을 세 단계로 나누어 설명해 보면 다음과 같다.

1회기 시작단계는 집단 구성원들이 서로에 대해 탐색해 볼 수 있는 활동으로 구성한다. 준비활동으로 특별한 인사나 시작을 알리는 특별한 노래부르기, 상처돌보기 등의 활동이다.

중간단계는 본 활동으로 치료자가 계획한 치료놀이의 활동으로 집단의 목적이나 욕구에 따라 치료자는 회기의 목표에 따라 계획된 치료놀이의 4가지 차원의 활동, 즉 구조, 도전, 개입, 양육활동을 실시한다.

1회기 마지막 단계는 마무리활동으로 손 닦아 주기, 음식 나누기, 옷 입혀 주기, 안녕노래 등으로 회기가 끝났음을 알 수 있는 활동으로 구성된다.

또, 집단치료놀이 과정을 전체회기를 단계별로 초기단계, 중간단계, 종결단계로 나누어 설명하면 다음과 같다.

(1) 초기단계

초기단계는 치료놀이에 대한 적극적이고 재미있는 소개와 집단의 규칙에 대해서 설명하는 단계이며, 관계형성을 위한 친밀감과 편안함을 느낄 수 있도록 단순하고 잘 구조화된 활동으로 구성된다.

집단 구성원들은 눈맞춤이나, 신체적 접촉을 통해 친밀감을 형성하며, 점차 회기가 진행됨에 따라 서로를 알아가게 되는 탐색단계이다.

초기단계는 대략 처음 3-5회기 정도에 해당된다.

(2) 중간단계

중간단계에서는 타인과의 신뢰감을 형성하고 자기조절 능력을 향상시킬 수 있는 단계이다.

집단의 구성원들이 집단의 규칙에 편안해지고 서로 친숙해져서 좀 더 협동이 요구되는 활동도 가능하게 된다.

이 단계에서는 집단치료놀이가 재미있다는 생각과 함께 집단이 가지고 있는 목표

문제를 다루기 위한 활동들이 중심이 되어 진행되는 치료놀이의 4가지 차원의 활동을 다양하게 구성하여 실시한다.

집단치료놀이가 진행되기는 하나 개인차를 존중하고 인정하며 치료자는 각각의 구성원들을 지지해 주고 격려하여 활동할 수 있도록 한다.

(3) 종결단계

집단 구성원들이 종결을 준비하고 예상할 수 있는 방향으로 이끌어 간다. 3~4회기 종결을 앞두고 종결을 예측하고 준비시킴으로써 상실의 경험을 예방하며 마음의 준비를 할 수 있도록 매 세션 몇 번 남았는지 미리 알려 준다. 집단에 대한 기억을 간직할 수 있도록 기념품을 만들거나 치료놀이 성과에 대해서 살펴보고 종결파티를 통해서 집단 구성원들이 일상생활을 잘 할 수 있도록 하는 것이 종결단계에서 가장 중요한 초점이라 할 수 있다(Jernberg & Booth, 1999).

2. 집단치료놀이의 규칙

1) 상처 주지 않기

상처 주지 않기의 규칙은 집단치료놀이의 활동 시 아동 개인의 말과 행동이 다른 아동에게 감정이나 신체적으로 상처를 입히거나 아동 자신도 상처를 주거나 받는 행동이 바람직하지 않은 일이라는 의미를 전달하는 치료놀이의 양육의 원칙에 해당된다.

2) 함께하기

함께하기의 규칙은 집단활동 시 아동은 집단에서 이탈하거나 자리를 떠나는 행동이 없이 모두 함께 참여해야 하는 것을 약속하는 치료놀이의 구조와 지속적인 상호작용에 해당된다. 이것은 함께하는 경험, 차례지키기, 다른 사람 기다리기, 만족지연, 간접학습에 집중하는 능력을 발달시킨다.

3) 재미있게 지내기

재미있게 지내기의 규칙은 치료놀이 활동 시 참여한 모든 아동과 치료자는 재미와 즐거움을 경험함으로써 경쟁적이고 갈등적인 분위기에서 해소될 수 있는 치료놀이의 개입과 도전의 원리에 해당될 수 있다.

4) 성인이 책임지기

성인이 책임지기의 규칙은 치료자가 항상 집단 활동에 책임을 져야 하는, 즉 치료놀이 활동을 계획하고, 언제 시작하고 끝내는지 등의 모든 과정을 책임감으로써 집단의 안정감을 증대시킬 수 있다.

3. 집단치료놀이의 효과

치료놀이의 창안자인 Jerberg 박사는 1967년 미국 시카고에서 헤드스타트 프로그램의 심리적 서비스를 총괄하는 책임을 맡게 되었다. 당시 심리적 문제가 있어 도움을 받아야 될 아동의 수는 수백 명에 달하였다. 그러므로 치료할 수 있는 방법은 치료효과가 빠르고 아동을 직접(간접적이 아닌) 치료할 수 있는 고유한 프로그램을 만들어야 하는 필요성을 느끼게 되었다.

Jernberg는 Des Lauriers와 Brody의 치료방법과 내용을 도입하여 '건강한 부모-영아 상호작용 모델'을 창안하였다. 그리고 나서 헤드스타트에 참여한 엄마들, 대학생들, 치료전문가들을 한데 모아, 아이들의 잠재력을 확실하게 믿으면서, 아주 재미있게 치료놀이 활동을 하도록 했다. 비교적 짧은 시간에 그들을 훈련시키고 지도하여 학교 현장으로 보냈지만 그들의 치료효과를 담은 필름 "Here I am"과 "There he goes"의 제시와 각종 학회 및 교사, 부모의 사례 보고를 통해 프로그램의 효과와 새로운 방법이 수용되고 인정받게 되었다(김수정, 2000).

1980년대 이후 시카고의 치료놀이 연구소에서 훈련받은 치료자들에 의해 미국 전역은 물론 캐나다, 호주, 핀란드, 독일, 이스라엘, 남아프리카 공화국 등 전 세계에서 진행되고 있으며 어린이집에서부터 노인시설에 이르기까지 전 분야에 걸쳐 치료놀이를 활용하고 있다(성영혜, 2000).

외국에서 연구된 치료놀이 효과를 입증한 경험적 연구들을 살펴보면 다음과 같다.

Morgan(1989)은 치료놀이를 받은 피실험자들 중 68%가 자기 확신, 자기조절, 자기존중, 신뢰감이 향상되었다고 부모와 교사, 관찰자 그리고 치료자들에 의해 평가되었다(이상희, 2003).

Mahy와 Mac Quarrie(2000)가 부모가 치료놀이에 참여하여 정보를 얻고, 역할을 모델링하여 치료놀이 회기과정뿐만 아니라 부모상담에 치료놀이를 적용하여 부정적인 증상과 스트레스를 줄이고 부모로서의 적응기술과 대처기술을 향상하도록 한 연구를 하였다.

외국의 치료놀이 선행연구를 통해 알 수 있는 사실은 치료놀이 역시 학교에서 교사에 의해 시행되었다는 점이다. 치료놀이의 원리를 대집단에 적용시키려는 집단치료놀이는 "Play with them : Theraplay group in the classroom(1989)"를 출간하면서 교육현장에 적용 가능한 치료적 접근법으로 확산되어 갔다. Rubin과 Tregay(1989)는 "Play with them"에서 반의 전체 아동을 데리고 치료놀이 원리를 적용한 집단치료놀이 활동을 함으로써, 아동들이 학급의 일원으로서 소속감을 갖고 또래들과 친밀한 관계를 형성하게 됨과 동시에 문제행동들과 바람직하지 않은 언어적, 비언어적 상호작용이 감소되는 효과를 얻었다(강정원, 2002). 이와 같은 견지에서 볼 때 아동들은 치료놀이 활동을 함으로써 또래집단과 교사와의 관계가 증진되고, 치료놀이의 원리인 구조, 도전, 개입, 양육 활동들을 통해 규칙을 익히고 타인을 인식하며 일체감을 경험할 수 있는 기회를 갖는다 하겠다.

다음으로 국내에서 연구된 치료놀이 효과를 입증한 경험적 연구들을 살펴보면 다음과 같다.

김수정(2002)의 연구에서는 어린이집 아동을 대상으로 집단치료놀이를 적용한 결과 아동들이 치료놀이 활동을 통하여 해결하지 못한 욕구를 충족함으로써 사회성 증진과 자기역량 지각에 있어 긍정적인 효과를 검증한 바 있다. 이 연구에서 집단치료놀이 접근을 통한 보육프로그램이 보육현장에서 실행되었던 점은 매우 고무적인 일이라 할 수 있다.

박경란(2003)은 어린이집에 다니는 만 4세 아동 60명을 대상으로 한 실험연구인 치료놀이 활동이 유아의 스트레스에 미치는 영향에 관한 연구에서 실험에 참여한 아동의 스트레스 감소에 치료놀이가 효과적이라는 결과를 얻었다. 또한 이금숙(2003)의 연구에서도 역시 어린이집에 다니는 만 4세 아동 60명을 대상으로 한 실험연구인 치료놀이 활동이 유아의 자아개념에 미치는 영향 연구에서 치료놀이 활동은 보육시설에서 일반아동을 대상으로 실험에 참여한 아동의 신체적 자아개념 향상에 효과적이라는 결과를 얻었다.

집단치료놀이가 유아의 정서지능 발달에 미치는 효과연구에서 권은희(2004)는 유치원에 다니는 만 4세 아동 24명을 대상으로 치료놀이 활동을 실시한 결과 자기인식 표현능력, 자기조절 능력, 타인인식 능력, 타인조절 능력, 정서지능 전체가 높아졌다고 하였으며 집단치료놀이 활동에 참여한 아동들의 회기별 행동변화를 관찰한 결과 타인을 인식하고 조절하는 행동들이 치료놀이 활동이 진행될수록 증가하였고 협력행동의 횟수도 증가되었다고 보고하고 있다. 그리고 자신을 조절하여 차례를 기다리는 행동들과 타인을 배려하는 모습도 증가되었다고 하였다.

이상과 같은 선행연구를 통해볼 때 치료놀이는 최근 일반아동을 대상으로 한 유아교육기관과 보육기관에서 집단치료놀이는 자아존중감과 소속감, 타인을 배려하는 능력 증진에 긍정적 효과를 미침으로 유아교육 프로그램이나 보육 프로그램으로 활용하여 아동의 발달을 도울 수 있는 타당성 있는 접근방법이라 생각한다(윤난호, 2005).

김윤경(2007)이 국내 집단치료놀이 효과에 관한 연구논문을 정리한 것을 소개하면 다음의 〈표 10-1〉과 같다.

표 10-1 국내 집단치료놀이 효과에 관한 연구논문

연 도	논 문
2002	김수정. 집단치료놀이를 통한 사회성 증진 보육 프로그램의 효과. 숙명여대 박사학위논문.
	유한규. 가출 청소년을 위한 집단치료놀이 프로그램 효과. 숙명여대 박사학위논문.
2003	신수정. 집단치료놀이 프로그램을 통한 아동의 자아존중감과 사회성 증진 효과. 숙명여대 석사학위논문.
	홍정애. 집단치료놀이를 통한 피학대 아동의 자아존중감과 대인관계 증진효과. 숙명여대 석사학위논문.
2004	권은희. 집단치료놀이가 유아의 정서기능 발달에 미치는 효과. 숙명여대 석사학위논문.
	권정현. 집단치료놀이가 방임아동의 사회적 능력에 미치는 효과. 서울여대 석사학위논문.
	오윤아. 집단치료놀이가 자폐성 아동의 사회적 상호작용에 미치는 효과 덕성여대 석사학위논문.
	이화현. 집단치료놀이 프로그램이 결손가정 아동의 자아존중감 증진에 미치는 효과. 명지대 석사학위논문.
	주승희. 집단치료놀이 활동을 통한 부적응 행동 감소 효과 연구 : 애착문제가 있는 발달지체 유아를 중심으로. 부산대 석사학위논문.
2005	김연진. 정서문제 유아에 대한 집단치료놀이 사례연구. 숙명여대 박사학위논문.
	김윤경. 영아의 애착증진을 위한 집단치료놀이 프로그램 개발과 효과. 숙명여대 박사학위논문.
	성경숙. 만성질환 아동의 극복력 증진을 위한 집단치료놀이 프로그램의 개발 및 효과. 고려대 박사학위논문.
	이향숙. 몬테소리 유치원에 적용한 집단치료놀이가 유아의 문제행동 자아개념 및 사회적 유능성에 미치는 효과. 숙명여대 박사학위논문.
	최순옥. 가정폭력 피해가족을 위한 가족치료놀이 프로그램 개발 및 효과. 숙명여대 박사학위논문.
	강지현. 집단치료놀이가 가정폭력 아동의 행동변화에 미치는 효과.

연 도	논 문
2005	숙명여대 석사학위논문.
	이영숙. 집단치료놀이가 일반 초등학교 학생들의 심리발달에 미치는 영향 : 사회성, 자아 존중감을 중심으로. 덕성여대 석사학위논문.
	김정희. 아동의 친구관계 질 향상을 위한 집단치료놀이 프로그램의 개발. 명지대 석사학위논문.
	서은미. 아동의 학교생활 적응을 위한 집단치료놀이 프로그램 효과. 숙명여대 석사학위논문.
2006	김유지. 집단치료놀이 프로그램이 저소득 아동의 자아존중감과 사회성에 미친 영향. 서울여대 석사학위논문.
	김희경. 집단치료놀이가 유아의 자아존중감 증진에 미치는 효과. 성균관대 석사학위논문.
	다카이 미와. 집단치료놀이 프로그램이 유아의 신체자아 인식에 미치는 영향. 숙명여대 석사학위논문.
	송주미. 집단치료놀이 활동이 유아의 사회적 덕목수행 및 정서발달에 미치는 효과. 한국영유아보육학회.
	이면선 · 주은선. 질적 분석을 통해 본 집단치료놀이가 일반유아의 사회성에 미치는 영향에 관한 연구. 덕성여대 사회과학연구소.
	정상은. 집단치료놀이가 소숙사 시설 아동의 문제 행동 감소에 미치는 효과. 숙명여대 석사학위논문.
2007	홍정애. 가족치료놀이를 적용한 가족 탄력성 증진 프로그램 효과. 숙명여대 박사학위논문.
	이주연. 그룹 홈 아동의 사회적 유능성 증진을 위한 집단치료놀이 프로그램 효과. 숙명여대 박사학위논문.
	윤정희. 저소득층가정 아동과 어머니의 상호작용 증진을 위한 가족집단치료놀이 효과. 숙명여대 박사학위논문.
	허 진 · 이진숙. 집단 치료놀이 프로그램이 부적응 유아의 유아교육기관 적응에 미치는 효과. 한국아동심리재활학회.
	이은숙. 집단치료놀이를 통한 결손가정 아동의 자아존중감과 사회성 증진 효과. 명지대 석사학위논문.

4. 집단치료놀이 활동 분류

집단치료놀이는 치료자와 아동이 할 수 있는 다양한 종류의 치료놀이 활동이 있다(성영혜, 2002).

이를 토대로 윤난호(2005)가 정리한 집단치료놀이 활동 분류는 다음의 〈표 10-2〉와 같다.

표 10-2 집단치료놀이 활동 분류

활동원리 / 준비물 (놀이도구)	구 조	개 입	도 전	양 육
없음 (신체적 놀이)	따라 오세요 따라 하기 머리 어깨 무릎 묵찌빠 판토마임 '싱글벙글' 인사하기 손탑쌓기 시소타기 동대문놀이 오리-오리-거위 게임 술래잡기 칙칙폭폭	그림자놀이, 까꿍놀이 따라 오세요, 말타기 머리 어깨 무릎 미끄럼타기, 시소타기 물풍선 터뜨리기 손발 셈하기, 술래잡기 어느 손일까, 손 닦아 주기 천천히 앉기 '싱글벙글' 인사하기 달팽이집 찾기 '뚱보아저씨' 율동하기 칙칙폭폭, 특별한 악수 별칭짓기, 손가락 씨름 등대고 업어 주기	따라 하기 미끄럼타기 선따라 걷기 술래잡기 손탑쌓기 발탑쌓기 손수레타기	김밥 말기 말타기 다리빼기 발 마사지 비행기타기 풋페인팅 핸드 페인팅 손 닦아 주기 노래 맞추어 활동하기 헤어짐 인사
음식물	수박씨 · 포도씨 뱉기 도넛 먹고 동그라미 만들기	가면 만들기(뻥튀기) 과장 숨기고 찾기 빵과자로 장식하기	도넛 먹기 수박씨 · 포도씨 뱉기	손가락에 과자 끼워 주기 도넛츠 먹기

활동원리 / 준비물(놀이도구)	구 조	개 입	도 전	양 육
	빼빼로로 양파링 먹기	초코볼 찾기		손가락에 과자 끼워 먹기 음식 먹여 주기 재미있는 소리 내기
로션 파우더	파우더 찍기	핸드 페인팅 미끄럽게 팔 잡아 당기기 로션 찍기	파우더 찍기	면도하기 손·발바닥 찍기
솜공	솜공 불기	솜공 불기	솜공 불어서 선 넘기기	
수건 담요 방석 쿠션	방석 위에서 균형잡기 방석타기 뗏목타기 방석 징검다리 거북이 활동	아기집놀이 요술 양탄자 요술셔츠 방석 위에 동시에 앉기 발 찾기 방석타기 거북이 활동	방석 위에서 균형 잡기 산 오르기 쿠션 던지기 수건 줄다리기 뗏목타기 쿠션 뛰어넘기	요술 양탄자 김밥 말기 낙하산 활동 요람 흔들기
풍선	풍선 야구 풍선 공받기 물풍선 전달하기		물풍선 전달하기 풍선야구 풍선 공받기	
신문지	두 팔 농구	신문지 흩날리기	두 팔 농구 신문지 펀치	
밀가루 반죽		밀가루 반죽놀이	밀가루 던지기	밀가루 반죽으로 목걸이·팔찌 만들어서 끼워 주기
기타	그림이어 그리기 그림자 그리기 몸 그리기 볼링 사다리 따라 걷기 선 따라 걷기	모자 쓰기 몸 그리기 비누거품 활동 비눗방울 불어 올리기 빛 따라 가기 손발 그리기	거미줄 치기 공 굴리기 공 던지기 미이라 만들기 사다리 따라 걷기 스티커 붙이기	머리 빗겨 주기 모자 쓰기 미이라 만들기 비누거품 활동 밴드 붙여 주기

활동원리 / 준비물(놀이도구)	구 조	개 입	도 전	양 육
기타	인형인사 탁구공 전달하기 터널 통과하기 튜브 통과하기 호일로 신체모형 뜨기 뜨거운 감자 · 차가운 감자 비눗방울 터뜨리기	스티커 붙이기 인형 미끄럼타기 모형 인사 호일로 신체 모형 뜨기 티슈 불기 탁구공 불기 발바닥 찍기(점토) 톡톡이 터뜨리기 점토 늘리기	탁구공 전달하기 터널 통과하기 튜브통과하기 나무젓가락 탑 쌓기 림보 게임 강 건너기 뜨거운 감자 · 차가운 감자	

이상과 같이 집단치료놀이 활동을 살펴봄으로써 알 수 있는 중요한 사실은, 치료놀이는 특수한 아동을 대상으로 하는 대부분 애착에 장애가 있거나, 문제행동을 보이거나 하는 아동을 위한 단순한 상담 프로그램으로 활용되는 것뿐만 아니라 모든 아동을 대상으로 타인과의 관계형성 능력을 증진시키기 위한 방법이라는 것이다.

5. 집단치료놀이 활동

1) 누가 말하길

〈기대효과〉

• 집단 구성원들 모두와 신체접촉을 통해 친밀감을 형성한다.

• 즐거운 경험을 통하여 상호작용을 증진시킬 수 있다.

〈활동방법〉

① 둥글게 원을 만들어 서서 두 사람이 짝이 된다.

② 한 사람이 원 가운데서 자신의 이름을 넣어 "○○가 말하길 손뼉을 치세요"와 같이 말하면 나머지 사람들은 두 사람이 짝이 된 상태에서 마주 보고 손뼉을 치며 "짝짝짜자작, 짝짝짜자작"이라고 구령을 부르며 리더의 지시에 따라 한다.
③ 리더가 되는 사람은 "짝을 바꾸세요"라는 말과 동시에 원으로 들어가고 짝을 못찾은 사람은 다음 번 리더가 되어 같은 활동을 반복한다.

〈리더의 역할〉

• 손뼉을 치는 활동을 다양한 신체접촉을 유도할 수 있도록 응용한다(손대신 뺨, 발바닥, 엉덩이, 어깨 등의 부위를 서로 부드럽게 마주 대어 보게 한다).
• 신체접촉 시 부드러운 느낌의 접촉을 경험할 수 있도록, 너무 세게 치거나 과격하게 마주 대는 활동에 주의를 시킨다.

2) 특징 말하고 자리 바꾸기

〈기대효과〉

• 타인의 지시에 주의를 집중시켜 규칙을 따르도록 한다.
• 타인을 인식할 수 있다.

〈활동방법〉

① 둥글게 원을 만들어 서고 땅 바닥의 자기 자리에 시트지를 붙인다.
② 리더가 원 가운데 서서 "자리를 바꾸자, 자리를 바꾸자"라고 외치면서 날개짓을 한다.
③ 리더는 게임을 하는 사람들의 특정한 특징을 말한다. 예를 들어 "치마를 입은 사람"하면서 리더는 치마 입은 사람들 중 한 자리로 들어가고, 치마를 입은 사람들은 각자 자리를 바꾼다.
④ 자리를 찾지 못한 사람이 또다시 새로운 리더가 되어 같은 활동을 반복한다.

〈리더의 역할〉

• 자리를 바꾸는데 부담을 느끼며 흥분하거나 긴장하지 않도록 적절하게 개입한다.
• 타인의 특징을 다양하게 탐색하고 표현할 수 있도록 격려한다.

3) 팝콘 튀기기

〈기대효과〉

• 협동심을 증진시키고 신체조절 능력을 기른다.
• 즐거움과 성취감을 느낄 수 있다.

〈활동방법〉

① 손수건이나 작은 보자기 위에 솜공 몇 개를 올려놓는다.
② 마주 본 상태에서 보자기를 땡겨 잡는다.
③ 신호에 맞추어 들었다 놓았다를 반복하며 보자기 위의 솜공을 튀어오르게 한다.
④ 응용활동으로 작은 쿠션이나 풍선 등을 중앙에 놓은 후 이쪽저쪽으로 움직이는 활동도 할 수 있다.

〈리더의 역할〉

• 집단원의 연령이나 수준에 따라 솜공의 개수를 조절한다.
• 속도와 움직임을 조절하여 활동함으로써 신체를 조절하고 집중시킬 수 있도록 한다.

4) 움파, 움파, 움파파

〈기대효과〉

• 친밀감과 상호작용을 증진시킬 수 있다.
• 신체접촉을 통하여 안정감과 협동심을 느낄 수 있다.

〈활동방법〉

① 원을 만들어 서서 "움(오른쪽 발을 옮기면서)파(왼쪽 발을 옮기면서), 움파, 움파파" 함께 소리를 내면서 움직인다.
② 리더의 지시에 따라서 옆 사람과 팔벌려 손바닥 대기, 손잡기, 어깨동무하기, 팔짱끼기, 무릎에 손얹고 활동한다.
③ 손바닥 대기부터 무릎까지 연결해서 속도를 조절하면서 활동한다.
④ 작은원이 되면 '와'하고 손을 위로 들어올리면서 박수를 치며 원을 벗어나며 마무리를 한다.

〈리더의 역할〉

- 규칙을 설명하고 너무 어렵지 않게 단계를 조절한다.
- 구령(움파, 움파, 움파파) 소리의 크기와 속도를 조절하면서 안전하게 활동이 진행될 수 있도록 한다.

5) 신체터치 따라 하기

〈기대효과〉

- 신체터치를 통해서 자신 뿐만 아니라 타인을 인식할 수 있다.
- 자신의 차례를 기다릴 수 있는 능력과 집중력을 향상시킬 수 있다.

〈활동방법〉

① 둥글게 앉는다.
② 리더부터 자신의 신체, 특히 얼굴부위를 중심으로 한 부분을 터치한다.
③ 다음 사람은 리더가 터치한 부분과 같은 곳을 자신의 신체에서 터치한 후 새로운 부분 추가해서 터치한다.
④ 그 다음 사람은 같은 방식으로 새로운 부위를 한 곳씩 추가하면서 터치해 간다.
⑤ 집단원의 수준에 따라 활동이 어렵지 않게 단순히 리더가 터치한 부위를 그대로 따라서 터치하며 전달하도록 할 수 있다.

〈리더의 역할〉

- 터치 부위가 늘어나 활동이 멈춰졌을 때 자연스럽게 다시 시작할 수 있도록 리드한다.
- 얼굴 부위 터치시 손톱으로 얼굴에 상처가 나지 않도록 조심한다.

6) 오리 오리 거위

〈기대효과〉

- 집단원간 친밀감을 형성시킨다.
- 차례를 기다리며 주의를 집중할 수 있도록 한다.
- 규칙을 이해하고 잘 따른다.

〈활동방법〉

① 동그랗게 원을 만들고 앉는다.
② 리더가 먼저 원 밖에서 '오리-오리'라고 말하며 집단원의 머리나 어깨를 차례로 짚으며 원을 돈다.
③ '오리-오리'라고 말하며 돌다가 '거위'라고 마지막에 한 집단원을 짚으면 그 집단원이 일어나서 리더와 반대방향으로 돈다.
④ 리더와 집단원이 만나면 둘이 안아 주고 리더는 '거위' 집단원이 앉았던 자리로 가서 앉는다.
⑤ 거위로 지정된 집단원이 처음 리더가 한 것을 반복하며 계속 활동을 이어간다.
⑥ 안아주기 대신 악수, 인사하기, 손바닥 마주치기 등의 활동으로 변화를 줄 수 있다.

〈리더의 역할〉

- 다소 복잡한 규칙이 있는 활동이므로 활동에 대해 잘 이해할 수 있도록 설명해준다.

• 한 번 거위가 된 집단원은 다시 거위가 될 수 없다는 규칙을 통해 집단원이 고루 활동에 참여할 수 있도록 한다.

7) 눈맞춤으로 자리 바꾸기

〈기대효과〉

• 집단구성원들과의 눈맞춤을 통해 친밀감을 형성할 수 있다.
• 집단구성원들 간에 상호작용을 촉진시킨다.

〈활동방법〉

① 동그랗게 원을 만들고 선다.
② 눈이 마주친 사람끼리는 악수하며 자리를 바꾼다.
③ 또는 서로 안아 주며 자리를 바꾼다.
④ 자리를 바꾸는 활동은 리더가 활동의 끝을 알릴 때까지 계속된다.
⑤ 자리를 바꾸면서 악수대신 인사하기, 안아주기 등의 활동으로 변화를 줄 수 있다.

〈리더의 역할〉

• 활동에서 소외되는 집단원이 있는지 관찰하고 함께할 수 있도록 적극적으로 개입한다.
• 눈맞춤을 쑥스러워하는 집단원이 있을 수 있으므로 자연스럽게 활동을 유도한다.

8) 물풍선 발차기

〈기대효과〉

• 도전적인 활동을 통해 자신감과 성취감을 경험할 수 있다.
• 부정적이고 공격적인 감정을 해소할 수 있다.

〈활동방법〉

① 둥글게 둘러앉아 물풍선을 돌려가며 만져 본 느낌들을 말해 본다.
② 그리고 모두 일어나서 물풍선을 발로 차서 다른 사람에게 전달해 보도록 한다.
③ 골대를 정하고 나머지 아동들이 물풍선을 차서 골대에 집어넣는 활동을 해 본다.
④ 이 물풍선을 팔꿈치 또는 두 발을 이용하여 옆 사람에게 전달해 본다.

〈리더의 역할〉

- 풍선을 보면 흥분하는 집단원(아동)이 있을 수 있으므로 풍선이 터지지 않도록 유의하며 활동할 수 있도록 한다.
- 자발적으로 모두 함께 참여할 수 있도록 한다.

9) 수건 줄다리기

〈기대효과〉

- 아동이 자신감과 성취감을 맛볼 수 있는 효과가 있다.
- 다른 아동들과 협동하는 방법을 배울 수 있는 기회가 된다.

〈활동방법〉

① 바닥에 매트를 깐다.
② 먼저 아동을 둘씩 짝을 짓게 한다.
③ 처음에는 두 명씩 나와서 수건 줄다리기를 하게 한다.
④ 팀을 두 팀으로 나누어서 전체 줄다리기를 한다.

〈리더의 역할〉

- 치료자는 집단원이 서로 이기고 지는 승부에 집착하기 보다는 팀이 협동을 하는데 즐거움을 느낄 수 있도록 활동을 진행한다.
- 전체 줄다리기할 때 같은 팀은 앞의 사람 허리를 꼭 붙잡도록 하여 다치지 않도록 진행한다.

10) 요람 태우기

〈기대효과〉

- 신체접촉을 통해 양육에 대한 욕구를 다루어 주고 친밀감을 증진시킨다.
- 따뜻하고 안전한 환경에서 자기상에 대한 긍정적인 경험과 양육 받는 느낌을 경험할 수 있다.

〈활동방법〉

① 활동순서를 정하여 한명의 아동을 펼친 담요 위에 눕힌다.
② 나머지 아동들과 치료자는 담요의 가장자리를 둘러 잡는다.
③ 서서히 담요를 위로 올려 들고 자장가를 부르며 흔들어 준다.
④ 자장가가 끝나면 담요를 서서히 내려 놓고 누워 있던 아동을 부드럽게 안아서 일으킨다.
⑤ 정해진 활동순서대로 다른 아동들과 돌아가며 해 본다.

〈리더의 역할〉

- 담요를 서서히 부드럽게 흔들 수 있도록 안내한다.
- 담요를 들어올리고 내리는 과정에 다치지 않도록 주의하며 담요에 누운 사람과 담요밖의 사람이 눈을 맞추도록 지시한다.

CHAPTER 11

유치원(어린이집)에서의 집단치료놀이

1. 유아기 심리사회적 발달
2. 유아기 공격성 및 문제행동 특성
3. 유아기의 집단치료놀이
4. 유치원(어린이집)에서 적용할 수 있는 치료놀이 실제

1. 유아기 심리사회적 발달

최근에는 유아기에서부터 외현화 및 내면화 문제의 발달경로를 추적하는 연구들이 진행되면서 학령기 이전의 심각한 정서행동 문제가 이후 아동기 혹은 청소년기의 심리장애와 밀접한 관련이 있다는 연구결과들이 발표되고 있다. 이들 연구들은 장기 종단연구들을 토대로 학령기 이전에 시작된 정서행동 문제가 심각한 심리장애로 진행되는 과정에서 영향을 주는 여러 요인들을 구체적으로 밝혀 내고, 조기 발견과 개입의 중요성에 대한 시사점을 제공하고 있다.

유아의 부적응을 발달시키는 중요한 요인에 유아 기질 등과 같은 개인의 취약성 요인뿐만 아니라 부모 양육행동, 또래관계 등과 같은 유아들이 처한 환경맥락들이 포함된다. 유아는 생의 초기에 부모와 조부모 등 주양육자와 많은 시간을 함께 했다가, 유아교육기관에 다니게 되는 시기에 이르게 되면 점차 관심의 방향이 또래에게로 확대되어 간다. 이 시기에 또래와의 긍정적인 형태의 상호작용이 이루어지기도 하지만 유아교육기관에서 가장 흔히 볼 수 있는 또래를 향한 공격행동이나 사회적 위축행동과 같은 문제행동은 다른 사람으로부터 부정적인 반응을 이끌어 내며, 원만한 사회적 관계를 형성하는 것을 방해한다.

하트업(Hartup, 1992)은 성인이 되어서 사회에 적응을 잘 하는지를 예언할 수 있는 변인은 유아의 지능, 학교 성적도 아니며, 일반적으로 거부되는 유아, 공격적이고 혼란스러운 유아, 또래와 밀접한 관계를 유지하지 못하는 유아, 그들 스스로 동료문화에서 자리잡지 못하는 유아들이 성인이 되어서도 사회적으로 적응에 어려움을 겪는다고 하였다(이영훈, 주연희, 김성수, 2007). 그런데 유아기는 좌절감이나 대립에 처한 상황에서 평화적인 해결책을 얻기 위한 충분한 언어적 능력을 갖고 있지 못하며, 문제 상황에서 대안적인 행동을 찾을 충분한 인지적 경험을 갖고 있지 않기에 공격성이 나타날 수도 있다(Marion, 1994).

일부학자들은 친사회적인 행동은 2세 정도에도 나타날 수 있다고 주장하지만 (Zahn-Waxler, Radke-Yarrow, Wagner & Chapman, 1992), 약 3세경이 되어야 유아가 자기중심적인 성향이 줄어들어 친사회적인 행동성향이 증가한다고 하였다. 또한 공격적이고 충동적인 행동을 조절하는 것을 배우게 되는 민감한 시기는 3세에서 6세 사이의 기간 동안이며 이 기간에 친사회적 행동이 두드러지게 발달한다고 보는 견해(Campbell, 1995; Marion, 1994)가 일반적이다. 이 시기의 유아는 또래에 의해 받아들여지고자 하는 욕구와 어른들로부터 사랑받고자 하는 욕구에 의해 강하게 동기유발을 받고, 긍정적인 경험, 훈련, 성숙과 늘어나는 언어사용, 그리고 자기 통제력의 발달과 함께 초등학교 입학에 필요한 사회적, 인지적, 그리고 정서적인 기술을 발달시키게 된다. 많은 연구자들은 친사회적 발달을 위해, 이 민감한 시기를 잘 이용하여 유치원 시기 동안 행동상의 변화를 일으키는 원인을 찾으려고 시도해 왔다.

유아의 공격성과 문제행동에 있어서 가족과 같은 생물학적 요인뿐만 아니라 유치원(어린이집)과 같은 교육 환경적 요인 역시 유아들의 발달에 중요한 영향을 미치는 요인이 될 수 있다. 특히 교사의 문제행동에 대한 반응과 태도는 유아의 문제행동을 증가 또는 감소시키는 역할을 할 수 있다. 카프만(Kauffman, 2001)은 유치원에서 공격성과 문제행동을 증가시킬 수 있는 사항으로 다음과 같은 예를 들어 지적하였는데, 교사가 유아의 특성과 요구에 민감하지 못할 경우, 교사가 유아들에게 발달적으로 부적합한 수준의 기대를 가질 경우, 교사의 일관성 없는 관리태도, 비효율적인 교수와 지도로 유치원에서 성공을 하기 위한 결정적인 기술을 배우지 못하는 경우, 교사가 바람직하지 않은 모델을 보이는 경우 등을 들었다. 그러므로 이 시기의 유치원(어린이집) 교사는 무엇보다 문제행동 유아 개개인의 특성에 대해 민감하게 대처하며, 효과적인 지도와 학습 기술을 제공할 뿐만 아니라 유아가 학습할 수 있는 교육의 장에서 성공적인 경험을 제공하도록 해야 한다(이향숙, 2005).

2. 유아기 공격성 및 문제행동 특성

외형적으로 거칠고 공격적인 행동 특성을 나타내는 유아들 중 대부분이 내면적으로는 불안정한 심리적 특성을 나타내며, 낮은 자아개념을 갖고 있는 것이 공통점이다(이향숙, 2006). 즉, 낮은 자아개념으로 인해 비행이나 문제행동뿐만 아니라 관계에 문제가 생기고, 적응, 학업성취에 문제가 생기게 된다는 것이다.

거니(Gurney, 1988)는 3단계를 거쳐 자아개념이 발달된다고 설명하였다. 1단계는 원시적 자아의 시기(0-2세)이다. 이 시기에는 자신의 이름과 신체적 특징에 의해 자신을 인식하는 것이 주된 특징이다. 2단계는 외적 자아의 시기(2-13세)이다. 이 시기에는 자신을 중립적인 관점에서 볼 수 있기 때문에 자신에 대한 외부의 정보를 받아들이는 데에 개방적이다. 따라서 성공 또는 실패의 경험과 중요한 타인에 의한 평가가 자아상의 형성에 큰 영향을 미친다. 3단계는 내적 자아의 시기(13세 이후)이다. 이 시기의 청소년들은 자신의 성격 특성이나 개인적인 신념 등 추상적인 측면을 기술하는 것이다.

이처럼 유아기는 성공적인 경험이 긍정적 자아상을 발달시키고 중요한 타인으로부터 어떻게 대우받고 평가받느냐에 따라 자아개념의 형성에 중요한 영향을 받는다. 즉 유아기는 긍정적 자아개념이 형성되는 결정적 시기인 것이다. 결국 자아개념은 개별적 성취감과 더불어 사회적 상호작용의 산물이며, 대인관계의 과정에서 자신이 중요하다고 생각하는 타인의 평가에 영향을 받기에 자아개념과 대인관계는 밀접한 관련이 있다. 즉 타인이 유아에게 갖게 되는 상이 유아의 자아평가에 지대한 영향을 미친다고 볼 수 있다.

유아는 부모, 교사, 또래친구 등 타인의 눈에 비춰진 거울을 통해 자기의 모습을 그대로 인식하게 된다. 특히 유아기의 긍정적 자아개념에 가장 영향을 주는 것은 부모와의 애착이다. 애착이론은 인간이 특정한 타인과 지속적이며 강한 정서적 유대감을 갖는 경험을 개념화한 것으로, 어머니와 형성한 애착관계는 유아의 생에 있어서 가장 의미 있고 중요한 관계이다.

공격성을 포함한 문제행동의 발달과 애착 사이에 밀접한 관계가 있음은 여러 연구에서 지지되어 왔다. 유아기의 불안정한 애착은 학령전기와 유아 중기의 심리 · 사회적 부적응과 밀접한 관련되어 있고, 불안정 애착 유아는 공격적 행동을 포함한 문제행동을 더 많이 보였으며, 또래들과 사회적 상호작용이 덜 유능하여 또래 수용도가 낮고, 사회적 유능성이 낮다.

공격성과 문제행동을 하게 되는 것은 즉각적인 보상이라는 유혹을 거부할 만큼 자기 통제력이 충분히 강하지 않을 때 나타나고, 주장하고, 문제행동을 억제하는 근본적인 기준은 사회유대, 즉 유아교육기관과 가정에 대한 애착과 관련된다. 또한 애착이론은 유아와 부모 사이에서만 형성되는 것이 아니라 개인의 전 생애를 통하여 타인과의 관계에서도 형성된다.

유아기의 자아개념에 가장 영향을 주는 것은, 일차적으로 부모를 통한 환경일 것이고, 이에 못지않게 생의 초기에 첫발을 내딛는 유아교육기관의 교사와의 애착도 부모 못지않게 중요하다(Zimmer, 2005). 또 다른 연구에서 유아와 교사간의 애착관계는 유아와 어머니간의 애착관계로부터는 거의 영향받지 않는 별개의 독립된 것이라 주장하였다(DeMulder, Denham, Schmidt & Mitchell, 2000). 즉, 어머니와 교사의 관계가 불일치되는 애착일 때 교사는 어머니에게 불안정 애착된 유아들에게 사회성을 고양시키는 보상적인 기능을 갖는다는 것이며, 어머니와 불안정하게 애착된 유아일지라도 교사와 안정애착을 갖게 지지해 준다면, 관계적 완충효과(buffering)가 생겨, 어머니와 교사 둘 다 불안정한 애착된 유아보다 더 친사회적이고 사회 유능감이 높으며, 정서적으로 안정되어 긍정적인 자아 및 사회관계를 발달시킬 수 있다는 것이다. 즉 교사와 유아와의 관계는 유아의 이후 사회적 발달에 강력한 영향을 준다(Zimmer, 2005).

자아개념과 문제행동과의 관계 연구에서, 문제행동은 자아개념의 결함에 상응하는 반응이며, 자아개념은 일탈의 원인인 동시에 결과이므로 공격성과 문제행동을 감소시키기 위해서는 낮아 있는 자아개념을 향상시키는 것이 가장 효과적인 방법으로 증명되고 있다. 즉, 긍정적 자아개념은 문제행동 및 공격성 감소에 영향을 줄 뿐만 아니라, 건전한 인간관계의 바탕이 되고, 친사회적 행동에 영향을 미친다는 것이다.

유아의 사회적 유능성은 자신을 둘러싼 사회적 환경에서 잘 적응하고 건강한 자아개념을 형성하는데 중요한 영향을 미친다. 즉 사회의 지지적인 상호작용을 경험한 유아는 사회적으로 유능한 것으로 나타났으며, 친사회적이고 사교적으로 행동하고, 위축되거나 공격적이지 않으며, 또래에게 거부되지 않고 더 잘 수용되는 경향을 보였다(Clark & Ladd, 2000). 또한, 사회적 지지경험이 적어 사회적 유능성이 부족한 유아는 낮은 자아개념을 갖거나 또래에게 거부되는 등 발달적 어려움을 가지며, 이후 삶에서 부적응을 보일 위험이 있다. 즉, 사회적 유능성은 유아가 자신을 둘러싼 사회적 환경에 잘 적응하는데 중요한 기능을 하며, 유아의 자아개념 및 심리사회적 발달에 매우 중요한 영향을 미친다.

결국 많은 연구들을 종합해 보면 유아기의 공격성과 문제행동을 감소시키는 데에 있어서 자아개념을 향상시키는 것이 최선의 방안이 될 수 있으며, 유아기의 자아개념이 성공 또는 실패의 경험에 의해 영향을 받으므로 성공적인 작업 경험이 중요하다고 볼 수 있다. 또한 중요한 타인에 의한 평가가 자아상의 형성에 큰 영향을 미치므로, 유아에게 중요한 의미를 부여할 수 있는 교사와의 애착관계 또한 문제행동을 감소시키는 요인이 될 수 있을 것이다. 이와 같이 자아개념 향상은 공격성 및 문제행동 감소 뿐만 아니라 사회 유능성에도 영향을 미친다.

그러나 대부분의 공격성 연구는 유아의 공격성에 영향을 미치는 많은 요인들을 밝혀냄으로써 공격성 발달을 설명하려고 시도하고 있으나, 실제 교육현장에서 유아의 공격행동에 직면하는 교사에게는 큰 도움을 주지 못하고 있는 것도 사실이다. 그러므로 현장에 좀 더 구체적인 지식과 기술을 익히게 함으로써 실제적인 도움을 주는 것이 절실히 필요하다.

3. 유아기의 집단치료놀이

유아기의 성격발달은 본질적으로 대인관계에 기초하며, 유아는 부모-자녀관계간의 초기 애정적인 상호작용을 통해 비로소 인간으로 성장하게 된다. 즉, 인간행동에 있어서 일차적 동기는 관계를 향한 욕구이며, 치료놀이는 이러한 욕구의 충족과 회복을 돕는다. 따라서 치료놀이는 부모-자녀관계가 주된 초점이며, 상실, 외상, 분리로 인한 유아의 부적응적인 상황을 도와 주기 위해 부모-자녀관계가 견고히 확립되거나 재확립되도록 돕는 것이다(성영혜, 2004). 그래서 치료놀이 치료자들은 놀이를 통해서 부모-유아의 관계를 보다 구조화시키고, 적극적으로 개입한다. 또한 공감적인 분위기를 만들어서 전체적으로 즐겁고, 자발적이며, 명랑한 분위기에서 부모와 유아가 안정적 애착을 형성하도록 한다. 특히 두려움, 소심함, 공격적이고 충동조절이 안되는 유아들은 어머니로부터 정서적으로 충족되지 못한 안정된 애착의 결여로 인한 문제행동이 나타나기 쉽기에, 유아 개인이 놀이를 통한 긍정적인 자기상을 심어주는 것과 함께 애착관계를 통해 키우는데 도움을 줄 수 있는 치료적 개입이 필요하며 하나의 방안으로 집단치료놀이를 제안하고 있다(이향숙, 2005).

집단치료놀이는 놀이 활동에서 의미 있는 접촉을 함으로써 유아에게 만족스러운 상호작용 및 즐거움을 통해 신뢰감을 경험하게 하고 긍정적인 자아상을 수립하여 자신감을 강화시킬 수 있도록 하는, 성인이 주도하는 활동 위주의 단기적이고 구조화된 놀이형태이다. 집단치료놀이는 신체적 접촉에 의한 양육경험을 통해 스트레스를 경감시켜 긍정적인 자아상을 가지도록 할 뿐만 아니라, 안정애착이 되도록 유도하여 정신건강 발달에 도움을 줄 수 있다. 집단치료놀이는 집단원을 가족으로 만들며, 아동 스스로 자신이 장점과 약점을 둘 다 가진 유일하고 특별한 개인이라는 의식을 갖게 하고, 아동들 상호간의 이해심의 발달 및 차이점을 수용하는 능력을 증가시켜 줄 수 있다. 건강한 가족이 되면서, 아동은 다른 사람과 사이좋게 지내고, 다른 사람뿐만 아니라 그들 자신을 옹호하고, 다른 사람을 돌보고, 그들의 감정에 대해 정직하게 되고, 그리고 양육과 공감과 건설적인 비평으로 다른 사람을 지지하는 것을 배운다(Rubin & Tregay, 1989).

집단치료놀이는 치료놀이 원리와 집단치료놀이의 규칙 그리고 집단, 즉 교실에 있는 유아들의 특성에 적합하게 실행해야 한다. 다양한 욕구를 가진 서로 다른 유아들과 함께 활동을 할 때, 유아들이 치료놀이적 집단의 분위기와 상호작용을 경험할 수 있도록 도와 주어야 한다. 루빈과 트리게이(Rubin & Tregay, 1989)는 유아들의 문제유형과 각 유아에게 적절하게 그들의 욕구를 자연스럽게 충족시킬 수 있는 방법을 제시하였다(허진, 2006). 이것은 유아의 문제유형과 집단치료놀이에서 그들의 욕구를 자연스럽게 충족시킬 수 있는 방법을 제시한 것이다.

표 11-1 문제유형과 욕구충족 방법

<table>
<tr><th>관찰할 수 있는 활동</th><th>문제 유형</th><th>채워지지 않는 유아의 욕구</th><th>집단치료놀이에서 욕구 충족시키기</th></tr>
<tr><td>· 눈맞춤의 부족
· 스스로 신체적으로 고립됨
· 활동을 시작하지 않고 위축되어 있음
· 다른 사람에게 무반응
· 현실을 무시함</td><td>고립됨
(Isolated)</td><td>개입</td><td rowspan="2">1. 성인 책임지기
· 아동은 아동의 역할을 할 필요가 있다.
· 구조를 제시한다.
· 양육한다.
· 안전을 유지한다.</td></tr>
<tr><td>· 매달리기
· 지나치게 울부짖음
· 분리하는 데에 어려움
· 독립적으로 활동하는 것을 어려워함</td><td>과잉보호됨
(Overprotected)
소심한
(Fearful)</td><td>도전
개입</td></tr>
<tr><td>· 신체적 접근이나 접촉을 두려워한다.
· 눈맞춤의 부족
· 변화를 견디지 못해서 완강하게 통제하려고 시도함</td><td>수줍음
(Withdrawn)
소심함
(Fearful)</td><td>양육
구조
개입</td><td rowspan="2">2. '상처 주지 않기' 규칙
· 안전하고 양육적인 분위기를 만든다.
· 신뢰와 돌봄을 쌓는다.
· 공격할 다른 방법을 수용하도록 격려한다.
· 단호함을 격려한다.</td></tr>
<tr><td>· 결코 만족하지 못함
· 끊임없이 관심을 요구함
· 정당하지 못한 방법으로 양육을 얻으려고 함
· 주고받거나 함께 나누지 못함</td><td>궁핍함
(Needy)</td><td>양육
도전</td></tr>
<tr><td>· 눈맞춤을 피함
· 충동조절의 부족
· 쉽게 과잉 자극됨
· 주의시간이 짧음</td><td>충동적
(Impulsive)

괴롭힘
(Distractable)</td><td>구조
양육</td><td>3. '다 함께하기' 규칙
· 개입과 돌봄의 분위기를 만들어 낸다.
· 구조를 제시한다.
· 아동이 다른 사람과 함께 개입되도록 한다.</td></tr>
<tr><td>· 다른 사람을 신경질나게 함
· 다른 사람을 신체적 · 언어적으로 공격함</td><td>공격적
(Aggressive)</td><td>구조
양육</td><td>4. '즐겁게 하기' 규칙
· 다른 사람과 함께하는 즐거움을 준다.
· 개입을 유지하도록 자극을 준다.</td></tr>
</table>

<table>
<tr><th>관찰할 수 있는 활동</th><th>문제 유형</th><th>채워지지 않는 유아의 욕구</th><th>집단치료놀이에서 욕구 충족시키기</th></tr>
<tr><td>· 환경을 통제하려는 시도
· 양육을 거부함
· 다른 사람을 통제함으로 성인역할을 하려고 함</td><td>'작은 어른'
(Little Adult)</td><td>성인이
책임지기
즐거움</td><td rowspan="2">· 감정표현을 격려한다.
· 아동으로 하여금 도전을 뛰어넘도록 돕는다.
· 즐거움을 준다.</td></tr>
<tr><td>· 행동에 대한 책임을 받아들이는 것을 거부함
· 항상 주제를 바꿈
· 통제하려는 시도
· 분열
· 사람을 물건처럼 이야기하기도 함</td><td>조 작
(Manipulative)</td><td>구조
양육
개입</td></tr>
</table>

* 출처 : Rubin & Tregay(1989). Play with them. pp. 56.

집단치료놀이는 개별치료놀이에서처럼 구조, 도전, 개입, 양육활동들을 대상에 따라 적절하고 융통성 있게 적용한다. 이러한 재미, 보살핌, 수용과 격려의 분위기 속에서 유아는 자신에 대한 긍정적 상을 구축할 뿐 아니라 타인과의 긍정적 관계를 형성할 수 있다.

4. 유치원(어린이집)에서 적용할 수 있는 치료놀이 실제

1) 구조차원

(1) 휴지 폭탄

✪ 활동목표

① 감각적인 경험을 통해 심리적 안정감을 갖게 되어 긴장감을 완화시킨다.

② 아동의 부정적인 감정이나 공격적 욕구를 해소한다.

✪ 준비물

두루마리휴지, 따뜻한 물이 담긴 대야, 거울이나 벽면에 비닐, 색 테이프, 색끈, 마른수건, 마른걸레

〈그림〉

✪ 활동방법

① 치료자가 '땡'하면 휴지를 아동이 길게 당기고, 치료자가 '얼음'하면 아동이 잡아당겨서 뜯어진 휴지가 물이 담긴 대야에 젖게 한다.
② 물에 젖은 휴지를 뭉쳐서 공 모양으로 3개씩 만들어 본다.
③ 벽면에 비닐을 붙이고 테이프로 경계를 만들어 그 안에 던져 보기를 한다. 이때 치료자가 던지는 간격을 점점 뒤로 해서 도전활동으로 옮길 수 있다.
④ 치료자가 앞으로 나와서 아동이 신호(눈깜빡이기, 뛰기, 박수치기 등)에 맞춰서 던져 본다.

(2) 손탑 쌓기

✪ 활동목표

① 신체적 접촉을 통해 상호간의 친밀감을 증진하고 즐거움을 경험한다.

② 기다리고 차례를 지키는 과정을 통해 자기 조절 능력을 기른다.

✪ 준비물

없음

〈그림〉

✪ 활동방법

① 교사와 아동들이 둥글게 둘러앉는다.

② 교사와 아동이 한 명씩 손을 겹쳐 올려서 탑을 쌓는다.

③ 두 손을 차례대로 포개서 다 올라가면 아래에 있던 손을 차례대로 뽑아서

위로 올려 가면서 쌓는 놀이다.

④ 어느 정도 높이 쌓아올리고 나서 맨 위에 있는 손을 가장 아래로 내려 차례로 손을 내려 쌓는다.

* 이때 교사는 규칙으로 '시작'하면 아래에서 위로 손탑을 쌓고, '작시'하면 위에서 아래로 손탑을 쌓는 것으로 규칙을 정해서 응용할 수도 있다.

(3) 신체 자석되기

✪ 활동목표

활동에 대한 즐거움을 통해 참여도와 타인에 대한 친밀감을 증진시킨다.

✪ 준비물

손바닥만 한 원모양의 색깔별 시트지

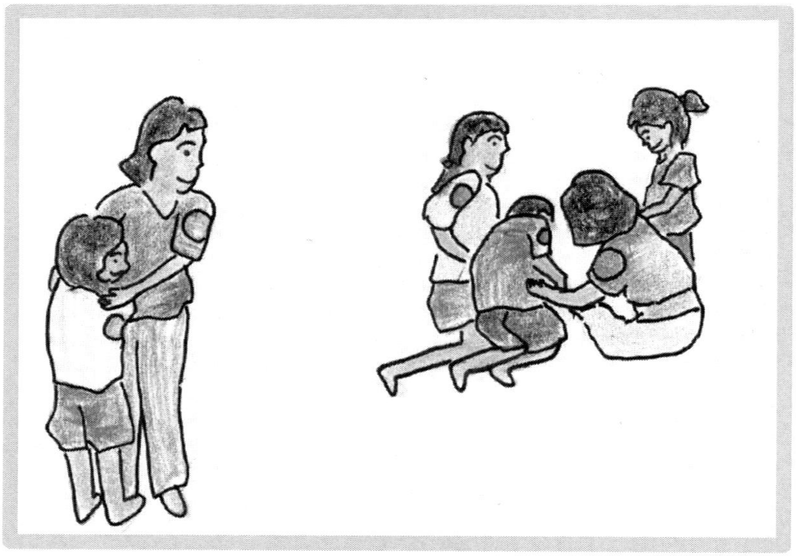

〈그림〉

✪ 활동방법

① (자신 또는 타인)신체에 색색의 시트지를 원하는 부위에 붙인다. 단, 신체부위 중 가슴이나 성기부위는 제외한다고 말해 둔다.
② 즐거운 노래에 맞추어 춤을 춘다.
③ 치료자가 "초록 2개"라고 외치면 자신의 신체에 붙인 초록색 시트지를 찾아서 상대방의 초록색 부위에 갖다 댄다.

✪ 활용방법

시트지가 없을 때는 "무릎 2명"이라고 외치면 무릎을 서로 마주 대는 것으로 응용될 수 있다.

2) 개입차원

(1) 오리-오리-거위

✪ 활동목표

① 주의를 집중시키고 타인에 대한 관심과 친밀감을 갖게 한다.
② 자신의 순서를 기다리면서 참을성, 인내력을 향상시킨다.

✪ 준비물

인원수대로 방석

✪ 활동방법

① 모두 함께 둥글게 앉고 술래를 정한다.
② 술래는 원 밖으로 나와서 "오리~오리~"라고 말하며 다른 아이들의 어깨를 짚으며 돈다.

〈그림〉

③ '오리~오리~'하다가 '거위'라고 말하며 어깨를 짚어 준다.
④ '거위'가 된 아동은 자리에서 일어나서 술래와 도는 반대방향으로 빠른 걸음으로 걷는다.
⑤ 두 사람이 서로 마주치면 둘이 크게 안아 주고 술래는 거위가 앉았던 자리에 앉고, 거위로 지정되었던 아동이 다시 술래가 되어 활동을 이어나간다.

(2) 전기전달하기

✪ 활동목표

아동 상호간의 접촉 경험을 통해 서로간의 친밀감과 주의집중력을 증진시킨다.

✪ 준비물

얇은 이불

〈그림〉

✪ 활동방법

① 모두 함께 둥글게 앉은 후 이불을 넓게 펴서 덮는다.
② 옆 사람과 손을 잡는다.
③ 한 사람이 이불 안에서 손을 넣고 몰래 전기신호를 전달한다(한 번, 여러 번).
④ 신호를 받은 사람은 다시 옆 사람에게 자신이 받은 전기신호만큼 전달한다.
⑤ 처음 보냈던 사람이 신호가 돌아오면 자신이 보낸 신호와 같은지 비교해 본다.

(3) 콩 불기 릴레이

✪ 활동목표

자신의 신체를 스스로 조절할 수 있는 효과와 집중력을 향상시킨다.

✪ 준비물

콩, 빨대, 색 테이프

〈그림〉

✪ 활동방법

① 두 팀으로 나눠서 바닥에 색 테이프를 붙여 놓은 선위에 콩을 빨대로 불어서 올려놓는다.

② 빨대로 콩을 불어서 다음 색 테이프가 있는 곳까지 정확히 올려놓으면 같은 팀의 다른 아동이 나와서 콩 불기로 릴레이한다.

3) 도전차원

(1) 보자기로 풍선치기

✪ 활동목표

자기조절력, 협동심과 문제해결력을 증진시킨다.

✪ 준비물

큰 보자기, 풍선 또는 물풍선

〈그림〉

✪ 활동방법

① 모두 함께 둥글게 앉는다.

② 우리가 풍선치기를 몇 번 성공할 수 있을지에 대해 이야기를 나눠 본다.

③ 모두 보자기 양끝을 잡고 그 위에 풍선(물풍선은 물이 1/5 정도 담을 것)을 올려놓은 다음 숫자를 세면서 함께 풍선을 쳐 올린다.

* 주의 : 풍선치기를 먼저 하고 나서 물풍선 치기를 하는 것이 더 아동 성취와 도전정신을 갖게 한다. 이때 물풍선은 다소 두꺼운 것을 선택해서 터지지 않도록 해야 한다.

(2) 수박씨(포도씨) 뱉기

✪ 활동목표

자신의 신체조절 능력을 향상시키고 부정적인 감정을 표출한다.

✪ 준비물

씨가 있는 과일, 큰 전지, 작은 접시

〈그림〉

✪ 활동방법

① 바닥에 전지 또는 신문지를 깔고, 모두 종이 테두리로부터 적당한 간격을 두고 앉는다.

② 과일(수박, 포도)을 먹고 씨를 개인접시에 발라낸다.

③ 씨를 입에 물고 치료자가 신호(숫자, 눈 깜박 등)를 할 때 모두 같이 종이 안에 뱉기를 한다. 이때 종이 안에 떨어진 아동에게 점수를 준다.

(3) 신문지 펀치

✪ 활동목표

부정적이고 공격적인 감정을 해소할 수 있고 신문지 장수를 늘려 나감으로 자신감과 성취감을 갖게 한다.

✪ 준비물

여러 크기의 신문지 여러 장

〈그림〉

✪ 활동방법

① 한 아이는 신문지를 양 손으로 펼쳐 들고 다른 아이는 신문지의 가운데를 주먹으로 쳐서 신문지를 뚫는다.

② 점점 장수를 늘려가며 신문지 펀치를 한다.

* 주의 : 신문지를 잡는 아동이 다치지 않도록 치료자는 쥐는 위치를 알려 주고 시범을 보여주는 것이 좋다.

(4) 림보

✪ 치료목표

자신의 신체를 스스로 조절하고 주의집중력을 키운다.

✪ 준비물

긴 색끈(스카프 연결)

〈그림〉

✪ 활동방법

① 두 사람이 스카프 끈을 잡고 서 있으면 아동이 색끈 끝밑을 통과한다.
② 처음에는 아동이 모두 통과할 수 있도록 치료자가 높게 줄을 잡도록 한다.
③ 끈을 점점 아래로 내리면 아동이 기어서 통과할 수도 있다.

4) 양육차원

(1) 미이라 되어 보기

✪ **치료목표**

휴지를 감으며 가볍게 터치하는 양육적인 경험을 통해서 정서적인 안정감을 갖고 부정적이고 공격적인 감정을 해소한다.

✪ **준비물**

두루마리 화장지, 전신거울

〈그림〉

✪ **활동방법**

① 짝을 지어 팀을 나눈다.

② 가위 바위 보 등을 하여 순번을 정한 뒤 미이라가 될 아동에게 원하는 동상처럼 고정 자세를 취하게 한다.
③ 나머지 아동은 두루마리 화장지로 미이라가 될 아동을 미이라가 될 때까지 빙빙 둘러 감싼다.
④ 미이라가 완성되면 미이라가 된 아동을 향해 "탈출!"이라고 주문을 외쳐 미이라가 된 아동이 미이라를 꽁꽁 감싼 휴지로부터 탈출한다.

(2) 이불 썰매

✪ 치료목표

① 신체접촉을 통해서 양육에 대한 욕구를 다루어 준다.
② 친밀감을 증진시킨다.

✪ 준비물

담요

〈그림〉

✪ 활동방법

① 큰 담요 한 장을 바닥에 놔두고 순서를 정하여 3~4명의 아동을 담요 위에 눕힌다.

② 나머지 아동은 담요 가장자리를 둘러싸고 치료자의 다양한 지시에(속도, 방향 등 설정) 따라 담요를 천천히 또는 빠르게 끌어당긴다.

③ 담요에 함께 있는 아동들은 서로 담요 밖에 얼음(물) 속에 빠지지 않으려고 서로 부둥켜안는다.

Memo

CHAPTER 12

초등학교 아동의 집단치료놀이

1. 심리사회성 발달의 특성
2. 초등학교 아동과 치료놀이의 필요성
3. 아동과 집단치료놀이
4. 초등학교 학급에서의 집단치료놀이
5. 지역아동센터에서의 집단치료놀이

영유아기에 부모에게 애착을 형성해서 사회적 관계를 맺는 기초를 형성한 아동은 부모와의 애착관계에서 더 사회적 관계를 확장해 나간다. 사회성 발달은 아동기에 또래 간 적응을 위해서 성취해야 할 중요한 발달 과업이다. 우선 아동기에 학교 입학은 또래집단으로 들어가게 만들며 시간적으로는 하루의 반 이상의 시간을 집 밖에서 타인과 생활하는 경험을 요구한다. 그래서 아동은 부모에게 감정적으로 덜 의존하며 교사, 친구, 상급생 및 하급생과의 원만한 대인관계를 시작해야 한다. 대인관계의 시작에서부터 성별에 따른 유형화를 경험한다(이순형 외, 2004).

초등학교와 어린이집 교사, 부모교육을 통해 치료놀이가 폭넓게 활용된다면 많은 교사와 부모뿐 아니라 아동들이 행복해 질 수 있겠다는 생각을 하게 되었다. 많은 아이들이 자존감이 그리 높지 않고 타인을 신뢰하는 것을 잘 알지 못하며, 서로 반목하여 서로를 소외시켜 '왕따'라는 용어가 낯설지 않은 시대를 살고 있다. 또 현장과 온라인 상담을 통한 초등학교 아동과 부모님들의 다양한 호소를 접하게 되므로 초등 아동에게 사회성 증진과 정서안정이 시급한 과제라고 생각된다. 초등학교 아동에게 집단치료놀이를 적용한다면 수많은 아동이 사회성과 정서가 향상될 것이라고 생각한다.

1. 심리사회성 발달의 특성

1) 사회성 발달

아동의 사회화 과정은 도덕성의 발달과 깊은 관련을 맺고 있다. 특히 학동기 동안에 이루어지는 사회화 과정은 아동이 자아정체감을 형성하고, 인생에 대한 가치관을 형성하며, 부모와 심리적인 독립을 하게 되는 청소년기를 앞에 두고 있다는 점에서 매우 중요한데, 사회화 과정 속에서 나타나는 강화와 벌, 모델링, 훈육태도 등이 아동의 사회화에 커다란 영향을 주게 된다. 학동기 아동들에게 있어서 학교생활은 매우 큰 의미를 지닌다. 학교는 학동기 아동에게 처음으로 사회생활을 접하게 하고, 지식을 체계적으로 습득하는 기회를 제공한다. 아동이 초등학교를 어떻게 보내느냐 하는 것은 장차 성인이 되어 가는 과정에서 매우 중요한 기능을 하게 되는데 성공적인 학교생활을 위해서는 아동의 지능과 성격, 인지 양식 그리고 학교환경이 영향을 줄 수 있다.

(1) 또래와의 관계

입학 후 학교 친구들과의 교섭이 시작되면서 같은 나이 또래들과의 접촉이 그들의 생활 가운데 매우 중요한 의미를 지니게 된다. 이 시기의 아동들은 또래와의 상호작용을 통하여 자기 자신에 대하여 새롭게 지각하고 타인과 상호 소통하는 방식을 획득하게 되며, 집단에 대하여 소속감이나 그와 반대로 소외감을 발달시킨다. 그러므로 이 시기 동안 또래와의 관계는 아동의 사회성과 자신감 형성에 중요한 역할을 하고 후기 발달 단계인 청년기와 성인기에도 지속적인 영향을 미친다(이순형 외, 2004).

또래집단이 아동에게 미치는 영향은 함께 보내는 시간이 많을수록, 부모와 의사소통이 적을수록, 집단 내 응집력이 클수록, 상황을 처리하는 방식이 애매할수록 증가하는 경향이 있다. 이 무렵에 형성되는 집단은 특수한 공통 관심사나 계획된 일을 중심으로 이루어진다. 이 시기의 대인관계 구조에 나타나는 또 다른 변화는 여러 명의 보통친구가 두 명의 단짝친구로 바꾸어진다는 것이다. 단짝친구의 관계는 후기의 대인관계의 적응양식에도 영향을 미치는 것으로서 성격발달에 중요한 의의를 갖는다.

최근 들어 맞벌이 부부의 증가와 다산기피로 인한 외동아의 증가로 또래는 더욱 중요한 의미와 역할을 지니게 되었다(문혁준, 2005).

(2) 또래 동조성

또래관계에서 동조성이 큰 경우에 중요시될 문제는 또래가 공격성 모델이 되는 경우이다. 아동의 공격성은 대부분 가족 안에서 보다는 또래들과의 상호작용이 많은 운동장이나 교실에서 더 많이 나타난다. 그러므로 아동의 공격성의 표출과 발달에는 부모보다도 같이 어울려 노는 또래들이 더 중요하다. 초등아동들은 성인과 아동 간의 관계에서는 가능하지 않는 거친 활동들을 또래들과는 함께 하면서 효과적인 공격기술이나 공격성을 통제하는 기술을 배운다.

10-11세경이 되면 친구 간의 동조성이 증가함에 따라 또래집단은 보다 응집력이 강해지고 조직적이 되며 인지적 성숙과 병행하여 집단활동이 보다 체계적이고 목적적으로 구성된다. 광명시의 아동복지관 내 지역아동센터에서 수년 간 상담팀장으로 근무하면서 담임교사가 아동들을 가르치고 함께 생활을 하는데 어려움이 있음을 알게 되었다. 동조성에 의해서 왕따를 시키고 교사의 훈육에도 불구하고 또래들의 동조성을 배재하거나 뛰어넘지 못하였다.

2) 심리발달

아동은 자신의 능력에 대한 자아개념을 획득하며 이에 따라 긍정적 또는 부정적 성격을 형성한다. 에릭슨에 의하면 학령기인 아동기는 근면감이 발달되는 시기라고 한다. 정상적으로 근면감을 발달시키지 못하면 열등감을 형성하게 된다고 한다. 근면감은 자신에게 닥쳐오는 외부의 도전을 스스로의 힘으로 극복할 수 있다는 생각과 태도를 뜻하는 것인데, 성공경험을 통해서 아동의 성취동기나 경쟁심, 유능감 등이 강화되어 발달하게 된다. 그 결과로 근면감을 느낀 아동은 긍정적인 자아 개념을 획득하며 외부세계에 대해서도 자신감을 가져 능동적이고 활발한 성격을 형성할 수 있다. 그러나 성공경험보다 실패 경험을 더 많이 한 아동은 자신이 도전에 대처할 능력이 부족하다는 생각에서 열등감이 발달하게 되어 외부세계에 대해 스스로 위축되고 부정적인 성격을 형성하기 쉽다. 이런 학습된 무력감은 아동중기나 후기에 나타나기 시작하고(Dweck & Reppucci, 1973) 학습된 무력감에 빠져든 아동은 자신이 무능하다고 믿게 되기 때문에 어떤 과업이 주어지면 실패할 것이라는 부정적인 기대를 갖게 된다. 이것은 자아존중감과 관련이 있는데 자아존중감이 비교적 안정되게 긍정적 또는 부정적으로 표출되는 시기는 초등학교 3학년이 되는 약 10세 무렵이다. 아동기 중반에 접어들면서 아이들의 자아존중감은 보다 안정되고 현실적으로 변해가지만 대체로 긍정적인 자아존중감은 지속된다(Cairns & Cairns, 1988). 초등학교 아동의 자아존중감은 3학년에서 감소하기 시작하여 6학년 때 큰 폭으로 낮아진다(김희화, 1993). 우리나라 아동이 서구 아동보다 자아존중감이 빨리 낮아지기 시작하는 것으로 보인다.

도덕성의 발달은 어린 시기에 이미 기초가 형성되며 학동기 동안 확고하게 형성되어 간다. 정신분석학에서는 아동의 도덕성을 양심의 발달을 통해 분석하였으며, 학습이론에서는 아동의 행동 결과를 놓고 평가하였다. 피아제와 콜버그 같은 인지이론가들은 도덕성을 아동의 인지발달의 한 측면으로 보고, 상황에 대한 도덕적인 판단능력을 도덕성으로 측정하였다. 피아제의 도덕발달이론에서는 도덕적인 판단능력이 자율적인 근거를 두고 하느냐, 아니면 타율적인 근거를 두고 하느냐에 따라 3단계로 나누어지는데, 학동기에는 대부분 제2단계인 현실적인 도덕단계에서 자율적인 도덕관계를 경험하는 과정이라고 볼 수 있으며 피아제의 이론을 근거로 6단계로 구성된 콜버그의 도덕발달이론에서는 비록 연령에 따른 구별은 두지 않았지만, 일반적으로 학동기 아동들은 제2단계인 '욕구충족 수단으로서의 도덕성'에서부터 제4단계의 '법과 질서 준수로서의 도덕성'을 경험하는 것으로 알려져 있다.

2. 초등학교 아동과 치료놀이의 필요성

1) 사회적인 현실

현대화와 산업화와 함께 우리 사회에 발생한 수많은 사회변화는 우리 사회구조와 생활 방식을 바꾸어 놓았다. 그러한 변화 중에서 아동에게 영향을 끼치는 두드러진 변화는 가족의 변화를 들 수 있다. 핵가족화된 가정에서는 과거 확대가족에서 기대하였던 아동양육 기능은 축소 또는 변화되지 않을 수 없었다. 아동의 욕구를 채워 줄 가정의 기능은 축소되고 그에 반비례하여 아동이 충족해야 할 필요성이 제기되지 않을 수가 없는 것이다(김현용 외, 2001). 아동의 욕구 중에서도 생리적 욕구, 소속과 안전의 욕구, 사랑의 욕구, 자존감의 욕구 등은 가정에서 채워 주어야 자아실현을 스스로 할 수 있게 되는데, 여성의 사회진출로 인한 양육의 부족현상 또는 모성박탈 등의 현상이 만연하게 되었다. 빈곤한 가정이나 한부모 가정뿐 아니라 중산층 가정에서도 발달을 방해하는 아동기 실종 또는 부성과 모성실조현상이 두드러지는 현상이다. 거시적으로는 가치관의 변화와 입시경쟁도 이기심과 반목 등의 상호작용을 부추기며 아동기의 위기를 실감하는 실정이다. 이전의 아동기와 달리 욕구는 더 많은데 아동의 진정한 욕구와는 다른 부모와 성인들의 에고적인 욕구로 인해 아동은 희생이 되고 아동기가 실종된 현실에 놓여 있다. 예를 들면, 동네 문방구마다 전자 오락기가 놓여져 있고 PC방이 아동들의 눈길을 끌고 있으며 놀이의 순수한 재미를 알기보다는 인지적인 과업을 위해 동분서주하는 것이 현실이다.

대부분의 문화가 아동들 사이에 일어나는 공격성을 일상적인 일로 간주한다. 학교의 사회화 기능은 이러한 파괴적 충동을 훈련시켜 이것을 사회적으로 유익한 활동으로 연결시키는 방향으로 가고 있는 것이다. 수 세대에 걸쳐 아동들은 의식을 마취당하고 마치 파블로프의 개나 스키너의 비둘기같이 조정되면서 바람직한 행동 결과를 가져오기 위하여 강화와 소거라는 조건의 통치 아래 복종하게 되었다(Suransky, 1992).

2) 초등학교 교실의 현실

십여 년 동안 교육대학원 수업을 하면서 많은 초등학교 교사들을 만났는데 그들은 치료놀이 과목을 접하면서 학급 내에 적용하면 좋을 것이라면서 기뻐하였다. 왜냐하면 학습 분위기를 흐려 놓을 만큼 산만하고 공격적인 학생들을 많이 만나게 된다고 하였다. 또한 통합교육이 실시되면서 매일 직면하게 되는 질문은 "가벼운 장애를 가진 아이들에게 어떻게 필요한 것을 주고 가르칠 에너지와 시간을 감당할 수 있을까?"라는 것이라고 하였다. 그래서 모든 교사들이 공통적으로 가지고 있었던 한 가지 사실은 아동들에 대한 확고한 책임의식과 정서적 · 사회적 필요를 다루기 위해 좀 더 체계적이고 효과적인 접근이 필요하다는 인식이었다. 치료놀이는 교사가 활용할 때 특별한 도구나 장난감이 없이도 할 수 있을 뿐만 아니라 방과 후 교실에서 또는 교무실에서 한두 명에게 상호작용을 질적으로 할 수 있다는 점에서 교사에게 희망을 준다고 교사들은 이구동성으로 말하였다. 실제 강의를 듣는 학기 내내 배웠던 작은 내용들을 일주일 동안 반 아동과 자녀에게 활용하고 아동의 반응을 수업 시간에 나누면서 학생과 자녀를 바라보는 시각의 패러다임 전환이 필요함을 깨달았다고 하였다. 뿐만 아니라 상담센터에서 부모들을 상담하면서 느낀 점은 부모의 양육태도가 아동의 심리에 결정적으로 영향을 주기 때문에 부모의 질적인 양육이 필요한 실정이므로 부모들의 아동을 대하는 양육태도의 전환 또한 절실하다.

미국의 경우 아동기 교육전문가들은 양육적인 환경을 조성하는 것이 학습을 촉진시키며 민주적인 교육이념과 부합한다는 것에 동의한다. 치료놀이에서의 교사들은 지식의 분배자로서의 전통적인 역할을 중단하고 아이들과의 놀이를 시작하도록 장려된다. 이것은 교사가 권위나 다른 것을 내려 놓게 되는 것을 의미하지 않는다. 그러나 우리나라에서는 아직 학급에서 치료놀이를 하기에는 많은 수이므로 루빈과 트레게이(Rubin & Tregay, 1989)의 「Play with Them」과 같은 감동적인 학급을 시도하기에는 이른 것 같다. 그리고 학교나 유치원, 보육시설의 아동들이 정서적이고 시회적인 욕구에 체계적인 주의를 기울일 경우는 대개 아동이 문제를 가지고 있다는 것, 즉 교사나 친구들이 더 이상 어떻게 대처해야 할지 모르는 아동으로 밝혀진 이후이다. 이 시점에서 학교상담자나 외부기간에 도움을 의뢰하기도 한다. 그러나 서울 이외의 지방에서는 상담서비스를 전혀 구할 수 없는 곳이 대부분이다. 상담자가 학습이나 전반적인 성공에 기여한다는 사실을 무시하며 행동문제가 체벌로 처리되며 아동의 행동을 유발시킨 충족되지 않은 욕구에 대해서는 적은 관심을 두거나 아예 관심조차 두지 않고 있다. 그러나 교실의 현실은 또래나 어른들과 건강한 관계를 형성하지 못하는 아동의 수가 증가하고 있지만(Garbrino, 1995) 상담을 위한 시간과 재화가 제한되므로 아동의 욕구를 다루는 추가적인 방법을 찾아야 한다. 일반아동과 특수아동이 함께하는 통합교육 역시 권장되고 있는 실정이다. 일반아동 뿐만 아니라 통합교육에 있어서도 상호지원하는 프로그램이 또한 절실히 요구되는 시점이라고 하겠다(서지영,

2000). 그래서 자유재량시간, 열린교육시간, 야외캠프 등을 통하여 일반아동과 특수아동이 상호교류하는 프로그램의 일환으로 치료놀이가 사용된다면 완전통합에 도움을 줄 수가 있다고 본다. 훈련받은 교사들에 의해 행해지는 집단 치료놀이는 모든 아동들이 학급 집단 내에서 또래들과 어른에게 인정받고 존중받는 기회를 얻게 되는 것이다. 현재도 많은 교사가 방학 중 재교육 시에 '치료놀이 프로그램'에 참여하고 있으므로 효과적인 그룹을 구성한다면 아동의 행동과 정서에 변화를 가져올 수 있을 뿐만 아니라 학습증진에도 기여할 수 있을 것으로 생각된다. 장래에 학급의 수가 적어질 경우에는 교사-아동, 아동-아동, 일반아동-특수아동 간의 상호작용 간의 질적인 상호작용을 기대해도 좋을 듯하다.

3. 아동과 집단치료놀이

1) 집단치료놀이 효과

치료놀이는 발생 배경에서도 보았듯이 헤드스타트 프로그램을 적용한 어린이집의 아이들을 대상으로 하였고 또 놀이치료로 치료가 안 되었던 아동을 치료한데에서부터 시작되었다.

치료놀이의 원리 역시 부모-자녀관계의 초기 상호작용에서 원용되어 온 것이며 이것이 일생을 통해 세상을 살아가는 원동력이며 추진력이라는 가정에서 비롯되었다. 좋은 관계가 진행될 때 아동은 사랑스럽고, 특별하며 유능하고 세상에 영향을 미칠 수 있는 존재로서의 자신에 대한 내면적 상(image)을 구현하게 된다. 그리고 타인에 대해서도 사랑과 보살핌을 베풀며 반응적이고 신뢰할 만하다고 생각하게 되고 세상에 대해서도 안전하고 탐험하기에 흥미진진한 장소로 인식하게 된다. 다시 말해서 아동은 자신과 세상에 대해서 긍정적이고 희망적으로 배우게 되고 그의 일생 내내 커다란 영향을 미치게 된다.

미국의 루빈과 트레게이(1989)는 전버그의 연구에 기초하여 집단치료놀이의 회기를 설계하였는데 본인이 지역아동센터에서 초등학생들과 수년 간 치료놀이를 하는 동안 정서적 · 사회적으로 변화하는 모습을 지켜보면서 집단치료놀이가 아이들의 문제행동을 감소하며, 자아존중감을 향상시켜 학습 향상에 도움이 된다는 것을 체험하게 되었다.

정신병리학은 초기의 경험이 자아에 대한 부정적이거나 부적절한 의식으로 이어짐에 따라 연유한다. 긍정적이고 반응적인 상호작용이 부재할 때, 아동은 자신이 사랑스럽지 않고 무능하다고 느끼게 되고, 타인도 보살핌을 베풀지 않고 신뢰할 만하지 않다고 느끼며, 세상도 안전하지 않고 위협으로 가득 찼다고 느끼게 된다. 다시 말해서 불안정한 애착에서 자아와 세상에 대한 배움의 과정은 부정직하고 희망이 없게 된다. 초등학교 아동들의 행동문제 중 상당수는 불안정한 애착과 이에서 연유된 자아와 세상에 대한 부정적인 시각으로 그 원인을 추적해 볼 수 있다.

최근 정신생물학자와 정신신경학자들의 연구에 의하면 인간의 뇌의 발달에 환경적 조건들이 얼마나 많은 영향을 미치는가에 대해 잘 알 수 있다. 특히 박탈, 외상, 불충분한 애착의 경험은 발달 중인 뇌에 심각한 영향을 미친다는 사실이다(Marcellus, 1998; Schore, 1998). 뿐만 아니라 애착이 없는 환경에 놓인 아동들은 만성적인 발작상태에 처하게 되며 코티솔 스트레스 호르몬과 같은 신경전도체가 강하게 생성되어 뇌에 치명적인 독이 된다. 이로 인해 세포가 죽거나 뇌의 성장이 억제될 수도 있다고 쇼오는 주장한다.

정신생물학 분야의 최근 연구결과에 의하면, 감각운동(sensorimotor)적 지각과 통합을 조절하고 사회 · 정서적 입력을 처리하는 기관은 우뇌로서, 우뇌가 생애 초기 3년을 지배한다. 이러한 결과가 시사하는 바는, 이러한 경험들이 전언어적 또는 비언어적 뇌의 한 부분에서 처리되고 저장되기 때문에, 이에 대한 치료로서 비언어적 치료방법, 즉 치료놀이(관계 중심의 애착증진 치료방법)가 가장 적합한 치료방법이라고 말할 수 있다는 것이다.

치료놀이를 받은 아이에게서 공격성이 감소됐음을 보여주는 한 사례를, 치료자와 교사 그리고 부모가 관찰한 임상적 기록에서 찾아볼 수 있다. 이러한 사실은 25명의 아이들에 관한 연구(Munns, 1997)에 의해 지지를 받았는데, 이 연구는 아캔바하 어린이 문제검사지(Achenbach Child Problem Checklist)에 의해 사전 · 사후 검사를 통해 내려진 결과였다(성영혜, 2000, 재인용).

독일에서는 언어장애를 가진 아이들을 3집단으로 나누어, 연구를 실시한 결과 놀라운 사실을 발견하였다(Ritlerfeld, 1992). 전문적 언어치료사로부터 언어치료를 받은 집단 그리고 미술활동 치료를 받은 집단과는 대조적으로, 치료놀이를 받은 집단이 사회 · 정서검사에서 뿐만 아니라 언어표현 검사에서도 훨씬 더 높은 점수를 받았다. 사회 · 정서 결과는 예상했던 것이지만, 언어표현 검사 결과는 놀라운 것이었다. 이 연구결과는 비록 치료놀이 집단이 그 어떤 언어치료를 받지 않았음에도 불구하고 아이들이 언어표현 기술을 향상시켰던 것은, 그들이 치료놀이 중에 더 감정적으로 자유로웠으며, 그로 인해 말을 더 잘 할 수 있게 되었기 때문이라는 사실을 분명히 보여 주었다. 이러한 사실은 또한 자폐아동을 다루는 임상에서도 관찰되어 왔는데, 자폐아가 치료놀이를 받으면 그들은 종종 더 즉각적으로 더 적절하게 말하기 시작한다. 모간(Morgan, 1989)은 치료놀이를 사용한 그녀의 연구에서 다음의 사실을 밝혀냈다. 치료놀이를 받은 후 그 연구에 참여했던 피험자들 중 3분의 2가 자기 확신, 자기조절, 자기존중, 신뢰감 등이 향상되었다. 이것은 부모와 교사, 이 프로그램의 관찰자, 그리고 치료자들에 의해 평가된 결과이다.

치료놀이는 위축되고 우울한 행동으로 대표되는 '내면화' 아동과 과잉 행동적이고 공격적인 행동을 주로 드러내는 '외현화 아동의 문제행동과 다양한 어려움을 해소하는데 효과적이라고 보고되어 왔다. 크게 애착 증진과 긍정적 관계형성을 하게 되고 문제행동 감소를 다룬 연구로 분류할 수가 있다(신현정, 2009, 재인용). 린다만(Lindaman, 1996 ; Booth & Lindaman, 2000)은 입양된 아동들의 행동문제를 감소시킴은 물론 양부모와의 긍정적인 관계를 형성하는데 도움이 된다고 보고하였다. 또 윤미원(2005)은 자폐아동의 이탈행동을 감소시키고 눈맞춤이나 미소짓기 혹은 웃음을 증가시켰다고 보고하였다. 유한규(2002)는 가출 아동의 공격행동, 부정적 자기주장, 방해행동, 이탈행동 등을 감소시킨 반면 제안수용, 협동, 규칙수용 등을 증가시켰다고 기술하였다. 반응성 애착장애아동을 대상으로 한 전숙영(2004)의 연구에서도 의사소통과 눈맞춤

등의 빈도가 증가하였음을 나타내고 있다. 김수정(2002)은 집단치료놀이 보육 프로그램에서 사회성 상호작용 효과를 본 결과 눈맞춤, 타인과의 적절한 신체접촉, 타인에 대한 배려행동, 양육수용도, 언어적 자기주장, 또래와의 협동적 놀이 등에 긍정적인 변화를 보였다고 기록하였다.

2) 교사주도 집단치료놀이의 특성

아동이 성공적으로 학교생활을 수행하는 데에는 학교의 영향을 배제할 수 없다. 좋은 학교란 교사의 자질과 학교운영자의 능력, 학교분위기에 따라 평가될 수 있다. 또한 수업형태와 아동이 경험하는 동기형태에 따라서도 아동의 학교생활은 달라질 수 있는데, 학업적인 수행에 있어서는 전형적인 수업형태와 외적인 동기화가 효과적이며 학교에 대한 긍정적인 감정을 갖게 하는데 있어서는 개방교실과 내적 동기화가 보다 더 효과적이다.

치료놀이를 학급에서 시행하는 목적은 아동과 교사가 즐겁고 서로 보살펴주는 공동체를 이룰 수 있는 환경을 조성하기 위한 것이라고 하겠다. 아동들이 소속감과 수용의 감정을 느끼므로 지속적인 또래 그룹과의 관계를 발달시키는 기회를 제공할 수 있다. 집단치료놀이는 일반학교 환경과 특수학급, 학대아동쉼터, 어린이집, 유치원, 일반병원, 정신병원, 보건소 등에서도 십대엄마와 아기들, 노인정 등에서도 이루어지고 있다. 집단치료놀이에 대해서는 다른 장에서 자세하게 설명한다.

(1) 성인이 항상 주도한다.

초등학교 아동의 학급에서 교사들에 의해 주도되는 집단치료놀이 회기는 교사들의 전통적인 역할과 학급의 정규 교육과정에 초점을 맞추지 않는 것이 특징이라고 할 수 있다. 내담자로 판정되지 않은 아동들로 구성된 비치료적인 세팅에서 비치료자들에 의해 시행되는 치료놀이는 새로운 의문점과 교실환경에 대한 재해석이 이루어지지 않으면 안 되는 일이다.

골맨(Goleman, 1996)은 많은 가족들이 여러 가지 이유로 인해 감정적으로 발달시켜야 할 부분을 제대로 발달시키지 못한다고 주장하였다. 이런 아동들에게 학교는 신뢰받는 어른과 또래집단이 비교적 지속적인 관계를 형성하는 기회가 주어지는 곳이다. 학급에서 집단 회기를 수행하는 것은 치료자들 개인이 할 수 있는 것보다 훨씬 더 많은 아동에게 치료놀이의 이득을 줄 수 있다. 집단치료놀이는 네 가지 기본적인 욕구인 양육, 도전, 심리적 개입, 구조를 경험하는 토대를 제공해 준다. 조심스러운 관찰과 가족과의 의사소통이나 학생기록부 등의 가능한 자원을 활용하여 아동 각각의 행동을 알아내고, 각 아동에게 네 가지 기본 욕구 중 어떤 것을 적용할 것인지를 판단한다. 그런 다음에 그 욕구를 충족시킬 수 있는 가장 가능성이 높은 활동을 선택하여 집단활동을 시작하게 된다. 치료놀이의 특징 중의 하나는 성인이 항상 주도한다는 점인데, 학급의 교사는 어느 누구보다 아동에게 있어 신뢰할 수 있는 대상이므로 치료놀이를 수행함에 있어 안성맞춤이라고 할 수 있다.

성인이 주도한다는 의미는 아동이 활동을 선택하지 않는다는 의미이며 아동중심의 학급과 민주적인 학급에 상반된다는 의미는 아니다. 어른이 주도권을 가지고 지배하는 권위주의적인 모델에서 의사결정을 공유하고 리더십을 가치있게 여기고 향상시키는 더욱 협력적인 체계로 나아가게 하므로 특히 의의가 깊다. 그러나 학급에서의 민주적인 모델이란 관대함과 혼동되어서는 안 되며 아동의 성숙과 욕구에 맞추어 아동들과 책임을 분담하지만 여전히 어른이 주도한다(Munns, 2000).

리더는 집단의 욕구, 개인의 욕구 그리고 임의적인 결정이 요구되는 세부상황에 대해 계속 평가하고 균형을 유지해야 한다. 성인이 주도한다는 것은 권위에 대한 부정이 아니라 회기의 구조 내에서 합리화할 방법을 찾는 것이다. 각 아동의 특성에 대한 친숙함을 가진 교사는 결정을 내릴 수 있는 정보를 지닌 위치에 있기 때문에 학급에 대한 면밀한 관찰을 통해 각 상황에 맞는 최선의 대응을 결정할 수 있다. 교사가 응답하며 아동의 요구에 열린 마음을 가진 것에 대해 익숙해진 아동들은 재미있고 친숙한 활동을 하자고 교사에게 자주 요구할 수 있다. 그러나 이런 경우 교사가 양보한다면 특정욕구를 나타내도록 공정한 선택을 내린 활동으로부터 얻을 수 있는 더욱 큰 이득을 부정하는 것일 수 있다. 교사가 새로운 활동을 선택하는 과정은 특정 활동을 분별하고 조심스럽게 선택한 교사의 능력에 대한 반영이므로 자신의 권위를 부정하는 것이 될 수 있다. 아동들에게 무엇을 하기를 원하는지 물어 보는 것은 세선의 속도를 바꾸며 혼란이나 심지어 소동을 초래할 수 있고 재미를 빼앗고 세션의 치료적 가치를 억제할 수 있다. 성인이 안전하게 주도를 하면 아동들은 오히려 안전함을 느끼게 된다.

(2) 즐거운 시간을 가질 수 있다(전문성에 대한 논의)

즐거운 시간을 가지라는 집단치료 규칙은 초등학급 교사들에게 여전히 또 다른 도전이 된다. 이 규칙은 교사와 아이들 모두에게 적용되며 교사 자신이 놀이를 함으로써 즐거운 시간을 가질 뿐만 아니라 즐거움을 아동들과 함께 공유한다는 것이다(Jernberg, 1979; Rubin & Tregy, 1989). 교사에게는 정말 도전일 수 있고 번거로운 일이 아닐 수 없겠지만 매일 만날 수 있는 아동들이기에 치료놀이의 이득을 얻기에 매우 큰 장점이 되기도 하며 아동들에게는 시공을 초월한 잊지 못할 교사로 마음에 새겨질 수 있다고 본다. 교사는 여러 가지 질문이 꼬리를 물고 일어날 수 있다. 교사는 자기학급의 아동 집단과 놀면서 어떻게 권위를 유지하는가? 그리고 아동들과 함께 노는 교사는 어떻게 교사로서의 위엄을 유지하는가? 만약 아동과 함께 논다는 사실을 엄숙하게 받아들여질 수 있을까? 이런 질문은 교사 자신의 만족과 부모, 동료, 관리자들의 만족을 위해 교사 자신에 의해 반드시 해결해야 할 질문이다.

아이들과 그저 놀아주는 사람과 대비해서 존경을 받을 만하고 엄숙한 전문가로서 자신을 구별시켜야 하였던 교육자들에게는 불편한 일이 아닐 수 없다. 교사들은 가르치기 위해 고용된 것이지 놀기 위해서 고용된 것이 아니다. 교사로서의 전통적인 역할을 내려놓은 것은 관리자나 부모들이 전통적인 역할을 내려놓는 것만큼이나 어려운 것이 아닐 수 없다.

십여 년 동안 교육대학원 수업을 하면서 만난 유치원에서 고교교사에 이르기까지 모든 교사들이 첫 강의를 시작하는 날은 엄숙하게 자신을 소개하고 전문가의 모습을 보이셨다. 그러나 서너 차례 강의가 지나면 배경이론과 치료놀이 실습을 통해 당신들의 퇴행욕구를 충족시킨 충족감으로 얼굴이 환하고 어린아이처럼 변하는 것을 보아왔다. 반드시 치료놀이 세션을 만들어서 놀이를 하는 것이 아니라고 하더라도 아동을 바라보는 시각을 이론적 배경을 통해 전환하게 되는 것이었다. 수업시간에 종이학을 접어서 날리고 부산하게 움직이는 아동을 보며 이전과는 다르게 반응을 보이게 된다고 하였다. 자신의 자녀가 말을 걸어 올 때 눈을 바로 보고 대답을 하고 경청을 하면서 부모-자녀관계가 변하였다고 하였다. 가슴 높이 대화가 무엇인지? 터치의 진정한 의미가 무엇인지를 난생 처음으로 실천해 본 경험이 이루어진 것이다. 그러나 어려운 것은 학급에서 파괴적이고 무례하며, 그런 상황을 논의하는 것 자체가 위험한 행동을 보이는 아동에게는 전형적으로 반응을 한다는 것이다. 그럴 경우에는 훈육 프로그램 전문가인 필즈와 뵈져(Fields & Boesser, 1994)가 말한 대로 학습의 전달자나 행동변화의 유발자로서 말로서 신뢰를 다지면 된다. '네가 영재를 때리면 아파해. 만일 누가 널 때리면 어떻게 느낄까?'라고 말로서 대응할 수 있다는 것이다.

주의해야 할 부분은 '너 영재 왜 때리니? 들어가 앉아 있어. 똑바로 앉아!'라는 등의 언어의 지시에 의존한다면 양육받고자 하는 내재된 욕구가 만족되지 않은 아동에게는 충분하지가 않다는 것이다.

먼스의 예들 중에서 낸(Nan)은 아버지가 가끔 감옥에 있었고 투옥되지 않았을 때는 자녀들을 학대하는 아버지를 둔 말썽꾸러기였었는데 놀이 회기 중에서 웃으면서 친구들과 함께 참여할 수 있게 되었다. 세상에 대한 불신으로 학급 내에서 잘 움직이지 않는 아동이었던 소냐가 교사를 밀치는 신체적 도전에 저항하지 않게 된 것이다. 페니(Penny)는 수 차례의 회기를 한 후에 긴장을 풀고 진정으로 다른 아이들과 즐겁게 놀게 되었다고 한다. 페니의 자연스러운 유머감각은 꽃이 피었고 즐거움의 한 부분을 차지하였다. 페니가 애정을 가지고 '가시바늘'이라는 별명을 붙여준 여자 아이는 자신의 또래들에게 습관적인 부정적 반응 대신에 애정과 친절함을 보이기 시작하였고 페니는 치료놀이 회기를 통해 '가시 바늘'의 부드러운 면을 보는데 도움을 받았을 것이다. 그 아이도 자신의 가시돋힌 행동으로 인한 방어를 포기할 용기를 얻었을 것이고 페니의 자신감이 증대되면서 자신이 하고 있는 일의 가치에 대한 인식과 이해가 증대되었다(Munns, 2000).

4. 초등학교 학급에서의 집단치료놀이

1) 집단의 구성과 회기 이끌기

집단치료놀이를 하기 위한 장소는 아동이 안심하고 의지할 만한 공간이면 되는데, 응집력을 가지기 쉽고 통제가 수월하고 모두를 좀 더 편안하고 아늑하게 해 주는 곳이면 너무 넓지 않아도 좋다.

초등학교는 유치원이나 어린이집보다 학생 수가 많은 편이라서 대집단은 어려울 것이라고 생각하기 쉽지만 체육시간이라든지 특별활동 시간을 이용한다면 가능하다. 그러나 계속해서 대집단으로 구성될 경우, 집단을 벗어나거나 공격적인 아이들이 속해 있으므로 두 명의 어른이 함께 하는 것이 특히 중요하다. 각 회기에는 지정된 리더가 있지만 리더십은 회기 때마다 번갈아 가며 교체될 수 있다. 두 명의 어른이 있을 경우, 한 명이 인솔하는 동안 다른 어른은 치료놀이 회기에 참여하는 것을 무슨 도전으로 여기는 아동들을 자유롭게 도울 수가 있다. 두 명의 어른이 함께 하는 것의 또 다른 장점은 보조적인 관찰자, 보조적인 시각, 각 리더가 서로에게 지원해 줄 수 있는 장점이 있다. 만일 교사가 집단을 인솔하는 데 유능하다면 오히려 상담자들이 집단을 이끄는 것보다 치료놀이를 위한 시간을 갖기가 훨씬 더 융통성이 있다. 교사가 이끌 경우는 보조교사나 자원봉사자 또는 학급 도우미들이 같은 역할을 담당하게 할 수 있다. 두 명 혹은 그 이상의 성인이 집단을 이끄는 것은 이상적이지만 많은 교사들이 집단의 전반적인 정서나 사회적 건강 정도, 집단의 크기, 리더의 능력에 따라 보조자가 없이 인솔하기도 하였다. 집단상담을 할 경우에 리더와 전체 아동과의 관계, 리더와 각 아동과의 관계, 각 아동과의 관계가 중요한 관계가 된다. 그리고 교사는 아동들에게 누구보다도 친밀하고 영향력이 있으며, 매일 만난다는 것은 큰 이점이 된다.

2) 집단의 크기와 놀이횟수 및 시간

유치원에서는 16명일 경우 두 집단으로 나누면 되지만 초등학생일 경우에는 산만하고 공격성향이 있는 아동과 얌전하고 수줍은 아동을 상호작용할 수 있도록 보통 아동과 함께 6-8명 정도로 구성하여 방과 후 활동으로 할 수 있다.

치료놀이상담센터에서는 일주일에 1회 정도가 아동과 래포형성이나 관계유지를 위해 적합하지만, 아동들과 매일 만나는 교사의 경우에는 융통성있게 횟수를 정하여도 무방하다. 평소에 아동 각자에게 치료놀이 활동 회기에서 같은 분위기로 지낼 수 있는 짧고 강력한 기회가 많기 때문이다. 예를 들면, 특별하게 관심이 필요한 아동에게 눈맞춤을 해 주거나 웃음, 미소, 윙크, 하이파이브, 손가락 신호 등으로 감동을 줄 수 있기 때문이다. 전체 학급이 다 참여를 할 수 있다면 월 1회 정도라도 효과적일 수 있다고 본다.

회기는 보통 30-45분이지만 모이고 해산하는데 쓰이는 시간이 필요하므로 융통성있게 정하면 된다. 매일 만나는 아동이고 실제 교사가 자기학급 아동을 위해 자원하여 에너지와 시간을 들여야 하므로 쉬운 일은 아닐 것이다.

3) 집단치료놀이의 실제

치료놀이의 프로그램 전체를 미리 짠다는 것은 상담센터에서는 있을 수 없는 일이다. 아동마다 그 날마다 반응이 다르고 심리가 다르기 때문에 활동시기에 적절하게 활동을 구성하는 것이 바람직하다. 그러나 한국가족코칭센터에서 초등학생 8명을 대상으로 월 1회 실시하였던 집단치료놀이 계획서를 소개하고자 한다. 마지막 3회기는 엄마랑 함께 하였다.

〈집단치료놀이 12회기 계획서〉

* 1-3회기 : 래포 형성과 자기인식　　* 4-5회기 : 타인인식과 상호작용

* 6-7회기 : 성취감을 통한 자존감 향상　* 8-10회기 : 타인신뢰 향상

* 11-12회기 : 상호신뢰를 통한 성장발달

회기	기대효과	활동내용	준비물
1	래포 형성	노래 부르면서 둥글게 앉기, 네 가지 악수, 오리 오리 거위, 뜨거운 감자 찬 감자, 햄스터 던지기, 해바라기씨 먹여주기, 하트인사	공, 햄스터 인형, 해바라기씨 초코
2	'나'에 대한 인식	노래 불러 주기, 손탑쌓기, 팝콘댄스, 엄지씨름, 담요 위로 공굴리기, 꼬깔콘 피딩, 하트인사	담요, 공, 꼬깔콘
3	'나'의 소중함 알기	원 만들기, 노래 부르며 춤추기, 윙크 보내기, 지시카드 따라 하기, 손 그려주기, 손등 그림그리기, 마이구미 피딩, 코끼리 입맞춤	지시카드, 종이, 연필, 물감, 붓, 팔레트, 마이구미
4	상대방 알기	둥글게 앉기, 다양한 악수, 손가락 박수, 신호등놀이, 런던브리지, 업어 주기, 요거트피딩, 코끼리 입맞춤	시트지(홍, 녹), 요거트
5	바람직한 상호작용	둥글게 앉기, 다양한 악수, 솜공 불기, 콩 탁구, 자석놀이, 딸기피딩, 헤어지는 노래	솜공, 콩, 빨대, 시트지(갖가지 색깔)
6	성취감 체험	낚시놀이, 거울되어 보기, 강건너기, 신문지 펀치, 수박씨 뱉기, 헤어지는 노래	자석낚시, 담요, 줄 2개, 신문지, 수박, 풍선
7	자존감 향상	즐겁게 춤추기, 발그리기, 바람 불기, 안아 주기, 돼지등타기, 양파링 피딩, 코끼리인사	16절지, 연필, 양파링
8	타인배려 체험	다섯 가지 악수, 안마하기, 솜공터치하고 알아맞히기, 미이라 놀이, 반죽 던지기	솜공, 화장지, 물

회기	기 대 효 과	활 동 내 용	준 비 물
9	타인과의 관계성장	전기놀이, 말코 보내기, 타월 줄다리기, 콩나르기, 풍선축구, 고래밥 피딩, 하트 인사	타월, 콩, 티스푼, 풍선, 고래밥
10	타인신뢰 향상	금붕어 보내기, 호일구두, 페이스페인팅, 이인삼각, 빼빼로 피딩, 업어 주기	물감, 붓, 풍선, 빼빼로, 손수건
11	상호신뢰 성장발달	자리바꾸기, 팝콘놀이, 하하놀이, 포도씨 뱉기, 나비입맞춤	담요, 풍선이나 공, 포도
12	종료 파티	원숭이 엉덩이, 비행기 타기, 뗏목놀이, 수레바퀴, 케이크 피딩, 업어 주기, 나비입맞춤	담요, 케이크

5. 지역아동센터에서의 집단치료놀이

1) 집단의 구성과 회기 이끌기

지역아동센터에서의 집단치료놀이는 일반 학교와는 조금 다를 수 있다. 저소득층이나 한부모 아동이 대부분인 이들에게는 지역아동센터가 가정이나 마찬가지이므로 무척 자유스러운 분위기를 가지고 있다. 일반 학교에서와 마찬가지로 '모두 함께 하기', '상처주지 않기', '즐겁게 하기'를 규칙으로 하지만 공격성이 나올 수 있어서 아동들은 반대로 외치며 자기의 주장을 펴기도 한다. 또 긍정적인 터치를 하는 방법을 익히는데 오랜 시간이 걸릴 뿐만 아니라 행동이 좋지 못한 아동이 활동에 참여하지 못하도록 말과 행동으로 보여 준다. 이러한 실제의 문제점은 반복적으로 문제행동을 보이는 아동이야말로 집단경험을 가장 필요로 한다는 것이다. 겉으로는 간단해 보이는 '함께하기'라는 규칙을 아동들이 따르도록 지원하는 것은 처음 생각한 것보다는 더 어려울 수 있다. 아동이 집단에서 추방되거나 참여를 거부당할 때 각 아동이 상호지원 속에서 함께 하고 있는 것과 상반되는 결과인 거절감과 고립감, 혹은 자포자기마저 경험할 수 있다. 집단으로부터의 반복적인 배척은 아동에게 가치없는 아이임을 강화시키게 된다. 자신의 금지를 넘어선 행동과 그 결과로 일어나는 집단으로 부터의 추방을 통해 자신의 존재가치가 없음을 거듭해서 확인하게 된다. 이런 아동이 집단에 있는 것이 위험할 수 있지만 치료놀이의 목표는 아이들 전원이 치료놀이 회기 전체에 참가하도록 하는 것이다. 어떻게 하면 리더 또는 교사는 모든 아동을 참여하도록 도울 수 있는지 인내하고 연구해야 한다. 각 학기마다 2회 정도 부모교육이나 부모코칭을 하고 난 후에 부모-아동이 함께 실시하면 대단히 효과적이다.

2) 집단의 크기

집단의 크기는 일반학급보다 적게 4명 정도를 넘지 않는 것이 효과적이라고 생각한다. 그러나 아동의 정서나 사회적인 건강 정도나 리더의 능력에 따라 정하면 된다. 학년이 다른 아동들로 구성되어 있고 숫자가 많지 않으므로 남학생을 고학년과 저학년으로 나누고, 여학생을 고학년과 저학년으로 나누어 구성하면 된다. 또 일반학교와 다른 점은 전체 아동을 한꺼번에 하는 큰 집단은 거의 불가능하다. 형제나 자매도 있을 수 있고 학년도 다르기 때문에 정서 상태나 집중시간도 달라서 다루기가 쉽지 않다. 새로 등원하는 아동과 퇴원하는 아동이 있어서 비교적 자주 구성원이 바뀌는 것이 특징이라고 하겠다. 그러나 부모님과 함께 하는 회기는 모든 아동과 부모님이 함께 참여하면 활기차고 새로운 부모-자녀간의 경험이 될 수 있고 진행하기가 수월하다.

3) 집단치료놀이의 실제

지역아동센터에서의 집단치료놀이는 자주 구성원이 바뀌어 동일 집단과 계속 함께 하기는 어렵지만 담임이 몇 년 동안 바뀌지 않아 이로운 점이 있다. 몇 년 동안 집단치료놀이를 하는 동안 아동은 가정의 구조적인 결손에도 불구하고 많은 정서적, 사회적 향상을 보였다. 실제 지역아동센터 '빛나라'에서 집단치료놀이를 한 예를 소개하고자 한다. 아동의 변화를 회기마다 표에 점수로 간단하게 기록하였다.

〈빛나라 집단치료놀이〉

제 1회기

실시일시 : 2004년 4월 7일(수), 오후 5시-5시 50분

참가아동 : 김규식(A), 유진아(B), 임표수(C), 임혜수(D), 김예지(E) (총 5명)

활동목표 : 친밀감 형성

활동내용 : 칙칙폭폭, 이름표 달아 주기, 환영노래, 네 가지 악수, 상처 확인, 손탑놀이, 담요, 공 보내기, 박수치며 노래 부르기, 해바라기씨 피딩, 헤어지는 인사

준 비 물 : 이름표, 로션, 담요, 공, 해바라기씨 초콜릿

	A	B	C	D	E
눈맞춤	4	4	4	6	6
신체접촉	6	8	4	5	5
타인양육	3	2	2	3	4
양육행동 수용	4	4	3	5	6
자기주장	8	9	9	6	1
도움요청	5	9	4	3	5
또래와 협동	3	1	3	2	6
위로개입 긍정적 효과	4	6	2	5	7
규칙지키기 긍정적 수용	3	2	3	3	8

* Munns, 2000, 청소년행동관찰평가표에서 인용.

특기사항

김규식 : 유진아와 많이 다툰다. 발로 차기를 잘한다. 좀 산만하고 한 자리에 머무르지 않는다. 자기 주장할 때 큰 소리로 말한다.

유진아 : 규식이와 자주 다툰다. 주먹으로 상대방을 치고 외마디 소리로 상대방

혹은 교사에게 정당하지 않음을 호소하며 울먹인다. 가위 바위 보에서 졌을 경우 무조건 소리치며 삐지고 운다.

임표수 : 동생인 임혜수를 자주 때리고 발로 찬다. 치료자의 리더에 잘 따르지만 아이디어를 낼 때 목에 핏대를 세워 주장한다.

임혜수 : 오빠나 진아와의 관계에서 트러블이 잦다. 한 번 울면 30분을 운다. 회기가 진행되는 동안 서럽게 흐느껴 운다. 공부방에 들어가 울면서 유리를 통해 치료자와 친구들의 활동을 보며 운다. 치료자가 달래어서 활동에 참여하기를 권해도 몸을 흔들며 더 크게 운다.

김예지 : 말이 없고 조용하다. 잘 웃지 않고 화도 잘 내지 않으며 옆 친구가 자기를 부당하게 대할 경우에는 치료자를 쳐다보며 맑은 표정으로 어떤 도움을 청한다. 활동에 말없이 잘 참여한다.

제 2회기

실시일시 : 2004년 4월 14일(수), 오후 5시-5시 50분

참가아동 : 김규식(A), 유진아(B), 임표수(C), 임혜수(D), 김예지(E) (총 5명)

활동목표 : 친밀감 형성

활동내용 : 다양한 악수, 상처 확인, 윙크 보내기, 주먹 탑쌓기, 젓가락 탑쌓기, 콩불기, 꼬깔콘 피딩, 하트인사

준 비 물 : 로션, 젓가락 48개, 콩, 빨대, 꼬깔콘

	A	B	C	D	E
눈접촉	4	5	4	6	6
신체접촉	6	8	4	7	5
타인양육	3	2	2	3	4
양육행동 수용	4	4	3	5	6
자기주장	8	8	9	6	2
도움요청	5	9	3	4	5
또래와 협동	3	1	3	2	6
위로개입 긍정적 효과	4	8	2	5	7
규칙지키기 긍정적 수용	4	2	3	4	8

특기사항

김규식 : 규칙지키기가 잘 안 되며 활동 중 반칙을 잘한다.

유진아 : 공부방에 올 때 절름거리거나 아픈 곳(다리 또는 발)을 가리키며 관심을 끌기를 좋아한다.

임표수 : 솜공 눈싸움에서 많이 흥분하며 규칙을 어기며 이기려고 하였다. 졌을 경우 화를 내며 안한다고 외치며 솜공을 이리저리 집어던진다.

임혜수 : 잘 삐지며 한 번 울기 시작하면 2-30분간 '억억 '소리 내어 운다.

김예지 : 질문하면 대답하지만 스스로는 잘 말하지 않는다.

제 3회기

실시일시 : 2004년 4월 21일(수), 오후 5시-5시 50분

참가아동 : 김규식(A), 유진아(B), 임표수(C), 임혜수(D), 김동우(E) (총 5명)

활동목표 : 친밀감 형성

활동내용 : 상처 확인, 젓가락 빼기, 콩 나르기, 풍선배구, 풍선끼고 눈 신호에 따라 움직이기, 고래밥 피딩, 헤어지는 노래

준 비 물 : 로션, 젓가락, 48개, 콩, 티스푼, 큰 풍선, 고래밥

	A	B	C	D	E
눈접촉	4	5	4	6	4
신체접촉	5	8	3	5	5
타인양육	3	3	2	3	2
양육행동 수용	4	8	3	7	8
자기주장	8	8	9	6	5
도움요청	5	8	4	3	6
또래와 협동	3	2	3	2	7
위로개입 긍정적 효과	4	6	2	5	4
규칙지키기 긍정적 수용	3	2	3	4	2

특기사항

김동우 : 눈 접촉 잘하지 않고 얌전하나 때로 자기주장 강하다. 새로 참가함.

임표수 : 말할 때 소리지르듯이 말하며 규칙지키지 못한다.

유진아 : 리더의 말만 귀기울이고 친구들의 말에 대답하지 않고 눈을 하얗게 흘긴다.

제 4회기

실시일시 : 2004년 4월 28일(수), 오후 5시-5시 50분

참가아동 : 김규식(A), 유진아(B), 임표수(C), 임혜수(D), 김동우(E), 문소나(F), 김예지(G) (총 7명)

활동목표 : 터치를 통한 긍정적인 자기인식

활동내용 : 전기놀이, 오리 오리 거위, 수건돌리기, 김밥 말기, 햄스터 던지기, 꼬리잡기

준 비 물 : 로션, 손수건, 담요, 보자기, 햄스터 인형

	A	B	C	D	E	F	G
눈접촉	5	6	4	6	4	7	6
신체접촉	5	8	3	6	5	7	4
타인양육	4	3	2	3	2	4	3
양육행동 수용	4	8	3	7	8	6	5
자기주장	8	7	9	5	5	6	2
도움요청	5	8	4	3	6	7	4
또래와 협동	3	2	3	2	7	4	6
위로개입 긍정적 효과	4	6	2	5	4	6	5
규칙지키기 긍정적 수용	3	2	3	4	2	5	7

특기사항

유진아 : '가위 바위 보'와 같은 순서 정하기에 승복하지 않고 삐지기 일쑤임. 임혜수 눈을 때려 혜수가 울었음. 이야기를 통해 지수가 어깨를 꼬집었다고 말함.

변상진 : 엄마가 방임하였다. 설득 끝에 공부방에 오게 되었고 첫날 오자마자 TV 뒤에 숨어서 나오지 않았다. 선생님들과 가까이 가지 아니하였으므로 숨바꼭질을 여러 번 하면서 자연스럽게 나오게 되었다. '이슬이의 첫 심부름'을 읽어 주므로 긴장이 많이 해소되었다. 공부방은 들어가지 않고 나중에 꼬리잡기에 참가하였다.

제 10회기

실시일시 : 2004년 6월 16일(수), 오후 5시-5시 50분

참가아동 : 김하은(A), 유진아(B), 김동우(C), 김수엽(D) (총 4명)

활동목표 : 강한 개입활동과 양육활동으로 퇴행욕구 충족시키고 타인신뢰감 향상

활동내용 : 상처 확인, 호일구두, 요람태우기, 엉덩이 달리기, 수박씨 뱉기, 손 닦아 주기

준 비 물 : 로션, 호일, 담요, 수박, 예쁜 손수건

	A	B	C	D
눈접촉	5	7	5	4
신체접촉	5	8	5	5
타인양육	3	4	3	3
양육행동 수용	5	8	8	4
자기주장	7	5	5	3
도움요청	4	8	7	3
또래와 협동	3	4	7	5
위로개입 긍정적 효과	7	6	5	5
규칙지키기 긍정적 수용	3	4	4	5

제 11회기

실시일시 : 2004년 6월 24일(목), 오후 5시 - 5시 50분

참가아동 : 김하은(A), 유진아(B), 김예지(C), 임혜수(D), 김동우(E), 김수엽(F), 김예나(G), 유하림(H) (총 8명)

활동목표 : 강한 개입활동과 도전활동으로 긍정적인 힘과 성취감 체험

활동내용 : 상처 확인, 윙크와 말코 보내기, 팔씨름, 허수아비 만들기, 신문지펀치,

도넛피딩

준 비 물 : 로션, 신문지, 스카치테이프, 왕관, 도넛

	A	B	C	D	E	F	G	H
눈접촉	6	7	5	6	5	6	5	4
신체접촉	5	8	4	6	6	5	5	4
타인양육	4	4	3	4	3	4	3	4
양육행동 수용	6	8	6	7	8	4	5	5
자기주장	7	5	2	5	5	5	7	6
도움요청	5	8	6	4	8	4	4	6
또래와 협동	3	4	7	4	7	5	4	4
위로개입 긍정적 효과	7	6	6	5	6	6	5	4
규칙지키기 긍정적 수용	4	5	7	5	4	5	4	5

제 17회기

실시일시 : 2004년 7월 29일(목), 오후 7시 30분 – 8시 30분

참가아동 : 김하은(A), 김동우(B), 김수엽(C), 김예지(D), 유하림(E), 김기철(F), 김기현(G)

활동목표 : 종결을 예고하고 긍정적인 부모-자녀관계 지속시키도록 부모참여함

활동내용 : 상처 확인, 귓속말 전하기, 즐겁게 춤을 추다가, 거미줄 만들기, 귤피딩

준 비 물 : 로션, 실 꾸러미, 가위, 귤

	A	B	C	D	E	F	G
눈접촉	8	8	9	9	7	8	8
신체접촉	8	7	7	7	7	3	5
타인양육	6	5	5	5	5	6	6
양육행동 수용	8	8	6	8	7	5	7
자기주장	7	5	8	4	6	2	3
도움요청	8	8	7	6	6	3	3
또래와 협동	6	7	6	8	6	9	9
위로개입 긍정적 효과	8	7	8	8	7	8	9
규칙지키기 긍정적 수용	6	4	5	9	5	10	10

제 20회기

실시일시 : 2004년 8월 20일(수), 오후 5시-5시 50분

참가아동 : 김하은(A), 유진아(B), 김예지(C), 임혜수(D), 김수엽(E), 김예나(F), 김동우(G), 김경민(H) (총 8명)

활동목표 : 종결파티

활동내용 : 상처 확인, 피넛버터 젤리, 메시지 보내기, 자석놀이, 자리 바꾸기, 카드읽기, 케이크 피딩

준 비 물 : 로션, 시트지 각 색깔, 카드, 케이크, 손도장, 발도장 등

	A	B	C	D	E	F	G	H
눈접촉	9	8	9	8	8	7	8	9
신체접촉	6	8	7	8	8	6	7	5
타인양육	7	5	7	5	7	4	7	8
양육행동 수용	6	8	6	7	6	6	8	5
자기주장	7	4	3	5	7	8	5	3
도움요청	8	8	6	7	6	7	6	7
또래와 협동	6	6	7	5	5	5	7	8
위로개입 긍정적 효과	8	6	7	6	7	7	7	8
규칙지키기 긍정적 수용	6	6	7	7	6	6	4	7

CHAPTER 13

모-영아 치료놀이

1. 모-영아 상호작용의 특성
2. 영아발달과 부모의 역할
3. 영아와 치료놀이
4. 모-영아 치료놀이 활동

부모는 아동이 최초로 맺은 인간관계의 대상이며, 부모가 제공하는 양육환경은 아동의 성장과 발달에 많은 영향을 끼치는 환경이다.

아동의 일상생활에서 많은 상호작용은 어머니와 이루어진다. 특히 아동의 사회적 관계의 발달은 출생 직후부터 시작되는 것으로 출생초기 양육자인 어머니와의 상호작용에서 감각 및 정서를 상호교환하고 조절하는 경험에 기초를 두고 발달한다(Hobson, 1989; Mundy & Sigman, 1989).

아동의 초기 사회성 발달은 개인의 적응상태뿐만 아니라 양육자인 어머니와의 관계가 중요하며, 발달적으로 적합한 상호작용을 경험하게 하여 아동의 언어, 인지, 정서, 사회성 발달을 촉진하는데 바람직한 일이다.

사회성 발달의 시초로 건강한 부모-자녀관계의 특징인 신체적 접촉과 눈맞춤을 통한 정서적 교류는 중요한 의미를 지니며 생후 초기 어머니와의 상호작용에서 자아개념을 물론 타인개념과 기본적인 대인신뢰를 형성하여 간다고 볼 수 있다(김수정, 2002).

인간의 상호작용은 의사소통을 위해서 표현행동이 나타나는 영아기부터 시작되는데 모-영아간 초기 상호작용의 질은 영아기 발달에 결정적인 영향을 미친다고 보고되었다(Calhoun & Rose, 1989).

1. 모-영아 상호작용의 특성

모-영아 상호작용은 어머니와 영아가 자연스런 상황에서 지속적으로 상호 자극하고 강화, 반응하는 역동적인 조절과정으로 개념화할 수 있으며 이 과정에서 모-영아는 각각 행동의 주도자이자 수혜자로서 일련의 행동에 참여하게 된다(Bigner, 1985).

과거의 모-영아 관계는 엄마가 영아에게 일방적으로 주는 관계로 생각해 왔으나 현대의 모-영아 관계는 상호간 서로 영향을 주고받는 관계임을 강조하고 있다(오영희, 엄정애, 1997).

모-영아 상호작용의 특성을 연구한 많은 연구들에 의하면 어머니가 매우 반응적이고 온정적이고 지지적인 특성을 보인 아동은 능동적이고 잘 발달하고 정서적으로 안정적이라고 지지하며 반응성에 초점을 두었다.

반응적인 어머니는 일상생활에서 자녀의 뒤에 앉아 자녀의 행동을 감독하는 것이 아니라 능동적으로 자녀의 활동에 개입하며 합리적이고 의미 있게 자녀가 하는 것을 대체로 수용한다. 또한 아동이 주도하는 활동을 격려하고 지지하며 상호작용의 초점이나 주제를 아동이 관리하도록 격려하는 점에서 비지시적이며 자녀와의 상호작용의 맥락은 대부분 놀이를 통한 상호작용이었다. 상호작용의 과정은 개인적 행동을 적응시키고 상호 온정적인 관계이므로 상호작용에서 양자간 서로 반응하고 적응해 가면서 발달하는 호혜성은 모-영아 관계를 상호적으로 만족시키는 기초이다(이상희, 2003).

Schafer와 Emerson(1964)은 놀이 시 상호작용간의 일치를 이루는데 중요한 조건으로 부모의 민감한 반응을 들었는데 애착 발달에 있어 모-영아간의 초기 상호작용과 영아의 요구에 대한 부모의 민감한 반응이 중요하다고 보았다.

모-영아 상호작용에서 나타나는 신체적 접촉은 매우 중요한 요소이다. Des Lauries는 영아기에 제공되는 신체적 접촉은 가장 초기의 자기경험으로 신체인식을 갖게 하며 이러한 감각자극 접촉은 접촉을 주고받는 사람과의 관계를 맺게 한다고 하였다(Brody, 1997).

어머니가 제공하는 접촉경험을 통해 아동은 자아감, 타인과 관계를 맺는 능력, 애정을 조율하는 기술, 환경을 숙달할 수 있는 감각, 자신의 가치에 대한 신뢰감을 발달시킨다.

2. 영아발달과 부모의 역할

1) 영아발달

영아기의 개념은 학자에 따라 그 시기를 상이하게 구분하여 정의 내리기도 한다.

영아기를 출생에서부터 언어가 나타나기 시작하는 대략 1세 반에서 2세까지로 정의한다(Bornsten, 2002).

서봉연(1985)은 출생에서 2세까지로, 이재연(1996)은 생후 2주에서 15개월까지를 영아기로 보았다.

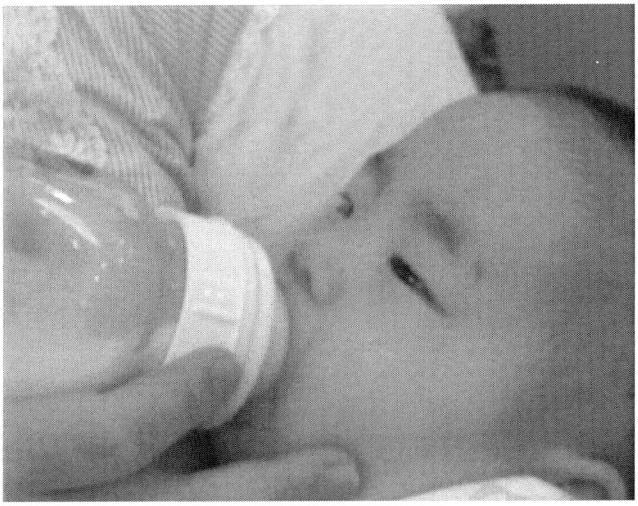

본 장에서는 영아를 출생에서 2세까지로 보고 모-영아간 활동도 2세까지의 영아를 위한 활동으로 구성하였다.

출생에서 2세까지의 중요한 발달과업을 살펴보면 다음과 같다(이영 외, 2006).

〈출생에서 1세까지의 발달과업〉

- 뒤집기, 혼자 앉기, 서기를 하는 등 급격한 신체발달이 이루어진다.
- 자신의 요구나 느낌을 언어적 행동으로 표현한다.
- 눈과 눈을 마주 보며 애정을 교환하는 등 다른 사람과의 사회적 행동을 보인다.
- 시각적 탐색기의 절정기이다.
- 다른 사람의 감정과 말을 이해할 수 있다.

- 정서의 분화가 일어난다.
- 낯가림을 하고 격리되면 불안해한다.
- 자신과 타인을 구별하고, 자아 정체감이 형성된다.

〈1세부터 2세까지의 발달과업〉

- 신체조절 능력의 증진으로 새로운 시도를 한다.
- 이동 능력의 증진으로 능동적인 학습을 하게 된다.
- 양육인에 대한 근접 추구와 자율성이 공존한다.
- 사물의 이름을 말하고, 자신의 요구를 말로 표현하기 시작한다.
- 상상놀이 등 상징적 사고를 한다.

다음은 전반적인 영아발달에 대해 살펴보면 다음과 같다(성영혜 · 김현자, 2005).

첫째, 영아기의 신체운동발달은 위에서 아래로, 중심부에서 말초부로 진행되며 일생을 통해 가장 급격한 변화를 보여 준다. 특히 출생 후 첫 6개월 동안에는 아주 급진적인 변화가 나타나고 18개월까지 사람이 살아가는데 가장 기본적 능력인 보행 기능이 완성된다.

둘째, 영아기의 사회 · 정서발달은 영아기 초기 영아는 신체보호와 생리적 욕구를 양육자가 일관되게 충족시켜 줄 때, 심리적 안정감과 주변환경에 대한 신뢰감을 갖게 된다. 양육자와의 상호작용을 통해 여러 가지 정서를 보여주며 사회적 의사소통의 기술을 발달시킨다.

셋째, 영아기의 언어발달은 대부분의 아동은 언어 획득에 있어서 동일한 발달단계를 거친다. 단어를 표현하기 전에는 울음이나 표정, 몸짓 등 비언어적인 행등을 통하여 의사소통을 시작하게 된다. 점차 언어를 사용한 의사소통이 가능해지면서 새로운 사물이나 사람을 지칭하는 단어사용을 즐기며, 36개월까지 지속적인 발달이 이루어진다.

넷째, 영아기의 인지발달은 영아의 발달은 감각기관의 발달과 더불어 더욱 정교해진다. 눈으로 관찰하고, 입으로 확인하고, 손으로 만지게 되면서 탐색적인 활동이 계속 증가되며 특히 걷기 시작하면서 이들의 인지발달은 촉진되어진다. 영아의 인지발달에 대한 새로운 연구에서는 영아기가 지적으로 가장 분주한 시기일 뿐만 아니라 예민한 시기로 사고과정을 위한 기본적인 발달이 이때 이루어진다는 것을 강조하고 있다(김혜경 외, 2002). 인간의 뇌성장에 있어서 가장 중요한 시기가 초기 18개월 동안이라고 볼 때, 2년말경에 관찰된 아기의 발달수준은 성장 후의 실제적인 지적 능력과 연결될 것이라는 점은 어느 정도 신뢰할 만하다고 볼 수 있다(김광웅 외, 2003).

2) 부모역할

영아기에 부모는 아동의 욕구에 따뜻하고 공감적으로 반응하며, 생동감있고 양육적이며 영아와의 놀이에 함께 참여함으로써 충분히 유대감을 형성해야 한다.

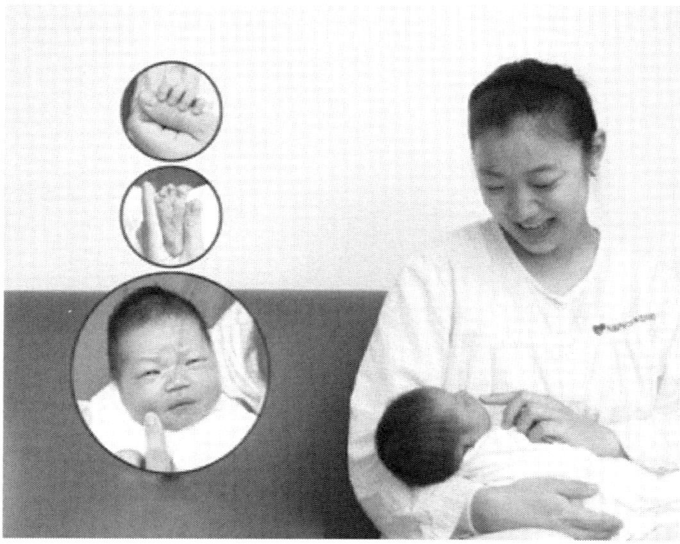

부모는 항상 현재의 상호작용이 정서적인 교류가 충분히 잘 이루어지고 있는지 늘 민감하게 살펴보아야 한다.

최근의 연구에서 영아기와 걸음마기 아동의 놀이는 부모가 구조화해 주는 역할로

촉진되며, 이러한 놀이는 영아로 하여금 최상의 각성수준을 유지하게 하여 지루하거나 지나치게 흥분하지 않게 한다(Power & Parke, 1980).

또한 부모가 구조화해 주는 놀이는 영아에게 부모와의 강한 사회적 작용을 하도록 하여 부모-영아 애착을 용이하게 하고, 영아가 주변을 탐색하도록 격려할 뿐 아니라 언어발달을 자극한다(Ratner & Bruner, 1978).

부모와 영아와 함께 놀아주게 되면 영아가 자기 차례를 기다리는 법과 다른 사람의 계획에 맞추는 법을 배우게 한다. 부모는 영아와 상호작용하며 놀이를 촉진시키고 영아의 호기심과 탐구심을 충족시키며 영아의 의사표현과 정서표현을 잘 할 수 있도록 일관성 있는 훈육을 통하여 도와 주어야 한다.

3. 영아와 치료놀이

영아는 양육자가 제한하는 안전한 환경에서 양육자와 시작과 끝이 있는 일련의 활동들을 함께 하면서, 신체의 경계에 대한 인식을 할 수 있게 되고, 자신과 타인에 대해 인식하며 세상에 대한 탐색을 할 수 있게 된다.

구조 활동은 영아들로 하여금 예측할 수 있도록 구조화된 틀을 제공함으로써 정서적 안정감을 느끼도록 한다. 또한 이러한 활동들은 영아들의 욕구나 수준에 적합한 과제를 부여함으로써 영아들이 편안하게 지시에 따르도록 해 주며, 자기 조절능력을 키우도록 한다.

도전 활동은 성취의 경험을 제공함으로써 영아가 활동에 능동적이며 적극적으로 참여하도록 한다. 영아가 성취의 경험을 얻도록 하기 위해서는 양육자가 반드시 영아의 발달 특성 및 행동 특성에 적합한 활동을 제시해 주어야 하며, 영아가 충분히 수행할 수 있는 활동으로 구성해야 한다.

도전 활동은 특히 영아들에게는 회기 초반에 지나치게 위협적이거나 어려운 과제를 부과시켜서 부담을 주지 않고, 구조, 개입활동들과 연계하여 점진적으로 수행하도록 하는 것이 중요하다.

개입 활동은 영아들이 자기 자신 이외의 타인 및 세상과 접촉하도록 해 주며, 호기심과 즐거움을 갖고 사회적으로 적응할 수 있도록 한다. 특히 위축되어 있고, 긴장수준이 높아 경직되어 있는 영아들이나 지나치게 구조화되어 있는 영아들에게 개입활동은 매우 유용하고 필요하다. 리더는 끊임없이 영아들과 눈맞춤을 시도하고 영아들에게 관심과 호기심을 불러일으키도록 개입활동을 진행해야 한다. 이러한 개입활동을 통해 영아들은 타인과의 상호작용이 즐겁다는 것을 경험하게 되어, 보다 능동적으로 또래나 성인과 상호작용을 할 수 있도록 한다.

세상에 대한 탐색이 일어나고, 초보적인 사회적 상호작용이 발생하기 시작하는 영아의 경우 개입활동을 통해, 즐거운 경험은 세상을 즐겁고 안전하다고 느끼면서 탐색할 수 있도록 해 주는 것이 중요하다.

양육 활동은 영아들이 스스로 가치 있고 사랑스럽다는 느낌을 경험할 수 있도록 하며, 이러한 양육을 제공하는 타인을 신뢰하고 친밀하게 느끼면서 세상을 안전한 것으로 느끼도록 하고, 정서적 안정감을 갖도록 한다.

치료놀이는 부모와 자녀의 상호작용을 영유아의 건강한 발달과 관련지어 최우선으로 중요하게 고려한다.

아동과 부모 사이의 애착촉진을 돕는 치료놀이는 영유아와 부모가 대부분의 가족들에서 흔히 일어나는 건강한 애착형성의 방법을 즐길 수 있는 길을 찾는 것이 포함된다(성영혜, 2006).

모-영아 치료놀이에서 치료자는 마치 엄마가 영아를 대하는 것처럼 아동을 잘 보살핀다.

치료자는 눈맞춤을 시도하고, 신체적 상처를 보살피며, 격려하며 신체적으로 접근하며 긍정적으로 공유할 수 있는 정서적인 경험들을 살릴 수 있는 상황과 활동을 계획하여 친밀감과 신뢰를 형성한다.

이상희(2003)는 '모-아 치료놀이 프로그램'에서 치료놀이는 아동의 건전한 성장과 발달에 필수 요소인 안정된 애착관계를 맺게 하여, 아동의 문제를 예방할 수 있는 모델이라고 하였다. 다시 말해 치료놀이는 아동과 양육자의 정서적 유대인 애착을 형성하는 초기 어머니의 양육방식을 모방하여 아동의 욕구를 충족시키고 부모와 아동간의 관계를 긍정적으로 변화시키는 것을 목표로 한다고 하였다.

애착이론에 기반을 두고 건강한 부모-자녀관계를 모델로 한 모-영아 치료놀이 활동의 몇 가지 활동을 소개하면 다음과 같다.

4. 모-영아 치료놀이 활동

1) 까꿍놀이 I

〈기대효과〉

• 친밀감과 재미를 느낄 수 있다.
• 상호작용을 촉진시킨다.

〈놀이방법〉

① 영아와 마주 보고 앉아서 손바닥을 마주 댄다.
② 양육자가 먼저 자신의 얼굴로 마주 댄 손바닥을 들어 올렸다가 위 또는 아래로 얼굴을 가렸다가 내린다.
③ 얼굴이 보이고 눈이 마주치면 '까꿍'하면 반가움과 놀라움을 표현한다.
④ 영아의 얼굴을 가렸다가 손바닥을 내리거나 펼치면서 '까꿍'놀이를 한다.

〈양육자의 역할〉

• 영아의 손을 마주 잡을 때 부드럽게 천천히 잡도록 한다.
• 손바닥 대신 양육자가 작은 손수건 등을 사용하여 까꿍놀이를 할 수 있다.

2) 끄덕끄덕 말타기

〈기대효과〉

• 편안함과 안정감을 느낄 수 있다

• 신체조절 능력을 증진시킨다

〈놀이방법〉

① 양육자가 부드러운 느낌의 소파에 앉는다.

② 영아를 양육자의 다리 위에 앉힌다.

③ 양육자의 다리 위에 앉힌 영아와 눈을 맞추며 "말 탄 사람 끄덕끄덕, 소탄 사람 끄덕끄덕"하는 소리를 내며 말을 태워 준다.

〈양육자의 역할〉

• 영아가 무서워하지 않도록 속도를 조정한다.

• 양육자의 노래를 들으며 정서적으로 안정될 수 있도록 양육자는 고개를 끄덕여 주면서 활동을 한다.

3) 로션놀이(손발 찍기)

〈기대효과〉

• 긍정적 신체인식을 할 수 있다.

• 자연스런 신체접촉과 재미있는 경험을 통하여 친밀감을 형성한다.

〈놀이방법〉

① 영아의 손바닥에 로션을 묻혀 골고루 양육자가 부드럽게 펴 발라 준다.

② 로션이 묻은 영아의 손바닥을 양육자가 잡고 검은 종이 위에 찍어 주며 "와,

이거 누구 손바닥이지?"하며 놀라움을 나타내는 말을 해 준다.
③ 같은 방법으로 영아의 발바닥을 부드럽게 맛사지한 후 로션놀이를 할 수 있다.

〈양육자의 역할〉
- 양육자는 영아가 긴장감을 완화시킬 수 있도록 영아의 몸을 부드럽게 다루어 준다.
- 영아가 신체에 대한 긍정적 인식을 할 수 있도록 검은 종이 위에 나타난 영아의 손바닥, 발바닥 모양을 자랑스럽다는 듯이 이야기해 주며 인식하도록 해 준다.

4) 파우더 찍기

〈기대효과〉
- 긍정적 신체인식을 할 수 있다.
- 긴장을 완화시키고 친밀감을 증진시킨다.

〈놀이방법〉
① 영아의 손바닥이나 발바닥에 파우더를 발라 준다.
② 파우더가 묻은 영아의 신체부위를 부드러운 느낌의 진한색 방석을 사용해 그 위에 찍어 본다.
③ 발모양 또는 손모양이 나타난 방석 위 그림을 보며 '와우! ○○의 예쁜 손이로구나'라고 얘기해 준다.

〈양육자의 역할〉
- 방석 대신 검은 종이를 사용할 수도 있다.
- 영아가 편안함을 느낄 수 있도록 바닥에 앉은 영아의 등 뒤에 부드러운 느낌의 쿠션이나 방석을 받쳐 준다.
- 영아가 긍정적 신체인식을 할 수 있도록 격려해 준다.
  (예 : 와! 굉장히 멋진 손이로구나! 등)

5) 로션 옮기기

〈기대효과〉

• 부드러운 신체 접촉을 경험할 수 있다.
• 자기인식과 타인인식을 돕는다.
• 친밀감과 상호작용을 촉진시킨다.

〈놀이방법〉

① 양육자는 손가락으로 로션을 찍어 자신의 코에 묻힌다.
② 양육자는 로션이 묻은 코를 영아의 코에 살짝 문질러 로션을 옮겨 준다.
③ 같은 방법으로 엄마의 볼에서 영아의 볼 등으로 로션 옮기기를 한다.

〈양육자의 역할〉

• 부드럽고 세심하게 영아와 신체 접촉한다.
• 로션을 사용하여 신체를 접촉함으로써 편안한 양육과 자연스런 상호작용을 돕는다.

6) 두 팔 그네

〈기대효과〉

• 양육적인 경험을 제공해 줌으로써 편안함과 안정감을 느낄 수 있다.
• 양육자를 신뢰하고 안정감을 느낄 수 있다.

〈놀이방법〉

① 영아가 사용하는 작은 담요나 이불을 펼친다.
② 영아를 작은 담요 가운데에 눕힌다.

③ 양육자가 두 팔로 영아가 누워있는 담요를 떠받친 모양에서 일어선다.
④ 좌 · 우 또는 위 · 아래로 아이를 흔들어 주며 노래를 불러 준다(자장가 또는 조용한 노래)

〈양육자의 역할〉
- 영아가 떨어지지 않도록 조심스럽게 감싸 안는다.
- 양육자는 영아가 편안함과 안정감을 느낄 수 있도록 노래를 불러 주며 영아와 눈맞춤을 한다.

7) 방석 위에 올라서기

〈기대효과〉
- 자신의 신체를 조절할 수 있다.
- 자신감을 느낄 수 있다.
- 적극적인 신체접촉을 통하여 친밀감을 형성한다.

〈놀이방법〉
① 영아가 엄마의 다리에 매달리게 한다.
② 엄마가 매달린 영아를 잘 붙잡고 방석 위에 올라선다.
③ 오를 때마다 '대단한걸, 잘했어' 등의 칭찬을 해 준다.
④ 엄마와 영아가 함께 방석에 올라섰다 내려서는 활동을 반복한다.

〈양육자의 역할〉
- 양육자 신호에 맞추어 방석에 오를 수 있다.
- 영아를 격려해 주며 도전을 통해 유능감을 느낄 수 있도록 해 준다.

8) 톡톡이 위에서 통통통

〈기대효과〉

• 부정적인 감정과 긴장감을 해소시킬 수 있다.
• 양육자가 제공하는 구조화된 틀에서 신체를 조절할 수 있다.

〈놀이방법〉

① 바닥에 톡톡이 비닐(1m×1m)을 평평하게 깐다.
② 양육자와 영아가 함께 톡톡이 비닐 위를 걸어 보면서 소리를 듣는다.
③ 영아와 두 손을 마주 잡고 함께 제자리에서 콩콩콩 뛰어 본다.
④ 양육자의 신호에 따라 뛰다가, 멈추다가를 반복한다.

9) 밀가루 반죽으로 꾸며 주기

〈기대효과〉

• 자신과 타인의 인식능력을 향상시킬 수 있다.
• 재미와 즐거움을 느낄 수 있다.
• 신체인식 능력을 향상시킨다.

〈놀이방법〉

① 밀가루 반죽을 손바닥으로 비벼서 길게 줄을 만든다.
② 반죽을 이용하여 신체의 여러 부위를 재어 본다(손, 발, 다리, 팔, 키 등).
③ 신체부위를 잴 때마다 '와! 손이 이만큼 크네' 등의 놀라움을 나타내며 영아와 함께 보도록 한다.
④ 밀가루 줄을 이용해 시계, 반지, 목걸이 등 영아의 액세서리도 만들어 본다.

〈양육자의 역할〉

- 영아가 자신의 신체의 소중함을 알고 신체인식을 할 수 있도록 양육자의 세심한 배려와 자상한 모습으로 꾸며 주기를 한다.
- 꾸며진 신체를 보며 "정말 멋있어졌는데" 등의 말로 영아를 격려해 준다.

10) 솜공 던지기

〈기대효과〉

- 신체를 조절하고 집중시킬 수 있는 능력을 기른다.
- 상호작용하면서 친밀감을 형성한다.

〈놀이방법〉

① 양육자는 두 팔을 벌려 원을 만든다.
② 영아는 그 원 속의 준비해 둔 솜공을 던져 넣는다.
③ 응용활동으로 양육자가 앞치마를 하고 앞치마 자락을 두 손으로 잡아 바구니 모양을 만든 후 그 안에 솜공을 한 개 또는 여러 개 넣도록 한다.
④ 영아가 솜공 넣기에 성공하였을 때 감탄사나 기뻐하는 표정을 통해 영아의 자신감을 북돋운다.

〈양육자의 역할〉

- 영아가 어렵지 않게 재미있는 신호를 주고받으며 솜공 던지기를 하도록 유도한다.
- 영아가 솜공을 넣어 성공하게 하는 경험을 통하여 유능감을 느끼도록 양육자는 활동을 조절할 수 있다.

11) 김밥말기

〈기대효과〉

• 친밀함과 편안함을 촉진시킨다.
• 양육적인 경험을 통해 긴장을 완화시켜 정서적 안정감을 제공한다.

〈놀이방법〉

① 넓은 이불을 바닥에 펼친다.
② 이불 위에 영아를 눕힌다.
③ 누워 있는 영아를 담요로 부드럽게 감싸듯이 굴려 주며 김밥말기를 한다.

12) 이불 통과하기

〈기대효과〉

• 양육적인 경험을 통해 긴장을 완화시키고 편안함을 느낀다.
• 부정적인 감정을 해소시킬 수 있다.

〈놀이방법〉

① 이불을 바닥에 깐다.
② 이불 가장자리에서 양육자와 영아가 함께 이불 속으로 들어간다.
③ 이불 속을 영아와 함께 기어 나오거나 낮은 걸음으로 이불을 통과하여 밖으로 나온다.

〈양육자의 역할〉

• 영아가 무서워하지 않도록 양육자는 영아의 손이나 신체 한 부분을 잡고 이불 속으로 들어간다.

• 영아가 힘들지 않도록 양육자는 이불을 걷으며 이불 속을 잘 통과할 수 있도록 배려해 준다.

13) 이불 썰매

〈기대효과〉

• 활동에 대한 즐거움을 경험한다.
• 영아가 사랑받는 소중한 존재라는 느낌을 갖도록 양육적인 기회를 제공한다.

〈놀이방법〉

① 이불 위에 영아를 올려놓는다.
② 이불에 앞부분을 양육자가 잡고 영아와 마주 본 상태에서 끌어 준다.
③ 노래를 부르며 눈맞춤을 하며 천천히 부드럽게 이불을 끌어 준다.

〈양육자의 역할〉

• 이불 위에 앉은 영아가 미끄러지지 않도록 영아를 감싸 안듯이 잡는다.
• 천천히 이불을 끌어 주며 조심스럽게 시작하고 익숙해지면 신나게 노래를 부르며 리듬감 있게 이불 썰매를 끈다.

14) 파우더 마사지

〈기대효과〉

• 신체접촉을 통해 친밀감을 형성한다.
• 편안함과 정서적 안정을 느낄 수 있다.

〈놀이방법〉

① 양육자는 두 손가락에 파우더를 묻힌다.

② 손가락에 묻은 파우더를 영아의 손등 또는 손바닥에 점처럼 부드럽게 꼬옥 눌러 준다.
③ 손등에 묻은 파우더를 부드럽게 펴 바르며 마사지하며 신체접촉을 한다.

〈양육자의 역할〉
• 영아가 편안하게 느끼도록 조심스럽게 누르고 파우더가 날리지 않도록 한다.
• 양육자는 자연스런 신체접촉을 통하여 편안한 양육의 기회도 제공할 수 있다.

15) 소리나는 얼굴(삐뿌놀이)

〈기대효과〉
• 호기심을 갖게 하고 흥미와 재미를 느낄 수 있다.
• 자연스런 눈맞춤으로 긍정적 상호작용을 촉진시킨다.

〈놀이방법〉
① 영아와 얼굴을 마주 보며 앉거나, 양육자의 무릎에 영아를 앉게 하고 얼굴을 마주 본다.
② 양육자의 이마, 코, 턱에 영아의 손을 함께 잡고 영아의 손가락으로 신체 부위를 터치한다.
③ 영아의 손가락이 신체 부위에 닿을 때마다 양육자는 재미있는 표정으로 삐익 또는 뿌우하는 소리를 내어 본다.
④ 영아의 손가락 누름에 의해 소리가 나는 것처럼 재미있게 활동한다.

16) 다리에 매달리기

〈기대효과〉
• 적극적인 신체접촉을 통하여 친밀감을 느껴 본다.

• 매달려 보고 흔들어 보는 신체의 움직임을 통해 대근육, 소근육 발달을 돕는다.

〈놀이방법〉

① 양육자의 발등 위에 영아를 서 있는 자세로 올려놓는다.
② 영아가 한쪽 다리를 두 팔을 이용해 꼬옥 붙잡도록 한다.
③ 영아가 미끄러지거나 넘어지지 않도록 천천히 움직인다.
④ 자세와 보폭을 조절하면서 매달려 보게 한다.
⑤ 다리에 매달린 영아와 함께 앞으로 또는 옆으로 즐겁게 이동한다.
⑥ 활동 후 영아를 들어 올려 가볍게 토닥여 주면서 영아의 신체를 주물러 준다.

〈양육자의 역할〉

• 영아가 다리에 매달린 상태에서 떨어지지 않도록 조심한다.
• 양육자와 영아가 함께 힘을 합쳐 신체를 조절하며 재미있는 경험이 될 수 있도록 한다.

17) 몸터널 통과하기

〈기대효과〉

• 신체의 민첩성과 조절력을 증진시킨다.
• 공간을 인식하고 성취감과 자신감을 느낀다.

〈놀이방법〉

① 양육자는 엎드린 자세로 터널을 만든다.
② 두 손을 바닥에 대고 터널을 만들어 영아에게 통과해 보도록 한다.
③ 왼쪽에서 오른쪽으로, 다양한 위치로 만들어진 몸터널을 통과할 때마다 칭찬과 격려를 해 준다.
④ 처음에는 쉬운 활동부터 반복하여 영아가 성취감과 자신감을 느끼도록 한다.

〈양육자의 역할〉

• 영아가 잘 통과할 수 있도록 양육자는 자세를 낮추거나 늘림으로써 배려해 준다.
• 터널 통과 후 영아에게 "진짜 잘하네" 등의 말로 격려해 준다.

18) 같은 곳 찾아보기

〈기대효과〉

• 긍정적인 신체인식을 할 수 있다.
• 접촉을 통하여 정서적 안정감을 느낄 수 있다.

〈놀이방법〉

① 양육자가 영아의 손을 감싸 쥐고 손가락을 펴게 한다.
② 양육자가 영아의 손가락으로 "코는 어디 있나, 요기"하면서 영아의 코, 입, 볼 등을 터치한다.
③ 양육자의 얼굴에서 영아와 같은 곳을 터치한다.
④ 신체 부위의 이름을 말하며 재미있는 소리나 흥겨운 노래를 부르며 손가락으로 서로 같은 신체 부위를 한 번씩 부드럽게 터치해 본다.

〈양육자의 역할〉

• 영아와 눈높이를 맞추고 눈맞춤할 수 있도록 배려한다.
• 영아가 쉽게 따라 할 수 있도록 적합한 수준의 터치를 한다.

19) 다드닥 다그닥 잡기놀이

〈기대효과〉

• 재미있는 활동으로 친밀감을 증진시킨다.
• 신체조절 능력을 기른다.

〈놀이방법〉

① 영아와 마주 보고 앉는다.

② 두 손을 바닥에 대고 걷는 모양처럼 "다그닥 다그닥 OO 잡으러 가자" 외치며 바닥을 소리 내면서 가볍게 친다.

③ 손바닥을 번갈아 가면서 바닥을 치며 영아 가까이로 천천히, 빠르게 속도를 조절하면서 이동한다.

④ 영아와 가까워지면 영아를 터치하고 즐거운 표정으로 안아 준다.

⑤ 멀리서 또는 가까이에서 영아와 즐겁게 잡기놀이를 한다.

〈양육자의 역할〉

• 영아가 도망가면서 흥분하지 않도록 잡는 흉내를 낼 때 유의한다.
• 긴장감을 완화시키고 즐거운 경험이 될 수 있도록 영아를 잡을 때 부드러운 터치를 한다.

20) 어디 있을까

〈기대효과〉

• 신체인식을 할 수 있다.
• 부드러운 신체 접촉을 통하여 즐거움을 경험하며 편안함을 느낀다.

〈놀이방법〉

① 영아의 손등 위에 양육자의 두 손가락을 올려놓는다.

② "꼬물 꼬물 거미가 어디로 갈까요?"하면서 두 손가락으로 걷는 흉내를 내면서 영아의 팔로 올라간다.

③ 영아와 눈이 마주치면 "꼬물 꼬물 거미가 OO의 OO을 지나가네"하면서 손가락이 지나는 신체 부위의 이름을 말해 준다.

④ 빨리 또는 천천히 영아의 신체를 양육자의 손가락을 사용하여 움직여 이동해

본다.

⑤ 활동이 친숙해지면 영아의 모든 신체 부위를 이용하여 즐겁게 접촉해 보는 경험을 할 수 있다.

〈양육자의 역할〉

- 영아가 간지럼을 타거나 몸이 불편하지 않게 양육자는 신체접촉시 주의한다.
- 기분 좋은 접촉의 경험이 될 수 있도록 영아와 리듬감 있고 흥겹게 상호작용한다.

21) 영차, 영차 등산하기

〈기대효과〉

- 신체 균형감각과 조절력을 기를 수 있다.
- 신체접촉을 통하여 안전함과 친밀감을 증진시킨다.

〈놀이방법〉

① 양육자는 바닥에 앉아 두 다리를 모아 올려 세운다.

② 영아의 두 손을 붙잡아 발등에 올린다.

③ "영차, 영차" 하는 소리를 내며 영아가 발등에서부터 양육자의 다리에 오를 때까지 손을 잡고 걸어 보게 한다.

④ 양육자는 다리의 경사를 조절하면서 영아와 협력하여 양육자의 무릎 또는 허벅지까지 오르게 한다.

〈양육자의 역할〉

- 영아가 다리를 오를 때 무서워하거나 떨어지지 않도록 안전하게 붙잡아 준다.
- 눈맞춤을 하며 '잘 오르는걸 등'의 말로 칭찬, 격려해 준다.

22) 까꿍놀이 II

〈기대효과〉

• 자연스런 신체접촉을 통하여 친밀감과 안정감을 느낀다.
• 신체조절력과 협응력을 기른다.

〈놀이방법〉

① 양육자는 바닥에 앉아서 무릎 위에 영아를 올려놓는다.
② 무릎을 세우다가 내려 놓는 행동을 반복한다.
③ 영아가 위로 들어올려진 상태에서 양육자와 눈을 마주친다.
④ 눈이 마주치면 '까꿍'하고 까꿍놀이를 반복한다.

〈양육자의 역할〉

• 영아의 앉은 자세가 편한지 살핀 후 활동을 시작한다.
• 영아랑 눈맞춤을 하면서 자신이 얼마나 사랑스럽고 소중한 존재인지 깨닫게 할 수 있도록 신체접촉 시 부드럽게 천천히 활동에 유의한다.

23) 안마해 주기

〈기대효과〉

• 긴장이 풀어지면서 편안함을 느낄 수 있다.

〈놀이방법〉

① 영아와 양육자는 마주 보고 앉는다.
② 양육자는 손으로 영아의 팔, 다리 등을 가볍게 두드려 준다.
③ 영아의 손을 같이 붙잡고 양육자의 다리 등을 같이 가볍게 두드려 본다.

④ 같은 방법으로 서로 안마를 해 준다.

〈양육자의 역할〉

• 영아가 부드러운 신체접촉을 경험함으로써 긴장감을 해소시킬 수 있도록 한다.
• 두드리는 활동 시 양육자는 세기와 속도를 조절하면서 배려해 주어야 한다.

24) 엄마거북이 영아거북이

〈기대효과〉

• 친밀한 접촉을 한다.
• 충분히 사랑받고 있다는 양육의 느낌을 갖도록 한다.

〈놀이방법〉

① 양육자는 바닥에 납작히 엎드리고 영아를 등에 태운다.
② 이때 영아가 양육자의 목을 잡을 수 있도록 배려한다.
③ 양육자는 조금 느린곡의 노래를 부르며 기어간다.
  "엉금엉금 영아거북이"
  "엉금엉금 기어가는 느림보 거북이" – 노래(가사)
④ 영아가 즐거움을 느낄 수 있도록 속도를 조절한다.

〈양육자의 역할〉

• 등에 태운 영아가 떨어지지 않도록 낮게 엎드린다.
• 편안함을 느낄 수 있도록 노래를 부를 때 천천히 속도를 조절한다.

25) 자석놀이

〈기대효과〉

• 자신과 타인의 신체인식을 할 수 있다.

• 신체접촉을 통하여 친밀감을 형성한다.

〈놀이방법〉

① 의자에 앉아 양육자의 다리 위에 영아를 올려 앉히고 마주 본다.

② 양육자가 신체부위 이름을 말하면서 서로의 신체부분을 자석처럼 붙게 한다.

③ 좋은 느낌이 들도록 신체를 접촉한다.

〈양육자의 역할〉

• 영아와 눈맞춤을 하며 놀이를 격려해 준다.

26) 흔들흔들 배 그네

〈기대효과〉

• 친밀한 신체접촉을 통하여 편안함과 안정감을 느낀다.
• 신체조절 능력을 증진시킨다.

〈놀이방법〉

① 영아를 양육자의 배 위에 엎드린 자세로 올려놓는다.

② 양육자는 옆으로 살살 움직이며 영아를 흔들어 준다.

〈양육자의 역할〉

• 영아와 양육자의 신체가 완전히 밀착 접촉됨으로써 긴장을 완화시킬 수 있다.
• 영아가 떨어지지 않게 양육자는 흔드는 속도와 기울기를 조절해 주어야 한다.

27) 이불 속에서 예쁜 몸 찾기

〈기대효과〉

• 신체에 대한 긍정적 인식을 갖도록 한다.

• 자연스런 신체접촉을 유도한다.

〈놀이방법〉

① 바닥에 이불을 펼친 후, 영아의 손 또는 발 등을 덮는다.

② 이불로 가려져 있는 영아의 신체(말랑말랑 엉덩이는 어디 숨어 있을까, 예쁜 우리~의 손은 어디 있을까 등)를 어루만지듯 찾아본다.

〈양육자의 역할〉

• 영아의 신체에 대한 좋은 느낌과 긍정적 인식을 할 수 있도록 이불을 들출 때 기쁜 표정으로 들추며 찾아보도록 한다.
• 신체를 접촉할 때 천천히 속도를 조절해 가면서 영아의 신체를 잡을 때 조심스럽게 잡는다.

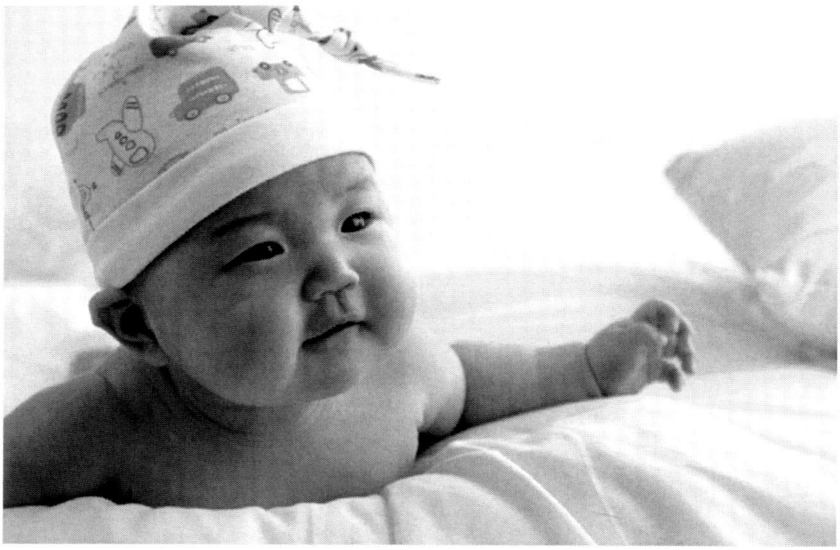

CHAPTER 14

치료놀이와 아동상담

1. 치료놀이의 상담적 관계
2. 초기 환경과 아동심리발달
3. 치료놀이의 목표
4. 치료과정

1. 치료놀이의 상담적 관계

치료놀이를 몇 가지 상담기법과의 비교를 통해 치료자와 아동의 관계를 살펴보고자 한다.

1) 정신분석치료와 치료놀이

정신분석치료와의 공통점은 어머니와 아동과의 초기 관계의 중요성을 강조하는 점과 정신역동적인 측면과 의도적으로 권위를 사용하는 점이지만 치료놀이에서는 아동의 행동이나 무의식 과정에 대해 해석하거나 언어사용을 많이 하지 않는다.

2) 내담자중심놀이치료와 치료놀이

내담자중심놀이치료와의 공통점은 내담자의 존엄성을 존중하고 아동의 자아실현 능력을 신뢰하는 것이지만 치료놀이는 훨씬 더 활동적이고 집중적이고 계획적이다.

3) 행동수정치료기법과 치료놀이

행동수정치료기법과의 공통점은 눈맞춤과 같은 특정행동을 겨냥한다든지 의도적인 보상을 사용한다는 점이고, 행동수정치료기법에서는 보상으로 토큰을 사용하지만 치료놀이에서는 관계강화에 역점을 두므로 특정행동에 대한 보상보다는 그 자체를 소중하게 여긴다.

4) 게슈탈트치료와 치료놀이

게슈탈트치료와 치료놀이의 공통점은 통찰의 과정과 '이야기'하기, 과거의 갈등을 재연하기보다는 신체적이고 구체적이며 지금-여기에서의 경험을 중요시하는 측면은 같지만 치료놀이가 성인중심의 고도로 구조화된 점은 다르다.

5) 미누친의 구조적 치료와 치료놀이

가족치료기법 중 미누친의 구조적 치료와 치료놀이의 공통점은 관계중심의 과제지향적인 면에서는 같지만 치료놀이는 보다 더 재미있고 신체접촉을 강조하는 점은 다르다.

6) 헤일리의 문제해결치료기법과 치료놀이

헤일리의 문제해결치료기법에서 볼 수 있는 현재와 미래지향이라든지 내담자의 지원을 신뢰하는 점과 변화에 대한 책임이 치료자에게 있다는 점에서는 공통점이 있지만 치료놀이는 비지시적인 점에서는 서로 다르다.

치료놀이는 놀이와 유대를 촉진시키는 그 자체의 특성이 있으며, 치료놀이는 애착과 관련된 문제 때문에 의뢰된 아동에게 특별한 가치가 있다는 것이 발견되었다. 치료놀이의 기능은 처음부터 끝까지 애착과 관계증진이라는 특성을 갖기 때문에 치료놀이의 근본원리를 이해하는 가장 좋은 방법은 모자관계의 원리를 재발견하는 것이라고 할 수 있다.

치료놀이는 치료놀이의 특성에서도 설명하였듯이 어머니와 아동 모두 즐겁고, 어떤 도구나 놀잇감도 거의 사용하지 않으며, 말이나 질문도 하지 않고, 오로지 어머니와 아이의 건강한 상호작용에만 초점을 두고, 성인에 의해 구조화되고, 신체접촉을 격려하며, 퇴행을 격려하고, 부모와 아동간의 애착행동을 향상시키려는 것이다.

치료놀이 접근법은 인간행동에서 기본적인 동기를 부여하는 힘은 관계를 향한 욕구라고 가정한다. 성격발달은 특히 개인 간에 일어나는 것이고, 초기의 부모-자녀간의 상호작용의 경험은 자아와 성격 발달에 결정적인 영향을 준다.

애착행동은 아기의 생존을 위한 생득적 기제이며 정상적이고 일반적인 환경에서 성인 양육자는 아기의 울음, 미소, 옹알이에 반응한다. 아기는 양육자가 있는데서 탐색을 하며 안전지대로서 양육자에게 돌아온다(Ainsworth, 1969). Stern(1985)은 자아의 발달은 선천적으로 사회적인 유아와 그에 종속된 공감적인 어머니간의 상호작용 과정이라고 기술하고 있다.

재미있고, 즐거운 공감, 양육자와의 조화로운 반응은 자아에 대한 강렬한 감각, 자기 가치감, 그리고 안정적인 애착발달이 핵심이다.

Kohut(1984)은 '유아의 감정상태에 대한 양육자의 공감적인 반응은 자아의 응집력 있는 핵을 발달시키도록 유도한다'라고 그의 발달이론에서 중요하게 다루고 있다.

Stern(1985)은 어머니와 아동간의 감정조절은 아동 측에서 보면 자신의 감정에 대한 자각으로 이끌게 되며 궁극적으로는 다른 사람과 공감하는 능력으로 이끌게 된다고 믿는다. Ainsworth에 의하면 안정적으로 애착이 형성된 아기는 부모가 따뜻하게 반응해 주고 아이의 울음에도 늘 민감하고 일관되게 반응해 준다고 한다. 이렇게 따뜻하게 보살핌을 받은 경험은 생의 후기에 누군가를 달래 주고 양육해 주는 능력이 발달하도록 하는데 영향을 준다.

Kohut(1984)은 초기의 경험은 성인이 된 후의 불안의 확산을 예방할 수 있는 자기진정 구조로 변화시킬 수 있다고 믿고 있다. 관계가 원활할 때 유아는 사랑스럽고 특별하고 유능하고 세상에 영향을 줄 수 있는 것으로서 자신의 내적 표상을 발달시키고, 타인에 대해서는 사랑스럽고, 보호해 주고, 반응해 주고, 믿을 만하다고 느낀다. 즉, 자신을 신뢰롭고 유용한 존재로 여기고, 세상에 대해서는 안전하고 탐색하기에 흥미로운 것으로 발달시킨다.

다시 말하면, 안정적인 애착이 형성된 유아는 자신과 세상에 대해 신뢰감을 형성하고 긍정적이고 건강한 것으로 학습해 가는 과정을 시작하게 되고, 자신의 일생을 통해 강력한 영향력을 지니게 된다는 것이다.

2. 초기 환경과 아동심리발달

초기에 안정된 환경이 아닌 불안한 환경에서 경험이 부정적이거나 부적절한 자아 감각으로 유도될 때 정신병리가 발생한다. 긍정적이고 반응적인 상호작용의 경험이 부족한 아동은 자신에 대해 스스로 사랑스럽지 못하고 무능하며 보잘것없는 사람으로 학습되어 타인에 대해서도 보살핌으로 돌보아 주지 않고, 신뢰하지 않으며, 이 세상은 안전하지 않고 믿을 수 없는 위험으로 가득 찬 세상으로 보게 될 것이다. 다시 말해서 불안정 애착 안에서 자신과 세상에 대한 학습과정은 부정적이고 절망적으로 된다. 나이 든 아동의 많은 행동문제는 그들의 불안정 애착형성에서 그리고 자신과 세상에 대해 결과적으로 부정적인 시각 안에서부터 추적해 볼 수 있다.

Kohut과 Winnicott 모두는 초기 양육자의 실패를 후기의 정신병리와 연결시키고 있다.

Kohut(1984)은 '정신병리의 핵심은 결함이 있는 자아이다(분열되고, 약하고, 조화롭지 못한 상태로 되는 경향). 자아의 병리적 조건은 삶의 초기에 자아-자아대상 과정에 대한 방해에서 온다고 하였다.

Winnicott(1956)은 정신건강이란 '자아에 대한 상대적인 통합과 자율성으로 구성된다'고 하였으며, 정신병리는 자아의 이동과 표현에 대한 부패와 제한에 의해 발생한다고 하였다. 생애초기 환경의 실패에서 오는 심리적 상처에 대해서 Winnicott(1956)은 다음과 같이 기술하였다.

안아줌(holding)의 단계에서 아이를 다루는 방법이나 사람이 계속적으로 변하거나, 아이를 자주 방치하거나, 자주 큰 소음에 노출되거나, 아이를 안아 주지 않는 것 등이 지속되어 아이가 안아 주는 환경 안에서 쉴 수 없게 된다면 심리적 상처를 쉽게 치유할 수 없다. 초기의 심리적 상처는 원초적 고통, 또는 극심한 불안이라고 부르는 다음과 같은 느낌들이다.

- 산산조각이 나는 느낌
- 영원히 떨어지는 느낌(양육을 통한 안정감, 정서적 포옹, 잡아 주는 느낌, 안아 주는 환경)

• 신체와 관계성이 없는 느낌
• 방향감각이 없는 느낌
• 의사소통의 수단이 없어서 생기는 완전한 고립감(개입)

이러한 것은 존재의 연속성과 관계가 되며, 존재의 연속성을 방해하는 반응이 계속 반복된다면 유아는 거의 초기부터 정신병리쪽으로 발달할 위험이 있다.

생후 1년 동안, 어머니와 영아 사이에서 일어나는 가까이 다가감과 분리의 수많은 상호작용 경험을 통하여, 영아는 Bowlby가 '내적 작동모델(internal working models)'이라고 부른 표상적 모델을 형성한다. 이 모델은 영아와 어머니 사이의 상호작용과 그에 따른 정서경험을 조절하는 역할을 하기 때문에 애착상황에서 애착인물과 아동의 상호작용을 예측 가능하게 한다. 내적 작동모델은 어머니나 아버지와 같이 개별적인 애착인물에 대해서는 각기 분리된 작동모델이 발달한다.

내적 작동모델은 처음에는 융통성이 있으나 발달이 진행됨에 따라 점점 더 안정되고 고정된다. 개인은 의식적 그리고 무의식적 측면들을 포함하는 이러한 관계모델에 기초하여 하나의 선호하는 애착전략을 발달시킨다.

안정애착이 형성된 아동은 반응을 잘하고 애정이 깊으며 신뢰할 만한 보호자와 사랑받고 주목받을 만한 가치가 있다는 자신에 대한 내적 작동모델을 저장하고 있어서 이러한 가정들을 모든 다른 관계에도 적용하게 된다. 이와 반대로 불안정 애착 아동은 세상을 위험한 장소, 즉 다른 사람들을 매우 주의 깊게 다루어야 하는 곳으로 간주하고 자기 자신도 사랑받을 가치도 없고 쓸모도 없다고 생각할 수 있다. 그러므로 안정애착이 형성된 아동은 자기 안에 누구도 가져가지 못하는 아주 큰 보석을 가지고 살아가기 때문에 당당하고 자신감 있는 삶을 살아간다고 할 수 있다.

3. 치료놀이의 목표

치료놀이는 변화가 가능하다는 것과 변화의 핵심요소는 자녀와 부모간의 보다 긍정적인 관계를 창조하는 데에 있다고 가정한다.

자아, 자아 존중감, 그리고 신뢰감은 초기 생애 동안 있었던 신뢰감의 발달에 기초하기 때문에 아동의 정서발달이 궤도를 벗어난 시점까지 되돌아가서 건강한 상호작용 순환을 다시 시작할 수 있는 경험을 공급하는 것이 핵심이다. 아동의 생활연령보다는 아동의 현재 정서 수준에 맞춰서 활동이 제공된다. 부모는 자녀의 퇴행적인 욕구에 공감적으로 반응해 주도록 격려받는다.

Winnicott(1958)은 치료과정에서 퇴행의 중요성을 강조하였다. 그에게 있어서 치료에서의 치유적인 요소는 기본적으로 언어적인 해석에 있는 것이 아니고, 초기의 발달적 욕구를 채워 주는 데에 있다. 목표는 적응에서 부모다움의 실패를 보상하는 것이며 환자가 작업하도록 허용해 주는 어떤 종류의 환경을 제공해 주는 것이다.

애착은 자궁외부에서 최초의 모자관계를 칭하는 것이다. 이 관계 속에서 어머니는 아동이 내적인 혹은 핵심적인 자기(self)를 발달시키는 필요한 조건을 제공한다. 그 조건은 접촉이다. 모-자 접촉의 유쾌한 경험은 아동이 자신을 실제, 분리, 그리고 실제로 경험하는 어머니와는 구별되는 실제의, 그리고 만족감과 충만감을 제공하는 것으로 경험하는데 필요한 조건을 제공해 준다(Des Lauriers, 1962).

접촉관계에서의 쾌락적인 요소는 아동이 자신의 신체를 느끼도록 해 주며 신체를 느낌으로서 아동은 자기를 자각하게 된다.

개인의 신체에 대해 반복적으로 느껴지는 경험은 말하고, 심상을 만들어 내고, 공상을 하고 그리고 추상적으로 사고할 수 있는 능력이 된다.

치료놀이는 아동에게 그의 핵심자기(core-self) — 완전하게 자신을 지도하고 통제하도록 지도하는 내적 자기(inner self) — 를 발달시키기 위해서 필요한 조건을 제공하는 것이다. 이 과정을 만드는 조건은 접촉하는 것의 의미가 무엇인지를 알고 있는 성인에 의해 제공되는 접촉이다.

Bowlby에 의하면 자기와 애착 인물에 대한 아동의 내적 작동모델과 성인의 애착표상이나 전략은 새로운 애착관계로써 변화한다(Bowlby, 1969).

치료놀이에서 치료자는 아동의 왜곡된 자기인식과 타인에 대한 관계욕구, 거기서 초래되는 병리적 상호작용 행동을 지각하는 민감성과 그것을 정확하게 통찰하고 신속하게 반응하는 능력이 필수적으로 요구된다. 치료자의 끊임없는 관심과 개입, 일관성있는 반응, 성취를 이끌어 내는 격려, 편안하고 공감적인 접촉으로 아동의 애착체계를 변화시키고 자신의 고유한 내적 작동모델의 변화를 이끌어 낼 수 있다.

1) 부모-자녀관계

매일 일어나는 즐거운 관계는 어떤 것인가?
정상적인 어머니가 아기를 위해 어떤 양육을 하는가?
건강한 아기는 어떻게 반응하는가?
어머니와 아기의 움직임이 만드는 사이클의 특징은 무엇인가?
호혜적인 행동이 서로에게 주는 구체적인 효과는 무엇인가?

2) 치료자-아동관계

서로 다른 기질의 자녀에게 부모가 다르게 대해야 하는 것처럼 치료자도 아동에 따라 다른 치료놀이기법을 사용해야 한다. 어떤 아동은 껴안기, 안고 흔들기, 자장가 불러주기가 필요하며 어떤 아동은 격렬한 레슬링과 베개싸움이 필요한데, 이 두 접근은 서로 극단적으로 보이지만 차이점보다는 유사점을 더 많이 가지고 있다. 과잉행동의 아동과 위축된 아동에게 정도의 차이가 있긴 하지만 두 가지 접근 모두가 필요한 것이다.

4. 치료과정

치료놀이 과정에 대한 아동의 전형적인 반응단계는 대략 여섯 단계(도입단계, 탐색단계,

불확실한 수용단계, 부정적 반응단계, 성장과 신뢰단계, 종결단계)의 치료 절차로 구성되며, 각 단계는 아동의 연령과 병리에 따라 다소 달라질 수 있고, 본 치료는 매 회기마다 3단계의 과정이 반복된다(Jernburg & Booth, 1999).

1) 도입단계

말로 설명하지는 않더라도 기본적인 규칙들은 첫 회기에 분명히 규정되어야 한다(Jernburg & Booth, 1999; 김태련 외 공역 2005).

- 치료놀이는 재미있을 것이다.
- 치료자가 주도할 것이다.
- 대화와 통찰보다는 행동지향적이다.
- 시간, 공간, 치료자의 역할, 부모의 역할이 분명하게 설명될 것이다.

도입단계에서 치료자는 먼저 아동에게 다가가면서 "안녕 OO"라고 인사한다. 미소를 지으면서 접근하는 치료자의 메시지는 '너는 기본적으로 강한 사람이고 재미있는 것을 좋아하며 너와 함께 있으면 즐겁게 될 것을 나는 안다. 내가 너에게 가장 매력적인 모습을 바로 보여줄게'이다. 첫 만남에서는 모든 회기의 시작이 그렇듯이 "나는 원래 네가 강하고 재미있는 것을 좋아하며, 다른 사람과 함께 있는 것을 좋아한다는 것을 알아. 우리 이제 신나게 한번 놀아보자"라고 말하면서 아동을 향해 간다.

예를 들어 "나는 커다란 나무의자야 "라고 말한 뒤 "어서 올라타, 내가 태워 줄게"라고 말하거나 "복도를 너와 함께 깡충깡충 뛰어가려고 너를 오랫동안 기다려 왔단다."라고 말할 수 있다. 또 "네가 올라탈 수 있는 아주 특별한 의자를 만들었어. 팔을 내 어깨에 올리고 앉아 봐"라고 말하고 걸친 상태를 하고 아동과 함께 치료실을 향해 간다.

"엄마는 이방에서 우리를 지켜보고 계실거야. 우리가 놀이를 끝내면 다시 엄마를 보러 갈거야"라고 말해 주고 행동은 신속하고 아동이 흥미를 유지한 상태로 아동이 의심하거나 주저함을 보일 기회를 줄여서 불안해하는 시간을 최소한으로 한다

(Jernberg & Booth, 1999; 김태련 외 공역, 2005).

아동이 너무 놀라거나 당황하여 떨어지지 않으려고 할 때는 아동이 저항하거나 놀라는 것이 아니라 진정으로 무서워하고 있는 것이다. 아주 어린 아동일 경우 치료실을 처음 소개할 때 엄마와 동행하는 것이 필요하고, 아동이 편안해질 때까지 부모의 무릎에 앉아 있게 할 수도 있다.

치료과정에서 치료자가 바뀌면 안 되고 치료놀이를 말로 소개할 필요는 없고 모든 재미있는 활동들이 아동에게 치료놀이가 무엇인지를 가르쳐 줄 것이다.

치료자에게 질문을 하거나 먼저 활동을 제안하는 아동도 있고, 치료자를 이야기에 끌어들이려는 시도를 하거나 치료자와 함께 활동하는 것을 거부함으로써 "규칙"에 대한 도전을 하는 아동도 있다. 그러나 치료자는 계획을 확고하게 유지해서 아동이 치료자와 함께하고 있는 경험의 본질을 알 수 있게 해야 한다.

2) 탐색단계

탐색단계에서는 아동과 치료자가 활발하게 서로를 알아가는 단계로서 누구의 손이 더 큰지, 누구 머리카락이 더 검은지, 누구 근육이 더 탄탄한지, 누구의 발톱이 더 긴지, 이런 탐색활동 과정에서 무엇보다 중요한 것은 아이가 가진 예쁜 눈과 부드러운 목소리, 특이하게 다리를 구부리는 모습과 손을 꼬는 모습까지, 자신이 반항적인 모습까지 사랑스럽다는 것을 지금 이 순간까지 몰랐을 수 있다는 점이다. 아이가 사랑스럽다는 것은 예절이 바르고 어른 말을 잘 듣고 동생을 괴롭히지 않는다거나 블록을 똑바로 잘 쌓고 자기 이름을 정확하게 쓰고 말하는 것 등의 바른 행동에 의해서만 좌우되는 것이 아니다(Jernberg & Booth, 1999).

탐색 회기가 끝나갈 무렵, 아이는 치료자의 성격, 얼굴 생김, 목소리 등에 대해 파악하게 된다. 아동이 치료자가 자신과는 전혀 다르면서도 동시에 재미있는 사람이라는 사실을 깨닫는다면 회기는 성공적이다. 탐색단계에서 치료자와 아동은 서로를 적극적으로 알아 간다. 이러한 탐색은 치료자가 아동의 많은 흥미로운 신체적 특징을 알아 가는 첫 회기에서 시작된다. 이것은 어머니가 갓 태어난 아기의 손가락과 발가락을 세어 보고 부드러운 머리카락을 느껴 보고 아기의 팔과 다리가 어떻게 움직이는지를 살펴보면서 아기를 주의 깊게 살펴보는 것과 같다. 마찬가지로 치료자와 아동은 누구의 손이 더 큰지, 누구의 머리가 더 곱슬거리는지, 누구의 발톱이 더 긴지 그리고 누구의 근육이 더 강한지를 서로 알아간다.

이 단계는 치료자가 아동의 특징을 알아가고 아동이 치료자에 대해 알아가면서 그리고 아동이 치료자가 제시하는 새로운 관계의 본질에 대해 탐색해 가면서 얼마간의 회기 동안 계속된다. 이러한 과정에서 아동은 새로운 시각에서 자신을 바라볼 수 있게 된다. 치료를 받기 전 아동은 치료자가 자신의 팔에 있는 털에 바람을 불어 주면 털이 선다는 것과 자신이 책상에서 점프해서 뛰어내릴 수 있다는 것, 천장까지 자신의 손이 닿을 수 있다는 것 또는 자신이 28개의 손가락 마디뼈를 가지고 있다는 것을 몰랐을 것이다. 부정적인 행동들도 더 사랑스러운 모습을 나타내는 것으로 바뀔 수 있다.

예를 들면 아동이 반항적으로 의욕을 보이지 않을 때 치료자는 역설적인 접근을 취하여 아동이 매우 지친 인형이라고 말해 줄 수도 있고, 눈맞춤을 피하기 위해 고개를 돌릴 때는 놀이로 유도하기 위하여 아동에게 나를 절대 쳐다보면 안 돼라고 하든지 아동이 입을 꼭 다물어 턱이 굳어 있을 때는 장난스럽게 턱을 흔들어 주면서 놀이로 유도할 수 있고, 아동이 날카롭게 반응하면서 "싫어"하면 아동의 입술을 당겨서 음악적인 리듬을 살려 "실- 이 -이 -어 -"로 바꿀 수도 있다. 이때 가장 중요한 것은 아동에게 자신이 저항할 때조차 사랑스럽다는 것을 이전에는 몰랐다는 것이다. 이런 과정을 통해 아동은 자연스럽게 자신이 착한 아이가 될 필요가 없고, 치료자의 마음에 들거나 사랑받기 위해서 어려운 과제를 수행할 필요가 없다는 것을 알게 된다(Jernberg & Booth, 1999).

탐색기간 동안 아동은 얼굴의 특징, 목소리, 신체적 힘을 가진 한 사람으로서 치료자를 인식하게 된다. 만약 한 회기 동안 아동에게 모호하고 어두운 인상만을 주어 아동이 분명하지 않게 기억하게 되면 그 회기는 실패한 것이다. 아동이 치료를 받은 날 집에 돌아가 자기침대에 누웠을 때 치료자에 대한 분명한 이미지를 떠올릴 수 있도록 해야 한다. 아동이 자신과 치료자를 분명하게 구별할 수 있고, 치료자를 어디

에나 존재하는 재미있는 사람으로 인식할 경우에는 그 회기는 성공적이었다고 평가될 수 있다. 예를 들어 다음 주에 왔을 때 "보세요 내가 다른 주근깨를 발견했어요." 또는 "다른 점을 발견했어요."라고 말하면서 자기 신체의 특징이나 치료자가 지난 회기에서 해 주었던 자신의 신체일부를 말하면서 치료자를 맞이했다면 치료효과가 명확히 증명될 수 있다. 한 주 동안 아동은 마음 속에 치료자에 대한 이미지를 갖고 있었고 치료자가 자신의 특별한 주근깨나 점에 흥미를 갖고 있었다는 사실을 잊지 않고 있었던 것이다(Jernburg & Booth, 1999; 김태련 외 공역, 2005).

3) 불확실한 수용단계

불확실한 수용단계에서 아이는 '놀이를 한다.'라고 가정하거나 실제로 놀이를 하려고 한다. 그러나 이것은 거짓된 참여인데 확실하게 진정으로 원해서 하는 것이 아닐 수 있고 기저에는 불확실함이나 불안이 깔려 있다.

이 기간 동안 치료자는 계속해서 적극적으로 개입하고 인내심을 가지고 도전적으로 몰입하면서 즐거운 태도를 유지한다. 아이는 당황스럽고 유보적이면서도 관심을 보일 것이다. 흥분하거나 친근함을 표시한다 하더라도 완전히 긴장을 푼 것으로 보기에는 아직 이르다. 이것은 강하게 개입해 오는 치료자를 묶어 두기 위한 방어적이고 불안해하는 행동으로 볼 수 있다.

많은 아동이 처음에 치료놀이의 독특한 특성에 놀란 다음 임시적 수용단계로 넘어간다. 이 임시적 수용단계는 첫 회기나 다음 회기로까지 확장되기도 한다. 놀이를 하는 척하거나 실제로 놀이를 시도하기도 하지만 그 기저에는 불안이 잠재되어 있다. 아동은 당황하거나 흥분하거나 수줍어하거나 관심이 있는 것처럼 보이기도 한다. 치료자는 아동이 보이는 불확실함에 민감해야 하며 아동이 단지 표면적으로만 참여하고 있다는 것을 이해하고 있어야 한다.

아동이 열정과 분명한 친밀감으로 반응을 할 때도 이런 반응이 진정으로 이완하여 참여하고 있다는 증거가 되기에는 너무 이르다. 사실상 이런 반응은 개입하려는 치료자를 가까이 오지 못하게 하려는 방어적이며 불안에 찬 책략일 수 있다. 이 단계에서 치료자는 지속적으로 개입하고 일관적이어야 하며 양육적이고, 도전하며, 놀라움을 주고, 주의를 끌며 재미있어야 한다. 치료자는 아동에게 개입하려는 치료자의 노력으로부터 한 걸음 물러나기 위한 아동의 표면적인 수용에 넘어가서는 안 되며, 좀 더 진실하고 신뢰감 있는 관계로 나아가야 한다(Jernberg & Booth, 1999).

4) 부정적인 반응단계

부정적인 반응단계에서는 아동과 친해지려는 치료자의 어떤 노력에도 아이는 분명하게 저항을 나타낼 것이다. 분명한 참여의 단계와 이어지게 될 이런 행동은 지금까지 아이가 얼마나 분명하게 참여했는가를 보여주는 확실한 증거가 된다. 즉 전 단계에서 아주 협조적이고 열정적이었으며, 전적인 참여는 아니지만 상당히 의욕적이고 수용적이었던 아이가 갑자기 부정적이고 저항적이며 지친 것처럼 입을 다물어 버리는 것이다.

치료자는 말을 하진 않지만 계속해서 끈기를 보여야 하며 함께 하려는 활동이 어떤 아동에게라도 즐거움을 줄 것이라는 메시지를 아이에게 전달해야 한다. 아이가 운다거나 짜증을 내고 참여를 거부하더라도 그만 두어서는 안 된다. 계속되는 다양하고 재미있는 회기 동안에 아동의 반항은 강도가 약해지고 결국 사라질 것이다. 반항이 약해졌다는 표시는 아이가 은밀하게 눈을 맞춘다거나 비의도적으로 침착한 행동을 보인다거나 자기도 모르는 사이에 슬쩍 미소를 짓는 것이다. 이 단계에서 아동은 친밀감을 형성하기 위한 모든 노력에 분명하게 저항한다.

이전에 치료자를 수용하는 것처럼 보였던 아동은 확실하게 협조적이고 열정적으로 참여하지 않았더라도 갑자기 기운이 없는 듯 행동하고 말을 하지 않는다. 혹은 적극적으로 저항하거나 거부적인 태도를 보인다. 왜 이러한 부정적인 반응이 나타날까? 한 가지 가능한 설명은 새로운 관계에 대해 희망을 품기 시작한 아동이 치료자의 진실성을 시험해 보고자 하는 것이다.

아동은 다음과 같이 물어 보고 있는 것과 같다.

내가 위험을 무릅쓰고 가까워졌을 때 내가 정말 상처 입지 않을 수 있을까?

내가 순종적이지 않고 추하고 화내는 모습을 보여줘도 정말 당신이 나를 싫어하지 않고 나를 좋아할 수 있을까?

이때 치료자는 지속적이고 일관되게 반응을 해야 하며 "어떤 일이 있어도 너를 사랑하고, 좋아할 것이고 우리가 하려는 놀이는 재미있을 것이다."라는 메시지를 전달해야 한다.

아동의 울음, 분노발작, 거부가 치료자를 밀어 낼 수 없다는 것을 알려줘야 한다.

서로의 얼굴을 바라볼 수 있도록 아동을 치료자의 무릎에 앉히고 흔들어 주는 것도 좋은 방법일 수 있겠다.

또 아동이 다리를 뻗쳐서 움직이려고 하면 치료자는 자신의 다리로 아동의 다리를 눌러 준다. 이때 치료자와 아동 모두 안정감을 줄 수 있는 자세를 찾는 것이 중요하다.

치료자는 아동의 기분이 좋아질 때까지 함께 있을 것이라는 것을 아동에게 알려줘야 한다. "네가 당황스럽고 화가 나 있다는 거 알아, 네 기분이 좋아질 때까지 나는 너와 함께 있을거야, 내가 너를 안전하게 지켜 줄꺼야, 너는 나를 아프게 할 수 없어, 네 기분이 나아질 때까지 너를 잡고 있을께" 등 치료자는 계속 아동을 안심시키는 말을 해야 한다.

"내가 잡고 있는 거 싫어한다는 것 알아, 네가 화가 나 있는 것도 알아, 화내도 괜찮아, 네가 준비가 되면 우리는 놀이를 할 수 있어". 그러다가 아동의 몸의 긴장을 계속 주시하고 아동이 조금이라도 편안해진 것처럼 보이면 "네가 준비가 된 것 같구나.라고 말하면서 아동의 손을 조금씩 놓아 준다.

아동이 다시 때리려고 하면 "오 아직 준비가 다 안 된 것 같구나"라고 말해 준다.

아동이 화가 났을 때 아동을 잡고 있는 것에는 많이 이점이 있다

이런 과정을 통해 아동은 스스로를 통제할 수 없을 때 치료자가 자신을 안전하게 지켜 줄 수 있다는 것, 치료자가 아동의 분노를 비난하지 않고 수용한다는 것과 분노가 치료자를 화나게 하지 않는다는 것을 배울 수 있다.

또 아동은 자신이 화를 내도 치료자가 끝까지 함께 있으며, 자신을 잡아 주고 편안하게 해 주기 위해 같이 있다는 것을 알 수 있다. 궁극적으로 아동은 편안해지고, 치료자가 편안하게 해 주는 것을 수용할 수 있게 된다. 이러한 과정이 발생했을 때

치료자와 아동 간에 강한 결속이 생겨난다.

저항은 같은 형태로 또는 형태를 달리 하여 몇 회기 동안 지속될 수 있다. 그러나 치료자의 인내와 일관적인 태도록 저항의 강도는 감소되고 결국 사라질 것이다.

저항이 감소되었을 나타내는 첫 번째 단서로는 몰래 이루어지는 눈맞춤, 의도하지 않은 진정된 행동, 잠시 스쳐 지나가는 것 같은 웃음의 형태로 나타나며 이는 저항이 아동 자신도 모르게 깨지고 있음을 나타내는 것이다.

이러한 부정적 반응은 치료의 결과에 매우 중요하고, 또 부모들은 아동이 이러한 어려운 과정을 겪는 것을 지켜보는 것을 힘들어 하기 때문에 치료자는 부모가 이러한 반응을 예상할 수 있도록 미리 준비시켜야 한다.

5) 성장과 신뢰의 단계

성장과 신뢰의 단계에서 아이는 다른 사람과 정상적으로 상호작용하는 경험에서 오는 즐거움을 맛본다.

친절하지만 단호하며 항상 함께 존재하는 치료자의 도움으로 아동은 부정적인 단계를 경험했고 이제는 성장과 신뢰의 단계로 이행할 준비가 되어 있다. 치료를 통해 자신과 세상에 대한 믿음을 키울 준비가 되었다. 이런 신뢰의 단계는 치료의 대부분을 차지하는데 치료자와 아동은 친근한 파트너가 되어 오래된 놀이주제를 새롭게 변형하면서 즐긴다. 오랫동안 친밀감을 즐기다가 궁극적으로 순수하게 서로 같이 있는 것을 좋아하게 되는 것이다. 처음에 웃는 쪽은 주로 치료자였지만 회기가 진행될수록 둘 다 웃고 서로 숨바꼭질 같은 놀이도 하면서 아주 가까이 앉아서 동요를 부르며 서로의 눈을 부드럽게 바라보게 된다.

치료자와 아동이 이렇게 아주 가까워지면 부모나 주양육자를 치료단계에 참여하게 하고 형제나 친구를 초청할 준비가 된 것이다. 치료자가 따뜻하지만 단호하고 일관되게 도와 주면 아동은 부정적 단계를 극복하고 성장과 신뢰의 단계로 접어들게 된다. 이 단계에서 아동은 처음으로 다른 사람과 정상적이고 서로를 만족시켜 줄 수 있는 방식으로 상호작용하는 데서 오는 즐거움을 경험하기 시작한다.

아동은 자신에 대한 확신, 세상에 대한 신뢰를 발달시키기 시작한다. 이 단계는 치료적 노력의 대부분을 차지하는데 치료자와 아동은 파트너가 되어 서로를 재미있게 하고, 번갈아 가면서 놀이 주도하기를 새롭게 변화시키고, 좀더 길고 강렬하게 친밀한 시간을 즐기며 궁극적으로는 서로를 즐겁게 해 주기 위한 계획을 함께 세우게 된다. 처음에는 친밀한 시간이 짧게 지나가고 주로 치료자가 아동을 웃기고 치료과정이 진행됨에 따라 서로 웃기고 주고받음이 생겨나고 가까이 앉아서 화기애애한 시간을 보낼 수 있게 되고 부드럽게 노래를 부르거나 '쎄쎄쎄 '놀이를 하면서 서로의 눈을 쳐다볼 수 있게 된다. 치료자와 아동이 서로에게서 높은 수준의 즐거움을 발견하게 되면 치료회기에 아동과 가까운 다른 사람을 포함시켜야 한다.

이것은 치료자가 그랬듯이 다른 사람도 이러한 즐거움으로 아동에게 반응을 해 주고 지지해 줄 수 있다는 인식을 확장시켜 주기 위해서다.

일반적으로 부모는 처음부터 치료를 관찰하게 되는데 성장과 신뢰의 단계가 시작되면 부모는 각 회기의 후반부에 참여하여 함께 놀이를 하고 점차 활동을 주도하게 된다.

6) 종결단계

종결단계에서는 준비단계와 통보단계 그리고 헤어짐으로 세 단계로 나누어 실시하도록 한다.

먼저 준비단계는 아동의 증상이 감소되거나 없어졌다는 부모와 교사의 보고가 있고 아동이 자기 자신과 세상에 대하여 존중하는 태도를 갖게 됨에 따라 치료에 도움이 되는 주위사람들을 회기에 참여시킨다. 또 아동의 정서체계가 보편적 수준으로 확장 양상을 나타내면 종결준비가 되었다고 간주한다.

다음 통보단계에서 치료자는 아동이 이루어낸 성과 내에서 마무리단계를 계획한다. 예를 들어 'OO아 너 요즘 웃을 때면 정말 눈이 반짝인단다'라든지, '이제는 친구 사귈 때 나의 도움이 없어도 되겠구나', '너는 친구들과 좋은 놀이 상대가 되었고 OO이와 OO이가 너와 노는 것을 무척 좋아하니까 이제는 내가 더 이상 여기 와서 너랑 놀아줄 필요가 없겠구나' 등의 언급을 통해 아동의 마음을 준비시킨다. 가능한 남은 치료기간과 마지막 회기에 한두 명의 아이들이 함께 참여하는 것이 좋은데, 이것은 자연스럽게 아동의 행동반경을 아동의 일상생활 환경으로 중심축을 옮기기 위해서이다. 종결단계에서는 각 회기가 끝날 때마다 치료기간이 몇 번 남았는지를 환기시킨다. 아동이 이별에 대한 자신의 숨은 반응을 생각나지 않도록 하되 만약 뚜렷한 분노나 슬픔, 무기력감이나 당혹감을 보이면 이러한 감정들은 인정해 주어야 한다.

마지막으로 헤어짐 과정에서 종결파티를 해 주는 게 좋은데, 종결파티 시간이 되면 아동과 치료놀이 회기안의 현실세계(부모, 형제, 친구 등)와의 접촉이 시도된다. 이 파티의 관심사는 아이의 주체성과 능력을 미래지향적으로 재확인하는 것이다. 치료실 안의 모든 사람들은 파티 모자를 쓰고 음식을 나누고 아동의 특성에 맞는 노래를 부른다. 참석자 모두에게 특별한 노래를 가르칠 수 있고 손자국, 발자국을 찍은 그림 등을 기념품으로 전달할 수 있다. 아동 자신에게는 '나도 할 수 있어'라고 찍힌 무언가를 줄 수도 있다. 마지막 회기가 끝날 무렵에는 꼭 안아 준다거나 이렇게 특별한 사람과 만나서 얼마나 즐거웠는지 말해 주고 아동에게 이제 친구들과 어울려서 재미있게 놀 수 있을 것이라고 말해 준다. 치료자는 아동을 부모에게 데려다 준다. 어떤 의미에서 종결시점은 처음부터 계획된다고 할 수 있다. 왜냐하면 치료자와 부모가 합의해서 치료횟수를 결정하기 때문이다. 마지막회기가 가까워졌는데도 아동이 종결을 위한 준비가 되어 있지 않다면 원래의 계약은 재조정되어야 한다(Jernberg & Booth, 1999).

만약 12회기로 결정이 되었다면 9회기에는 종결과정이 시작되어야 한다. 치료놀이가 단기치료기법이긴 하지만 치료의 종결은 뚜렷이 구별되는 준비, 예고, 이별의 세 단계를 거친다.

준비는 아동의 증후가 감소하거나 사라졌다고 판단되면 치료회기에 다른 사람 부모, 형제, 친구 등을 함께 참여시킨다. 아동의 정서적 세계가 즐거워 보이고 또 적절하게 확장되었다면 아동은 치료의 종결을 위한 준비가 되어 있다고 볼 수 있다. 치료자와 아동간의 관계가 의미 있고, 친밀하며 치료회기 자체가 아동의 일상적 생활에서 중요한 의미를 가지더라도 종결기간이 침울함이나 그리움, 일시적 불안, 장기간의 준비기간으로 이어져서는 안 된다.

예고는 치료를 종결하기 3주 전에 아동에게 종결계획을 예고해야 한다.

예를 들면 "너는 이제 다른 사람과 함께 노는 것을 매우 즐거워하고 진영이와 인영이도 너와 함께 노는 것을 아주 즐거워해, 그래서 이제 네가 여기 와서 나랑 놀 필요가 없어졌어, 너와 엄마, 아빠와 함께 즐겁게 놀 수 있게 되었어. 그래서 이제부터는 지금처럼 자주 나를 보러 여기에 올 필요가 없단다."라고 예고할 수 있다. 그리고 아동이 이해했는지를 확인하기 위해 잠시 말을 멈췄다가 날짜를 확인한다.

"우리는 이번 주와 다음 주까지 만나서 함께 놀이를 할거야 그리고 그 다음 주 목요일이 우리의 마지막 놀이시간이 될꺼야." 그리고 다음 두 회기 동안은 아동이 치료회기 기간에 배운 특기, 예를 들면 방석 10개 위에 균형잡고 올라설 수 있게 된 것 등을 강조한다. 이 때는 아동의 애착을 치료자로부터 아동의 환경을 구성할 다른 사람 부모에게로 새롭게 방향지어 주는 것이 목표가 된다(Jernberg & Booth, 1999).

만약 아동이 분노, 슬픔, 무력감, 당황함을 보인다면 치료자는 이전에 아동의 신체 부분을 명명하고 확신시켜 주었던 것처럼 이러한 감정을 확인시켜 준다. 예를 들어 "우리가 더 이상 함께 할 수 없다는 것에 대해 네가 화가 났구나." 드물게는 분노를 치료자에게 표출하는 경우에는 "네 기분이 어떤지 나한테 말할 수는 있지만 나를 아프게 해서는 안 돼." 종결을 앞둔 마지막 회기에 치료자는 아동에게 가장 좋았던 활동이나 좋아하는 음식에 대해 물어 봐서 마지막 파티에 대한 계획을 세울 수 있다. 종결파티를 열 때쯤이면 아동과 치료놀이에 참여했던 친구나 가족간에 친밀감이 형성된다. 이제 치료자는 따뜻한 참여자의 위치에서 벗어나서 파티의 주제는 미래를 향한 아동의 강함과 정체성에 대해 재확인이 된다. 부모와 아동 치료자는 모두 파티용 모자를 쓰고 음식을 나누어 먹으면서 아동의 독특한 특성에 대해 이야기해 주고 앞으로 다가올 생일이나 학교 가는 날 등에 대해 이야기 나눌 수도 있다.

치료 회기 동안 아동과 함께 했던 아동의 발도장이나 손도장 같은 기념품을 나누어 갖거나 모두에게 특별한 노래를 가르쳐 줄 수도 있고, 파티를 하는 동안 모든 참여자가 밝은색으로 손도장을 찍어서 티셔츠를 만들고 아동이 집에 가져가게 할 수도 있다. 또는 아동의 실제 크기만한 그림을 그려 주고 그 그림에 치료회기 동안 찾아낸 아동의 모든 독특한 특성을 적어 줄 수도 있다. 마지막 회기가 끝날 때쯤 아동을 꼭 끌어안아 주고 아동과 함께 노는 것이 얼마나 즐거웠는지 말해 주며 치료자는 이제 아동이 다른 친구들과 즐겁게 지낼 것이라는 것을 알고 있다고 말해 준다. 그리고 아동을 부모에게로 돌려보내 주면서 아동이 다른 좋은 집단의 일원이 되어 재미있는 활동을 하게 될 것임을 확인한다. 그리고 추후 방문 일을 상기시켜 주는 것으로 마지막 회기를 끝낸다. 이렇게 6단계 과정을 모두 거쳐야 진정으로 치료자와 아동이 함께 했다고 할 수 있고, 실제로 미국에서 자격증을 줄 때는 이 모든 과정을 다 거친 경우를 요구하고 있다.

참고문헌

강문희 외(2006). 영유아 발달의 이해. 서울 : 신정.

강문희 · 김매희 · 이경희 · 정정옥(2000). 야간 및 24시간 보육실태 및 요구도 조사연구. 영유아 보육학 제22집. 27-55.

강정원(2002). 치료놀이를 통한 부적응 행동 유아의 사회적 관계 증진 과정. 중앙대학교 박사학위논문.

강지현(2008). 유아기 외현화 및 내재화 문제행동의 발달경로. 연세대학교 대학원 박사학위 청구논문.

강지현(2005). 집단치료놀이가 가정폭력 아동의 행동변화에 미치는 효과. 숙명여자대학교 석사학위논문.

강지현 · 김유진 · 김윤경 · 신현정 · 윤난호 · 윤미원 · 윤정희 · 이주연 · 전은희 · 홍정애(2009). 치료놀이 사례집. 경기 : 공동체.

공계순(2008). 아동복지론. 서울 : 학지사.

국민일보(2008). 한국릴리. 24시 교육상담사이트 오픈.

권수영(2005). 거울부모. 서울 : 울림사.

권연희 · 박경자(2003). 아동의 사회적 유능성에 영향을 미치는 정서성, 대인간 문제해결 전략 및 어머니 행동. 아동학회지, 24, 27-44.

권은희(2009) 부자가정의 아버지-자녀 상호작용 증진을 위한 가족치료놀이 효과. 숙명여자대학교 박사학위논문.
김나영 외(2005). 영유아 발달. 서울 : 양서원.
김동배 · 권중돈(2000). 인간행동이론과 사회복지실천. 서울 : 학지사.
김수정(2002). 집단치료놀이를 통한 사회성 증진 보육프로그램의 효과.숙명여자대학교 대학원 박사학위 청구논문.
김숙경(2001) 한국전래놀이노래. Ⅱ. 서울 : 동문사.
김순진 · 김환(2000). 외상 후 스트레스 장애 : 충격적 경험의 후유증. 이상심리학 시리즈 9. 서울 : 학지사.
김연진 · 한성심 · 윤혜경 · 최진원 · 현미숙(2004). 보육학개론. 서울 : 동문사.
김영애(2005). 아름다운사람만들기. 김영애가족치료연구소.
김영희 외(2004). 0~3세 영유아를 위한 프로그램의 이론과 실제. 서울 : 양서원.
김용태(1997). 청소년 친구 따돌림의 실태 조사. 청소년 상담문제 연구보고서 29, 따돌리는 아이들, 따돌림당하는 아이들. 청소년 대화의 광장.
김윤경(2007). 영아의 애착증진을 위한 집단치료놀이 프로그램 개발과 효과. 숙명여자대학교 대학원 박사학위 청구논문.
김정규 · 김중술(2000). 아동기 성피해의 심리적 후유증-성인기 정신건강에 미치는 영향을 중심으로. 한국심리학회지 : 임상, 19(4), 747-769.
김종해(2004). 영유아보육법 개정의 의미와 과제. 한국사회의 바람직한 유아보육/교육을 말한다. 대한 YWCA 연합회 사회문제포럼. 2004. 5. 12.
김종현 · 이성현 · 이은림(2009). 특수아동의 이해와 교육. 서울 : 창지사.
김진숙 · 김창대 · 이지연 역(2007). 대상관계 이론과 실제-자기와 타자. 서울 : 학지사.
김진이(1999). 포괄적 보육프로그램 개발을 위한 보육욕구에 관한 연구. 연세대학교 대학원. 박사학위논문.
김진이(2000). 포괄적 보육프로그램의 모형개발. 한국영유아보육학. 제22집. 113-117.
김춘경 · 문혁준 · 신유림 · 심미경 · 옥경희 · 위영희 · 이경희 · 이정희 · 정계숙 · 정현숙 · 제경숙 · 조성연 · 천희영 공저(2005). 아동학개론(pp. 203-227). 서울 : 학지사.
김태련 · 박랑규 · 윤진영 공역(2007). 테라플레이 놀이치료. 서울 : 학지사.
김현용 · 윤현숙 · 노혜련 · 김연옥 · 이배근(2001). 현대사회와 아동. 서울 : 소화.
문혜숙 외(2006). 가정폭력 피해가족을 위한 치료놀이 사례연구, 사회복지실천연구2 권2호
박경란(2003). 치료놀이활동이 유아의 스트레스에 미치는 영향. 광주대학교 석사학위논문.
박경희 역(2000). 자폐증과 발달장애 위기해결 안내서. 특수교육.
박랑규(1999). 자폐 영유아와 부모의 사회적 상호작용 발달을 위한 가족 훈련 치료프로그램

개발연구. 이화여자대학교대학원 박사학위논문.
서봉연 외(1985). 심리학개론. 서울 : 박영사.
서영숙 · 김경혜(1999). 영유아보육론. 서울 : 양서원.
서유진(2005). 아동의 수줍음, 자녀의 또래관계에 대한 어머니의 개입 행동 및 아동의 사회적 능력간의 관계. 이화여자대학교 대학원 석사학위 청구논문.
성영혜(2000). 치료놀이 I. 서울 : 형설출판사.
성영혜(2004) 치료놀이를 통한 모-아 상호작용 증진 효과 -MIM을 이용한 효과검증-. 『열린유아교육연구』 9(4) : 375-390.
성영혜(2005) MIM을 통해서 본 모－아 상호작용 연구. 『아동연구』 18권 : 1-12.
성영혜 · 유한규 · 이상희 · 김수정(2002). 치료놀이II : 집단 TP 활동집. 서울 : 형설출판사.
성영혜 · 장미경 역(1997). 발달놀이치료. 서울 : 상조사.
성영혜 · 김현자(2005). 영아보육과 치료놀이 프로그램. 서울 : 형설출판사.
성영혜 · 송주미 공역(2006). 애착증진 치료놀이. 서울 : 나눔의 집.
성영혜 · 윤미원 · 이주연(2005). 집단치료놀이 실제. 한국치료놀이연구소.
손소영(2004). 취학전 아동의 내재화 · 외현화 문제행동에 따른 기질 특성과 부모 양육태도의 차이. 미발표 석사학위논문, 성신여자대학교.
송명자(1995). 발달심리학. 서울 : 학지사.
숙명여자대학교(2004), 제1회 부모교육사기본과정교육자료집.
신수정(2003). 집단 치료놀이 프로그램을 통한 아동의 자아 존중감과 사회성 증진 효과. 숙명대학교 교육대학원 석사학위논문.
신의진(2008). 초등학생 심리백과. 부록 우리아이 문제행동 체크리스트 12. 웅진씽크빅.
신현정(2007) 치료놀이 상호작용에 관한 질적연구. 숙명여자대학교 박사학위논문.
신현정(2009). 치료놀이의 이해와 적용, 서울 : 학지사.
안무옥(2008). 청소년의 외상경험, 정서조절, 대처방식 및 사회적 지지가 외상 후 스트레스 장애 증상에 미치는 영향. 한림대학교 대학원 석사학위논문.
안현의(2005). 청소년의 심리적 외상에 관한 탐색적 연구 : 외상 후 스트레스 증상과 성격특성을 중심으로. 한국심리학회지 : 상담 및 심리치료, 17(1), 217-231.
안현의(2005). 청소년의 외상 경험과 인지 변화에 관한 연구. 청소년상담연구, 13(1), 31-41
양옥승(2002). 유아교육기관 종합평가인정제 모형 개발. 서울 : 창지사.
양한연(2009) 아토피 유아의 적응행동과 어머니의 양육행동 증진을 위한 모-아 집단치료놀이 효과. 숙명여자대학교 박사학위논문.
오영희 · 엄정애(1997). 부모와자녀. 서울 : 동현출판사.

유가효 외(2006). 인간발달이론, 서울 : 교문사.
유한규(2002). 가출청소년의 위한 집단치료놀이 프로그램의 효과. 숙명여자대학교 대학원 박사학위논문.
유희정 · 강정희(2002). 영유아 보육서비스 다양화 및 보육인프라 확충방안 연구. 여성개발원 연구보고서 220-12.
윤난호(2005). 치료놀이 접근을 통한 자연친화 보육프로그램 개발. 숙명여자대학교 대학원 박사학위 청구논문.
윤미원(2005). 자폐아동의 사례분석을 통한 치료놀이 효과. 숙명여자대학교 대학원 박사학위 청구논문.
윤정희(2005) 정서조절문제 아동의 치료놀이 사례연구.『아동복지연구』3(3) : 89-107.
윤종희 · 이재연 공역(1992). 아동기 실종. 서울 : 교보문고.
이경숙 역(2005). 존볼비와 애착이론. 서울 : 학지사.
이근후(1997). 정신장애의 진단 및 통계편람 제 4판. 서울 : 하나의학사.
이금숙(2003). 치료놀이활동이 유아의 자아개념에 미치는 영향. 광주대학교. 석사학위논문.
이민희 역(2005). 애착이론과 심리치료. 서울 : 시그마프레스.
이봉건(2001). 또래 아동의 비행 행동이 피해아동의 삶의 질에 미치는 영향 및 그 개선 방안. 한국심리학회지 : 임상, 20(3), 547-563.
이상현(2001). 보육프로그램 질적 향상을 위한 제도적 개선 방안에 관한 연구. 동국대학교 석사학위논문.
이상희(2003). 모-아 치료놀이 프로그램의 개발과 효과. 숙명여자대학교 대학원 박사학위 청구논문.
이선미 · 김정희(2002). 버스사고 피해자의 심리적 특성 및 외상 후 스트레스 장애 발병 관련 변인. 한국심리학회지 : 임상, 21(3), 547-563.
이소현 · 박은혜 (2006). 특수아동교육. 서울 : 학지사.
이소희(2002). 아동보육론. 서울 : 양지사.
이숙영(2009). 이혼재판 중 아동상담의 효과 : 재판과정 중인 가정의 사례를 중심으로. 대한아동복지학회. 7(2).
이숙재(2009). 유아를 위한 놀이의 이론과 실제. 서울 : 창지사.
이순형(2004). 아동복지 이론과 실천. 서울 : 학지사.
이영 · 김온기 · 우현경(2006). 부모 · 교사와 함께하는 영아놀이. 서울 : 다섯수레.
이영훈 · 주연희 · 김성수(2007). 유아문제행동의 이해 및 지도. 서울 : 태영출판사.
이옥(2000). 한국 영유아보육사업의 이념적 방향과 과제. 한국영유아보육학. 제23집. 1-24.

이용교 · 정혜선 · 유한규 · 권지은 · 김경륜 · 윤재정 · 서지영 · 김혜영 · 성윤숙 공저(2000). 한국의 아동복지학. (pp. 173-183). 서울 : 양서원.

이원영 · 박찬옥 · 노영희(1993). 유아의 사회성 발달 프로그램 발달연구, 유아교육연구, 13, 한국유아교육학회.

이인정 · 최해경(2000). 인간행동과 사회환경. 서울 : 나남출판.

이재연(1996). 아동발달. 서울 : 문음사.

이주연(2006). 그룹홈 아동의 사회적 유능성 증진을 위한 집단 치료놀이 프로그램 효과. 숙명여자대학교 대학원 박사학위 청구논문.

이진숙 · 한영숙(2006). 인지행동치료 프로그램이 외상 후 스트레스 장애(PTSD) 아동에 미치는 효과. 한국가정가확회지, 9(2), 21-31.

이찬숙 · 현은자(2008). 유아의 기질, 사회적 유능감, 감성지능, 도덕성 및 부모양육 태도와 유아의 문제행동간의 관계, 아동학회지, 29, 223-238.

이향숙(2005) 몬테소리 유치원에 적용한 집단치료놀이가 유아의 문제행동, 자아개념 및 사회적 유능성에 미치는 효과. 숙명여자대학교 대학원 박사학위 청구논문.

이향숙(2006). 공격적 유아를 위한 애착증진 집단치료놀이 프로그램 개발과 적용. 정서 · 행동장애연구. 제22권 제1호.

이향숙(2009) 아동청소년부적응 행동 이해와 대처. 서울시청 부모교육 자료.

이화여자대학교 교육과학연구소(2006). 영아를 위한 프로그램의 이론과 실제. 서울 : 창지사.

이화현(2003). 집단치료놀이 프로그램이 결손가정 아동의 자아존중감 증진에 미치는 효과. 명지대학교 석사학위논문.

임숙빈(1997). 전반적 발달장애 아동을 위한 모-아 애착증진프로그램의 효과. 서울대학교 박사학위논문.

주승희(2004). 집단치료놀이 활동을 통한 부적응 행동 감소 효과 연구. 부산대학교 석사학위논문.

장정수(2007). 외상 후 스트레스로 인한 불안을 경험하는 아동의 미술치료 사례연구. 순천향대학교 건강과학대학원 석사학위논문.

전숙영(2004). 반응성 애착장애 아동의 치료놀이 적용 사례연구. 한국영유아보육학, 39, 231-251.

조맹제(2006). 정신질환실태 역학조사. 보건복지부; 서울대학교 의과대학.

주은선 · 박은란(2003). 집단따돌림 피해자 특성에 관한 연구-초등학교 학생들 중심으로-덕성여대논문집, 32, 144-166.

채민아(2002). 신체놀이 활동을 이용한 유아의 창의성 증진 프로그램 개발과 효과. 영남대학교 박사학위논문.

최 영(2002). 소아청소년정신건강연구회 추계심포지엄 발표.

최성애(2010). 트라우마와 PISD 특강. HD 클리닉 특강자료.

최순옥 외(2004) 가정폭력 피해여성을 대상으로 한 집단치료놀이의 효과성. 아동복지연구 2권 2호.

최순옥(2005) 가정폭력피해가족을 위한 가족치료놀이 프로그램 개발 및 효과. 숙명여자대학교 대학원 박사학위논문.

한국산재노동자협회, 김종인 · 우주형 · 김명자 · 김혜정 · 이병오 · 권수명 · 최태진 · 한희정 공저(1997). 산재장애인의 사회심리재활. 서울 : 선명사.

한국아동치료놀이교육센터(2002). 2002 서울시 장애인 인식개선 지원사업 결과보고 - 치료놀이와 농작물 가꾸기를 통한 정신지체아동—Empowerment. 한국아동치료놀이교육센터.

한노을(2008). 외상 후 성장에 관한 현상학적 연구 : 아동기 성폭력을 경험한 여성을 중심으로. 서울여자대학교 대학원 석사학위논문.

한성심(2001). 대상관계이론에 기초한 부모교육 프로그램 개발과 효과 검증. 숙명여자대학교 박사학위논문.

한성심(2004). 영유아보육법 개정에 따른 보육프로그램 재조명. 한국유아교육. 보육행정학회지 제8권 1호.

한성심 · 송주미(2003). 아동복지론. 서울 : 창지사.

허진(2006). 집단치료놀이 프로그램이 부적응 유아의 유아교육기관 적응에 미치는 효과. 전북대학교 대학원 석사학위논문.

홍정애(2003). 집단치료놀이를 통한 피학대 아동의 자아존중감과 대인관계 증진효과. 숙명여자대학교 석사학위논문.

홍정애(2007) 가족치료놀이를 적용한 가족탄력성 증진프로그램 효과. 숙명여자대학교. 박사학위논문.

황정규(1968). 행동진단의 기술. 서울 : 현대교육총서출판.

황충길(2004). 어린이집 보육프로그램의 계획과 적용실태. 남부대학교 석사학위논문.

Achenbach, T. M., & Rescorla, L. A. (2001). *Manual for the ASEBA School-Age Forms and profiles.* Burlington, VT : University of Vermont, Research Center for Children, Youth, & Families.

Ainsworth, M.(1969). Object Relations, Dependency and Attachment : A Theoretical Review of the Infant-Mother Relationship. *Child Development,* 40, 969-1,025.

Anthony, J. L., Lonigan, C. J., Hooe, E. S., & Phillips, B. M. (2002). An affect-based, hierarchical model of temperament and its relations with internalizing symptomalogy. *Jouranl of Clinical and Adolescent Psychology, 31,* 480-490.

Arnold, G., & Schwartz, S.(1983). Hemispheric lateralization of language in autistic and aphasiac children. *Journal of Autism and Developmental Disorders*, 13, 129-139.

Barnard, K. E. & Brazelton, T. B.(1990). Touch : *The Foundation of Experience.* Madison, Conn. : International Universities Press.

Bates, J., & Bayles, K.,(1988). The role of attachment in the development of behavior problems. In J. Belsky & T. Nezworski (Eds), Clinical implications of attachment(pp. 253-299). Hillsdale. NJ : Erlbaum.

Bettlelheim, B.(1967). *The empty fortress : Infantile autism and the birth of self.* New york : Free Press.

Biederman,J., Hirshfeld-Becher, D., R., Rosenbaum, J .F., Herot, C., Fiedman, D., Snidman, N., Kagan, J., & Fraone, S. V. (2001).Further evidence of association between behavioral inhibition and social anxiety in children. *American Journal of Psychiatry, 158,* 1673-1679.

Bigner, J. J.(1985). *Parent-child relations, An Introduction to parenting*(2nd ed.). New York : Macmilian Publishing Co. London : Collier Macmillan Publishers. 1985.

Bion, w. R. (1959). Attacks on linking. Internatonal Journal of Psycho Analysis 40 : 308-315.

Booth, P. B. & Linndaman, S.(2000). Theraplay for enhancing attachment in adopted children. In K. Gerard & C. E. Schaefer (Eds.). Short0term Play Therapy for Children, 8, 194-205.

Bornstein, M. H.(2002). Parenting Infants, *Handbook of Parenting*, 1, 3-43, Mahw ah, NJ : Lawrence Erlbaum Associates.

Bowlby, J.(1969). Attachment and Loss. Vol. 1 : Attachment. New York : Basic Books.

Bowlby, J.(1988). A secure base : parent-child attachment and healthy human development. New Yock : Basic Books.

Brazelton(1990). Touch : the Foundation of Experience. Madison, Conn. : International Universities Press.

Brewin, C. R., Andrews, B., & Valentine, J. D. (2000). Meta-Analysis of Risk Factors for Posttraumatic Stress Disorder in Trauma-Exposed Adults. *Journal of consulting and clinical psychology,* 68(5), 748-766.

Brody, V.(1997).The dialogue of touch : Development play therapy. Northvale, N.J : Jason & Aronson Inc.

Cairns, R. B. & Cairns, B. D.(1988). The sociogenesis of self concepts. In N. Bolger, A. Caspi, G. Downey & M. Moorehouse(Eds.). Persons in context : Developmental processes. New York : Cambridge University Press.

Calhoun, M. L. & Rose, T. L.(1989). Promoting positive parent-child interaction. *Teaching Excepitonal Children, summer*, 44-45.

Campbell, S. B. (1997). Behavior problems in preschool children. Developmental and family issues. In T. H. Ollendich & R. J. Prinz (Eds.), Advances in clinical child psychology(Vol. 19). New York : Plenum Press.

Campbell, S. B.(1995). Behavior problem in preschool children : A review of recent research. *Journal of child Psychology and Psychiatry*, *36*(1), 113-149.

Caspi A., & Silva, P. (1995). Temperamental qualities at age 3 predict personality traits in young adulthood : Longitudinal evidence from a birth cohort. *Child Development,* 66. 486-498.

Caspi, A., Henry, B., McGee, R., Moffitt, T., & Silva, P.(1995). Temperamental origins of child and adolescent behaviour problems : from age three to age fifteen. *Development, 66, 55-58.*

Chess, S., & Thomas, A.(1977). Temperamental individuality from childhood to adolescence. *Journal of Child Psychiatry, 16,* 218-226.

Clark, K. E., & Ladd, G. W. (2000). Connectedness and autonomy support in parent-child relationships : Links to children's socioemotional orientation and peer relationships. *Developmental Psychology, 36*(4), 485-498.

Davidson, L. M., & Baum, A. (1986). Chronic stress and psottraumatic stress disorders. *Journal of Consulting and Clinical Psychology*, 54, 303-308.

DeGangi, G. A. (1991a). Assessment of Sensory, Emotional, and Attentional Problems in Regulatory Disordered Infants : Part 1. *Infants and Young Children, 3(3), 1-8.*

DeMulder, E. K., Denham, S. Schmidt, M., & Mitchell, J.(2000). Q-Sort assessment of attachment security during the preschool years : Links from home to school. *Developmental Psychology,* 36(2), 274-282.

Des Lauriers, A.(1962). *The Experience of Reality in Childhood Schizophrenia. Monograph*

Series on Schizophrenia, No.6. New York : International University Press.

Downey, G., Silver, R. C., & Wortman, C. B. (1990). Recomsidering the attribution-adjustment relation following a major negative event : Coping with the loss of a child. *Journal of Personality and Social Psychology*, 59, 925-940.

Dweck, C. S. & Reppucci, N. D.(1973). Learned helplessness in the alleviation of learned helplessness. *Journal of Personality and Social Psychology*. 31, 674-685.

Ehlers, A. & Clark, D. M. (2000). A cognitive model of posttraumatic stress disorder. *Behaviour Research and Therapy*, 383 319-345.

Field, Tiffany(2001). *Touch*. London : The MIT Press.

Fields, M. V. & Boesser, C.(1994). *Constructivist Guidance and Discipline*. New York : Merrill.

Foa, E. B., & Riggs, D. S. (1993). Posttraumatic stress disorder in rape victims. *American Psychiatric Press Review of Psychiatry*, 12, 273-303.

Foa, E. B., & Rothbaum, B. O. (1998). *Treating the trauma of rape : Cognitive behavioral therapy for PTS. D.* New York : Guilford Press.

Foa, E. B., Ehlers, A., Clark, E. M., Tolin, D. F., & Orsillo, S. M. (1999). The Posttraumatic Cognitions Inventory(PTCI) : Development and validation. *Psychological Assessment*, 11, 303-314.

Garbarino, J.(1995). *Raising Children in a Socially Toxic Environment*. San Francisco : Jossey-Bass.

Goleman, D.(1996). *Emotional Intelligence : Why It Can Matter More Then IQ*. New York : Bantam.

Greenspan, S. I.(1992). *Infancy and Early Childhood : The Practice of Clinical Assessment and Intervention with Emotional and Developmental Challenges*. Madison, Conn. : International Universities Press, Inc., 1992.

Gurney, P. W.(1988). *Self-esteem in children with special educational needs*, London : Routledge.

Hartup, W. W.(1992). Peer relations in early and middle childhood. *Handbook of Social Development*. N.Y : Plenum Press.

Hauser, S. L, De Long, G. R. & Rosman, N. P.(1975). Pneumographic findings in infantile autism syndrome : A correlation with temporal lobe disease. *Brain*, 98, 667-668.

Hobson, R. P.(1989). *Towards Understanding Relationship*. London : Academic Press.

Hughes, S., & Fullwood, H. L. (1985). *New thoughts on play and leisure activities for children and adults who are mentally retarded.* T.X : Atlington.

Jernberg, A. H.(1979). Theraplay. Sanfransisco : Jorney-Born.

Jernberg, A. M. & Booth, P. B(1999). Theraplay : Helping Parents and Children Build Better Relationships through Attachment-Based Play. San Francisco : Jossey-Bass Publishers.

Jernberg, A. M. & Booth, P. B. (2001). *Theraplay : Helping Parents and Children Build Better Relationships through Attachment-Based Play.* Second Edition. San Francisco : Jossey-Bass Publishers.

Jernberg, A. M.(1979). *Theraplay : A New program for the treatment of problems children and their families.* SF : Jossey-Bass.

Jernberg, A. M.(1979). Theraplay : A New Treatment Using Structured Play for Problem Children and Their Families. San Francisco : Jossey-Bass Publishers.

Jernberg, A. M., & Des Lauriers, A.(1962). Some contributions of three preschool children to behavior changes in their mothers. Paper presented to the research seminar. Psychosomatic and Psychiatric Institute, Michael Reese Hospital, Chicago, IL.

Kagan, J. (1997). Temperament and the reactions to unfamiliarity. *Child Development*, 68, 129-143.

Kanner, L(1962). Emotionally disturbed cgildren : A historical review. *Child Development*, 33, 97-102.

Karen, R. A. (1994). *Attachment : Unfolding the Mystery Bonds Between Mothers and Infants.* New York : Norton.

Kauffman, H. M.(1981). *Characteristics of children's behavioral disorders.* Columbus a bell & Kowell Company.

Kauffman, J. M.(2001). *Characteristics of emotional and behavioral disorders of children and youth*, NJ : Prentice- Hall.

Kohut, H.(1984). How Does Analysis Cure? A. Goldberg (ed.). Chicago : University of Chicago Press.

Lengua, L. J., Wolchik, S. A., Sandler, I. N., & West, S. G. (2000). The additive and interactive effects of parenting and temperament in predicting adjustment problems of children of divorce. *Journal of Clinical Child Psychology, 29,* 232-244.

Lindaman, S.(1996). Theraplay for adopted children. Adoplen Therapist, 7(1), 5-8.

Marcellus, J.(1998). The Neurodevelopmental Sequelae of Child Maltreatment : Implications for Attachment and Treatment. Paper presented at The Post-Conference Institute The Long Shadows of Trauma Conference, Toronto, Canada.

Marion, M. (1994). Encouraging the development of responsible anger management in young children. *Early child Development and care,* 97, 155-163.

Marschak, M.(1960)."A Method for Evaluating Child-Parent Interactions under Controlled Conditions." , *The Journal of Genetic Psychology.*

Marschak. M.(1960). Exposure to child-parent interaction as a teaching device. *Journal of Med.*

Masia, C. L., Klein. R. G., Storch, E. A., & Corda, B. (2001). School-based behavioral treatment for social anxiety disorder in adolescents : Results of a pilot study. *Journal of the American Academy of Child and Adolescent Psychiatry, 40,* 780-786.

McCann, I. L., & Pearlman, L. C. (1990). Vicarious Traumatization : A framework for understanding the psychological impact of working with victims. *Journal of Traumatic Stress,* 3, 131-150.

McCord, W., McCord, J., & Howard, A. (1961). Familial correlates of aggression in non-delinquent male children. *Journal of Abnormal and Social Psychology, 62,* 79-93.

Miner, J. L., & Clarke-Stewart, K. A. (2008). Trajectories of externalizing behavior from age 2 to age 9 : Relations with gender, temperament, ethnicity, patenting, and rater. *Developmental Psychology, 44,* 771-786.

Mitcell, S. A., & Black, M.(1995). Freud and Beyond-A History of Modern Psychoanalytic Thought. 이재훈, 이해리 역(2002). 프로이드 이후-현대 정신분석학-. 한국심리치료연구소.

Morgan, C.(1989). Theraplay : An Evaluation of The Effect of Short-term Structured Play on Self-confidence, Self-esteem, Trust and Self-control. Unpublished Research, York Center for Children, Youth and Families, Richmond Hill, Ontario.

Mundy, P. &sigman, M.(1989). Specifing the mature of the social impairment in autism. In G. Dawson(Ed). Autism : Nature, Diagnosis, and Treatment(pp.3-21). New York : The Guilford Press.

Munns, E.(2000). Theraplay : Innovations in attachment enhancing play therapy. New Jersey : Jason Aronson Inc.

Myrow, D. L.(1997). In Touch with Therapy. The Therapy Institute Newsletter, No. 9, Fall, 1-4.

Oldehninkel, A. J., Hartman, C. A., Dewinter, A. F., Veenstra, R., & Orml, J. (2004). Temperament profiles associated with internalizing and externalizing problems in preadolescence. *Development and Psychopathology, 16,* 421-440.

Olweus, D. A. (1994). Bullying at school : Basic facts and effects of a school based intervention program. *Journal of Child Psycho Psychiatry, 35,* 171-190.

Parker, G. (1983). *Maternal overprotection : A risk factor in psychosocial development.* New York : Grune & Statton.

Patterson, G. R., & Capaldi, D. M. (1990). A mediational model for boy's depressed mood. In J. E. Rolf & A. S. Masten (Eds.), Risk and protective factors in the development of psychopathology. New York : Cambridge University Press.

Patterson, G. R., Reid, J. B., & Dishing, T. J. (1992). Antisocial boys. Eugene, OR : Castalia Press.

Radke-Yarrow, M. (1998). *Children of depressed mothers : From early childhood to maturity.* New York : Cambridge University Press.

Rapee, R. M. (1997). Potential role of childrearing practices in the development of anxiety and depression. *Clinical Psychology Review, 17,* 47-67.

Rettew, D. C., Copeland, W., Stanger, C., & Hudziak, J. J.(2004). Associations between temperament and DSM-IV externalizing disorders in children and adolescents. *Development and Behavioral Pediatrics, 25,* 383-391.

Rimland, B.(1964). *Infantile autism.* New York : Appleton-Century-Crofts.

Rita Wicks-Nelson & Allen C. lsrael(2001), 정명숙 · 손명숙 · 정현희 공역, 아동기행동장애, 시그마프레스.

Ritterfeld, U. & Franke, U.(1992). Die Heidelberger Marschak Interaktion Methode(H-MIM) : Zur Diagnostischen Beurteilung der Dyadichen Interaktion mit Vorschulkindern. Stuttgart, Germany : Fischer-Verlang.

Rubin, K. H., & Mill, R. S. (1991). Conceptualizing development pathways to internalizing disorders in childhood. Canadian Journal of Behavioral Science, 23, 300-317.

Rubin, K. H., Hastings, P.D., Steweet, S. L., Henderson, H. A., & Chen, T. (1997). The consistency and concomitants of inhibition : Some of the children, all of the time. *Child Development, 68,* 467-483.

Rubin, P. B., & Tregay, K. J.(1989). *Play with them :* Theraplay groups in the classroom,

Springfield; IL : Charles C. Thomas.

Rubin, P.(1996). *Undestanding Homeless Mothers : The Dynamics of Adjusting to a Long-Term Shelter. Unpublished doctoral dissertation.* Illinois School of Professional Psychology. Chicago.

Sanson, A., Smart, D., Prior, M., & Oberklaid, F. (1993). Precursors of hyperactivity and aggression. *Journal of the American Academy of Child and Adolescent Psychiatry, 32,* 1207-1216.

Schaefer, C. E.(1993). *The Therapeutic Powers of Play.* New Jersey : A jason Aronson.

Schaffer, H. R., & Emerson, P. E.(1964). The develoopment of social attachments in infancy. *Monographs of the Social Research in Child Development, 29*(3Sereal No.94), 211-227.

Shahmoon-Shanok, R.(1997). Giving Back Future's Promise : Working Resourcefully with Parents of children Who Have Severe Disorders of Relating and Communicating. Zero To Three, 17(5), 37-48.

Shaw, D. S., Gillom, M., Ingoldsby, E. M., & Nagin, D. S. (2003). Trajectories leading to school-age conduct problems. Developmental Psychology, 39, 189-200.

Shore, A.(1998). Early Trauma and The Development of The Right Side of The Brain. Paper presented at The Conference on The Long Shadows of Trauma, Toronto, Canada.

Smith, C., L., Calkins, S. D., Keane, S. P., Anastopoulos, A. D., & Shelton, T. L. (2004). Predicting stability and change in toddler behavior problems : contributions of maternal behavior and child gender. *Developmental Psychology*, 40, 29-42.

Stern, D. N.(1985). The Interpersonal World of the Infant : A View from Psychoanalysis and Developmental Psychology. New York : Basic Books.

Suomi, S. J., Harlow, H.F.(1972). Social rehabilitation ofislate-reared monkeys. *Developmental Psychology* 6 : 487-496.

Suransky, V. P.(1992). The Erosion of Childhood.

Tedeschi, R. G., & Calhoun, L. G. (1996). The Posttraumatic Growth Inventory : measuring the positive legacy of trauma. *Journal of Traumatic Stress*, 9(3), 455-471.

The Theraplay Institute(1994). Ann M. Jernberg 1928-1993, in the Newsletter of The Thomas, A., & Chess, S. (1977). Temperament and development New York : Brunner/Mazel. Theraplay Institute, spring 1994.

Thomas, A., & Chess, S. (1977). Temperament and development. New York : Brunner /Mazel.

Veronen, L. J. & Kilpatrick, D. G. (1983). Stress management for rape victims. In D. Meichenbaum & M. E. Jaremko (Eds.), *Stress reduction and prevention*. New York : Plenum. 341-374.

Waldman, I. D., Lillienfeld, S. O., & Lahey, B. B. (1995). Toward construct validity in the childhood disruptive behavior disorders : Classification and diagnosis in DSM-IV and beyond. In T. H. Ollendick & R. J. Prinz, (Eds.), *Advances in Clinical Child Psychology*. Vol. 17. New York : Plenum Press.

Winnicott, D. W.(1958). Collected Papers : Through Paediatrics to Psychoanalysis. London : Tavistock.

Winnicott, D. W.(1971). Playing and Reality, London : Tavistock.

Zahn-waxler, C., Redke-Yarrow, M., Wagner, E., & Chapman, M. (1992). *Developmental Psychology, 28,* 126-136.

Zimmer R.(2005). 심리운동 이해. 이숙정 역. 서울장애인종합복지관.

저자 소개

✍ 최순옥

숙명여자대학교 대학원 문학박사(아동청소년복지)
장안대학 사회복지학부 교수
미국공인 치료놀이치료사(www.theraplay.org)

✍ 유한규

숙명여자대학교 대학원 문학박사(아동복지)
한국아동청소년심리상담센터 소장(www. kccp. kr)
국제코칭전문가

✍ 이향숙

숙명여자대학교 대학원 문학박사(아동심리치료)
한국아동청소년심리상담센터 소장(www. kccp. kr)
미국공인 치료놀이치료사(www.theraplay.org)

✍ 윤난호

숙명여자대학교 대학원 문학박사(아동복지)
서일대학교 보육교사교육원 교수
미국공인 치료놀이치료사(www.theraplay.org)

✍ 강지현

숙명여자대학교 대학원 박사과정 수료(아동심리치료)
여주대아동보육과 외래교수
미국공인 치료놀이치료사(www.theraplay.org)

치료놀이의 이해

초판발행 2010년 3월 10일
4판발행 2020년 3월 20일

저 자 최순옥 · 유한규 · 이향숙 · 윤난호 · 강지현
발행인 김현태
발행처 태영출판사

저자와의 협의하에 인지생략

주 소 (08371) 서울 구로구 디지털로31길 90, 115-1601
전 화 02 · 839-3757, 839-3752
팩 스 02 · 837-3754
등 록 2005년 5월 30일 제12-421호
http://www.taeyeongbook.co.kr
E-mail tys2005@hanmail.net
ISBN 978-89-6302-031-0 93370
정 가 18,000원

NAVER 태영출판사

* 잘못 만들어진 책은 교환해 드립니다.